UFFE RAVNSKOV

CHOLESTEROL
naukowe kłamstwo

Tłumaczenie z języka angielskiego
Jerzy Zięba
Izabela Dobrowolska

Szeroko i przekonująco udowodnione stwierdzenie, że poziom cholesterolu nie ma wpływu na powstawanie i rozwój chorób serca i miażdżycy, jak to powszechnie propaguje medycyna i środki przekazu.

Tłumaczenie: Jerzy Zięba
Redakcja: Stanisława Podgórska
Projekt okładki: Daniel Bąk
Skład i łamanie: Ekart
Druk i oprawa:

Wydawnictwo WGP
ul. Łukowska 9/215, 04-133 Warszawa
Biuro: ul. Tarnowiecka 4, Warszawa, tel./fax 022 851 60 32
e-mail: gp@wgp.com.pl, www.wgp.com.pl
ISBN 978-83-87534-69-1

To, czy dieta odgrywa zasadniczą rolę w chorobach serca, jest pytaniem, które interesuje nas wszystkich. Uffe Ravnskov, Autor niniejszej książki, pokazuje swoim Czytelnikom, że odpowiedź na to pytanie jest inna niż ta, którą zwykle podają nam różne książki i media.

Organizacje rządowe i autorytety w dziedzinie ochrony zdrowia niezmużenie przypominają nam, że choroby serca są główną przyczyną zgonów w krajach uprzemysłowionych. Powtarzają też, że chorobom serca można skutecznie zapobiegać m.in. przez zmianę diety i ich zdaniem jest to najprostszy sposób. Jeśli tylko ludzie zrobiliby to, co im się zaleca, tzn. zredukowali spożycie tłuszczów, szczególnie pochodzenia zwierzęcego, wysoka liczba zgonów z powodu zawałów serca mogłaby zostać znacznie obniżona. Mówią tak, jakby było to takie proste!

Na jakich naukowych podstawach głosiciele tego typu teorii opierają swoje rady? Pomimo że w wielu raportach eksperci stwierdzają, że dieta może wpływać na choroby serca na co najmniej kilka sposobów, propagowane obecnie zalecenia żywieniowe opierają się głównie na tym, co dr Ravnskov nazywa koncepcją „Dieta–serce". Zgodnie z tą koncepcją dieta bogata w nasycone kwasy tłuszczowe zwiększa koncentrację cholesterolu we krwi. To z kolei zapoczątkowuje proces powstawania miażdżycy, która – ograniczając przepływ krwi do mięśnia sercowego oraz powodując tworzenie się zatorów – prowadzi do zawałów serca.

Zdaniem dra Ravnskova koncepcja „Dieta–serce" jest zamkiem zbudowanym z piasku. Przeprowadza on nas przez historię powstania tej koncepcji. Pisze interesująco i przystępnie. Pokazuje głębię i szeroki zakres swojej wiedzy w tym temacie. Krok po kroku analizuje podstawy koncepcji „Dieta–serce" i krok po kroku wykazuje, że podstawy te są błędne, sprzeczne z wynikami innych badań, które – niestety – rzadko są przytaczane i cytowane.

Medycyna jest dziedziną nauki powszechnie poważaną przez społeczeństwo. Z tego powodu rzadko kwestionuje się jej odkrycia, ponieważ powszechnie uważa się, że podnoszą one jakość życia ludzi. Wielu czytelników może więc zaskoczyć to, jak wiele badań dotyczących diety i chorób serca było źle zaplanowanych i źle przeprowadzonych. W wielu przypadkach rezultaty badań były niezgodne z rzeczywistością, były cytowane bez związku z tematem, czy też po prostu wprowadzały w błąd. Ponadto opublikowano wiele badań, których rezultaty poważnie poddają w wątpliwość lub zaprzeczają słuszności koncepcji „Dieta–serce", ale nigdy nie były one szerzej uznane lub cytowane. Niektóre tego typu działania nie tylko wprowadzają ludzi w błąd, ale wręcz prowadzą się do oszustwa naukowego.

Dr Ravnskov jest naukowcem o wysokich kwalifikacjach. Jest także lekarzem praktykiem, który często musi doradzać pacjentom cierpiącym na choroby serca lub obawiającym się, że taką chorobę mogą mieć.

Dr Ravnskov i inni lekarze, tacy jak on, są poważnie zaniepokojeni, że informacje dotyczące zdrowia całych populacji oparte są na błędnych podstawach naukowych. Mogą one nie tylko nie przynosić pożądanego efektu, ale wręcz wywoływać niepotrzebny niepokój wśród ludzi zdrowych.

Dr Ravnskov, jako praktykujący lekarz, a równocześnie naukowiec, który opublikował wiele opracowań łącznie z tymi, które dostarczają dogłębnej analizy literatury dotyczącej koncepcji „Dieta–serce", jest jednym z rosnącej rzeszy naukowców, którzy patrzą z obawą na to, do czego doszli inni naukowcy w swoich analizach.

Dlaczego tak mało pisze się o innych punktach widzenia? Niewielu naukowców ma odwagę kwestionować i wystąpić przeciwko czemuś, co stało się zaakceptowanym dogmatem. Na końcu książki dr Ravnskov wymienia kilku takich odważnych naukowców, opisując ich punkt widzenia i osiągnięcia. Większość z nich, tak jak Autor, to ludzie o dociekliwych umysłach, którzy w żaden sposób nie są powiązani z konkretnymi badaniami naukowymi dotyczącymi chorób serca. Mimo że niektórzy z nich są wysoko cenionymi badaczami medycznymi w dziedzinie chorób serca, ich nieugięta postawa przeciwko konwencjonalnym punktom widzenia często powodowała, że środowiska medyczne odsuwały się od nich.

Dla kontrastu, wielu naukowców, którzy podtrzymują utarte opinie, dosłużyło się wysokiego stopnia reputacji w tej dziedzinie. Są oni wspierani przez dotacje naukowe, których wartość sięga wielu milionów dolarów i osiągają bezpośrednie korzyści z popierania i propagowania koncepcji „Dieta–serce". Niewątpliwym walorem książki dra Ravnskova jest również podjęcie problemu obniżania poziomu cholesterolu za pomocą środków farmakologicznych, które prawie zawsze są bardziej efektywne niż dieta. To powoduje, że odpowiednie naświetlanie negatywnego wpły-

wu cholesterolu na zdrowie ludzi znajduje wielomilionowe (w dolarach) poparcie przemysłu farmaceutycznego. Jednakże różnica między działaniem środków farmakologicznych obniżających poziom cholesterolu, a tym jak działa dieta została tak zatarta, że zwykli ludzie często są przekonani, że wprowadzając modyfikacje w diecie mogą uzyskać te same efekty, co stosując środki farmakologicznie, a to nie jest prawdą. Z drugiej strony wiele osób jest przekonanych, że powinny zażywać leki obniżające cholesterol, podczas gdy w rzeczywistości ich w ogóle nie potrzebują.

Dr Ravnskov porusza też bardzo ważny problem: czy wysiłki zmierzające do zmniejszenia śmiertelności z powodu chorób układu krążenia wieńcowego przez obniżanie poziomu cholesterolu w rzeczywistości mogą być szkodliwe? Kilku autorów zwraca uwagę, że tak właśnie może być i popierają tę opinię stosownymi badaniami.

W niniejszej książce dr Ravnskov omawia również niepokojące wyniki niektórych eksperymentów medycznych, w których śmiertelność spowodowana chorobą wieńcową zmniejszała się, ale wielu uczestników tych badań umierało z innych powodów. Czasami przyczyną był nowotwór, czasami samobójstwo lub inna forma przemocy – w rezultacie nie obserwowano ogólnego zmniejszenia się śmiertelności. Eksperci oceniający takie eksperymenty ignorowali to zjawisko lub twierdzili, że nie ma w tym niczego niebezpiecznego i może ono zostać pominięte. I w tym miejscu słowa przysięgi Hipokratesa, „przede wszystkim nie szkodzić", wydają się mieć szczególne znaczenie.

Wielu z tych, którzy popierają obecnie propagowaną teorię leczenia chorób serca dietą, nazwie dra Ravnskova dziwakiem. Taka opinia jest jednak zdecydowanie nie na miejscu. Dr Ravnskov nie jest jedynym głosem „wołającym na puszczy" i zasługuje, żeby go potraktować poważnie. Mamy nadzieję, że książka ta zainspiruje Czytelnika do wnikliwych i częstszych rozmyślań nad rolą diety w zapobieganiu chorobom serca oraz nad jakością informacji, które przekazują nam współcześni eksperci z zakresu medycyny.

Dr Michael Gurr
Profesor Technologii Żywności University of Reading,
Reading, Wielka Brytania
Profesor Nauki o Dietetyce Człowieka
Oxford Brookes University,
Oxford, Wielka Brytania

St. Mary's, styczeń 1996 r.

Od Autora

Kiedy w 1989 roku, w Szwecji, wprowadzano kampanię antycholesterolową, byłem tym bardzo zdziwiony. Śledząc pobieżnie literaturę medyczną dotyczącą cholesterolu i choroby wieńcowej, nie mogłem sobie przypomnieć jakichkolwiek badań wskazujących na to, że wysoki poziom cholesterolu był niebezpieczny dla serca lub naczyń krwionośnych oraz, że jakiś określony typ diety mógłby być bardziej korzystny lub bardziej szkodliwy dla naszego serca niż inny.

Każdy, kto ma stosowną wiedzę i krytycznie czyta literaturę dotyczącą tych problemów, wkrótce dostrzeże, że „król jest nagi". Ja również to zauważyłem. W związku z tym wysyłałem do twórców kampanii antycholesterolowej krytyczne analizy i komentarze dotyczące tego problemu, jednak zostały one całkowicie zignorowane. Przesyłano mi kpiące odpowiedzi na moje listy. Zacząłem więc problem gruntownie badać i zgłębiać. Niedokładności, błędne interpretacje, wyolbrzymienia i wprowadzające w błąd cytaty z badań medycznych dotyczących poruszanego tematu były tak liczne, że – żeby konstruktywnie można było je omówić – wymagało to napisania książki.

Pierwsza edycja pt. „Cholesterolowe mity" (taki tytuł nosiła ta książka w wydaniu angielskim) została opublikowana w Szwecji w 1991 r. i w Finlandii w 1992 r. W Szwecji dziennikarze zajmujący się problematyką naukową po przeczytaniu tej książki konsultowali się z naukowcami lub organizacjami rządowymi odpowiedzialnymi za opiekę zdrowotną, którą ja krytykowałem. W Finlandii książka ta była tematem programu telewizyjnego, w którym została ośmieszona przez fińskich wyznawców koncepcji „Dieta–serce", a następnie... publicznie spalona!

Powodem bezkrytycznej akceptacji kampanii antycholesterolowej w Szwecji było prawdopodobnie to, że była ona promowana przez wielkie i wpływowe organizacje amerykańskie, takie jak Narodowy Instytut ds. Chorób Serca, Płuc i Krwi (National Heart Lung and Blood Institute) i Amerykański Związek ds. Chorób Serca (American Heart Association). Szwecja i Finlandia to małe kraje. Było rzeczą oczywistą, że jednostki rządowe odpowiedzialne za opiekę zdrowotną w tych krajach uznają, że tak prestiżowe organizacje nie mogą się mylić.

Pomyślałem więc, że może powinienem skontaktować się z bardziej wnikliwymi, niezależnymi dziennikarzami i naukowcami przez opublikowanie tej książki w języku angielskim. Wiele z moich propozycji, z którymi zwracałem się do wydawców i ich przedstawicieli, było odrzucanych. Uważano, że książka ta nie ma wartości „handlowej".

Z nadejściem ery internetu zauważyłem możliwość informowania opinii publicznej również tą drogą i w 1997 roku opublikowałem wybrane fragmenty książki na mojej stronie internetowej http://www.ravnskov.nu/. Zgodnie z danymi przeglądarki „Direct Hit", po krótkim czasie moja strona internetowa stała się jedną z dziesięciu najbardziej popularnych stron na świecie dotyczących cholesterolu.

Z otrzymanych emaili dowiedziałem się, że wiele osób zainteresowanych problemem cholesterolu, zarówno laików w dziedzinie medycyny, jak i naukowców, podobnie jak ja sceptycznie odnosi się do koncepcji „Dieta–serce" lub że stali się oni sceptyczni po przeczytaniu informacji zawartych na mojej stronie internetowej.

Jedną z moich korespondentek była Sally Fallon, autorka książki pt. „Żywieniowe tradycje" („Nourishing traditions"). Ona również napotkała na podobne problemy ze znalezieniem wydawcy, ponieważ propagowała takie produkty żywnościowe, jak masło i śmietana. Sally Fallon w końcu założyła własną firmę wydawniczą, co pozwoliło jej na opublikowanie swojej książki. Zapytała też mnie, czy mogłaby wydać moje „Cholesterolowe mity" w USA.

Wszyscy naukowcy opierają się na osiągnięciach swoich poprzedników. Ja również. Mam nadzieję, że niniejszą książką odwdzięczę się im wszystkim. Mam również dług wdzięczności wobec osób, które w różny sposób przyczyniły się do powstania tej książki. Przede wszystkim chciałbym podziękować Bodil Jönsson i Olof Holmqvist za wiele mądrych komentarzy do pierwszego wydania. Jestem też wdzięczny Lindzie Newman za jej ogromną, bezinteresowną pracę, jaką wykonała, poprawiając moje pierwsze tłumaczenie z języka szwedzkiego na angielski. Chciałbym również wspomnieć Larsa Werkö. To bardzo krytyczny naukowiec, który wspierał mnie i zachęcał przez całe lata, kiedy przygotowywałem materiały do tej książki. Wiele osób odegrało na różne sposoby ważną rolę w powstaniu tej książki, dając mi wartościowe rady, udzielając krytycznych komentarzy czy też po prostu okazując mi uznanie za moja pracę i zachęcając do dalszych wysiłków. Byli to w kolejności alfabetycznej: Poul Astrup, Jonas Bergström, Christer Enkvist, Michael Gurr, George Mann, James McCormick, Peter Nilsson-Ehle, Robert E.Olson, Eskil Richardson, Ray Rosenman, Kari Salminen, śp. Petr Skrabanek, Lars Söderhjelm i Nicolai Worm.

W końcu, książka ta nigdy by nie powstała, gdyby nie cierpliwość i poparcie mojej żony Bodil.

Dr n. med. Uffe Ravnskov
Lund, Szwecja

WSTĘP

Wielka tragedia nauki
– uśmiercenie pięknej hipotezy
przez niepodtrzymujący jej fakt.

Thomas Huxley (1825-1895)

Czy wiesz, że...

Książka ta została napisana po to, by przekazać czytelnikowi i jego lekarzowi wiele faktów dotyczących cholesterolu i choroby wieńcowej. Są to fakty, których być może nawet Twój lekarz nie zna, ponieważ wielu naukowców, organizacji rządowych odpowiedzialnych za opiekę zdrowotną i reprezentantów firm farmaceutycznych nie dopuściło do ich szerszej publikacji.

Czy wiesz, że...

- Cholesterol nie jest śmiercionośną trucizną, ale substancją niezbędną dla wszystkich komórek organizmu ssaków?
- Twój organizm produkuje trzy do czterech razy więcej cholesterolu niż go spożywasz?
- Produkcja cholesterolu przez Twój organizm wzrasta, kiedy spożywasz go mało, zmniejsza się, kiedy spożywasz go więcej?
- Propagowana dieta o niskiej zawartości tłuszczu zwierzęcego (nasyconego) i cholesterolu nie może obniżyć poziomu cholesterolu więcej niż zaledwie o kilka procent?
- Efektywne obniżenie cholesterolu można uzyskać tylko za pomocą środków farmakologicznych?
- Wiele środków farmakologicznych obniżających poziom cholesterolu jest niebezpiecznych dla zdrowia i może przyspieszyć zgon?
- Nowe lekarstwa obniżające cholesterol, nazwane „statynami", obniżają śmiertelność spowodowaną chorobami serca, jednak nie dlatego, że obniżają cholesterol, równocześnie statyny – niestety – stymulują również powstawanie komórek rakowych… przynajmniej u gryzoni?
- Człowiek może stać się agresywny lub mogą się pojawić u niego tendencje samobójcze, jeśli jego poziom cholesterolu zostanie nadmiernie obniżony?

- Zbyt duży udział w diecie wielonienasyconych kwasów tłuszczowych (pochodzących z roślin) może wywołać miażdżycę?
- Wielonienasycone kwasy tłuszczowe, które jakoby miały zapobiegać chorobom serca, wywołują infekcje i raka u szczurów?
- Jeśli spożywa się zbyt dużo tłuszczów roślinnych, organizm starzeje się przedwcześnie, czego objawem zewnętrznym jest pomarszczona skóra, a wewnątrz ciała podobne niekorzystne zmiany w narządach wewnętrznych?
- Ludzie z niskim poziomem cholesterolu mają podobną ilość blaszek miażdżycowych w naczyniach krwionośnych co ci, którzy mają wysoki poziom cholesterolu?
- Ponad trzydzieści badań naukowych przeprowadzonych na ponad 150 000 osób wykazało, że osoby, które miały zawał serca, nie spożywały więcej tłuszczów nasyconych ani mniej wielonienasyconych kwasów tłuszczowych niż inni ludzie?
- Starsze kobiety, które mają wysoki poziom cholesterolu żyją dłużej niż kobiety z niskim poziomem cholesterolu?
- Wiele z powyżej przytoczonych faktów przez dekady było opisywanych w publikacjach naukowych i książkach, ale propagatorzy koncepcji „Dieta–serce" nigdy ich nie podawali do wiadomości opinii publicznej?
- Koncepcja „Dieta–serce" i antycholesterolowa kampania są źródłem ogromnych korzyści materialnych dla naukowców, lekarzy, przemysłu farmaceutycznego i pewnych dziedzin przemysłu spożywczego?

Metoda naukowa

Chcąc zaprowadzić trochę porządku w otaczającym nas chaotycznym świecie, staramy się znaleźć prawa, które rządzą tym „bałaganem". Naukowcy z zakresu medycyny starają odkryć zagrożenia życia i zdrowia człowieka oraz próbują poznać, co powoduje choroby i przedwczesną śmierć. Robią to po to, żeby wyleczyć lub zapobiegać tego typu chorobom.

Udało nam się opracować pracochłonną ale efektywną technikę nazwaną „metodą naukową".

Kiedy używamy metody naukowej, pierwszym krokiem jest zarejestrowanie wszystkich faktów dotyczących danej choroby. Kim są chorzy: kobiety czy mężczyźni? starzy czy młodzi? w jakim środowisku żyją? czym zajmują się zawodowo? co jedzą? co piją? jaki jest skład chemiczny ich krwi? na ile jest zanieczyszczone powietrze tam, gdzie żyją? Naukowcy z dużą dokładnością mierzą i ważą wszystko, co może być ważne.

Każdy element zagadki prowadzi do rozważań o powodach danej choroby i do sformułowania hipotezy, którą następnie należy udowodnić. Żeby się przekonać, że hipoteza jest prawdziwa, sprawdzamy ją na wiele różnych sposobów. Czy jest jakiś wspólny element obecny we wszystkich przypadkach choroby? Czy choroba może być wywołana przez ten element i czy możemy zapobiec powstaniu choroby lub ją wyleczyć, jeśli ten element wyeliminujemy?

Jeśli hipoteza poddana testom nie przejdzie ich z wynikiem pozytywnym, oznacza to, że jest zła i musi być odrzucona. Następnie formułuje się następną hipotezę, która – być może – lepiej odzwierciedli rzeczywistość. Znów testuje się ją, obserwuje i sprawdza. Jeśli jest to konieczne – a często tak jest – ponownie formułuje się hipotezę i powtarza testy: trzeci raz, czwarty, piąty, dopóty, dopóki w końcu nie uzyskamy przynajmniej małego „złotego samorodka" nieskalanej prawdy. Dla rzetelnych naukowców głównym celem jest dojście do prawdy, tzn. rozwiązanie badanego problemu medycznego. Natomiast forsowanie za wszelką cenę swojej hipotezy, bez jej udowodnienia, choćby wydawała się bardzo prawdopodobna i naukowiec był z niej szczególnie dumny, jest działaniem nierzetelnym.

Naukowcy na ogół wiedzą, że do rzadkości należą sytuacje, gdy do rozwiązania problemu wystarczy tylko ich myśl, tzn. stworzenie hipotezy w oparciu o ich pierwszą inspirację. Dlatego też w swoich poszukiwaniach rozwiązania problemu naukowcy muszą być zainteresowani zarówno tymi wynikami testów, które niweczą ich hipotezę, jak i tymi, które ją potwierdzają. Nie można winić kogoś za nietrafny pomysł, po warunkiem że jest on natychmiast odrzucony, jeśli jego nieprawidłowość staje się oczywista.

Określanie warunków początkowych

Niniejsza książka dotyczy koncepcji – fałszywej – że wysoki poziom cholesterolu we krwi jest głównym powodem miażdżycy i choroby wieńcowej serca. Pojawia się jednak pytanie, czym są miażdżyca i choroba wieńcowa serca?

Kiedy starzejemy się, nasze tętnice stają się coraz mniej elastyczne. Komórki mięśni gładkich i elastyczne włókna otaczające naczynia krwionośne stopniowo zamieniają się w mniej lub bardziej włókniste i sztywne tkanki. W tym samym czasie lub później cholesterol i tłuszcze, a nawet wapń, ulegają wbudowaniu w ściany naczyń krwionośnych.

Sztywnienie tętnic ma zabezpieczać je przed nadmiernym rozciągnięciem. Dlatego budowa tętnic nie jest wszędzie jednakowa i zmiany w ścianach tętnic są najbardziej widoczne tam, gdzie napięcie ścian jest największe, na przykład tam, gdzie naczynia krwionośne rozgałęziają się. Takie lokalne zgrubienie ściany tętnicy nazywane jest „zmianą ateromatyczną" lub „blaszką miażdżycową". Intensywność powstawania zmian miażdżycowych zwiększa się z wiekiem, podobnie jak z wiekiem zwiększa się ciśnienie krwi. Dlatego miażdżyca jest bardziej intensywna u osób z podwyższonym ciśnieniem krwi.

Niektóre tętnice wydają się być naturalnie zabezpieczone przed miażdżycą i nigdy jej nie ulegają, np. te przechodzące przez tkankę kostną w czaszce, czy kilka odgałęzień przechodzących przez mięsień sercowy (większość leży na powierzchni serca). Fakt ten sugeruje, że być może sztywnienie tętnic stanowi pewnego rodzaju reakcję obronną organizmu. Ponadto, drugi rodzaj dużych naczyń krwionośnych, jakim są żyły, nigdy nie ulega miażdżycy. Uważa się, że przyczyną tego jest prawdopodobnie stosunkowo niskie ciśnienie krwi w żyłach. Jeśli chirurg zastąpi zablokowaną tętnicę fragmentem żyły, to żyła ta, teraz już wystawiona na działanie wysokiego ciśnienia tętniczego krwi, wkrótce również ulegnie miażdżycy.

Z nieznanych przyczyn u niektórych ludzi cholesterol odkłada się w ścianach tętnic nieregularnie, do ich wnętrza. Czasem złogi cholesterolowe zmieniają się w materiał przypominający kamień wapienny. Odkładanie się cholesterolu i wapnia może postępować do tego stopnia, że blokowane naczynia stają się tak wąskie, że serce zaczyna otrzymywać zbyt mało krwi, a tym samym zbyt mało tlenu. To właśnie te zwężenia uważane są za przyczynę zawałów serca, zarówno bezpośrednio w wyniku fizycznego zablokowania naczynia, jak i pośrednio ze skrzepów, które mogą powstawać w takich miejscach.

Kiedy dopływ krwi do serca jest niewystarczający, mogą pojawić się duszności i bóle w klatce piersiowej, zwłaszcza przy zwiększonym zapotrzebowaniu serca na tlen podczas wysiłku fizycznego. Objawy te nazywane są „dusznicą bolesną" i ustępują po zaprzestaniu wysiłku. Jednak jeśli przepływ krwi w którejś z tętnic jest wstrzymywany lub bardzo ograniczony przez długi czas, część serca zaopatrywana przez zatkane odgałęzienie tętnicy obumiera. To z kolei nazywamy „zawałem serca", czy bardziej precyzyjnie „zawałem mięśnia sercowego". Dusznica bolesna i zawał mięśnia sercowego są tym, co określamy jako wieńcową chorobę serca, w skrócie CHD (Coronary Heart Disaese).

Uważa się powszechnie, że przyczyną choroby wieńcowej serca jest miażdżyca. Jednak sprawa nie przedstawia się tak prosto. Nie tylko miażdżyca, ale wszystko, co blokuje tętnice wieńcowe może spowodować chorobę wieńcową serca. Badania serc ludzi, którzy zmarli w wyniku zawału, ujawniły, że u około co piątego pacjenta nie stwierdza się objawów miażdżycy naczyń wieńcowych. Wstrzymanie dopływu krwi do serca w takich przypadkach może być spowodowane skurczem tętnicy lub skrzepem, który tuż przed śmiercią uległ rozpuszczeniu i nie został stwierdzony podczas sekcji zwłok. Nie wiemy jednak tego na pewno.

Sprawę jeszcze bardziej komplikuje to, że tętnica wieńcowa może być całkowicie zablokowana, a mimo to nie pojawiają się typowe objawy uszkodzenia mięśnia serca. Dzieje się tak, ponieważ zdrowe odgałęzienia trzech tętnic wieńcowych „komunikują się" ze sobą. Jeśli jedna z tętnic ulega zablokowaniu wystarczająco wolno, pozostałe odgałęzienia ulegają stopniowemu poszerzeniu, dzięki czemu zaopatrują mięsień sercowy w odpowiednią ilość krwi.

Zatem zawał mięśnia sercowego może wystąpić, mimo że tętnice wieńcowe są całkowicie normalne, ale czasami choroba wieńcowa serca może nie rozwijać się nawet wtedy, gdy któraś z tętnic wieńcowych jest całkowicie zablokowana. Oczywiście miażdżyca i choroba wieńcowa serca to dwa różne, odrębne zjawiska, jednak wielu badaczy pogmatwało to i traktuje je jako jedną chorobę.

Koncepcja „Dieta–serce"

Przy poszukiwaniu przyczyn miażdżycy i chorób serca, badacze od wczesnych lat 50-tych ubiegłego wieku skupili się na jednej koncepcji. Jest to koncepcja „Dieta–serce", czasem nazywana też „hipotezą lipidową". W niniejszej książce udowodnię, że koncepcja „Dieta–serce" jest hipotezą, która nie została naukowo udowodniona, hipotezą pełną oczywistych błędów i nieprawidłowości. A mimo to przetrwała lata i wydaje się być wieczna. Dzieje się tak, ponieważ badacze, którzy ją stworzyli i wytrwale bronią – nazwę ich zwolennikami tej koncepcji – nie postępują zgodnie z zasadami wyznaczanymi przez metodę naukową.

Zasady te wymagają otwartego umysłu i obiektywizmu, jednak zwolennicy tej koncepcji nagminnie bagatelizują wszelkie oceny krytyczne, zaprzeczają im lub w pokrętny sposób starają się umniejszyć znaczenie tych wyników naukowych, które są sprzeczne z ich koncepcją. Zwolennicy koncepcji „Dieta–serce" najsłabszą nawet zależność potwierdzającą ich koncepcję nazywają „silnym dowodem" i odmawiają rozważenia jakichkolwiek obserwacji kolidujących z ich koncepcją. Słuszność i logika stają się odległe i zamazane. Zwolennicy koncepcji „Dieta–serce" często zadając pytanie: „co jest nie tak?" odnoszą je wyłącznie do wyników badań sprzecznych z ich poglądami, natomiast pytania „co jest nie tak?" z ich hipotezą w ogóle nie rozpatrują. Ogół istniejących, prawidłowych dowodów naukowych osiągniętych do tej pory powinien już dawno zniszczyć hipotezę „Dieta–serce". Jednak jak starożytna grecka Hydra, mitologiczny potwór, któremu wyrastała na powrót głowa za każdym razem, gdy ktoś ją odciął, hydra cholesterolowa nadal żyje, jakby dowody te w ogóle nie istniały.

Zanim jednak przytoczymy dowody, które powinny obalić koncepcję „Dieta–serce", najpierw rozważmy dokładnie, na czym koncepcja ta polega.

Według jej zwolenników choroba wieńcowa serca jest trzecim i ostatnim etapem w trzyetapowym procesie. W pierwszym etapie, ilość i rodzaj tłuszczu w diecie wyznacza poziom cholesterolu w krwi. Uważa się, że jeśli dieta jest miażdżycorodna poziom cholesterolu w krwi będzie wysoki. Przez „dietę miażdżycorodną" rozumie się dietę zawierającą dużo cholesterolu i tłuszczów nasyconych, obecnych głównie w produktach zwierzęcych, takich jak: mięso, mleko, jajka, ale również w oleju palmowym i oleju kokosowym, oraz zbyt mało tłuszczów wielonienasyconych obecnych głównie w zwierzętach morskich i olejach roślinnych. Według zwolenników koncepcji „Dieta–serce", drugi etap to rozwój miażdżycy, ponieważ, jak twierdzą, wysoki poziom cholesterolu we krwi jest główną przyczyną miażdżycy. W etapie trzecim miażdżyca powoduje wieńcową chorobę serca przez blokowanie naczyń krwionośnych serca. Koncepcja ta brzmi prosto i jest na ogół znana, gdyż ciągle jest elementem rozpowszechnianych zaleceń niskotłuszczowych diet w popularnych czasopismach i wielu programach telewizyjnych.

Na pierwszy rzut oka koncepcja „Dieta–serce" rzeczywiście wydaje się być prosta, logiczna i dobrze uzasadniona. Jest również atrakcyjna, ponieważ obiecuje, że można zapobiec chorobie wieńcowej serca i uniknąć zawału. Skoro tłuszcze zwierzęce i wysoki poziom cholesterolu we krwi są powodem choroby wieńcowej, to dieta i leki obniżające cholesterol wydają się być mądrym wyborem. Łatwo zrozumieć, dlaczego lekarze, politycy, koncerny farmaceutyczne oraz producenci olejów roślinnych i produktów niskotłuszczowych zostali gorącymi zwolennikami koncepcji „Dieta–serce".

Niewiele jednak osób zdaje sobie sprawę z tego, że koncepcja ta zbudowana jest wyłącznie na poszlakach. Jest wiele chorób, których genezę tłumaczy się na podstawie dowodów pośrednich, ale tylko wtedy, kiedy dowody te zmierzają w tym samym kierunku. **W przypadku koncepcji „Dieta–serce" dowody takie nie zmierzają w tym samym kierunku, są mylne i pełne zaprzeczeń.** W praktyce, rezultaty wielu opublikowanych badań medycznych są niezgodne z tezami tej koncepcji.

Rozpowszechnienie tej koncepcji spowodowało, że miliony ludzi stosowały i stosują nadal dietę nudną, pozbawioną smaku i wartości odżywczych, lub cierpiały i cierpią z powodu skutków ubocznych spożywania lekarstw obniżających poziom cholesterolu. Miliardy dolarów zostały wydane na próżno, ponieważ badania naukowe, które będą szczegółowo omówione w następnych rozdziałach, dowodzą, że koncepcja ta jest zupełnie bezwartościowa.

Można z góry powiedzieć, że eksperci medyczni oraz instytucje działające w zakresie ochrony zdrowia będą krytykować tę książkę i jej autora, ponieważ zagraża ona ich prestiżowi. Prawdopodobnie określą autora jako osobę nienaukową i niekompetentną, jak również powiedzą, że wysoko cenione na całym świecie grupy eksperckie zdecydowały, że tezy koncepcji „Dieta–serce" zostały udowodnione poza wszelką wątpliwość.

Jednym z moich zarzutów w stosunku do zwolenników koncepcji „Dieta–serce" jest ich tendencja do wybiórczego traktowania danych. Przyjmują oni za pewnik te dane, które popierają ich punkt widzenia (lub przynajmniej tak twierdzą nie zawsze zgodnie z prawdą), a ignorują dane z tych badań, które im zaprzeczają.

Jeden z takich naukowców oskarżył mnie o wskazywanie tylko na badania, które nie popierają koncepcji „Dieta–serce", a więc o używanie takiej samej techniki, jaką stosują jej zwolennicy. Miał rację. Zapomniał jednak o tym, że jeśli hipoteza naukowa ma mieć solidne podstawy, musi być zgodna ze wszystkimi obserwacjami. Hipoteza naukowa nie jest rywalizacją sportową, w której wygrywa ten, kto zebrał najwięcej punktów. Na wnioskodawcach każdej tezy naukowej spoczywa obowiązek jej udowodnienia. Przeciwnik nie musi proponować rozwiązań alternatywnych, jego zadaniem jest wskazać fałszywe punkty tej hipotezy. **Jeśli jest choćby jeden dowód przeciwko danej hipotezie niezaprzeczalny i oparty na wiarygodnych obserwacjach naukowych, hipoteza taka musi być odrzucona. Koncepcja „Dieta–serce" jest pełna takich stwierdzeń, które udowodniono, że są fałszywe.**

Historia nauki zna wiele takich przypadków, kiedy to atrakcyjne hipotezy musiały być odrzucone, bo okazało się, że są niezgodne z obserwowanymi faktami. Na przykład, kiedyś uważano, że ziemia jest płaska, i że to wokół niej krążą słońce i inne planety, bo patrząc na horyzont na własne oczy można przekonać się, że księżyc i słońce krążą wokół ziemi.

Nasi przodkowie nie wiedzieli, że są w błędzie, ponieważ zjawisko to mogli obserwować tylko gołym okiem, nie znali metody, która pozwoliłaby im na dostrzeżenie prawdy. Podobnie zwolennicy koncepcji „Dieta–serce", mimo że mają stosowne narzędzia badawcze, uznali swoje poglądy za niepodważalne. Dla nich „cholesterolowa Ziemia" jest płaska i … koniec.

A może to tylko jakaś gra? Bo czyż możliwe jest, by naukowcy byli takimi ignorantami? Nie zrozumieli, co czytają lub, co gorzej… bezkrytycznie akceptowali to, co podają autorytety, nie sprawdzając dokładności badań przez te autorytety przeprowadzanych. Niektórzy naukowcy z pewnością musieli się zorientować, że koncepcja „Dieta–serce" jest niesłuszna, a mimo to z różnych powodów zdecydowali się ją popierać.

W polityce i religii błędna hipoteza może być potężniejsza niż armia wojska. W medycynie hipotezy mogą rodzić poważne konsekwencje dla całych populacji, tysięcy i milionów ludzi. Dlatego są takie potężne i ważne.

Spróbujmy przeanalizować koncepcję „Dieta–serce", która na wiele lat zdominowała naukowe umysły i powodowała wiele nieszczęśliwych i pożałowania godnych konsekwencji.

ROZDZIAŁ 1

„DIETA–SERCE" TRUDNA DO ZWALCZENIA HIPOTEZA

Być subiektywnym, to znaczy odczytywać wskazania zegara słonecznego świecąc na niego latarką elektryczną.

Piet Hein

Oskarżenie oparte na złych założeniach

Dlaczego ludzie mają tak różne poziomy cholesterolu we krwi? Dlaczego niektórzy mają poziom niski, a niektórzy wysoki? Odpowiedź proponowana przez dra Ancela Keysa, byłego dyrektora Laboratorium Higieny Fizjologicznej uniwersytetu w Minnesocie, twórcy koncepcji „Dieta–serce", brzmi: „ponieważ spożywają różnego rodzaju tłuszcze".

Początkowo myślano, że każdy tłuszcz jest niezdrowy. Pogląd ten zyskał poparcie współczesnych organizacji zajmujących się ochroną zdrowia. Jednym z podstawowych argumentów dra Keysa było to, że średni poziom cholesterolu jest wysoki w krajach, których mieszkańcy spożywają dużo pożywienia bogatego w tłuszcz, a niski w krajach, których mieszkańcy spożywają mało tłuszczu.

W roku 1958 Keys przedstawił swoją teorię w postaci wykresu, wskazując na związek między spożywanym tłuszczem i poziomem cholesterolu u różnych grup populacji (1a)*. Przez prawie wszystkie punkty, które wyznaczył Keys (rys. 1A), można przeprowadzić linię prostą. Biorąc pod uwagę małą wiarygodność danych związanych z każdym przedstawionym punktem na rys. 1A, efekt ten jest zadziwiający. Tak silna współzależność w naukach medycznych lub biologicznych jest niezwykłym zjawiskiem, ponieważ obserwacje żyjących organizmów są dużo bardziej nieprecyzyjne niż obserwacje w dziedzinie fizyki czy chemii.

* Tu i dalej cyfra w nawiasach w tekście oznacza numer pozycji bibliograficznej w wykazie zamieszczonym na końcu rozdziału.

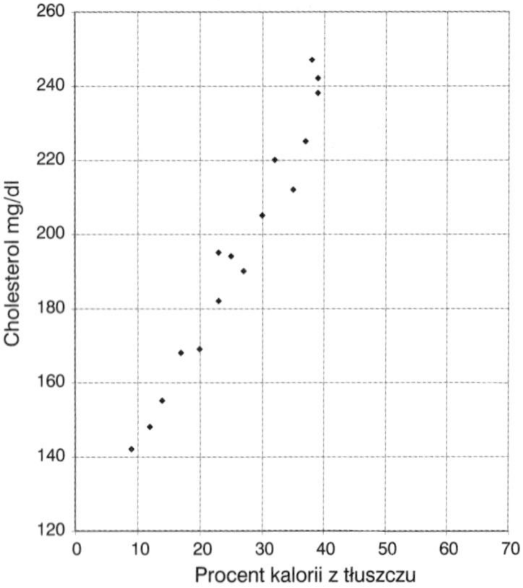

Rys. 1A. Spożycie tłuszczu w różnych populacjach zgodnie z danymi, które wybrał Keys (1a)

Powyższe badania dra Keysa dotyczyły zależności pomiędzy poziomem cholesterolu we krwi a ilością tłuszczu w diecie – nasyconego, jednonienasyconego i wielonienasyconego. W swoich kolejnych badaniach pod nazwą „Siedem Krajów", opublikowanych dwanaście lat później, dr Keys stwierdził, że zależność ta jest znacznie silniejsza, jeśli poziomy cholesterolu odniesie się tylko do spożytych tłuszczów zwierzęcych, a nie do ogólnej ilości spożytego tłuszczu. Powodem tego stwierdzenia było to, że w trakcie badań „Siedem Krajów" dr Keys nie znalazł żadnego związku między poziomem cholesterolu i ogólnym spożyciem tłuszczu.

W takim razie dlaczego w swoich pierwszych badaniach dr Keys swierdził tak silną zależność między całkowitym spożyciem tłuszczu i cholesterolem, podczas gdy w badaniach „Siedmiu Krajów" nie znalazł żadnego związku? Po części dlatego, że w swoich pierwszych badaniach skorzystał on z metody używanej przez wielu naukowców w tej dziedzinie, która mówi: „ignoruj zaprzeczające dowody". Dr Keys zignorował dowody zaprzeczające jego teorii, wykluczając te grupy populacji, które nie pasowały do jego teorii. Co więcej, w jego artykule próżno szukać odnośników do omawianych badań naukowych.

Na rys. 1B do wykresu dra Keysa dodałem kilka punktów, które wynikają z obserwacji, a które całkowicie obalają jego teorię. Obserwacji takich jest znacznie więcej i w następnych rozdziałach opiszę kilka z nich.

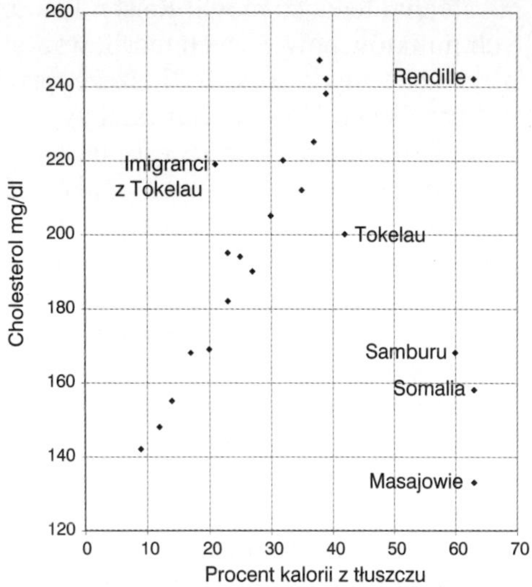

Rys. 1B. Rysunek 1A, po uwzględnieniu danych zignorowanych przez dra Keysa (1b)

Dr Keys z czasem zmienił swój sposób myślenia dotyczący tłuszczów. Uznał, że złoczyńcą jest tłuszcz nasycony, ponieważ tłuszcz nasycony podnosi poziom cholesterolu, podczas gdy tłuszcz wielonienasycony go obniża. Używając zawiłych matematycznych manipulacji i obliczeń do opracowania badań laboratoryjnych – łącznie z jego własnymi – Keys stworzył wzór, który pozwalał przewidzieć, co się będzie działo z poziomem cholesterolu zależnie od zastosowanej diety. Zgodnie z tym właśnie wzorem poziom cholesterolu wzrasta po spożyciu tłuszczu nasyconego i zmniejsza się po spożyciu dużej ilości tłuszczów wielonienasyconych, które są głównym tłuszczem większości olejów roślinnych.

Raymond Reiser, amerykański profesor biochemii, był pierwszym naukowcem, który zakwestionował związek między tłuszczem nasyconym i cholesterolem. Po opublikowaniu przez Keysa artykułu o złowrogim wpływie tłuszczu nasyconego, Reiser przeprowadził dokładny przegląd 40 różnych badań z tej dziedziny i wykazał błędy interpretacyjne i metodologiczne, które doprowadziły do demonizacji masła i boczku (2). Okazało się, że zamiast naturalnego tłuszczu nasyconego wielu badaczy używało oleju roślinnego nasyconego przez uwodornienie, w procesie, w którym powstają tłuszcze typu trans, powodujące wzrost poziomu cholesterolu. W dodatku naukowcy przypisują tłuszczom negatywny efekt, który jakoby wywierają one na cholesterol, podczas gdy ten efekt mógł też być spowodowany tłuszczami wielonienasyconymi.

Nikt jednak nie słuchał tego, co mówił Reiser. Pomimo wskazanych przez niego słabych punktów powyższych teorii, wszystkie organizacje ochrony zdrowia zgadzają się do dziś, że tłuszcze nasycone podnoszą poziom cholesterolu we krwi. Niestety ten „święty" postulat jest równie prawdziwy jak twierdzenie, że ziemia jest płaska.

Zgodnie ze zdaniem wielu współczesnych naukowców działających w tej dziedzinie, jednonienasycone, a szczególnie wielonienasycone kwasy tłuszczowe mogą obniżyć poziom cholesterolu, podczas gdy nienasycone tłuszcze typu trans mogą go podwyższyć, w związku z tym są „tak samo szkodliwe jak tłuszcze nasycone". Jednakże zaledwie w niewielu badaniach naukowcy użyli tłuszczów nasyconych jako jedynej zmiennej. Kiedy zmieniali ilość spożywanego tłuszczu nasyconego, żeby zaobserwować jego wpływ na poziom cholesterolu, zmieniali również spożycie tłuszczu jednonienasyconego lub wielonienasyconego, lub obu razem, głównie w kierunku przeciwnym. Co gorsza, niewiele z tych badań zajęło się wpływem tłuszczów typu *trans* (nienaturalna postać tłuszczu, znajdującego się głównie w margarynie). Dojście, na podstawie takich badań, do wiążących konkluzji dotyczących wpływu tłuszczu nasyconego na poziom cholesterolu we krwi jest po prostu niemożliwe. Mimo to naukowcy z przekonaniem cytują te badania jako dowód na to, że tłuszcze nasycone są szkodliwe.

Zamiast jednak rozważać, co dzieje się z cholesterolem w laboratoriach naukowców, popatrzmy, co dzieje się z nim w rzeczywistym świecie, w organizmach ludzi. Jeśli tłuszcze nasycone powodują wzrost poziomu cholesterolu, ludzie, którzy jedzą dużo produktów bogatych w ten typ tłuszczu, powinni mieć wysoki cholesterol. W rzeczywistości, w wielu przypadkach jest zupełnie odwrotnie.

Wielbłądy, krowy i cholesterol

Dwie populacje, o których Keys nie wspomniał w swoich badaniach, to Masajowie i Samburowie, szczepy afrykańskie, których pożywienie składa się prawie wyłącznie z mięsa i mleka krów sebu (3). Przy czym mleko krowy sebu jest znacznie bardziej tłuste niż mleko krowy Holstein, rasy najbardziej popularnej w USA. Mimo ich wysokotłuszczowej diety poziom cholesterolu u populacji Masajów i Samburów jest najniższy na świecie. Dlaczego Keys nie uwzględnił tych populacji na swoim wykresie?

Pasterze w Somalii nie jedzą nic oprócz mleka swoich wielbłądów. Wypijają go około półtora galona dziennie (ok. 7 litrów), co dostarcza im ok. 0,5 kg masła, ponieważ mleko wielbłąda zawiera dużo więcej tłuszczu niż mleko krowy. Mimo że ponad 60% ich zapotrzebowania energetycznego jest pokrywane przez tłuszcz zwierzęcy, średni poziom cholesterolu stwierdzony w tej populacji wynosi około 150 mg/ml, a więc znacznie mniej niż u większości ludzi Zachodu. Dlaczego somalijscy pasterze nie znaleźli się na wykresie Keysa?

Cholesterol i olej kokosowy

Inne dane, które zaprzeczają teorii Keysa, zebrał dr Ian Prior i jego zespół z Wellington w Nowej Zelandii, którzy obserwowali ludność zamieszkałą na wyspach Tokelau i na atolu Pukapuka (5), gdzie podstawowym pożywieniem jest przygotowywany na wiele różnych sposobów orzech kokosowy. Dodatkowo, mieszkańcy Tokelau i Pukapuka jedzą owoce morza i mięso kurze. Orzechy kokosowe zawierają dużo oleju kokosowego. W odróżnieniu od innych olejów roślinnych, olej kokosowy jest bardzo bogaty w tłuszcze nasycone i jest bardziej nasycony niż tłuszcz zwierzęcy.

Na wyspach Tokelau ilość spożywanego tłuszczu nasyconego była prawie dwa razy większa niż u mieszkańców atolu Pukapuka oraz większa niż w USA, podczas gdy spożycie tłuszczów wielonienasyconych (innych olejów roślinnych) było niskie na obu wyspach.

Poziom cholesterolu u mieszkańców Tokelau był wyższy niż u mieszkańców Pukapuka, tak jak przewidziano w modelu „Dieta–serce", ale był co najmniej 20% niższy niż wynikałoby z obliczeń Keysa, gdyby były poprawne. Najbardziej jednak interesująca część badań dra Priora ujawniła się dopiero później. W 1966 r. huragan zniszczył większość palm kokosowych na tych wyspach. Wyspy nie mogły już zapewnić odpowiedniej ilości pożywienia swoim mieszkańcom i około tysiąca mieszkańców wysp Tokelau wyemigrowało do Nowej Zelandii. W Nowej Zelandii ich sposób żywienia uległ drastycznej zmianie – liczba kalorii pochodzących z tłuszczu nasyconego zmniejszyła się o połowę, podczas gdy spożycie tłuszczów wielonienasyconych nieco wzrosło.

Powstała idealna okazja do udowodnienia słuszności koncepcji „Dieta–serce", ale rezultaty tej naturalnej zmiany zwyczajów żywieniowych mieszkańców Tokelau nie przyniosły takich efektów, jakich się spodziewano. Zamiast spaść, jak oczekiwano, poziom cholesterolu u dawnych mieszkańców Tokelau wzrósł o około 10% (tabela 1A).

Wyszczególnienie	Tokelau	Nowa Zelandia
Procent energii z:		
tłuszczu nasyconego	45	21
tłuszczu wielonienasyconego	3	4
Cholesterol (w mg/dl)		
mężczyźni	195	219
kobiety	213	225

Tabela 1A. Zawartość tłuszczu w pożywieniu mieszkańców Tokelau i emigrantów z Tokelau w Nowej Zelandii oraz ich poziomy cholesterolu (5)

W takim razie, albo było coś w środowisku lub stylu życia w Nowej Zelandii, co miało tak duży wpływ na emigrantów z wysp Tokelau i spowodowało u nich wzrost poziomu cholesterolu, mimo że spożywali tłuszczów nasyconych o połowę mniej niż wcześniej, lub też tłuszcze nasycone nie powodują, tak jak się twierdzi, podwyższenia poziomu cholesterolu.

Dlaczego Keys nie uwzględnił ludności z Wysp Południa na swoim wykresie? Powodem było to, że podobnie jak większość naukowców z tej dziedziny, nie uwzględniał wyników, które nie pasowały do jego hipotezy. Nie jest to odosobniony sposób postępowania. Wkrótce przytoczymy jeszcze więcej przykładów tego typu z naukowego punktu widzenia nagannego podchodzenia do badań.

Nie ma wątpliwości, że nasze zwyczaje żywieniowe mogą zmienić poziom cholesterolu we krwi. Zostało to wykazane w wielu badaniach dotyczących diet. Ekstremalny rodzaj diety może zmienić poziom cholesterolu o około 10 %; bardziej przyjemna w smaku dieta tylko kilka procent (7).

W tym miejscu pojawia się jednak pewien paradoks. Mimo że w badaniach klinicznych można zmienić nieco poziom cholesterolu we krwi przez zmianę diety, to jednak nie można znaleźć jakiegokolwiek związku między dietą a poziomem cholesterolu u osób, które nie uczestniczą w tego typu eksperymentach medycznych. Innymi słowy, u osób, które odżywiają się normalnie, tj. które nie słuchają rad lekarzy czy dietetyków, nie występuje żaden związek między ilością zjadanego tłuszczu nasyconego, a poziomem cholesterolu w ich krwi.

Jeśli koncepcja „Dieta–serce" miałaby być prawdziwa, to osoby, które spożywają duże ilości tłuszczów zwierzęcych, miałyby wyższy poziom cholesterolu niż te, które spożywają ich mało, oraz ci, którzy spożywają mniej tłuszczów roślinnych, mieliby wyższy poziom cholesterolu niż ci, którzy tłuszczów roślinnych spożywają więcej. Jeśli nie jest to prawdą, nie ma powodu manipulować naszą dietą. A nawet jeśli to jest prawdą, nadal nie ma powodu do interwencji dietetycznej, ponieważ – jak to będzie wykazane w rozdziale 3 – wysoki poziom cholesterolu nie jest przyczyną chorób serca.

Licząc pieniądze i ważąc jedzenie

We wczesnych latach 50-tych, we Framingham, powstał pierwszy projekt badawczy dotyczący związku między poziomem cholesterolu a chorobami serca. Uwzględniono w nim dokładną analizę stosowanej przez uczestników projektu diety. Prawie 1000 uczestników dokładnie określiło swoje zwyczaje żywieniowe, jednak naukowcy nie byli w stanie wykazać związku między składem ich pożywienia a poziomem cholesterolu we krwi. **Doktorzy Willam Kannel i Tavia Gordon, autorzy raportu końcowego, w podsumowaniu napisali: „Wyniki badań wskazują na potrzebę zachowania pewnej ostrożności co do hipotezy łączącej dietę z poziomem cholesterolu w surowicy krwi. Poziom cholesterolu w grupie badań z Framingham wahał się w szerokim zakresie. Tak dużą zmienność poziomu cholesterolu u poszczególnych osób można zapewne wyjaśnić, ale wyjaśnieniem tym nie jest dieta".**

Z nieznanych powodów rezultaty tych badań nigdy nie zostały opublikowane. Rękopis tych badań ciągle leży w podziemnych archiwach, gdzieś w Waszyngtonie.

Podobne badania zostały przeprowadzone przez naukowców z Uniwersytetu Michigan w małym amerykańskim miasteczku Tecumseh, w stanie Michigan. Kierownikiem tych badań był dr Allen Nicholas. Doświadczeni dietetycy zapytali ponad 2000 osób, co jedli w ciągu ostatnich 24 godzin. Dietetycy dokładnie wypytali te osoby o składniki pożywienia, przeanalizowali przepisy spożywanych dań domowych, poświęcili też dużo wysiłku i czasu na określenie, jakiego dokładnie używano tłuszczu. Przeprowadzono dokładne obliczenia na podstawie danych dotyczących 3000 produktów żywnościowych używanych przez Amerykanów. Naukowcy podzielili uczestników badań na trzy grupy według ich poziomów cholesterolu: wysoki, średni i niski. Okazało się, że nie znaleziono żadnej różnicy w ilości każdej z kategorii produktów żywnościowych pomiędzy poszczególnymi grupami badawczymi. Na szczególną uwagę zasługuje ponadto fakt, że grupa z niskim poziomem cholesterolu spożywała taką samą ilość tłuszczu nasyconego jak grupa, która miał wysoki poziom cholesterolu (9).

Badania dra Nicholasa dotyczyły tylko dorosłych, jednak żadnego związku nie znaleziono również w badaniach wśród dzieci. W słynnej klinice Mayo w Rochester, w Minnesocie, dr William Weidman i jego zespół przeanalizowali dietę około 100 dzieci w wieku szkolnym. Stwierdzono bardzo duże różnice w ilościach poszczególnych produktów spożywanych przez te dzieci oraz duże różnice w poziomach ich cholesterolu.

Nie znaleziono jednak nawet najmniejszego powiązania między tymi dwoma parametrami. Dzieci, które spożywały dużą ilość tłuszczów zwierzęcych, miały tyle samo cholesterolu we krwi co dzieci, które spożywały ich bardzo mało (10). Podobne badania na grupie 185 dzieci w Nowym Orleanie, tzw. badania Bogalusa Harta, dały te same wyniki (11).

Nawet jeśli naukowcy poświecą mnóstwo czasu na zbieranie dokładnych danych od poszczególnych osób i grup, zebrane informacje są oczywiście niepewne. Kto bardzo dokładnie pamięta, co jadł w czasie ostatnich 24 godzin? Ponadto dieta z ostatnich 24 godzin może różnić się od zwykle stosowanej diety. Lepszy rezultat można osiągnąć, obserwując dietę w ciągu kilku dni, a najlepiej w czasie różnych pór roku. W Londynie prof. Jeremy Morris i jego zespół właśnie tak zrobili, prosząc 99 urzędników w średnim wieku w jednym z banków o zapisywanie, co i ile jedzą (12).

Czy ktoś z nas miał kiedykolwiek okazję negocjować coś w banku? Być może mogłoby się to udać z którymś kierownikiem, ale nie z panią w okienku kasowym. Jeśli ktoś miałby być precyzyjny w liczeniu czegokolwiek, to właśnie ci pracownicy bankowi, którzy siedzą przy okienkach w banku i z niezwykłą dokładnością liczą każdy grosik.

Tak więc 99 pracowników banku poproszono, aby w domu zważyli dosłownie każdy kęs, którzy spożywają w ciągu tygodnia. Jednak nawet tak precyzyjna metoda nie ujawniła żadnego związku między pożywieniem, które zjadali, a poziomem cholesterolu w ich krwi.

Żeby się jednak upewnić, że wyniki te są zgodne z prawdą, w późniejszym terminie, 76 pracowników banku jeszcze raz powtórzyło tę samą procedurę przez okres jednego tygodnia. Ponownie, żadnego związku między dietą a poziomem cholesterolu nie stwierdzono.

Żeby być już absolutnie pewnym, naukowcy wyselekcjonowali grupę pracowników, których zapiski były szczególnie dokładne. Znowu nie znaleziono żadnej zależności.

Przyjrzyjmy się Finlandii

Finowie, średnio, mają najwyższy poziom cholesterolu we krwi na świecie. Zgodnie z teorią zwolenników koncepcji „Dieta–serce" jest to spowodowane żywnością bogatą w tłuszcze. Jednak związek ten nie jest taki prosty. Wykazał to dr Rolf Kroneld i jego zespół z uniwersytetu w Turku (13). Przeprowadzono badania na wszystkich mieszkańcach osady Iniö koło Turku oraz na dwukrotnie większej grupie losowo wybranych mieszkańców z tej samej grupy wiekowej i płci z dwóch innych miejscowości w północnej Karelii i w Finlandii południowo-zachodniej.

W Iniö akcja przeciwcholesterolowa była prowadzona już od jakiegoś czasu. Spożycie margaryny było tam dwukrotnie większe, a spożycie masła zmniejszyło się o połowę w stosunku do innych rejonów Finlandii. Co więcej, ludność Iniö preferowała mleko odtłuszczone bardziej niż mleko pełne, podczas gdy mieszkańcy innych rejonów woleli jednak mleko pełne.

Mimo to najwyższy poziom cholesterolu mieli mieszkańcy... Iniö.

Średnia wartość poziomu cholesterolu wśród mężczyzn z Iniö wynosiła 283mg/dl w porównaniu z 239 mg/dl i 243 mg/dl z innych rejonów. Wśród kobiet, różnice te były jeszcze większe.

Kwestie sporne

Czy manipulowanie dietą ludzi jest rozsądne, skoro to, co spożywają nie ma żadnego wpływu na poziom cholesterolu w ich krwi? No i jak te negatywne rezultaty przytoczonych wyżej badań wytłumaczą ci, którzy uważają, że pokarmy bogate w tłuszcz są niebezpieczne dla zdrowia?

Najczęściej tłumaczą to tym, że informacje dotyczące zwyczajów żywieniowych są niedokładne. I tak jest. Jednak zarzut ten nie zawsze jest przedstawiany. Jak przeczytamy w rozdziale 2, zarzut ten nigdy nie był stawiany w stosunku do badań, w których wykazywano istnienie związku między spożyciem tłuszczu a śmiertelnością w różnych krajach, mimo że stopień niepewności danych w tych badaniach był znacznie wyższy niż w innych. W badaniach tych naukowcy nie zbierali informacji dietetycznych na podstawie rozmów czy też odpowiednich formularzy, zwracali tylko uwagę na coś, co nazwano „dane produktów sprzedanych" i używali tylko szacunkowych danych dotyczących średniego spożycia tłuszczu na podstawie bardzo niedokładnego założenia, że to, co zostało przez ludzi kupione, na pewno zostało spożyte. Wyniki badań oparte na tak niedokładnej ewidencji powinny być traktowane z największą ostrożnością. Ale zwolennicy koncepcji „Dieta–serce" bezkrytycznie przyklaskują badaczom, którzy ich teorie popierają.

Dr Nichols i jego zespól z Tecumseh (9) stwierdzili, że „rozkład ilości dziennego spożycia całkowitego tłuszczu, tłuszczu nasyconego oraz cholesterolu u uczestników badań był bardzo zróżnicowany". I rzeczywiście był: u około 15% mężczyzn mniej niż 12,8% kalorii pochodziło z tłuszczu zwierzęcego oraz u około 15% mężczyzn więcej niż 20% kalorii pochodziło z tłuszczu zwierzęcego.

Rozważmy teraz cel, jaki został postawiony przez „Narodowy program edukacji o cholesterolu", którym jest obniżenie konsumpcji przez Amerykanów tłuszczu zwierzęcego do około 10 % ich całkowitego zapotrzebowania kalorycznego. Prawie 15 % uczestników badań w Tecumseh spożywało już bardzo mało tłuszczu zwierzęcego, a mimo to naukowcy nie zauważyli żadnej różnicy między poziomem cholesterolu u nich i u tych, którzy spożywali go dużo. Czy w związku z tym ma sens zalecanie tak drastycznej redukcji spożycia tłuszczu zwierzęcego, jeśli poziom cholesterolu u dietetycznych ascetów jest tak samo wysoki jak i u obżartuchów?

Badania przeprowadzone przez klinikę Mayo wykazały również szeroki zakres ilości konsumowanego tłuszczu. Najniższe spożycie wynosiło 15 g dziennie (mniej niż 10% spożywanych kalorii), a najwyższe 60 g dziennie.

W Jerozolimie, zespół naukowców pod kierownictwem dra Harolda Kahna zbadał dietę i poziom cholesterolu u 10 000 izraelskich urzędników państwowych. Zwyczaje żywieniowe mieszkańców Izraela znacznie się różniły od diet ludzi z Europy, Azji i Afryki. Spożycie tłuszczu zwierzęcego wahało się od 10 g do 200 g dziennie, jak również występowały znaczne wahania w poziomach cholesterolu (14).

Jeśli spożycie tłuszczu zwierzęcego miałoby mieć wpływ na poziom cholesterolu, to na podstawie badań tak dużej liczby ludzi, o tak dużej zmienności poziomów cholesterolu i zwyczajów żywieniowych, byłoby możliwe określenie przynajmniej jakiegoś związku między tymi parametrami. Jednakże w badaniach w Izraelu naukowcy nie znaleźli takiego związku. Szczególnie niski poziom cholesterolu zauważono zarówno u ludzi, którzy spożywali małe ilości tłuszczu zwierzęcego, jak i u tych, którzy spożywali go dużo, a wysokie poziomy cholesterolu stwierdzono przy wszystkich poziomach spożycia tłuszczu zwierzęcego.

Naukowcy z Izraela sprawdzali i analizowali jakość różnego rodzaju badań dotyczących diet. W wielu badaniach brano pod uwagę dane tylko z jednego okresu – 24 godzin. Nawet jeśli takie dane były dokładne, to mogły nie być reprezentatywne dla zwyczajów żywieniowych w ciągu roku, a co dopiero w okresie całego życia. Izraelscy naukowcy stwierdzili, że najlepsza jakość danych pochodziła z analiz przeprowadzanych przez kilka dni, w różnych porach roku, tj. zgodnie z metodą zastosowaną w badaniach wśród pracowników banku. Używając tej bardzo czasochłonnej i kosztownej metody, w badaniu mniejszej liczby uczestników, tj. 62 osób, naukowcy z Izraela nie znaleźli żadnej korelacji. Współczynnik korelacji między spożyciem tłuszczu zwierzęcego i poziomem cholesterolu we krwi wynosił 0,0 (15).

Wegetarianie zazwyczaj, ale z pewnością nie wszyscy, spożywają małe ilości tłuszczów zwierzęcych i mają niższy poziom cholesterolu niż inni ludzie. Wegetarianie jednak różnią się od reszty populacji również pod innymi względami niż tylko dietetyczne. Zazwyczaj są to ludzie bardziej zainteresowani swoim zdrowiem, zazwyczaj palą mniej papierosów, zazwyczaj mniej ważą i ćwiczą częściej niż inni ludzie. Tak naprawdę nie wiadomo czy to dieta, czy też inne czynniki związane ze stylem życia obniżają u nich poziom cholesterolu.

Fakt, że w warunkach laboratoryjnych i w badaniach klinicznych występuje związek między poziomem cholesterolu i spożyciem tłuszczu, a nie występuje u ludzi, którym dietetycy czy naukowcy nie wtrącają się do ich zwyczajów żywieniowych, można w łatwy sposób wytłumaczyć. Na poziom cholesterolu mają wpływ czynniki znacznie silniejsze niż dieta. Jeśli te czynniki w warunkach laboratoryjnych czy eksperymentach klinicznych utrzymywane byłyby na mniej więcej tym samym poziomie, wtedy można byłoby dojść do wniosku, że sama dieta ma wpływ na poziom cholesterolu we krwi.

Pojawia się jednak istotne pytanie: czy obniżenie poziomu cholesterolu samą dietą jest stałe w czasie? Nasz organizm ma tendencję do utrzymywania stałego poziomu cholesterolu. Wspomniane wyżej eksperymenty dietetyczne trwały co najwyżej tylko kilka miesięcy. Mechanizmy sterujące poziomem cholesterolu u człowieka prawdopodobnie potrzebują więcej czasu na to, by zaadaptować się do zwiększonej podaży tłuszczu, różniącej się od normalnej dla danego człowieka. Przez miliony lat ssaki, a więc i człowiek też, wytworzyły mechanizmy utrzymywania homeostazy, a więc zapobiegania nienormalnym zmianom wszystkich składników krwi. Na przykład: ilość soli i wody w organizmie są regulowane tak, aby pozostawały w bardzo wąskim zakresie, ponieważ nawet małe odchylenia mogą wywierać duży wpływ na funkcjonowanie całego organizmu. Ponieważ też duże zmiany w ilościach innych substancji, takich jak tłuszcz czy białko, nie grożą poważnymi konsekwencjami w krótkim czasie, adaptacja do nich jest procesem powolnym. Jednak po odpowiednio długim czasie takie zmiany mogą być zniwelowane, co zostało udowodnione wśród Masajów, plemienia Samburów czy pasterzy somalijskich i w wielu innych populacjach.

Niespodzianki i zaskoczenia

W ciągu ostatnich kilku lat niektórzy mądrzy i odważni lekarze w USA, a również w innych krajach, wprowadzili nową koncepcję dotyczącą redukcji wagi i leczenia cukrzycy typu 2-giego. Główną jej zasadą jest zamiana w diecie węglowodanów na tłuszcz. Unikając chleba, ziemniaków, ciast, ciastek, słodyczy i napojów gazowanych uczestnicy takich eksperymentów osiągnęli zadziwiające rezultaty. Jednym z nich było to, że nawet kiedy w diecie 20-50% kalorii pochodziło z tłuszczów nasyconych, tj. do 6 razy więcej niż oficjalne zalecenia, uczestnicy badań nie cierpieli z powodu jakichkolwiek skutków ubocznych, będących „poważnym" efektem wysokiego poziomu lipidów we krwi. Wręcz przeciwnie, cholesterol całkowity i LDL pozostały niezmienione, „dobry" cholesterol (HDL) nieco wzrósł i we wszystkich badaniach „złe" trójglicerydy znacznie obniżyły się (18-23). W tabeli 1B podsumowano wpływ diety niskowęglowodanowej na poziom lipidów krwi.

Autorzy	Czas trwania eksperymentu	Tłuszcz nasycony w % kalorii	Cholesterol całkowity	LDL	HDL
Noakes (16)	12 tygodni	18	bez zmian	bez zmian	bez zmian
Meckling (17)	10 tygodni	20	bez zmian	bez zmian	w górę
Sondike (18)	12 tygodni	22	bez zmian	bez zmian	bez zmian
Sharman (19)	6 tygodni	25	bez zmian	bez zmian	bez zmian
Hays (20)	52 tygodni	50	bez zmian	bez zmian	bez zmian
Westman (21)	6 miesięcy	bez ograniczeń	w dół	w dół	
Foster (22)	12 miesięcy	bez ograniczeń	bez zmian	bez zmian	w górę
Yancy (23)	24 tygodnie	bez ograniczeń	w dół	bez zmian	w górę
Seshadri (24)	6 miesięcy	bez ograniczeń	bez zmian	bez zmian	bez zmian
Brehm (25)	4 miesiące	bez ograniczeń	bez zmian	bez zmian	w górę

Tabela 1B. Wpływ diety niskowęglowodanowej, wysokotłuszczowej, na poziom lipidów krwi w dziesięciu eksperymentach u pacjentów z nadwagą

Cholesterol w pożywieniu nie zwiększa poziomu cholesterolu we krwi

Czytelnicy, którzy znają przynajmniej podstawy biochemii, prawdopodobnie dziwią się, dlaczego tak dużo piszę o tłuszczach nasyconych. Mają rację dziwiąc się temu. Przecież hipoteza dotycząca cholesterolu dotyczy jego poziomu we krwi, a nie stężenia nasyconych kwasów tłuszczowych. Co więcej, nie ma żadnego połączenia biochemicznego między tłuszczem nasyconym i cholesterolem. Cząsteczki potrzebne do wytworzenia cholesterolu pochodzą z węglowodanów, a nie z tłuszczu. Dlatego też, jeśli wysoki poziom cholesterolu jest problemem, powinniśmy najbardziej zwracać uwagę na to, ile cholesterolu spożywamy, a nie ile spożywamy tłuszczu. Jeśli spożywamy dużo cholesterolu, to czy poziom cholesterolu w naszej krwi wzrasta?

Czy ograniczyliście już spożycie dzienne jajek, najbogatszego źródła cholesterolu w naszych produktach spożywczych? Czy przeszukujecie półki w supermarketach, szukając produktów spożywczych pozbawionych cholesterolu? Jeśli tak, to następujące stwierdzenie może być albo denerwujące, albo pozwoli na oddech ulgi: cholesterol w pożywieniu ma niewielki wpływ na poziom cholesterolu we krwi, jeśli ma jakikolwiek w ogóle.

Nawet najbardziej zaciekli zwolennicy koncepcji „Dieta–serce" uznają ten fakt, ale publicznie milczą, ponieważ jak u licha promować koncepcję, że wysoki poziom cholesterolu jest szkodliwy, pozwalając jednocześnie spożywać tyle cholesterolu, ile się chce? Prawdą jest to, że cholesterol zawarty w produktach żywnościowych nie może wpłynąć na poziom cholesterolu we krwi bardziej niż zaledwie o kilka punktów procentowych. Wiele badań wykazało, że u osób żywiących się zgodnie z tradycyjną dietą zachodnią, efekt spożywania dwóch lub trzech jajek dziennie przez długi czas jest prawie niemożliwy do zmierzenia (7).

Innym sposobem badania zależności poziomu cholesterolu od diety jest zapytanie dużej liczby osób o ich codzienne zwyczaje żywieniowe i porównanie tych informacji z poziomem cholesterolu w ich krwi. Niektóre z wcześniej wspomnianych badań, np. badania z Tecumseh (9) czy z kliniki Mayo (10), jak i badania, które przeprowadził prof. Morris wśród niezwykle dokładnie notujących szczegóły swojej diety urzędników bankowych (12), również zawierały analizę dziennej ilości cholesterolu spożywanego przez uczestników badań. Żadne z badań nie wykazało jednak jakiegokolwiek związku między ilością spożywanego cholesterolu a poziomem cholesterolu we krwi. A nawet w dwóch takich badaniach (9,10) okazało się, że ci, którzy spożywali najmniejszą ilość cholesterolu, mieli najwyższy jego poziom we krwi. Różnice były małe i nie osiągnęły wartości, które w badaniach naukowych nazywamy „statystycznie istotnymi".

Żeby przekonać się, jak spożycie jajek wpływa na poziom cholesterolu, użyłem własnej osoby jako królika doświadczalnego, nie pytając o zdanie komitetów etyki z jakiegokolwiek uniwersytetu. Przed i w czasie trwania eksperymentu badałem sobie poziom cholesterolu we krwi. Do tej pory zawyczaj spożywałem jedno lub dwa jajka dziennie. Poziom cholesterolu na początku eksperymentu wynosił 278 mg/dl, i miał wartość bardzo zbliżoną do tej, którą miałem dziesięć lat wcześniej. Wyniki mojego eksperymentu pokazałem w tabeli 1 C.

Dzień	Liczba spożytych jajek	Cholesterol w mg/dl
0	1	278
1	4	–
2	6	–
3	8	266
4	8	264
5	8	264
6	8	257
7	8	274
8	8	246

Tabela 1C. Spożycie jajek i poziomy cholesterolu u jednego sceptycznie nastawionego lekarza ze Szwecji

Dane z mojego „odważnego" eksperymentu pokazują, że poziom mojego cholesterolu zamiast wzrosnąć trochę się zmniejszył, mimo że spożywałem 2, a nawet 3 razy więcej cholesterolu niż mój organizm go normalnie produkował. Dlaczego więc poziom mojego cholesterolu nie zwiększył się?

Oczywiście należy zachować ostrożność, wyciągając wnioski na podstawie eksperymentu na jednej osobie. Niemniej jednak nie jest zabronione trochę się nad tym zastanowić. Przecież osiem jajek dziennie to raczej spora ilość cholesterolu.

Najprawdopodobniej żadnej zmiany poziomu cholesterolu nie było. Pomiary poziomu cholesterolu we krwi nie są tak dokładne jak pomiary wagi czy wzrostu. Jeśli weźmie się dużą próbkę krwi, rozleje się ją do dziesięciu probówek i zmierzy się poziom cholesterolu w każdej z nich, to prawdopodobnie otrzymamy dziesięć różnych wartości. Różnica między wartością najmniejszą a największą może wynosić 15%, a nawet więcej, mimo że rzeczywiste stężenie we wszystkich próbkach jest oczywiście identyczne. Różnice wynikają z niedokładności pomiaru. Normalne wahania poziomu cholesterolu w ciągu dnia sprawiają, że jeszcze trudniej otrzymać dokładny pomiar. Tak więc, niewielkie obniżenie się poziomu mojego cholesterolu mogło wynikać z mało precyzyjnego pomiaru.

Wiemy jednak na pewno, że kiedy spożyjemy dużo cholesterolu, nasze komórki zwalniają tempo jego produkcji. Nadmiar cholesterolu jest tymczasowo zmagazynowany w wątrobie, a część zostaje wydalona z żółcią. W moim przypadku mechanizmy kontrolne zadziałały tak efektywnie, że poziom cholesterolu w mojej krwi nie wzrósł, mimo ośmiokrotnie zwiększonej jego dziennej konsumpcji. Być może poziom mojego cholesterolu w końcu by wzrósł, jeśli mój eksperyment kontynuowałbym dalej, ale nawet jeśli jajka są dobre i pożywne, to kto chciałby jeść osiem jajek dziennie?

Nie reagując na bodziec

Zwolennicy koncepcji „Dieta–serce" argumentowaliby, że jestem kimś, kogo nazywają „non-responder", tzn. osobnik nie reagujący na bodziec. Ten punkt widzenia zakłada, że niektórzy ludzie są zdolni do utrzymywania tego samego poziomu cholesterolu we krwi nawet po spożyciu jego dużej ilości. Być może, ale w takim przypadku większość ludzi należy właśnie do tych nie reagujących na bodziec. Można tak wywnioskować z badań, jakie przeprowadził dr Martin B. Katan i jego zespół z Wydziału Żywienia Człowieka, Uniwersytetu Rolniczego w De Dreijen Holandii (26). Naukowcy ci rozpoczęli badania od podania 94 osobom ubogiej w cholesterol diety w ciągu dwóch tygodni, a następnie podawali dietę bogatą w cholesterol (500 mg cholesterolu dodatkowo dziennie) przez następne dwa tygodnie. U 23 osób, nazwanych nadwrażliwymi („hyper-responders") poziom cholesterolu wzrósł o 11 do 42%, podczas gdy u 18 osób nazwanych niewrażliwymi („hypo-responders") poziom cholesterolu zmieniał się od spadku (!) o 11% do wzrostu o 4 %. Te dwie grupy („hypo-" i „hyper-responders") brały udział w drugim, trwającym dwa tygodnie eksperymencie, ponownie stosując dietę bogatą w cholesterol. Tym razem jednak ich poziomy cholesterolu zmieniały się tylko trochę, około 3%, i ta zmiana była prawie taka sama w każdej grupie. W związku z tym eksperyment ten nie potwierdził teorii o „hypo-" i „hyper-responders".

Zdumieni i zawiedzeni tymi wynikami naukowcy postanowili przeprowadzić jeszcze jeden eksperyment, tym razem podając uczestnikom w pożywieniu prawie jeden gram cholesterolu dziennie i przez trzy tygodnie, a nie przez dwa. Tym razem otrzymali wyniki, które chcieli otrzymać. Poziom cholesterolu wzrósł w grupie osób mało wrażliwych o 9% , a wśród osób bardziej wrażliwych o 16%. Zauważono jednak dużą zmienność między poszczególnymi osobami. Jak sami autorzy zauważyli „spora liczba osób, które wydawały się bardziej wrażliwe w czasie pierwszego eksperymentu, okazała się być mało wrażliwa w czasie eksperymentu drugiego".

Żeby otrzymać znaczną różnicę między tymi dwoma grupami, naukowcy odwołali się do statystycznego, jednostronnego „testu T". Jest on mało wiarygodny i nie jest akceptowany przez naukowców w przypadku badań, w których oczekiwane wyniki mogą zmierzać w różnych kierunkach. W tym przypadku wyniki z pewnością poszły w przeciwnych kierunkach. W takiej sytuacji, kontynuując badania, w końcu za którymś razem uzyska się wynik odpowiadający postawionej hipotezie, ponieważ wcześniej czy później zwykły przypadek spowoduje osiągnięcie tego oczekiwanego rezultatu. Wyjaśnieniem tego zjawiska jest oczywiście dobry przyjaciel naukowców – Pan Przypadek.

Cholesterol spożywany w diecie ma marginalny wpływ na poziom cholesterolu we krwi. Dlaczego? Ponieważ nasz organizm steruje produkcją cholesterolu zgodnie z jego potrzebami. **Kiedy spożyjemy dużo cholesterolu, jego produkcja przez nasz organizm spada, a kiedy spożywamy go mniej – wzrasta.**

Nawet jeśli spożywany tłuszcz nasycony czy cholesterol podnoszą nieco poziom cholesterolu we krwi, to efekt ten nie ma większego znaczenia – jest to coś, co naukowcy nazywają „wynikiem zastępczym". Pytaniem zasadniczym jest to, czy duże spożycie tłuszczu nasyconego prowadzi do chorób serca i czy można zapobiec takim chorobom przez obniżenie jego spożycia? Odpowiedzią na to pytanie zajmę się w rozdziale 2.

Bibliografia

1. (a) Keys A. and others. Lessons from serum cholesterol studies in Japan, Hawaii and Los Angeles. *Ann Intern Med* 48, 83–94, 1958.
   b) Data are from ref. 3, 4, 6, and Trulson MF and others. *J Am Diet Assoc* 45, 225–9, 1964.
2. Reiser R. *Am J Clin Nutr* 26, 524–555, 1973.
3. (a) Shaper AG. 63, 437–442, 1962.
   (b) Shaper AG. and others. *Am J Clin Nutr* 13, 135–146, 1963. For references to the Masai studies, see next chapter.
4. Lapiccirella V. and others. *Bull World Hlth Org* 27, 681–97, 1962.
5. Prior IA. and others. *Am J Clin Nutr* 34, 1552–1561, 1981.
6. Stanhope JM. and others. *J Chron Dis* 34, 45–55, 1980.
7. (a) Ramsay LE. and others. *BMJ* 303, 953–957, 1991.
   (b) Hopkins PN. *Am J Clin Nutr* 55, 1060–1070, 1992.
8. Informacja otrzymana od George'a Manna.
9. Nichols AB. and others. *Am J Clin Nutr* 29, 1384–1392, 1976.
10. Weidman WH. and others. *Pediatrics* 61, 354–359, 1978.
11. Frank GC. and others. *Am J Clin Nutr* 31, 328–340, 1978.
12. Morris JN. and others. *BMJ* 1, 571–576, 1963.
13. Kroneld R., and others. *Suomen Lääkarilehti* 45, 735–739, 1990.
14. Kahn HA. and others. *Isr J Med Sci* 5, 1117–1127, 1969.
15. Balogh M. and others. *Am J Clin Nutr* 24, 304–310, 1971.
16. Noakes M. and others. *Nutr Metab* 3, 7, 2006.
17. Meckling KA and others. *J Clin Endocrinol Metabol* 89, 2717–23, 2004
18. Sondike SB. and others. *J Pediat* 142, 253–8, 2003.
19. Sharman MJ. and others. *J Nutr* 134, 880–5, 2004.
20. Hays JH. and others. *Mayo Clin Proc* 78, 1331–6, 2003.
21. Westman EC. and others. *Am J Med* 113, 30–6, 2002.
22. Foster GD. and others. *N Engl J Med* 348, 2082–90, 2003.
23. Yancy WS. Jr and others. *Nutr Metab* 2, 34–40, 2005.
24. Seshadri P. and others. *Am J Med* 117, 398–405, 2004.
25. Brehm BJ. and others. *J Clin Endocrinol Metab* 88, 1617–23, 2003.
26. Katan MB. and others. *Am J Epidemiol* 123, 221–234, 1986.

ROZDZIAŁ 2

DOBROCZYNNE TŁUSZCZE NASYCONE

Słowa bezmyślne
nigdy nie sięgną nieba.

William Shakespeare

Wyzwanie

W 1953 r. Ancel Keys opublikował artykuł, który stał się początkiem wielkiej akcji antycholesterolowej. W artykule tym pisał, że spojrzenie Amerykańskiego Departamentu Zdrowia (US Public Health Service) jest zbyt uproszczone. Zapobiegać należy każdej chorobie, a nie tylko tym, które mają podłoże zawodowe lub bakteryjne. Nie ma znaczenia, że metody zapobiegawcze nie są jeszcze znane – przekonywał. Zaledwie nadzieja, że częstotliwość występowania choroby może być zmniejszona, jest wystarczającym powodem, żeby zainwestować fundusze i odpowiednią pracę w jej zapobieganie (1).

Dr Keys miał na myśli przede wszystkim chorobę wieńcową serca. Podczas gdy liczba zachorowań na wszystkie inne choroby w USA się zmniejszała, w przypadku choroby wieńcowej notowano stałą tendencję wzrostową. W tym szczególnym przypadku Stany Zjednoczone do dziś wypadają gorzej niż inne kraje. Na przykład, prawdopodobieństwo śmierci spowodowanej atakiem serca jest 4 do 5 razy większe w USA niż we Włoszech.

Wprawdzie dr Keys początkowo miał pewne wątpliwości co do metod zapobiegania chorobom serca, szybko się jednak tych wątpliwości pozbył. Dobrze już wiedział co należy zrobić. Według niego było „więcej niż oczywiste", że atakom serca można zapobiegać. Wiedział już, jakie powinny być metody zapobiegawcze. Jeśli Włosi mogą to robić, to i Amerykanie też i dodał – „te dane są wyzwaniem".

Należy pamiętać, że dr Keys kierował te słowa do Amerykanów, dumnego narodu, dla którego słowo „agresywny" jest równoznaczne ze słowem „honor", tak w ochronie zdrowia, jak i w innych sprawach. W USA wykonuje się więcej testów diagnostycznych niż w jakimkolwiek innym kraju. Operacje są wyjściem preferowanym bardziej niż leki, a kiedy środkiem z wyboru są leki, stosuje się je w wysokich dawkach (2). Słowa dra Kaysa, jak widać, nie pozostały zlekceważone.

Zgodnie z opinią dra Keysa głównym winowajcą w chorobach serca jest żywność bogata w tłuszcze. Jego dowodem na to był wykres pokazujący zależność między całkowitym spożyciem tłuszczu a ilością przypadków śmiertelnych z powodu choroby wieńcowej w 6 krajach (rys.2A). Punkty wykresu leżą niemalże idealnie na wyobrażalnej krzywej skierowanej w górę, tak idealnie, że krzywa, którą narysował, wygląda bardziej jak rezultat eksperymentu fizycznego niż biologicznego. Jeśliby krzywą przedłużyć jeszcze bardziej na lewo do punktu zerowego, można by dojść do wniosku, że całkowite unikanie pokarmów z wysoką zawartością tłuszczu w pełni zabezpiecza przed atakiem serca.

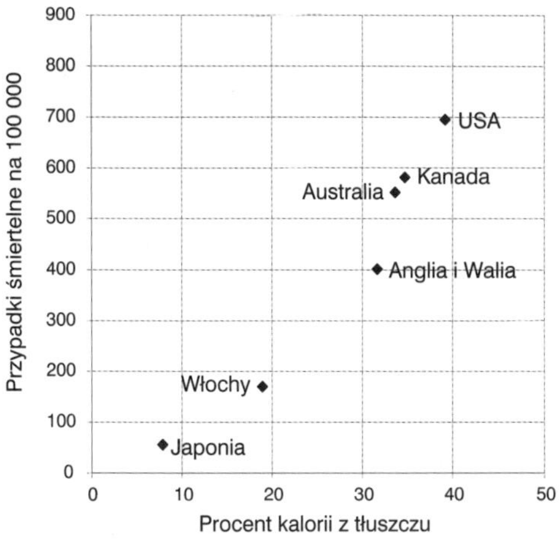

Rys. 2A. Związek między całkowitym spożyciem tłuszczów, jako procentem ogólnego zapotrzebowania kalorycznego, i śmiertelnością spowodowaną chorobą wieńcową w 6 krajach. Źródło danych: dr Keys (1)

Rok później w „Lancecie", jednym z najbardziej prestiżowych czasopism medycznych na świecie, opublikowano następujące oświadczenie: „Krzywa ta (krzywa dra Keysa) pokazuje niemal przekonującą zależność między zawartością tłuszczu w żywności i ryzykiem śmierci w wyniku choroby wieńcowej serca".

Dlaczego jednak dr Keys ograniczył swoje dane do zaledwie sześciu krajów? W czasie, kiedy powstawał ów wykres, dostępne były informacje na ten temat z 21 krajów. Powodem było to, że jeśliby umieściłby na wykresie wszystkie kraje, powyższa zależność całkowicie by zniknęła (rys. 2B). Śmiertelność w wyniku wieńcowej choroby serca w Finlandii, dla przykładu, była siedmiokrotnie wyższa niż w Meksyku, mimo że spożycie tłuszczu w tych dwóch krajach jest niemal takie samo.

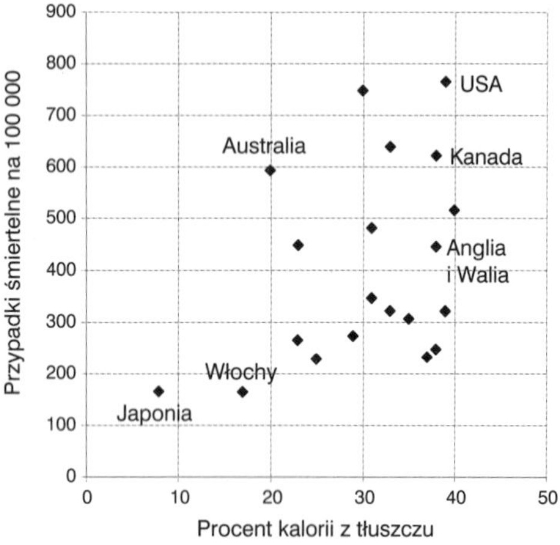

Rys. 2B. Ten sam wykres jak na rys. 2A, ale uwzględniający dane, które już istniały w momencie, kiedy dr Keys publikował swój artykuł. Źródło: Yerushalmy i Hilleboe (3)

Czy dane dotyczące konsumpcji są dokładne?

Spójrzmy jeszcze raz na wykresy 2A i 2B. Są one podobne do wykresów prezentowanych ciągle i zawsze przez zwolenników koncepcji „Dieta–serce". Co te wykresy tak naprawdę oznaczają?

Po pierwsze, „kalorie z tłuszczu" nie są równoznaczne z ilością tłuszczu zjadanego w każdym z krajów, a jedynie oznaczają ilość tłuszczu dostępnego do konsumpcji. Dane użyte do rys. 2A i 2B przedstawiają łącznie ilość tłuszczu produkowanego w danym kraju i importowanego, po odjęciu ilości tłuszczu wykorzystywanego do celów innych niż żywienie ludzi. To jednakże nie daje dokładnego obrazu, ponieważ w takim przypadku nie jest brana pod uwagę ilość tłuszczu nigdy nie dostarczonego do konsumenta, dlatego np. że uległ zagubieniu lub kradzieży, został zjedzony przez szczury lub myszy, albo zepsuty na skutek nieprawidłowego przechowywania. Ponadto, część tego tłuszczu została zjedzona przez psy, koty i inne domowe zwierzęta, część została wyrzucona w kuchni lub pozostawiona na talerzu. W USA, gdzie jedzenie tłuszczu jest uważane prawie za grzech, duża część tłuszczu znika właśnie w taki sposób. W krajach biednych, w których problem głodu jest większy niż problem nadwagi czy chorób serca, tak nie jest. Tam dieta zawiera nawet mózgi i szpik kostny, oba przepełnione tłuszczem zwierzęcym i cholesterolem.

Tak więc, wykresy przedstawiające spożycie tłuszczu w różnych krajach są, delikatnie mówiąc, niepewne. Wykresy te na osi pionowej przedstawiają śmiertelność w wyniku chorób serca. Dane te jednak, mogą być także błędne.

Czy świadectwa zgonów są prawdziwe?

Kiedy statystycy piszą swoje raporty dotyczące przyczyn śmierci w danej populacji, dane do obliczeń biorą ze świadectw zgonów. Sądzicie, że to, co jest napisane na tym kawałku papieru, jest prawdą i niczym innym?

Oczywiście, że nie. Ciągle i wciąż znajdywane są ogromne różnice między diagnozą ustaloną przez lekarza w czasie życia pacjenta, a tym co stwierdzono w czasie autopsji. Nawet lekarze mający dostęp do nowoczesnego sprzętu diagnostycznego raz na trzy przypadki wystawiają nieprawidłową diagnozę na świadectwie zgonu (4). Na przykład, większość lekarzy uważa, że nagła, nieoczekiwana śmierć następuje na skutek zawału serca spowodowanego przez chorobę wieńcową serca. Dr George Lundberg z uniwersytetu w Kalifornii oraz prof. Gerhard Voigt z uniwersytetu w Lund w Szwecji wykazali, że taka diagnoza jest niewłaściwa. W 51% takich przypadków powodem śmierci było coś innego (5). Sytuacja przedstawia się nie lepiej w przypadkach, gdy pacjenci rzeczywiście umierają w wyniku zawału serca. Dr Edwin Zarling, dr Harold Sexton i dr Pervis Milnor z Memphis w Tennessee stwierdzili, że spośród 100 pacjentów, którzy zmarli na skutek zawału serca, zgodnie z sekcją zwłok jedynie 53 postawiono właściwą diagnozę zanim zmarli (6).

Badania te zostały przeprowadzone nie w małych lokalnych szpitalach, ale w szpitalach uniwersyteckich, gdzie doświadczeni lekarze akademiccy mieli dostęp do najlepszych urządzeń diagnostycznych, jakie zostały stworzone przez nowoczesną naukę medyczną.

Być może wielu ludzi powie, że diagnoza przyczyny śmierci stawiana przez lekarza nie jest ważna, ponieważ ewentualny błąd i tak zostanie skorygowany przez patologa wykonującego sekcję zwłok. Jednak sekcje zwłok są wykonywane w niewielu przypadkach – w USA w jednym przypadku na pięć zgonów, w innych krajach jeszcze rzadziej. Tak więc, jeśli diagnozy są tak nietrafione w nowoczesnym, zachodnim szpitalu, to jak jest w krajach ubogich, gdzie przyczynę śmierci rzadko stwierdza lekarz, a co dopiero patolog.

Jednak nawet często wykonywane sekcje zwłok nie gwarantują poprawnej diagnozy przyczyny śmierci. W wystarczająco przekonujący sposób zostało to pokazane przez brytyjskich profesorów Reida i Rosea (7). Zebrali oni ze szpitalnych kartotek opisy chorób dziesięciu pacjentów, którzy cierpieli na różne choroby serca, nerek i płuc. Poza diagnozami, opisy te zawierały wszystkie informacje dotyczące przyczyn śmierci tych pacjentów, w tym wyniki badań lekarskich i laboratoryjnych, opisy wydane przez pracownię radiologiczną oraz opisy sekcji zwłok. Następnie poproszono wielu doświadczonych lekarzy akademickich ze szpitali uniwersyteckich w Norwegii, Wielkiej Brytanii i USA o przeczytanie tych opisów i wystawienie świadectw zgonu.

Każdy naukowiec, który traktuje statystyki oparte na świadectwach zgonu jako źródło prawdziwych informacji, powinien dokładnie przyjrzeć się badaniom, jakie przeprowadzili doktorzy Reid i Rose. **Na podstawie tych badań chorobę wieńcową serca lekarze amerykańscy diagnozowali o 33% częściej niż lekarze brytyjscy i o 50% częściej niż lekarze norwescy.**

Komuś, kto nie jest lekarzem, może wydawać się dziwne, że lekarze z krajów o podobnej tradycji medycznej i podobnym systemie edukacji myślą w sposób tak różny, kiedy stawiają diagnozę na podstawie tego samego świadectwa zgonu. Tłumaczy to fakt, że u zmarłych osób mogły wystąpić poważne zmiany w wielu organach, jednak w świadectwie zgonu i tabelach statystycznych jest miejsce tylko na jedną chorobę jako przyczynę zgonu.

Tak więc, w skomplikowanych przypadkach lekarze amerykańscy, z nieznanych powodów, są bardziej skłonni za śmierć winić zmiany w naczyniach wieńcowych, podczas gdy lekarze norwescy i brytyjscy mogą za odpowiedzialne uznać płuca lub mózg. Interesujące jest to, że oficjalne dane statystyczne z tych krajów odzwierciedlają właśnie takie tendencje (8).

Jeśli przypadek śmierci jest tak różnie klasyfikowany w USA, Wielkiej Brytanii i Norwegii, gdzie wykształcenie medyczne jest podobne, to jak jest taki przypadek opisany w krajach takich, jak Japonia, Sri Lanka czy Meksyk, gdzie kultura i tradycje medyczne tak bardzo się różnią?

Jasno z tego wynika, że oficjalne dane statystyczne dotyczące śmiertelności oparte na błędnej diagnozie przynajmniej w połowie przypadków są nieprawdziwe.

Telewizja czynnikiem ryzyka?

Załóżmy, że zawały serca są bardziej powszechne w krajach, których mieszkańcy spożywają dużo tłuszczów. Co to oznacza?

W tabeli 2A można zauważyć, że również inne czynniki niż spożycie tłuszczu mają związek z powstawaniem chorób serca. Współczynnik korelacji mówi nam, na ile silnie różne czynniki miały wpływ na liczbę zgonów z powodu zawałów serca w krajach, z których wzięto te dane.

Najwyższy współczynnik ma wartość 1, a współczynnik równy zeru oznacza, że w ogóle nie ma żadnej korelacji. Tabela 2A pokazuje nam, że w krajach, w których zawały serca zdarzają się częściej, to znaczy tam, gdzie choroba wieńcowa jest powszechnie wskazywana jako przyczyna śmierci, mieszkańcy spożywają więcej białka, tłuszczu, cholesterolu i cukru. Ale również więcej palą papierosów i kupują więcej samochodów niż w krajach, gdzie zawały serca są mniej powszechne.

Czynnik	Współczynnik korelacji
Ilość papierosów sprzedawanych na jednego mieszkańca	0,64
Ilość samochodów sprzedawanych na jednego mieszkańca	0,58
Całkowite spożycie białka	0,72
Spożycie białka zwierzęcego	0,73
Całkowite spożycie tłuszczu	0,56
Spożycie tłuszczu zwierzęcego	0,65
Spożycie cholesterolu	0,69
Spożycie cukru	0,68

Tabela 2A. Współczynniki korelacji między różnymi czynnikami związanymi z dietą i sposobem życia a śmiertelnością z powodu choroby wieńcowej serca u mężczyzn w wieku 55–64 lat w 22 krajach. Źródło: Jolliffe N., Archer M. *J Chron Dis 9*, 636–52, 1959

Powyższe dane statystyczne pokazują, że diagnoza pojawiającą się na świadectwie śmierci, a wskazująca na chorobę wieńcową, jest częstsza w krajach bogatych niż w krajach uboższych. W związku z tym wszystko, co łączy się z dobrobytem, powinno być automatycznie kojarzone ze śmiertelnością spowodowaną chorobą wieńcową. Kalorie z tłuszczu zwierzęcego są droższe niż kalorie z innych źródeł, dlatego więcej kalorii pochodzących z tłuszczu spożywa się w krajach bogatszych niż w uboższych. Ponieważ przyczyna śmierci w krajach wysokorozwiniętych jest znacznie częściej określana jako „zawał serca" niż w krajach uboższych, dlatego spożycie tłuszczu jest statystycznie wiązane z liczbą przypadków śmiertelnych z powodu chorób serca.

Dlatego też badania różnych populacji mogą wskazywać na czynniki, które są związane z pewną określoną diagnozą pojawiającą się na świadectwie śmierci, ale nie mogą niczego nam powiedzieć o przyczynie śmierci. To mogą wykazać tylko konkretne eksperymenty. Czynniki statystycznie związane z chorobą nazywane są „czynnikami ryzyka". Czynnik ryzyka może być przyczyną choroby, jednak najczęściej nią nie jest. Znane jest kilkaset czynników ryzyka związanych z chorobą wieńcową. Są to m.in.: palenie tytoniu, nadwaga, wysokie ciśnienie tętnicze, łysienie, stres psychiczny, brak wysiłku fizycznego, chrapanie, jedzenie za dużo lub za mało, ciągle zwiększająca się na rynku ilość produktów żywnościowych itd.. Ale przyczyna tej choroby pozostaje nadal nieznana. W tabeli 2A zestawiono tylko kilka czynników ryzyka związanych z choroba wieńcową. W rzeczywistości jest ich dużo więcej.

Ponieważ czynnik ryzyka i przyczyna choroby mogą mieć wspólny mianownik, taki np. jak poziom dobrobytu, dlatego jest oczywiste, że eliminacja czynnika ryzyka nie zapobiega w sposób automatyczny chorobie, ponieważ główny powód ciągle istnieje. Nie możemy też twierdzić, że czynnik ryzyka „wyjaśnia" taki wysoki procent przyczyny chorób serca lub innych chorób. Niemniej jednak tego typu twierdzenia często są spotykane w artykułach napisanych przez zwolenników hipotezy cholesterolowej.

Załóżmy, że przyczyną choroby wieńcowej są samochodowe gazy spalinowe*. W bogatych krajach więcej ludzi jest narażonych na wdychanie spalin, ponieważ liczba samochodów jest tam większa, a ponieważ założyliśmy, że przyczyną choroby wieńcowej są gazy spalinowe, to liczba zawałów powinna być również większa. Logicznie więc rzecz

* Nie jest to prawdą, ale to nie ma znaczenia. Zrobiłem takie założenie tylko w celu zilustrowania, w jaki sposób czynniki, które się różnią, wzięte razem mogą sprawić wrażenie istnienia związku przyczynowo-skutkowego.

biorąc, liczba przypadków śmiertelnych w różnych krajach jest związana z liczbą sprzedanych samochodów. Jednakże w wysoko rozwiniętych krajach ludzie kupują więcej także innych rzeczy, np. telewizorów, można więc domniemywać, że liczba przypadków śmiertelnych związanych z chorobą wieńcową może być związana z liczbą sprzedawanych telewizorów, a więc posiadanie telewizora można uznać za czynnik ryzyka, chociaż jest oczywiste, że telewizory nie powodują choroby serca.

Idąc w tym przykładzie o krok dalej (patrz rys. 2C), można przeanalizować związek między wysokością podatków a śmiertelnością z powodu chorób serca w jednym z dystryktów podatkowych w Sztokholmie.

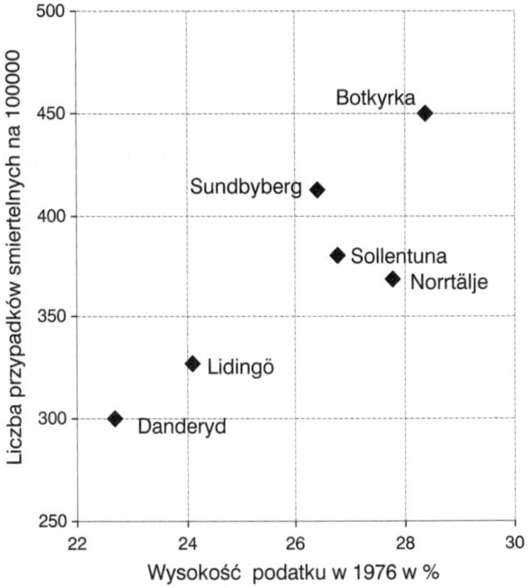

Rys. 2C. Związek między wysokością podatku i śmiertelnością z powodu choroby wieńcowej w jednym z obwodów podatkowych w Sztokholmie

Rysunek 2C sugeruje, że im wyższy podatek, tym więcej zgonów w wyniku zawału serca. Wynika z niego, że gdyby podatek został obniżony poniżej 9,55%, nikt nie zmarłby z powodu zawału serca – wyzwanie dla wszystkich polityków!

Ludzie z zażółconymi palcami umierają na zawał serca częściej niż inni. Można by więc powiedzieć, że „żółte palce" są czynnikiem ryzyka zachorowania na chorobę wieńcową. Nie pomoże jednak usunięcie żółtego nalotu na palcach, ponieważ barwnik ten jest spowodowany paleniem papierosów. Przyczyną choroby serca nie jest więc żółty kolor palców, ale może nim być dym tytoniowy lub też stres, który może powodować, że dana osoba zaczyna palić, lub czynnik powiązany z nawykiem palenia, a może odczucie wywołane przez nikotynę lub jeszcze coś innego, o czym nawet jeszcze nikt nie wie.

Jednym z największych problemów, jaki stwarza koncepcja „Dieta–serce" jest to, że jej zwolennicy nie zważają na różnicę między czynnikami ryzyka (tłuszcz zwierzęcy, telewizory, żółte palce) a przyczyną choroby. Czynniki ryzyka niekoniecznie są przyczyną choroby. Niemniej jednak większość zwolenników koncepcji „Dieta–serce" rzadko wyjaśnia tę różnicę. Uważają każdy czynnik ryzyka za coś, co należy zredukować lub wyeliminować, jako przyczynę chorób serca.

Siedem losowo wybranych krajów

Żeby udowodnić swoją tezę dotyczącą tłuszczów w diecie, dr Keys zorganizował badania wśród chorych na chorobę wieńcową w 7 krajach (10). Wybrał 16 lokalnych grup z Holandii, dawnej Jugosławii, Finlandii, Japonii, Grecji, Włoch i USA. We współpracy z lekarzami, naukowcami i władzami z każdego z tych krajów, zbadano wszystko, co mogłoby potencjalnie stanowić przyczynę choroby wieńcowej. Przez 5 lat śledzono życie mężczyzn w wieku od 40 do 59 lat i zbierano wszystkie symptomy związane z chorobami serca i dane dotyczące wszystkich przypadków śmiertelnych.

W każdym z krajów naukowcy obserwowali 2 lub 3 grupy osób. Analizowano ich dietę, mierzono ciśnienie krwi, wszystkich uczestników badań zważono, a także zapytano, ile papierosów dziennie wypalali i jak często wykonywali ćwiczenia fizyczne.

Konkluzją tego gigantycznego projektu było stwierdzenie, że czynnikiem, który w najbardziej prawdopodobny sposób pozwalał przewidzieć liczbę zawałów w danym kraju, była ilość spożywanego przez jego mieszkańców tłuszczu zwierzęcego. W krajach, gdzie mieszkańcy spożywali dużo tłuszczów zwierzęcych, zawały serca występowały częściej niż w krajach, w których mieszkańcy spożywali ich mniej. **Jednakże w poszczególnych regionach każdego z krajów liczba zawałów nie miała żadnego związku z dietą!**

Rozważmy dwie grupy populacji z Finlandii, jedną z Karelii Północnej, a drugą z Turku. Na początku badań 42 mężczyzn spośród 817 zamieszkujących Karelię Północną miało chorobę wieńcową, podczas gdy w regionie Turku cierpiało na nią tylko 15 z 860 mężczyzn. W następnych 5 latach 16 mężczyzn z Karelii Północnej zmarło na zawał serca, a tylko 4 w Turku. Biorąc pod uwagę wszystkie czynniki, zawały serca w Karelii Północnej zdarzały się 5 razy częściej niż w Turku.

Jeśli ktoś myśli, że mieszkańcy Karelii Północnej w jakiś szczególnie nierozważny sposób postępowali ze swoim zdrowiem, to się myli. Warunki życiowe w obu regionach były praktycznie identyczne. W obu regionach mieszkańcy prowadzili odizolowane życie jako farmerzy lub drwale, ich waga i wzrost były podobne, podobny mieli poziom cholesterolu, palili taka samą liczbę papierosów i spożywali taką samą ilość tłuszczów wielonienasyconych. Ciśnienie krwi w grupie mieszkańców z Karelii Północnej było nieco wyższe i spożywali nieco więcej tłuszczów zwierzęcych niż mieszkańcy Turku.

Dr Keys twierdził, że choroba wieńcowa występowała 5 razy częściej w Finlandii niż w Japonii z powodu dużych różnic w diecie, ale nie wytłumaczył, dlaczego choroba wieńcowa 5 razy częściej występowała we wschodniej niż w zachodniej części Finlandii, chociaż różnice pomiędzy czynnikami ryzyka były minimalne. Określił ten kłopotliwy fakt jako nieistotny, anormalny i uznał (błędnie), że będzie on wytłumaczony w następnych badaniach.

Wyniki wspierające tę teorię są głoszone jako pozytywny dowód, natomiast wyniki zaprzeczające tej teorii nie są wcale wspominane lub – jeśli już są wspomniane – to uważa się je za „rzadki wyjątek" lub „coś co nie może jeszcze być wyjaśnione". Takie właśnie „podwójne standardy" są rzeczą powszechną wśród zwolenników koncepcji „Dieta–serce".

Wzloty i upadki w statystyce

Żeby ustalić, czy spożywany tłuszcz ma wpływ na występowanie zawałów serca, celowe byłoby zbadanie, w jaki sposób zwyczaje żywieniowe w danym kraju zmieniły się w czasie i stwierdzenie, czy liczba zawałów, które w tym czasie wystąpiły, zmieniła się w oczekiwany sposób. Jeśli tłuszcz zwierzęcy jest ważną przyczyną choroby wieńcowej, to liczba zawałów powinna być wyższa w okresie, kiedy spożywano więcej tłuszczów, niż w okresie, kiedy spożywano ich mniej.

Nawet jeśli te liczby następowałyby po sobie w oczekiwany sposób (w górę i w dół), to nie dowodziłoby to, że spożywanie tłuszczu zwierzęcego jest przyczyną zwiększonej śmiertelności. I znowu – nieznany czynnik może spowodować równolegle idące zmiany w liczbie przypadków śmiertelnych i w spożyciu tłuszczu.

Podam następujący przykład. W czasie drugiej wojny światowej mieszkańcy Finlandii, Norwegii, Szwecji i Wielkiej Brytanii umierali rzadziej z powodu choroby wieńcowej niż przed wojną. Zgodnie ze zdaniem, jakie na ten temat ma Haquin Malmroos, profesor medycyny z Lund w Szwecji, działo się tak dlatego, że w czasie wojny mieszkańcy tych krajów spożywali mniej tłuszczów zwierzęcych.

W czasie wojny wystąpiły inne jeszcze istotne czynniki, które miały znaczenie w występowaniu chorób serca. Na przykład: waga ciała i ciśnienie krwi były zdecydowanie niższe, mniej ludzi paliło papierosy, brak paliwa do samochodów i innych maszyn mógł wymuszać bardziej aktywny tryb życia. Wspólnym mianownikiem był brak pożywienia – łącznie z brakiem pożywienia bardzo wartościowego – ale również brak innych środków, takich jak paliwo czy papierosy.

Nikt nie wie, który z tych czynników, jeśli w ogóle którykolwiek, spowodował spadek śmiertelności z powodu chorób serca. Wyjaśnienie, że wtedy ludzie jedli mniej tłuszczu zwierzęcego jest trudne do przyjęcia, ponieważ nigdy nie można było obniżyć liczby przypadków śmiertelnych z powodu choroby wieńcowej przez stosowanie diety niskotłuszczowej w eksperymentach medycznych, trwających tyle samo czasu co druga wojna światowa. Co więcej, związki (czy też wyobrażalne krzywe) opisujące liczbę przypadków śmiertelnych w czasie, odwróciły się na długo przed zwiększoną konsumpcją tłuszczów. Dlatego też, mimo że czynnik ryzyka zmienia się zgodnie z występującą śmiertelnością, to jednakże czynnik ryzyka niekoniecznie jest przyczyną. Jeśli czynnik ryzyka byłby przyczyną, to jego wzrost lub spadek musiałby być odzwierciedlony, bez wyjątku, wzrostem lub spadkiem liczby przypadków śmiertelnych. Jeśli zawały serca spowodowane są przez zbyt dużą konsumpcję tłuszczów zwierzęcych, to oczywiście ich liczba powinna się zwiększać, kiedy ludzie zaczęliby spożywać więcej takich tłuszczów. Podobnie, jeśli ludzie zmieniliby swoje zwyczaje żywieniowe i spożywali mniej tłuszczów zwierzęcych, liczba zawałów powinna zmaleć. Tak się jednak nie stało.

Od czasów pierwszej wojny światowej do lat 80-tych, liczba przypadków śmiertelnych, które były wynikiem zawału serca, znacznie wzrosła w większości krajów, podczas gdy spożycie tłuszczów zwierzęcych zmalało lub pozostało niezmienione. Na przykład, wskaźnik śmiertelności z powodu choroby wieńcowej wśród Jugosłowian w średnim wieku wzrósł trzykrotnie w latach między 1955 i 1965, podczas gdy spożycie tłuszczu zmalało tam o 25% (12).

W Anglii spożycie tłuszczu zwierzęcego pozostało na prawie takim samym poziomie od przynajmniej 1910 r., a liczba zawałów zwiększyła się tam dziesięciokrotnie (!) między rokiem 1939 i 1970 (9).

W USA wskaźnik śmiertelności spowodowanej chorobą wieńcową wzrósł dziesięciokrotnie między rokiem 1930 i 1960, ustabilizował się na tym samym poziomie w latach 60-tych i od tego czasu powoli się zmniejsza. Co prawda podczas spadku wartości tego wskaźnika spożycie tłuszczów zwierzęcych również spadło, ale w czasie 30 lat, kiedy śmiertelność gwałtownie wzrastała, spożycie tłuszczów zwierzęcych zmalało (13).

W mieście Framingham w stanie Massachusetts w USA liczba śmiertelnych przypadków zawału serca zmniejszyła się podczas zmniejszenia się spożycia tłuszczów zwierzęcych, ale liczba zawałów, które nie zakończyły się śmiercią, w tym samym czasie wzrosła (14). Autorzy raportu z badań we Framingham wyjaśnili tę różnicę tym, że dużo więcej czasu zabiera obniżenie liczby zawałów serca, które nie kończą się śmiercią, niż obniżenie liczby przypadków śmiertelnych. Znacznie lepiej jednak tłumaczy to zjawisko fakt, że w dzisiejszych czasach więcej chorych przeżywa zawał serca ze względu na istnienie lepszych metod leczenia.

W Japonii, w latach między 1950 i 1970 r. liczba śmiertelnych zawałów serca zwiększyła się, jak również zwiększyła się konsumpcja tłuszczów zwierzęcych, co wydawało się potwierdzać słuszność koncepcji „Dieta–serce". Jednakże wzrost śmiertelności był zauważony tylko wśród osób powyżej 70 roku życia, a w szczególności powyżej roku 80. W tej ostatniej grupie wzrost śmiertelności zrównoważył jej spadek w pozostałych grupach wiekowych. Innymi słowy, umieralność Japończyków z młodszych grup wiekowych zmniejszyła się, mimo że spożywali więcej tłuszczów zwierzęcych. W tym samym czasie śmiertelność z powodu innych występujących w Japonii chorób zmniejszyła się również. Wzrost śmiertelności wśród osób starszych spowodowany chorobą wieńcową nie mógł więc być spowodowany zwiększonym spożyciem tłuszczów zwierzęcych. Gdyby tak było, to zwiększona śmiertelność spowodowana chorobą wieńcową wystąpiłaby we wszystkich grupach wiekowych. Zjawisko to wyjaśnia fakt, że ogólny stan zdrowia Japończyków stale poprawiał się od czasów wojny i wydłużyła się średnia długość ich życia. Więcej osób dożywa bardzo późnej starości, a ponieważ choroba wieńcowa jest charakterystyczna dla wieku bardzo zaawansowanego, w związku z tym współczynnik śmiertelności z powodu tej choroby w tej grupie wiekowej wzrósł, co jest całkiem oczywiste (16).

„Torpeda" przeciwko koncepcji „Dieta–serce" została wystrzelona na międzynarodowej konferencji w 1981 r. Ten pierwszy referat nie spowodował jednak żadnej reakcji środowisk naukowych. Dr Kimura, autor tego referatu, konkludował: „Jeśli model żywienia z niższą zawartością tłuszczu będzie nadal w Japonii propagowany, liczba przypadków występowania choroby niedokrwiennej serca w przyszłości się zwiększy". Po tym wystąpieniu, konferencję nadal kontynuowano i przedstawiane były kolejne referaty popierające koncepcję „Dieta–serce" (16b).

Podczas gdy po drugiej wojnie światowej śmiertelność z powodu choroby wieńcowej zwiększyła się w większości krajów, w Szwajcarii zmalała. Jeśli spadek ten byłby poprzedzony spadkiem spożycia tłuszczów zwierzęcych, Szwajcaria stałaby się modelem dla służby zdrowia w innych krajach. Zwolennicy koncepcji „Dieta–serce" nigdy jednak o Szwajcarii nie wspominają, ponieważ w czasie, kiedy śmiertelność w tym kraju spadła, spożycie tłuszczów zwierzęcych wzrosło tam o 20% (18).

Przeglądając dane dotyczące śmiertelności i spożycia tłuszczu znalazłem dane ze 103 okresów w 35 krajach. W 30 okresach spożycie tłuszczu wzrosło tak, jak i śmiertelność spowodowana chorobami serca, pozornie zgodnie z koncepcją „Dieta–serce". Jednakże w 6 okresach śmiertelność pozostała niezmieniona, a w 23 zmalała (33).

Pasterze z Kenii

Wiele wyjątków przeczących hipotezie Ancela Keysa wskazuje, że w zachodnim stylu życia przyczyną choroby wieńcowej serca jest coś innego niż spożycie tłuszczów zwierzęcych. Żeby być absolutnie pewnym, konieczne jest zrobienie badań na grupach ludzi w krajach, których mieszkańcy spożywają tyle tłuszczu zwierzęcego co my, a jednocześnie nie są narażeni na zagrożenia charakterystyczne dla cywilizacji zachodniej. Jeśli dieta jest najważniejszym czynnikiem, mieszkańcy takich krajów mieliby równie wysoki poziom cholesterolu i umieraliby z powodu zawałów serca tak często jak my.

We wczesnych latach 60-tych, prof. George Mann i jego zespół z Uniwersytetu Vanderbilt w Nashville zabrał swoje przewoźne laboratorium do Kenii w celu przeprowadzenia badań na Masajach (19). W tym czasie koncepcja „Dieta–serce" święciła swoje sukcesy w środowisku naukowym. Prof. Mann słyszał, że Masajowie nie jedzą nic innego oprócz mleka, krwi i mięsa. Czy nie byłoby więc ciekawe przetestować na nich koncepcję „Dieta–serce"? Nieco wcześniej i z tego samego powodu dr Gerald Sharper z Uniwersytetu Makerere w Ugandzie udał się trochę dalej na północ w celu przeprowadzenia badań na innym szczepie – Samburów (20).

Samburowie i Masajowie są ludźmi szczupłymi, którzy jako pasterze przetrwali tysiące lat. Życie ich nie jest obciążone żadnym napięciem psychicznym czy poczuciem konkurencji, charakterystycznym dla cywilizacji zachodniej, ale nie można powiedzieć, żeby było wygodne. Każdego dnia idą lub biegną wraz ze swoim bydłem, pokonując wiele kilometrów w poszukiwaniu wody i pożywienia.

Ich dieta jest ekstremalna. Zgodnie z przeświadczeniem, że rośliny (błonnik) są pożywieniem dla krów, sami spożywają tylko mleko, krew i mięso, a przynajmniej żywią się tak młodsi członkowie tej populacji. Mężczyźni ze szczepu Samburów wypijają prawie 4 litry mleka dziennie, co jest równe takiej samej ilości tłuszczu, jaka jest zawarta w około połowie kilograma masła. Mężczyzna z tego szczepu nigdy nie słyszał o kampanii antycholesterolowej, dlatego pije mleko w naturalnej formie, co oznacza, że jego spożycie tłuszczu zwierzęcego jest znacznie większe niż przeciętnego mieszkańca krajów Zachodu. Spożycie cholesterolu jest równie wysokie, szczególnie w okresach, kiedy do swojej bogatej w tłuszcz diety dodaje prawie dwa kilogramy mięsa dziennie (20).

Masajowie piją „tylko" około 2 litrów mleka dziennie. Jednakże spożywają więcej mięsa niż Samburowie. Ich uczty to mięsne orgie. Zgodnie z tym co zauważył prof. Mann, spożywanie 2, a nawet 5 kilogramów mięsa przez jedną osobę nie jest dla nich niczym niezwykłym.

Jeśli koncepcja „Dieta–serce" byłaby słuszna, to choroba wieńcowa w Kenii powinna być epidemią. Tymczasem Masajowie nie umierają z powodu chorób serca. To jednak nie było jedynym zaskakującym faktem. Okazało się, że poziom cholesterolu we krwi Masajów nie jest bardzo wysoki, jak prof. Mann oczekiwał, wręcz przeciwnie – jest bardzo niski, najniższy, jaki kiedykolwiek zmierzono na świecie, około 50% niższy niż u większości Amerykanów.

Inne jeszcze cholesterolowe „safari"

Dr Bruce Taylor z Chicago był pierwszym naukowcem, któremu udało się wywołać zawał serca u małpy przez żywienie jej cholesterolem (patrz rozdział 5). Artykuły z badań dotyczących Samburów i Masajów były opublikowane wkrótce po eksperymencie, jaki przeprowadził dr Taylor. Z pewnością musiał zadać sobie pytanie, dlaczego poziom cholesterolu u zwierząt w jego laboratorium był niezwykle wysoki, kiedy dawał im karmę bogatotłuszczową, a nie działo się tak z poziomem cholesterolu u Masajów i Samburów. Żeby znaleźć odpowiedź na to pytanie, kilka lat później wybrał się z własną ekspedycją do Kenii.

Człowiek, jak inne ssaki, produkuje cholesterol przez całą dobę. **Kiedy spożywamy dużo cholesterolu, produkcja naszego własnego cholesterolu automatycznie zmniejsza się. Jeśli spożywamy go bardzo mało, nasz organizm produkuje go znacznie więcej.** Ten mechanizm utrzymuje cholesterol na stałym poziomie i jest to powodem tego, dlaczego tak trudno obniżyć poziom cholesterolu za pomocą diety.

Po zakończeniu swoich badań dr Taylor doszedł do niezwykłego wniosku. Stwierdził, że funkcjonowanie organizmów badanych szczepów afrykańskich nie zaprzecza koncepcji „Dieta–serce", ponieważ mają oni znacznie lepsze zdolności obniżania poziomu cholesterolu niż inni ludzie. Ponieważ Masajowie byli odizolowani od innych szczepów przez kilka tysięcy lat rozwinęła się u nich ta zdolność tak dobrze, że została wbudowana w ich geny. Dr Taylor i jego współpracownicy uważali rezultaty swoich badań za tak ważne, że opisali je z niewielkimi modyfikacjami w czterech różnych publikacjach naukowych (21).

W nauce często występują alternatywne wytłumaczenia nowo zaobserwowanych zjawisk i większość naukowców dyskutuje nad tym, które wytłumaczenie najlepiej pasuje do przedstawionych dowodów. Dr Taylor jednak tego nie zrobił. Mógł rozważyć możliwość, że to nie Masajowie mają lepiej wykształcone cechy metaboliczne, pozwalające na redukcję poziomu cholesterolu, ale że to my mamy te mechanizmy gorsze. Być może ze względy na czynniki środowiskowe, może dlatego, że jesteśmy mniej aktywni fizycznie niż Masajowie, a może z innego, nie znanego nam jeszcze powodu. Nie zrobił tego jednak.

Zdobycie odpowiedzi na te pytania byłoby realne, gdyby dr Taylor kontynuował swoje badania w Nairobi i sprawdził, czy jakiś czynnik zależny od bardziej komfortowego stylu życia ma wpływ na wzrost poziomu cholesterolu. Taka metoda jest często stosowana przez zwolenników koncepcji „Dieta–serce" w celu wykazania, że poziom cholesterolu we krwi zwiększa się u ludzi z ubogich krajów, gdzie spożycie tłuszczu jest niskie, po tym jak przenoszą się do krajów bogatszych, bardziej technologicznie rozwiniętych, w których spożycie tłuszczów jest wysokie.

W tym przypadku jednak badania dotyczyły ludzi, którzy spożywali rekordowo dużo tłuszczu zwierzęcego. Po przeprowadzeniu się do Nairobi ich sposób żywienia najprawdopodobniej stał się bardziej zróżnicowany, żyjąc w mieście jedli mniej tłuszczu i jeśli koncepcja „Dieta–serce" byłaby prawdziwa, to ich poziom cholesterolu powinien być jeszcze niższy.

W takim razie, co stało się z poziomem cholesterolu u Masajów, którzy przeprowadzili się do miasta i zaczęli się inaczej odżywiać.

Dlaczego dr Taylor i jego współpracownicy nie pojechali do Nairobi, żeby uzyskać odpowiedź na to proste pytanie?

Wyjaśnienie, jakie przedstawił dr Taylor, że niski poziom cholesterolu u Masajów jest spowodowany ich zmienionym genotypem byłoby prawdziwe, gdyby plemię Masajów rzeczywiście żyło w izolacji od innych plemion. Wrodzona cecha metaboliczna – w tym przypadku zdolność do zmniejszania produkcji cholesterolu przez organizm, kiedy spożywa się go bardzo dużo – jest albo uwarunkowana genetycznie, albo powstaje poprzez mutację. Jeśli własność ta jest ważna dla przeżycia gatunku, to liczba osobników charakteryzujących się tą własnością wzrasta w czasie i w końcu osobnicy z taką cechą przewyższają liczebnie tych, którzy takiej cechy nie mają. To jednak może się stać wtedy, kiedy cechy wrodzone zwiększają szanse przeżycia przed uzyskaniem sprawności seksualnej. Osoby z wrodzoną cechą, chroniącą ich przed chorobą, która zdarza się po osiągnięciu dojrzałości płciowej, jak np. choroba wieńcowa, nie będą stanowić większości w porównaniu z tymi, którzy takiej cechy nie mają, ponieważ ci ostatni przekazują swoje uszkodzone geny swoim dzieciom, zanim rozwinie się u nich choroba.

Jednak wbrew opinii dra Taylora Masajowie nie są odizolowanym plemieniem. Są oni ludem walecznym, przez tysiące lat porywającym bydło i kobiety z sąsiednich plemion. W ten sposób zapewniają sobie stałą genetyczną odnowę bydła i ich samych.

To, że dr Taylor nie miał racji, ostatecznie dowiodły badania Masajów mieszkających w wielkim mieście, Nairobi, które przeprowadził dr José Day ze szpitala św. Marii w Londynie. Ponownie, jeśli niski poziom cholesterolu u Masajów był rzeczą nabytą, to powinien być niższy w Nairobi, ponieważ ich dieta najprawdopodobniej zawierała mniejszą ilość tłuszczu zwierzęcego niż dieta dziko żyjących Masajów. Jednak średni poziom cholesterolu u 26 mężczyzn z plemienia Masajów żyjących w Nairobi był o 25% wyższy niż u ich ziomków z buszu (23).

Wyjaśnienie „genetyczne", jakie przedstawił dr Taylor, przez długi okres czasu było bardzo popularne wśród zwolenników koncepcji „Dieta–serce". Popatrzmy, co mówił na przykład dr Keys: „Faktem jest, że ta osobliwość prymitywnych nomadów w żaden sposób nie odnosi się do korelacji „dieta–cholesterol–choroba wieńcowa serca" w innych populacjach" (24). Nie wytłumaczył jednakże, dlaczego „w żaden sposób się nie odnosi". W innej ze swoich publikacji Keys nazwał użycie Masajów jako argumentu „dezinformacją i czystym nonsensem".

Dr Taylor badał nie tylko poziom cholesterolu we krwi, ale również miażdżycę wśród Masajów. Wykazanie, że niski poziom cholesterolu u Masajów zabezpieczał ich przed miażdżycą było bardzo ważne. Dziesięć wypreparowanych aort zmarłych Masajów zostało wysłane do Nowego Jorku, gdzie patologowie stwierdzili, że w aortach tych miażdżyca prawie nie istniała.

Ale prof. Mann zbadał znacznie większą liczbę serc i aort Masajów zmarłych w różnym wieku i zauważył, że zmiany miażdżycowe w naczyniach wieńcowych Masajów były tak samo rozległe jak u mieszkańców USA, być może nawet większe. Jednakże bardzo poważne zmiany miażdżycowe, które mogłyby prowadzić do zawałów były rzadkie. Zmiany miażdżycowe u Masajów usytuowane były w ścianach tętnic, pozostawiając powierzchnię wewnętrzną tętnic gładką i w 50 sercach, które przebadał prof.Mann nie było żadnych oznak zawału (19d).

Prof. Mann sądził, że Masajowie byli chronieni przed miażdżycą przez rozmiar ich naczyń wieńcowych. Były one znacznie szersze niż te spotykane u większości ludzi Zachodu, prawdopodobnie dlatego, że serca Masajów pracowały znacznie ciężej podczas ciągłej pogoni za pasionym bydłem. Wielu członków plemienia Masajów, których przebadał prof. Mann, było w wyjątkowo dobrej formie fizycznej, takiej samej lub lepszej niż ta, jaka występuje u czołowych sportowców. Nie jest też dziełem przypadku, że najlepsi na świecie biegacze sportowi pochodzą z Kenii.

Okazuje się więc, że można objadać się cholesterolem i tłuszczem zwierzęcym, utrzymując przy tym bardzo niski poziom cholesterolu i unikając chorób serca. Koncepcja „Dieta–serce" powinna być odrzucona już po opublikowaniu wyników tych badań. Wiedza nabyta w wyniku badań na Masajach i Samburach stanowi wyzwanie nie do pokonania dla obrońców koncepcji „Dieta–serce". Niemniej jednak koncepcja ta nadal jest popularna i nikt nie wydaje się być w stanie jej zakwestionować. W żadnym oficjalnym omówieniu koncepcji „Dieta–serce" nie znajdziemy nawet najmniejszej wzmianki o Masajach i Samburach.

Warto też wspomnieć inną interesującą obserwację z Kenii. W kraju tym żyje wielu emigrantów z Indii. Mimo że wszyscy pochodzą z tego samego kraju, to sposób ich odżywiania nie jest taki sam. Hindusi z Gujarat, którzy nie są muzułmanami, żyją na diecie laktowegetariańskiej, podczas gdy hinduscy muzułmanie z Pendżabu spożywają jaja, mięso, piją dwa razy tyle mleka co ich ziomkowie z Gujarat i nie używają olejów roślinnych. Innymi słowy, Hindusi, którzy nie są muzułmanami żyją tak, jakby słuchali wskazań antycholesterolowej kampanii w celu uniknięcia choroby wieńcowej, podczas gdy Hindusi, którzy są muzułmanami, jedzą i zachowują się tak, jakby robili wszystko, by dostać zawału serca. Jednakże współczynnik śmiertelności z powodu choroby wieńcowej jest taki sam w obu grupach (25).

Inne, uderzające odchylenie od koncepcji „Dieta–serce" pochodzi z badań, jakie przeprowadził dr S.L.Malhotra z Bombaju. Ciekawe, że jego badania nie są cytowane w żadnym przeglądzie i w żadnej analizie przez tych, którzy nawołują do stosowania diety niskotłuszczowej.

Dr Malhotra badał rozwój choroby wieńcowej u ponad miliona mężczyzn, pracowników kolei w Indiach. W ciągu pięciu lat zanotował 679 zgonów spowodowanych chorobą serca. Zauważył, że największy odsetek zgonów, 135 na 100 000 pracowników, przypadał na prowincję Madras w południowej części Indii, najniższy zaś, 20 na 100 000, występował w prowincji Pendżab w północnej części Indii. To znaczy, że przypadków śmiertelnych spowodowanych chorobą serca było około 7 razy więcej w prowincji Madras, a ci którzy zmarli byli średnio 12 lat młodsi niż ci, którzy zmarli w prowincji Pendżab. W Pendżabie spożywano 10 do 20 razy więcej tłuszczu i palono 8 razy więcej papierosów. W dodatku, małe ilości tłuszczu spożywanego w Madrasie stanowił tłuszcz roślinny, natomiast w Pendżabie jadano głównie tłuszcze zwierzęce (26).

Czy pacjenci z chorobą serca spożywają więcej tłuszczu?

Jednym ze sposobów, w jaki naukowcy określają przyczynę choroby, jest wykonanie tzw. badań kontrolnych. W badaniach takich naukowcy wybierają grupę osób z daną chorobą, a następnie taką samą liczebnie kontrolną grupę pacjentów, którzy takiej choroby nie mają, ale są w tym samym wieku, tej samej płci i zamieszkują ten sam region geograficzny. Potem, naukowcy starają się odpowiedzieć na pytanie, czym chorzy różnią się od osób zdrowych z grupy kontrolnej: jaką wykonują pracę? ile palą papierosów i wypijają alkoholu? co jedzą? czy są szczuplejsi czy bardziej otyli? jaki jest skład ich krwi? czy są bardziej narażeni na zanieczyszczenia środowiska? itd. Liczba pytań, jakie naukowcy mogą zadawać, jest ograniczona tylko ich wyobraźnią i funduszami.

W Północnej Dakocie dr William Zukel i jego współpracownicy przeprowadzili takie badania kontrolne. Przez cały rok obserwowali mężczyzn mających symptomy choroby serca i do każdego z nich przypisywali dwóch zdrowych mężczyzn w tym samym wieku.

Dr Zukel szczególnie był zainteresowany, jak uczestnicy badań żywili się w miesiącu poprzedzającym symptomy choroby lub poprzedzającym rozmowę z nim. Jeśli któryś z uczestników zmarł, pytania zadawano jego żonie lub najbliższym.

W sumie zebrano 228 mężczyzn, u których występowały symptomy choroby wieńcowej. Naukowcy otrzymali szczegółowy opis diet od 162 chorych. Zauważono, że w grupie kontrolnej (zdrowej) przeważali mężczyźni wykonujący prace wymagające wysiłku fizycznego, a pacjentami z objawami choroby w większości byli mężczyźni palący tytoń. Jeśli zaś chodzi o dietę, to obie grupy spożywały taką samą ilość tłuszczu nasyconego i wielonienasyconego, jak też spożywały taką samą ilość kalorii (27).

W Irlandii inna grupa naukowców, którą kierowała dr Aileen Finegan, wykonała podobne badania. Przez cały rok obserwowali zwyczaje żywieniowe 100 mężczyzn, którzy przeszli zawał serca. Ich dieta była porównana z dietą 50 zdrowych mężczyzn w tym samym wieku. Dr Finegan i jej zespół również nie znaleźli żadnych różnic w sposobie żywienia, pacjenci praktycznie spożywali taka samą ilość i taki sam rodzaj tłuszczu jak osoby z grupy kontrolnej (28).

Innym sposobem badania tego problemu są badania obserwacyjne. Do badań takich zaprasza się ludzi zdrowych. Na początku analizuje się wszystkie czynniki istotne dla postawionej hipotezy. Jeśli uważa się, że dieta jest takim istotnym czynnikiem, specjaliści od żywienia w szczegółach analizują stosowaną przez uczestników dietę. Następnie przez wiele lat obserwują zdrowie uczestników badań. W tym okresie niektórzy z nich mogą mieć zawał serca. Na koniec badań porównuje się ich sposób żywienia ze sposobem żywienia tych, którzy pozostali w dobrym zdrowiu. Przyjrzyjmy się niektórym z tych badań.

Badania nazwane „Irlandia–Boston" wykonano we współpracy między naukowcami z uniwersytetu Harward w Cambridge i uniwersytetu w Dublinie pod przewodnictwem dra Lawrenca Kushi. Naukowcy wybrali mężczyzn z Irlandii, których bracia mieszkali w Bostonie przez co najmniej 10 lat. Obie te grupy porównano ze sobą, jak też z trzecią grupą dorosłych synów irlandzkich emigrantów mieszkających w Bostonie. Razem przebadano około 1000 mężczyzn. Zadano sobie następujące pytania: ilu z nich zmarło z powodu zawału serca w następnych 20 latach i czy styl życia tych, którzy zmarli na zwał serca różnił się od tego, jaki prowadzili inni uczestnicy badań?

Naukowcy nie otrzymali prostych odpowiedzi. Ogólnie mówiąc, więcej braci mieszkających w Bostonie zmarło na zawał serca niż mężczyzn z pozostałych obu grup, ale różnice były tak małe, że mogły być po prostu wynikiem przypadku. Mogło to być również spowodowane tym, że bracia mieszkający w Bostonie więcej palili i mieli wyższe ciśnienie krwi.

Pogląd, że ich sposób odżywiania się odgrywał istotną rolę, jest też mało prawdopodobny, ponieważ w przeciwieństwie do założeń koncepcji „Dieta–serce", mężczyźni mieszkający w Bostonie spożywali mniej tłuszczu zwierzęcego i cholesterolu niż ich bracia mieszkający w Irlandii, a więcej spożywali tłuszczów wielonienasyconych niż synowie irlandzkich emigrantów. Nie było też różnicy w wartościach poziomu cholesterolu w tych trzech grupach mężczyzn (29). Mimo tak przeczących tej koncepcji wyników, badania te są często cytowane jako zdecydowanie wspierające koncepcję „Dieta–serce".

Więcej żenujących danych

Innym „dowodem" na słuszność koncepcji „Dieta–serce" są badania przeprowadzone we współpracy między Narodowym Instytutem Chorób Serca, Płuc i Krwi w USA oraz Instytutem Krwi ze szpitala uniwersyteckiego w Porto Rico. Kierował nimi dr Tavia Gordon (31). We Framingham, Porto Rico oraz Honolulu zapytano o szczegóły diety ponad 16 000 zdrowych mężczyzn w średnim wieku. Po 6 latach obserwacji porównano zwyczaje żywieniowe tych, którzy mieli zawał serca, z tymi, którzy pozostali w dobrym zdrowiu. W Porto Rico i Honolulu ofiary zawałów serca zjadały mniej produktów zawierających skrobię, takich jak chleb, ziemniaki czy ryż, niż pozostali uczestnicy badań. We Framingham z kolei spożywali mniej „innych węglowodanów". Zgodnie z autorami tych badań, spożywanie produktów bogatych w skrobię i „inne węglowodany" powinno w związku z tym zabezpieczyć przed chorobą wieńcową serca.

Jednakże procent spożytych kalorii z produktów skrobiowych nie różnił się między zdrowymi i chorymi mężczyznami, oprócz grupy z Framingham, gdzie ci, którzy mieli zawał serca, spożywali więcej produktów bogatych w skrobię niż inni uczestnicy badań. W Porto Rico i Honolulu ofiary zawałów serca spożywały z kolei więcej tłuszczów wielonienasyconych (olejów roślinnych) niż ci, u których zawał serca nie wystąpił.

Mimo że wynik tych obserwacji był sprzeczny z tym, czego oczekiwano i w związku z tym zniechęcający dla tych, którzy doradzają spożywać więcej olejów roślinnych, autorzy nie wspomnieli tego faktu w podsumowaniu swoich badań. Nie wspomnieli też, że we wszystkich trzech okręgach ci, u których wystąpił zawał serca, spożywali tyle samo tłuszczów zwierzęcych co inni.

Podobne badania, którymi kierował dr Daniel McGee z zespołu badań we Framingham, dotyczyły 8000 japońskich imigrantów na Hawajach (32). Naukowcy zapytali ich, co spożywali w ciągu ostatniej doby. 10 lat później porównali dietę tych, którzy mieli w ciągu tych 10 lat zawał serca, z dietą tych, którzy zawału nie mieli.

Ci, którzy mieli zawał serca, spożywali taką samą ilość białka i tłuszczu zwierzęcego jak inni, ale nieco mniej węglowodanów. Ignorując zupełnie ten fakt, autorzy zalecali spożywanie większej ilości węglowodanów lub mniejszej ilości tłuszczu zwierzęcego, tak jakby badania te wskazywały, że taka zmiana diety była efektywna. W podsumowaniu raportu z badań autorzy nie wspomnieli nawet o tym, że różnice między dietami obu grup mężczyzn były tak małe, że równie dobrze mogły być dziełem przypadku.

Tabelaryzacja wyników

W moim przeglądzie z 1998 r. dotyczącym powiązania tłuszczu z chorobami serca, zwracałem uwagę na 21 badań, które zawierały 27 grup obserwacyjnych pacjentów i grup kontrolnych oraz ponad 150 000 innych osób.

W 3 z 27 grup obserwacyjnych pacjenci z chorobą wieńcową spożywali więcej tłuszczów zwierzęcych niż w grupie kontrolnej. Jednak różnice te były nieznaczne, a w jednej z grup spożywano tłuszczu zwierzęcego mniej. W pozostałych grupach obserwacyjnych naukowcy nie zauważyli różnicy w spożyciu tłuszczów zwierzęcych między tymi, którzy chorowali na serce, a tymi, którzy nie chorowali. W trzech grupach obserwacyjnych pacjenci spożywali więcej tłuszczów wielonienasyconych niż w grupie kontrolnej, a tylko w jednej spożywali ich mniej (33).

W powyższych badaniach naukowcy starali się na siłę dopasować wyniki do ich teorii. Niestety nie wyszło im to, bo nie mogło wyjść. Zgodnie ze zdaniem niektórych naukowców powinniśmy spożywać mniej tłuszczów nasyconych, a zgodnie ze zdaniem innych powinniśmy spożywać więcej tłuszczów wielonienasyconych. Inni z kolei zalecają węglowodany lub błonnik, albo warzywa, zależnie od przypadkowych wyników ostatnio przeprowadzonych eksperymentów. Dlaczego wyniki tych badań tak bardzo sobie przeczą? Jednym z powodów jest to, że informacje zebrane w postaci kwestionariuszy czy nawet podczas indywidualnych rozmów są niewiarygodne, ponieważ większość z nas nie pamięta, co jadła dzień wcześniej. Jest to istotny problem w tego typu badaniach, na który wskazuje wielu poważnych naukowców. Niemniej jednak wyniki badań, w których danymi są informacje uzyskane na podstawie tego, co uczestnicy badań mogli sobie przypomnieć, są często wykorzystywane w argumentacji popierające koncepcję „Dieta–serce". Takie błędy metodyczne zdarzają się w nawet najbardziej prestiżowych publikacjach.

Co gorsza, naukowcy często wyciągają poważne wnioski na podstawie badań, w których ewentualne różnice w wynikach nie są istotne statystycznie. Na przykład, Narodowy Komitet Badań Naukowych w USA opublikował następujące oświadczenie w publikacji „Dieta i zdrowie": „Odsetek kalorii pochodzących z NKT (nasyconych kwasów tłuszczowych) był pozytywnie skorelowany z ryzykiem wystąpienia choroby wieńcowej w grupie pochodzącej z wiejskich regionów Porto Rico oraz w badaniach „Irlandia-Boston" (34).

Jeśli przeanalizujemy dane tabelaryczne zawarte w publikacji „Dieta i zdrowie", to dojdziemy się do wniosku, że różnice w wynikach nie były statystycznie istotne i mogły być po prostu dziełem przypadku. **Dlaczego autorzy opracowania „Dieta i zdrowie" nie wspomnieli o tym, że ci, którzy mieli zawał, spożywali więcej wielonienasyconych kwasów tłuszczowych?**

W oświadczeniu wydanym wspólnie przez Amerykański Związek Chorób Serca i Narodowy Instytut Chorób Serca, Płuc i Krwi naukowcy stwierdzili, że „ powiązanie między dietą i chorobą wieńcową, szczególnie wyraźnie było widoczne w badaniach Western-Electric, Honolulu Heart, Zutphen i Irlandia-Boston" (35).

Jednakże opublikowane tabele z danymi wskazują, że tylko w badaniach w Honolulu pacjenci spożywali znacznie więcej tłuszczu nasyconego. Spożywali oni również znacznie więcej tłuszczów w postaci olejów wielonienasyconych, odwrotnie do tego, czego mogliśmy oczekiwać. Więcej takich badań zostało opublikowanych po ukazaniu się mojego przeglądu.

Wyniki wszystkich tych badań były takie same: nie znaleziono zależności pomiędzy liczbą zachorowań na chorobę wieńcową a ilością spożywanych tłuszczów zwierzęcych, nasyconych (36,37).

Tłuszcze nasycone a udar mózgu

Większość udarów mózgu spowodowana jest zwężeniem jednej z dwóch dużych tętnic szyjnych, doprowadzających krew do mózgu, lub samych tętnic mózgowych. Miażdżyca odgrywa dużą rolę w powstawaniu takich zwężeń. Im większe są zmiany miażdżycowe w tych tętnicach, tym większe jest ryzyko udaru.

Często zawał serca i udar mózgu występują u tego samego pacjenta. W związku z tym, jeśli tłuszcze nasycone są niebezpieczne dla serca, muszą też być niebezpieczne dla mózgu. Znalazłem 10 badań obserwacyjnych, gdzie autorzy porównywali dietę osób, które miały udar mózgu, z dietą ludzi zdrowych. Jedno z tych badań stanowiło część badań serca w Honolulu (tzw. Honolulu Heart Study) (38).

Przed przystąpieniem do badań przeanalizowano wszystkie znane czynniki ryzyka. Jednym z czynników była dieta. W czasie prowadzonych obserwacji porównano dietę 24 osób, które zmarły z powodu udaru mózgu i 6 753 żyjących osób, które cierpiały na chorobę wieńcową. Ci, którzy zmarli z powodu udaru mózgu, spożywali średnio 55,7 g tłuszczu nasyconego dziennie, podczas gdy zdrowi uczestnicy badań spożywali go 60,1 g dziennie, a więc nawet nieco więcej.

Czy nie jest to wynik odwrotny niż oczekiwano? Niestety powszechnie praktykuje się to w publikacjach dotyczących cholesterolu i tłuszczu. Nie wspomina się o wynikach zaskakujących ani w dyskusji wyników, ani też w podsumowaniu badań. Ale... to nie jest jeszcze koniec tej historii.

Żadne z pozostałych 9 prac badawczych nie wykazało, że osoby, które miały udar mózgu, spożywały więcej tłuszczów nasyconych niż inne. Przeciwnie, w 8 z nich osoby takie spożywały mniej tłuszczów nasyconych (38–47).

Nasycone kwasy tłuszczowe w tkance tłuszczowej

Wielu czytelników może mieć zastrzeżenia do powyższych badań. Ile osób dokładnie pamięta, co jadło wczoraj na śniadanie? Jak naukowcy mogą być pewni, że uczestnicy takich badań spożywali te same produkty przez następnych kilka lat?

Istotnie, za liczbami podawanymi w tabelach zamieszczonych w tych publikacjach kryje się duży stopień niepewności. Istnieje jednak bardziej wiarygodny sposób określenia zawartości poszczególnych rodzajów tłuszczu w diecie. Kiedy spożywamy duże ilości tłuszczów nasyconych, skład tłuszczu w naszych komórkach odzwierciedla jego spożycie w dłuższym okresie. W związku z tym analiza chemiczna naszych komórek tłuszczowych jest nową i bardziej dokładną metodą określenia, ile tłuszczów i jakiego rodzaju spożyliśmy.

Nasycone kwasy tłuszczowe charakteryzuje określona liczba atomów węgla. Najbardziej powszechne nasycone kwasy tłuszczowe to – kwas palmitynowy i stearynowy, które mają odpowiednio 16 i 18 atomów węgla, dlatego nazwane są 16:0 oraz 18:0. Zero wskazuje, że kwasy te nie mają wiązań podwójnych, ponieważ są nasycone atomami wodoru.

Stopień koncentracji kwasów palmitynowego i stearynowego odzwierciedla spożycie kwasów nasyconych w sposób słaby, jeśli w ogóle. Wyjaśnieniem może być to, że wysokie spożycie węglowodanów stymuluje w organizmie człowieka syntezę długołańcuchowych kwasów tłuszczowych (48). W związku z tym krótsze kwasy tłuszczowe: laurowy (12:0), mirystynowy (14:0), pentadekanowy (15:0), heptadekanowy (17:0), są znacznie lepszym wskaźnikiem (49–57).

Przyjrzyjmy się teraz wynikom naukowców, którzy przeanalizowali i porównali zawartość krótkołańcuchowych kwasów tłuszczowych w tkankach pacjentów z chorobą serca i u osób zdrowych.

W tabeli 2B posumowałem wyniki ich badań. Żeby wykluczyć możliwość, że pacjenci po przebyciu zawału serca zmienili swoją dietę, wzięto pod uwagę tylko tych pacjentów, u których zawał serca wystąpił po raz pierwszy.

Jeśli tłuszcze nasycone są istotną przyczyną chorób serca, pacjenci po zawale powinni mieć wyższą koncentrację krótkołańcuchowych kwasów tłuszczowych, ale tak było tylko w jednym badaniu, a różnica była tak mała, że mogła być przypadkowa. We wszystkich pozostałych porównaniach nie było różnicy, a w 4 badaniach koncentracja tych kwasów tłuszczowych była znacznie wyższa u osób zdrowych.

Autor	Liczba pacjentów/ /grupa kontrolna	Koncentracja krótkołańcuchowych nasyconych kwasów tłuszczowych		
		12:0	14:0	15:0
Kirkeby (56)	27/68		taka sama	
Wood (57)	28/343		taka sama	
Pedersen (60)	100/98	taka sama		mniejsza
Yli-Jama (61)	103/104	mniejsza		
Kark (62)	180/492		taka sama	
Clifton (63)	79/167	mniejsza	taka sama	

Tabela 2B. Koncentracja krótkołańcuchowych nasyconych kwasów tłuszczowych w tkance tłuszczowej u pacjentów po pierwszym zawale serca i w grupie kontrolnej (osoby zdrowe)

Nasycone kwasy tłuszczowe a miażdżyca

Jeśli spożywanie tłuszczów nasyconych prowadzi do wysokiego poziomu cholesterolu, a wysoki poziom cholesterolu prowadzi do zwężenia światła tętnic, to ludzie spożywający duże ilości tłuszczów nasyconych powinni mieć zdecydowanie bardziej zaawansowane zmiany miażdżycowe niż ci, którzy stosują się do oficjalnych zaleceń i tłuszczów zwierzęcych nie jedzą. Żeby się przekonać, czy jest to prawdą, naukowcy zbadali zmiany miażdżycowe u zmarłych osób, a ich dietę przed zgonem uważnie przeanalizowano i porównano spożycie tłuszczów nasyconych z tymi zmianami. **Nie znaleziono żadnego związku. Zmiany miażdżycowe u tych, którzy unikali tłuszczów nasyconych jak trucizny były takie same jak u tych, którzy spożywali bardziej smaczne posiłki, objadając się wręcz dobrym tłuszczem zwierzęcym (64–66).**

Odkrycia te są zgodne z wynikami „Międzynarodowego projektu badań nad miażdżycą". W ramach tego programu patologowie z niezwykłą dokładnością przebadali tętnice 20 000 zmarłych osób z 15 różnych grup ludności. Stopień zmian miażdżycowych u zmarłych w różnych krajach porównano z dietą, jaką stosowali. Ponownie nie stwierdzono żadnego związku (67).

Dr Gerald F. Watts i jego współpracownicy z Wydziału Medycyny Uniwersytetu Zachodniej Australii w Perth i szpitala uniwersyteckiego im. św.Tomasza w Londynie stwierdzili, że z pewnością niskie spożycie tłuszczów nasyconych może spowalniać rozwój miażdżycy, ponieważ widzieli to w czasie badań angiograficznych. Zbadali tętnice 50 mężczyzn z chorobą wieńcową serca. 25 z tych mężczyzn poinstruowano, aby spożywali bardziej zdrowe posiłki. Przez „zdrowe" naukowcy rozumieli posiłki o małej zawartości tłuszczów nasyconych. Pozostali mieli odżywiać się zgodnie z ich normalnymi przyzwyczajeniami żywieniowymi. Przeanalizowali ich diety tak dokładnie, że byli w stanie powiedzieć, ile każdego rodzaju tłuszczów mężczyźni ci spożywali. Po 39 miesiącach wykonali ponownie badania angiograficzne i doszli do wniosku, że postęp miażdżycy był bezpośrednio związany ze spożyciem dwóch długołańcuchowych kwasów tłuszczowych, ale także ze spożyciem jednego z kwasów tłuszczowych typu *trans**. Te kwasy tłuszczowe „wyjaśniały" 20-procentowy wzrost zmian miażdżycowych widocznych na zdjęciach rentgenowskich (68).

* Kwasy tego typu powstają podczas procesu utwardzania olejów, w wyniku reakcji oleju roślinnego i wodoru, poddanych działaniu wysokiego ciśnienia. W ten sposób produkuje się twarde margaryny i tłuszcze używane w przemyśle spożywczym do produkcji ciastek, batoników, chipsów, chrupek, płatków śniadaniowych itd.

O czym jednak nie wspomnieli? O wpływie innych produktów spożywczych. Pacjenci, którzy byli na diecie niskotłuszczowej, zostali poinstruowani, aby spożywać więcej niż normalnie ryb, warzyw i owoców, a takie produkty są odwrotnie proporcjonalnie związane z ryzykiem wystąpienia choroby wieńcowej, co wynikało z prawie wszystkich dotychczasowych badań. Dlatego też nie wiadomo, czy zwiększenie się zmian miażdżycowych spowodowane zostało zmniejszeniem spożycia tłuszczów nasyconych czy też zwiększonym spożyciem ryb, warzyw i owoców.

Podobne badania, nazwane „Margaryna", opłacone przez Unilever, wykonała dr Wanda Bemelmans i jej współpracownicy z 7 szpitali i jednostek uniwersyteckich w Holandii. Również i ci naukowcy znaleźli związek między spożyciem tłuszczu nasyconego i postępem miażdżycy, ale związek ten był słaby i występował tylko w przypadku tętnic wieńcowych, ale nie podudowych.

W dodatku u tych, którzy spożywali więcej owoców i warzyw, wystąpiły mniejsze zmiany miażdżycowe niż u tych, którzy spożywali ich bardzo mało. Autorzy twierdzili, że pozytywny wpływ na zdrowie spożycia owoców nie zmienia faktu, że istnieje związek pomiędzy miażdżycą a spożyciem tłuszczów nasyconych. Na jakiej jednak podstawie autorzy ci uznali, że to właśnie warzywa i owoce były odpowiedzialne za wolniejszy postęp miażdżycy? Musieliby wiedzieć, który z czynników w owocach jest korzystny dla zdrowia, które owoce go zawierają, jak dużo owoców z każdego rodzaju było skonsumowanych przez uczestników badań. Co więcej, skoro uważa się, że efektem zmniejszonego spożycia tłuszczów nasyconych jest zmniejszony poziom LDL, jest niezwykle ciekawe, że najniższy poziom LDL występował u tych, których spożycie tłuszczów nasyconych zwiększyło się w czasie przeprowadzanych badań. O tym jednak nie wspomniano w opisie badań, ale bardziej dociekliwi czytelnicy mogą zauważyć tę informację, analizując dane w jednej z załączonych tabel (69).

Przeciwne do powyższych wyniki uzyskał w swoich badaniach Dariush Mozaffarian i jego współpracownicy z Channing Laboratory w Harvardzie. Ich badania dotyczyły 235 kobiet po menopauzie, u których wystąpiła choroba serca. W badaniach tych naukowcy nie zalecali kobietom konkretnej diety, ponieważ takie zalecenia mogły nie być przestrzegane. Zamiast tego zapytano wszystkie uczestniczki badań, jaki rodzaj produktów spożywały. Trzy lata po wykonaniu pierwszej angiografii zauważono znaczny, odwrotnie proporcjonalny związek między spożyciem tłuszczu nasyconego i postępem miażdżycy. Najbardziej zaawansowane zmiany miażdżycowe wystąpiły u tych kobiet, które spożywały najmniej tłuszczów nasyconych i najwięcej węglowodanów oraz tłuszczów wielonienasyconych (70).

Cholesterol w diecie

Przez wiele lat mówiono nam, żeby unikać produktów bogatych w cholesterol, ponieważ cholesterol w naszym pożywieniu powoduje wzrost jego poziomu we krwi, a kiedy poziom cholesterolu we krwi wzrasta, nasze serce jest w niebezpieczeństwie. Szczególnie wskazywano na jajka, ponieważ żółtko zawiera najwięcej cholesterolu ze wszystkich produktów spożywczych.

Strach przed jajkami doszedł do tak absurdalnego stopnia, że naukowcy badający wpływ cholesterolu w diecie musieli pytać komitet etyki z ich uniwersytetów o pozwolenie, kiedy chcieli zdrowym ludziom podawać dwa jajka dziennie! Jeśli cholesterol w naszym pożywieniu powoduje chorobę serca, to oznacza, że osoby z tą chorobą musiały spożywać więcej cholesterolu niż osoby, które objawów tej choroby nie mają.

Autorzy badań	Uczestnicy badań	Spożycie cholesterolu w mg przez	
		pacjentów	osoby zdrowe
Paul (71)		721	757
Kannel (72)	mężczyźni	708	716
	kobiety	520	477
Garcia-Palmieri (73)	mieszkańcy miast	449	442
	mieszkańcy wsi	335	442
Gordon (74)	mieszkańcy Framingham	549	555
	mieszkańcy Porto Rico	419	417
McGee (75)		558	552
Kromhout (76)		446	429
Kushi (29)		854	832
Khaw (77)	mężczyźni	470	409
	kobiety	226	309
Esrey (78)	wiek 30–59	427	416
	wiek 60–79	423	355
Bassett (79)	mężczyźni z Hawajów	510	680
	mężczyźni w Japonii	466	587

Tabela 2C. Porównanie dziennego spożycia cholesterolu (w mg) przez pacjentów z chorobą wieńcową i osoby zdrowe z grupy kontrolnej w tym samym wieku i tej samej płci

Badania wskazują jednak na coś zupełnie odwrotnego. W tabeli 2C zestawiono dane z badań porównujących spożycie cholesterolu przez ludzi zdrowych i chorych na chorobę wieńcową serca. Z łatwością można zauważyć, że nie było znacznych różnic między spożyciem cholesterolu w tych grupach. W niektórych z tych badań pacjenci z chorobą wieńcową spożywali nieco więcej cholesterolu niż osoby z grupy kontrolnej, ale wyniki z takiej samej liczby innych badań wskazują na zjawisko zupełnie odwrotne. W rzeczywistości średnie spożycie cholesterolu w grupie chorych wynosiło 506 mg dziennie, trochę mniej niż w grupie kontrolnej, gdzie wynosiło 518 mg dziennie. Jeśli koncepcja „Dieta–serce" byłaby słuszna, to średnie spożycie cholesterolu w grupie chorych powinno być znacznie większe niż w grupie kontrolnej.

Podsumowując, co najwyżej można powiedzieć, że w wielu badaniach, które wykonano, żeby przetestować koncepcję "Dieta–serce", istniał słaby związek między śmiertelnością w różnych krajach i dostępnością tłuszczów do spożycia, ale nie stwierdzono żadnej różnicy między ilością spożywanego tłuszczu przez osoby chore na serce i osoby zdrowe. W kilku badaniach ludzie zdrowi spożywali nawet więcej tłuszczu niż pacjenci. Świadczy to o tym, że badany czynnik nie jest czynnikiem przyczynowym. Innym przykładem jest związek między dobrobytem i chorobą wieńcową. Średni dochód w różnych krajach idzie w parze z liczbą zawałów. Choroba wieńcowa jest powszechna w krajach bogatych i stosunkowo rzadka w krajach biednych. W bogatych krajach jednak ubodzy ludzie umierają częściej z powodu zawału serca niż ludzie bogaci.

Kalorie z produktów zwierzęcych są droższe niż kalorie z produktów warzywnych. Zazwyczaj wspólnym mianownikiem w krajach, gdzie mieszkańcy spożywają produkty zwierzęce, jest wysoka stopa życiowa. W bogatych krajach bogatotłuszczowe produkty są spożywane powszechnie, ale powszechne są również czynniki prowokujące stres. W dodatku, więcej ludzi pali tytoń, mniej wykonuje prace fizyczne, najczęściej też zanieczyszczenie przemysłowe środowiska jest wyższe i możliwości zdiagnozowania choroby wieńcowej są lepsze. Ludzie w bogatych krajach na ogół też żyją dłużej. W młodym wieku, nie umierają na choroby zakaźne lub z niedożywienia, natomiast umierają z powodu chorób związanych ze starszym wiekiem, jak np. choroba wieńcowa serca. Którykolwiek z tych czynników lub ich kombinacja, a być może coś jeszcze, o czym nawet nie wiemy, może wyjaśnić dlaczego ludzie w bogatych krajach umierają na zawał serca częściej niż mieszkańcy krajów ubogich.

Ogólnie rzecz biorąc, dostatek, bogatotłuszczowa żywność i choroba wieńcowa serca występują razem. W związku z tym korelacje statystyczne mogą powstawać przy porównaniu różnych krajów, szczególnie jeśli mieszkańcy tych krajów nie stosują się do zaleceń koncepcji „Dieta-serce". Jednak wewnątrz tych krajów nie ma żadnej korelacji, ponieważ to nie dobrobyt ani bogatotłuszczowa żywność sama w sobie są przyczynami choroby wieńcowej serca.

„Nauka" oparta na domysłach

W roku 1988 Amerykańskie Biuro ds. Zdrowia Publicznego zdecydowało, że należałoby przygotować "końcowy i definitywny" raport dotyczący niebezpieczeństw związanych z tłuszczem w produktach spożywczych. Jednak zamiar ten nie został urzeczywistniony, a 11 lat później po instytucji tej krążył list wyjaśniający, że publikacja ta została wstrzymana. **„Raport ten był tworzony ze z góry założoną opinią dotyczącą wyników" oraz „opinie dotyczące tych badań nie miały podstaw naukowych" przyznał Bill Harlan, dyrektor Biura Zapobiegania Chorobom z Narodowego Instytutu Zdrowia w USA i członek komitetu nadzorującego proces tworzenia raportu.** Niestety nie było żadnego wystąpienia publicznego ani oświadczenia w prasie na temat tych rewolucyjnych wręcz konkluzji.

Oświadczenie Harlana otrzymał Gary Taubes, amerykański dziennikarz naukowy, laureat wielu międzynarodowych nagród za swoje artykuły, z których większość poświęcona było wyjawianiu błędów i słabych stron badań naukowych. Zbadał on podstawy zaleceń dotyczących tłuszczów i olejów, przeprowadzając rozmowy z naukowcami i urzędnikami, czytając tysiące raportów rządowych i zapisów kongresowych, przewodów sądowych oraz dogłębnie studiując literaturę. Wynikiem tej pracy był artykuł „The Soft Science of Dietary Fat" opublikowany w prestiżowym „Science Magazine" (80). W artykule tym Taubes opisał machinacje, których dokonywał Senacki Komitet ds. Wyżywienia i Potrzeb Ludzkich, utworzony w 1968 r., którego przewodniczącym był senator George McGovern. Komitet ten został powołany w celu zlikwidowania niedożywienia w USA.

Dwóch młodych prawników, którzy byli pod silnym wpływem kilku naukowców o ekstremalnych poglądach dotyczących tłuszczu w diecie, zdecydowało również zająć się tematem „przejadania się" w USA. W tym czasie wyglądało na to, że produkty bogatotłuszczowe, szczególnie produkty bogate w tłuszcz zwierzęcy, były głównym powodem choroby wieńcowej serca. Mimo że komitet otrzymał tomy dowodów, które zaprzeczały tym ekstremalnym opiniom, jego członkowie byli głęboko zaangażowani w popieranie koncepcji „Dieta–serce" i wierzyli, że opinia publiczna powinna być poinformowana, że tłuszcze nasycone są szkodliwe.

Celem komitetu było przeanalizowanie badań i napisanie pierwszych w swoim rodzaju „Zasad żywienia dla Stanów Zjednoczonych". Zadanie to otrzymał Nick Mottern, dziennikarz specjalizujący się w zagadnieniach politycznych, który nie miał żadnego doświadczenia naukowego ani doświadczenia w pisaniu artykułów dotyczących zagadnień naukowych. W celu uniknięcia medycznych i naukowych kontrowersji prawie całkowicie polegał on na współpracy z żywieniowcem, którym był Mark Hegsted z Harwardzkiej Szkoły Zdrowia Publicznego, a który był zdecydowanym zwolennikiem koncepcji „Dieta–serce".

Końcowy raport komitetu, nazwany „McGovern Report", promował te same zalecenia, które rekomendował Amerykański Związek Chorób Serca. Raport był bardzo krytykowany przez wielu naukowców i z powodów komercyjnych przez producentów nabiału, jajek oraz hodowców bydła i trzody chlewnej. Dlatego autorom raportu było stosunkowo łatwo bronić jego treści. Twierdzili, że tłuszcz jest tak samo niebezpieczny jak papierosy i występowanie przeciwko treści tego raportu świadczy o tym, że wiedza jego przeciwników jest przestarzała lub że byli oni opłacani przez przemysł spożywczy.

Robert Levy, dyrektor Narodowego Instytutu Chorób Serca, Płuc i Krwi w USA znalazł się w niezręcznej sytuacji. „Najpierw senatorowie wydali rekomendację, a dopiero teraz wezwali nas do udzielenia im porady"– napisał. Politycy, prasa i opinia publiczna zaakceptowały już teorię, że tłuszcze zwierzęce są niebezpieczne. **Teraz wszystko zależało od naukowców, którzy mieli dopasować do tej teorii naukowe uzasadnienie.** Ci, którzy są zaznajomieni z literaturą medyczną, wiedzą, jak naukowcy na to zareagowali. Jak „cholesterolowy establiszment" zareagował na exposé Taubesa? Kilka cytatów z krytycznego listu, jaki profesor Scott Grundy, jeden z czołowych zwolenników koncepcji „Dieta–serce", wysłał do „Science Magazine": „Znacząca rola nasyconych kwasów tłuszczowych została wykazana przez olbrzymią liczbę wysokiej jakości badań dotyczących wpływu na zdrowie tłuszczów zawartych w środkach spożywczych, łącznie z badaniami na zwierzętach, badaniami epidemiologicznymi, metabolicznymi i klinicznymi".

Wielu czytelników z pewnością wie, jak niska jest wartość badań epidemiologicznych. W następnych rozdziałach wykażę, że inne rodzaje badań nie są lepsze. A teraz następny cytat: „Kilka badań wykazało, że zamiana w diecie nasyconych kwasów tłuszczowych na nienasycone kwasy tłuszczowe zmniejsza możliwość wystąpienia choroby wieńcowej".

Nie ma niczego bardziej nieprawdziwego, o czym przekonam czytelników w następnych rozdziałach. **Jeśli ktoś przeczyta niniejszą książkę do końca, będzie mógł ocenić fałszywość następującego stwierdzenia: „Istnieje ogromna liczba dowodów na to, że podwyższony poziom LDL jest główną przyczyną choroby wieńcowej serca i że obniżenie poziomu LDL obniża ryzyko wystąpienia tej choroby".**

Wspólnie z moimi kolegami wysłałem list do redaktora naczelnego „Science Magazine", w którym wykazaliśmy, że żadne z „wielu badań", które cytował Grundy jako dowody, nie potwierdzało głoszonych przez niego stwierdzeń. Niektóre z nich wręcz im zaprzeczały (82). Redaktor naczelny przeanalizował nasze zarzuty i przyznał, że mamy rację, z wyjątkiem jednego przypadku, kiedy to badania wskazywały na coś znacznie gorszego niż to, co opisaliśmy w naszym liście. Nie muszę chyba pisać, że sam Grundy nigdy na nasz list nie odpowiedział. Wyznawał bowiem żelazną zasadę kampanii antycholesterolowej: ignorować głosy krytyczne! Jeśli ktoś jest ciekawy, dlaczego jego stwierdzenia od początku do końca były nieprawdziwe, zapraszam do dalszej lektury tej książki.

Bibliografia

1. Keys A. *J Mount Sinai Hosp* 20, 118–139, 1953.
2. Payer L. Medicine & Culture. Henry Holt & Co, New York 1988.
3. Yerushalmy J, Hilleboe HE. *NY State J Med* 57, 2343–54, 1957. (Levy RI, Rifkind BM, Dennis BH, Ernst ND (edit): *Nutrition, Lipids, and Coronary Heart Disease. A Global View.* Raven Press 19, p. 32.).
4. (a) Kircher T and others. *N Engl J Med* 313, 1263–69, 1985.
   (b) Carter JR. *N Engl J Med* 313, 1285–6, 1985.
   (c) Stehbens WE. *Lancet 1*, 606–611, 1987.
5. Lundberg GD, Voigt GE. *JAMA* 242, 2328–30, 1979.
6. Zarling EJ and others. *JAMA* 250, 1177–81, 1983.
7. Reid DD, Rose GA. *BMJ* 2, 1437–9, 1964.
8. Wolf, S. The Artery and the Process of Atherosclerosis (2). Plenum Press, New York 1972, table 2, p 31.
9. Yudkin J. *Lancet* 2, 155–162, 1957.
10. Keys, A. *Circulation* 41, suppl. 1, 1–211, 1970.
12. Masironi R. *Bull World Hlth Org* 42, 103–14, 1970.
13. (a) Slattery ML, Randall DE. *Am J Clin Nutr* 47;1060–1070, 1988.
    (b) Antar MA and others. *Am J Clin Nutr* 14, 169–178, 1964.
14. Sytkowski PA and others. *N Engl J Med* 322, 1635–41, 1990.

16. (a) Oshima K. Statistical trend in the incidence of cerebrovascular accidents and coronary heart disease in Japan. In: Schettler G, Goto Y, Hata Y, Klose G (edit). International symposium on atherosclerosis IV. Springer–Verlag, Berlin 1977.
(b) Kimura N. *Prev Med* 12, 222–7, 1983.
18. Guberan E. *J Epidemiol Commun Hlth* 33, 114–20, 1979.
19. Mann's descriptions of the Masai tribe are found in the following papers:
(a) Mann GV and others. *J Atheroscl Res* 4, 289–312, 1964.
(b) Mann GV and others. *Lancet* 2, 1308–10, 1965.
(c) Mann GV, Shaffer R. *JAMA* 197, 123–5, 1966.
(d) Mann GV, and others. *Am J Epidemiol* 95, 26–37, 1972.
20. (a) Shaper AG. *Am Heart J* 63, 437–442, 1962.
(b) Lapiccirella V, and others. *Bull World Hlth Org* 27, 681–97, 1962.
21. (a) Biss K and others. *Path Microbiol* 35, 198–204, 1970.
(b) Ho K–J and others. *Arch Pathol* 91, 387–410, 1971.
(c) Biss K and others. *N Engl J Med* 284, 694–9, 1971.
(d) Biss K and others. *Afr J Med Sci* 2, 249–57, 1971.
23. Day J and others. *Atherosclerosis* 23, 357–61, 1976.
24. Keys A. *Atherosclerosis* 22, 149–92, 1975.
25. Charters AD, Arya BP. *Lancet* 1, 288–9, 1960.
26. Malhotra SL. *Br Heart J* 29, 895–905, 1967.
27. Zukel WJ and others. *Am J Public Hlth* 49, 1630–1639, 1959.
28. Finegan A and others. *Am J Clin Nutr* 21, 143–8, 1968.
29. Kushi LH and others. *N Engl J Med* 312, 811–18, 1985.
31. Gordon T and others. Circulation 63, 500–15, 1981.
32. McGee DL and others. *Am J Epidemiol* 119, 667–76, 1984.
33. Ravnskov U. *J Clin Epidemiol* 51, 443–60, 1998.
34. National Research Council. Diet and Health. National Academy Press, Washington, DC, 1989. The citation is found on page 193.
35. Gotto AM and others. *Circulation* 81, 1721–33, 1990. The citation is found on page 1725.
36. Leosdottir M, and others. *J Intern Med* 258, 153–65, 2005.
37. Halton TL and others. *N Engl J Med* 355, 1991–2002, 2006.
38. Stemmermann GN and others. *Stroke* 5, 23–8, 1984.
39. Takeya Y and others. *Stroke* 15, 15–23, 1984.
40. McGee D and others. *Int J Epidemiol* 14, 97–105, 1985.
41. Gillman MW and others. *JAMA* 278, 2145–50, 1997.
42. Ross RK and others. *Circulation* 96, 50–5, 1997.
43. Seino F and others. *J Nutr Sci Vitamin* 43, 83–99, 1997.
44. Iso H and others. *Circulation* 103, 856–63, 2001.

45. He K and others. *BMJ* 327, 777–82, 2003.
46. Iso H and others. *Am J Epidemiol* 157, 32–9, 2003.
47. Sauvaget C and others. *Stroke* 35, 1531–7, 2004.
48. Hudgins LC and others. *J Lipid Res* 41, 595–604, 2000.
49. Thomson M and others. *Hum Nutr Appl Nutr* 39, 443–55, 1985.
50. Smedman AE and others. *J Clin Nutr* 69, 22–9, 1999.
51. Wolk A and others. *J Nutr* 131, 828–33, 2003.
52. Rosell M and others. *Internat J Obes Relat Metabol Dis* 28, 1427–34 2004.
53. Brevik A and others. *Eur J Clin Nutr* 59, 1417–22, 2005.
54. Field CJ and others. *Am J Clin Nutr* 42, 1206–20, 1985.
55. Schäfer L, Overvad K. *Am J Clin Nutr* 52, 486–90, 1990.
56. Tjønneland A and others. *Am J Clin Nutr* 57, 629–33, 1993.
57. Knutsen SF and others. *Ann Epidemiol* 13, 119–27, 2003.
58. Kirkeby K and others. *Acta Med Scand* 192, 513–9, 1972.
59. Wood D and others. *Lancet* 2, 117–21, 1984.
60. Pedersen JI and others. *Eur J Clin Nutr* 54, 618–25, 2000.
61. Yli–Jama P and others. *J Intern Med* 251, 19–28, 2002.
62. Kark JD and others. *J Clin Nutr* 77, 796–802, 2003.
63. Clifton PM and others. *J Nutr* 134, 874–9, 2004.
64. Moore MC and others. *J Am Diec Ass* 68, 216–23, 1976.
65. Reed DM and others. *Am J Epidemiol* 126, 214–25, 1987.
66. Reed DM and others. *Stroke* 19, 820–5, 1988.
67. Scrimshaw NS, Guzmán MA. *Lab Invest* 18, 623–8, 1968.
68. Watts G and others. *Am J Clin Nutr* 64, 202–9, 1996.
69. Bemelmans WJ and others. *Am J Clin Nutr* 75, 221–7, 2002.
70. Mozaffarian D and others. *Am J Clin Nutr* 80, 1175–84, 2004.
71. Paul O and others. *Circulation* 28, 20–31, 1963.
72. Kannel, WB, Gordon T. The Framingham diet study: diet and the regulation of serum cholesterol. The Framingham study. An Epidemiologic Investigation of Cardiovascular Disease. Section 24, Washington, DC, 1970.
73. Garcia–Palmieri MR and others. *Am J Clin Nutr* 33, 1818–27, 1980.
74. Gordon T and others. *Circulation* 63, 500–15, 1981.
75. McGee DL and others. *Am J Epidemiol* 119, 667–76, 1984.
76. Kromhout D, Coulander CDL. *Am J Epidemiol* 119, 733–41, 1984.
77. Khaw KT, Barrett–Connor E. *Am J Epidemiol* 126, 1093–1102, 1987.
78. Esrey KL and others. *J Clin Epidemiol* 49, 211–6, 1996.
79. Bassett DR and others. *Am J Clin Nutr* 22, 1483–1503, 1969.
80. Taubes G. Nutrition. *Science* 292, 2536–2545, 2001.
81. Grundy SM. *Science* 293, 801–4, 2001.
82. Ravnskov U and others. *Science* 295, 1464–5, 2002.

Aneks

Jak uciszyć przeciwnika?

Często zadaje mi się pytanie, dlaczego producenci środków spożywczych opartych na produktach zwierzęcych nie zareagowali na szkalowanie ich wyrobów. Pozwolę sobie opisać, co stało się, gdy producenci w Finlandii próbowali zareagować.

23 czerwca 1988 r. w wielu fińskich gazetach ukazało się całostronicowe ogłoszenie. Za ogłoszenie to zapłaciła firma Valio, duży związek farmerów, który sprzedaje około 90% produktów mlecznych w Finlandii. Ogłoszenie przedstawiało „fakty dotyczące tłuszczu w produktach spożywczych, które powinieneś znać, ale nikt ci o nich nie powiedział".

A oto te fakty:

1. W Finlandii spożywa się mniej tłuszczu niż w wielu krajach Europy Zachodniej.
2. Nie ma bezpośredniego związku między spożyciem tłuszczu zwierzęcego w danym kraju i śmiertelnością spowodowaną chorobą wieńcową.
3. W niektórych krajach wzrost spożycia tłuszczów zwierzęcych spowodował obniżenie śmiertelności w wyniku choroby wieńcowej, a w innych – zmniejszenie spożycia tłuszczów zwierzęcych zaskutkowało podwyższeniem śmiertelności z powodu choroby wieńcowej.
4. Śmiertelność spowodowana chorobą wieńcową w Finlandii zmniejszyła się, mimo że Finowie zwiększyli spożycie tłuszczów zwierzęcych.

Na końcu ogłoszenie to zawierało krótkie podsumowanie badań przeprowadzonych w Karelii Północnej.

Dyrektor oddziału badań naukowych w firmie Valio, Kari Salminen, wywołał burzę w kraju. Było to wręcz niezwykle gwałtowne tornado. Zaatakowały go wszystkie gazety i pisma w Finlandii. Prawie codziennie, w okresie lata i jesieni, w finlandzkiej prasie ukazywały się krytyczne artykuły redakcyjne, publikacje i listy.

Nikt nie był w stanie wskazać czegokolwiek, co byłoby nieprawdą w tym ogłoszeniu. W związku z tym dziennikarze nie atakowali jego merytorycznej treści, ale niemoralność związku producentów. Oskarżali, że ogłoszenie to jest tendencyjne, wprowadzające w błąd, nieetyczne i twierdzili, że Valio wybrało wygodne statystyki do celowej manipulacji danymi naukowymi.

Prof. Pekka Puska, jako dyrektor badań w Karelii Północnej, poczuł się szczególnie urażony. Argumentował, że wiele wysiłków kampanii antycholesterolowej od początku przyniosło znaczące efekty. Miał rację – tylko, że w rzeczywistości efekty te były odwrotne do tych, które im przypisywali zwolennicy tej kampanii. Pisał, że związek między tłuszczami zwierzęcymi i chorobami serca został udowodniony lepiej niż większość innych problemów medycznych. Fakty przedstawione w ogłoszeniu, twierdził, nie były prawdziwe.

Kari Salminen, dyrektor oddziału badań naukowych w firmie Valio, częściowo się wycofał. Poinformował, że ogłoszenie to zostało umieszczone z zamiarem wywołania dyskusji i nie miało na celu stwarzania pozorów głoszenia całej i jedynej prawdy.

Jak widać zaproszenie do debaty zostało zignorowane. Debata zamieniła się w egzekucję.

Niskotłuszczowa, wysokowęglowodanowa dieta – katastrofa w skutkach dla chorych na cukrzycę

Głównym zaleceniem dietetycznym dla chorych na cukrzycę jest zwiększenie spożycia węglowodanów i zmniejszenie spożycia tłuszczów, szczególnie tłuszczów nasyconych. To oczywiście jest zupełnie irracjonalne, ponieważ, jak wspomniałem w rozdziale 1, wysokie spożycie węglowodanów jest efektywnym sposobem podwyższenia poziomu trójglicerydów we krwi i być może nawet obniżenia poziomu HDL. Nie o to chodzi, że są one niebezpieczne same w sobie, ale ponieważ wszystkie instytucje uważają je za niebezpieczne, taka porada – delikatnie mówiąc – jest pozbawiona logiki.

Oprócz tego, najgorszą rzeczą, jaką może zrobić chory na cukrzycę, to jeść więcej węglowodanów. Większość węglowodanów jest rozkładana w układzie pokarmowym na glukozę, a głównym problemem w cukrzycy jest właśnie nadmiar glukozy w organizmie. W cukrzycy typu 2 komórki nie są zdolne do metabolizowania glukozy we właściwy sposób. W związku z tym poziom glukozy we krwi podwyższa się, a ponieważ jednym z zadań insuliny jest stymulacja przetwarzania glukozy na tłuszcz, pacjenci stają się otyli.

Przez całe lata, pierwszą rzeczą, jaką lekarz zalecał pacjentowi choremu na cukrzycę było ograniczenie węglowodanów w diecie. Była to porada poparta wieloma badaniami naukowymi. **Niedawno przeprowa-**

dzone badania, porównujące zwykle stosowaną niskotłuszczową, wysokowęglowodanową dietę z niskowęglowodanową i wysokotłuszczową wykazały, że ta ostatnia jest znacznie lepsza (1,2)*. Po radykalnym zmniejszeniu spożycia cukru i innych węglowodanów pacjenci obniżają swoją wagę, ich poziom glukozy i insuliny poprawia się, zmniejszają się inne objawy cukrzycy i wielu pacjentów może obniżyć lub całkowicie zaprzestać stosowania środków farmakologicznych. Mimo stosowania takiej diety u chorych na cukrzycę, często bogatej w tłuszcze nasycone, ich poziom cholesterolu pozostaje niezmieniony, a poziom trójglicerydów obniża się w sposób znaczący.

Wielu naukowców, łącznie ze mną, często wskazywało na irracjonalne zalecenia dietetyczne w przypadku cukrzycy i na korzyści wynikające z zastosowania u tych chorych diety niskowęglowodanowej. Zazwyczaj odpowiada się na to, że nie ma długoterminowych badań wykazujących korzyści diety niskowęglowodanowej w kwestii chorób serca i śmiertelności. I jest to prawdą. Jednakże nie przeprowadzono również żadnych długoterminowych badań diety wysokowęglowodanowej stosowanej u chorych na cukrzycę! A mimo to powszechnie się ją zaleca. W dodatku – poza trzema wyjątkami (3) – wszystkie badania wskazują wręcz na to, że wysokie spożycie węglowodanów u chorych na cukrzycę pogarsza wszystkie objawy tej choroby. Ich poziom glukozy we krwi się zwiększa, poziom HbA1 C (substancja, która jest najważniejszym czynnikiem ryzyka u chorych na cukrzycę) zwiększa się, a chorzy potrzebują coraz więcej insuliny i innych leków przeciwcukrzycowych.

A co z tymi trzema wyjątkami, trzema badaniami, w których dieta wysokowęglowodanowa była korzystniejsza od diety niskowęglowodanowej? Autorem wszystkich tych badań był Jim Mann, profesor wydziału Żywienia Człowieka i Medycyny uniwersytetu w Otago, ekspert Światowej Organizacji Zdrowia ds. Żywienia. Był on też głównym doradcą serwisu informacyjnego Biura Doradczego Badań Cukru (Sugar Research Advisory Service) ustanowionego w 2002 r. i opłacanego przez Cukrową Kompanię Nowej Zelandii (New Zealand Sugar Company). Celem tego Biura było „zachęcanie do spożywania i czerpania przyjemności z cukru jako części zdrowej i zbilansowanej diety"! Jim Mann jest też głównym autorem europejskich zaleceń leczenia pacjentów z cukrzycą i jej zapobiegania (4). Oczywiście daremnie szukalibyśmy jakiejkolwiek wzmianki w jego publikacjach naukowych, które ujawniałyby jego udział w organizacjach promujących spożycie cukru.

* Ten sposób odżywiania jest podstawą znanej w Polsce diety dra Jana Kwaśniewskiego, zwanej też „dietą optymalną" – przyp.tł.

Bibliografia

1. **Reviews about low–carbohydrate diets in type 2 diabetics:**
   Arora SK, McFarlane SI. Nutr Metab 2, 16–24, 2005.
   Kennedy RL and others. Diabet Med 22, 821–32, 2005.
   Volek JS, Feinman RD. Nutr Metab 2, 31– , 2005.
2. **Recent clinical trials of low–carbohydrate diets in type 2 diabetics:**
   Fuh and others. Am J Hypertension 3, 527–532, 1990.
   Gutierrez M and others. J Am Coll Nutr 17, 595–600, 1998.
   Samaha FF and others. N Engl J Med 348, 2074–81, 2003.
   Hays JH and others. Mayo Clin Proc 78, 1331–6, 2003.
   Boden G and others. Ann Intern Med 142, 403–11, 2005.
   Cornier MA and others. Obes Res 13, 703–9, 2005.
   McAuley KA and others. Diabetologia 48, 8–16, 2005.
   Yancy WS and others. Nutr Metab 2, 34–40, 2005.
   Daly ME and others. Diabet Med 23, 15–20, 2006.
   Gannon MG, Nuttall FQ. Nutr Metabol 3, 16– , 2006.
   Nuttall FQ, Gannon MC. Metabolism 55, 243, 2006.
   Vesti Nielsen J, Joensson E. Nutr Metabol 3 22–6, 2006.
3. **Three studies that found a high–carbohydrate superior for diabetics:**
   Simpson RW and others, including Mann JI. BMJ 1, 1753–6, 1979.
   Simpson RW and others, including Mann JI. BMJ 2, 523–5,1979.
   Lousley and others, including Mann JI. Diabet Med 1, 21–5, 1984.
4. **European guidelines:**
   Mann JI and others. Nutr Metab Cardiovasc Dis 14, 373–94, 2004.

ROZDZIAŁ 3

WYSOKI POZIOM CHOLESTEROLU NIE POWODUJE CHORÓB SERCA

Nasza silna potrzeba zrozumienia, wytłumaczenia i wyleczenia sprawia,
że pokusa, żeby przypisać związek przyczynowy
do skojarzenia jest tak silna, że trudno się jej oprzeć.
Jest to najważniejszy powód błędów w medycynie.

Petr Skrabanek

Małe i duże procenty

Framingham jest małym miastem koło Bostonu w stanie Massachusetts w USA. We wczesnych latach 50-tych duża liczba mieszkańców tego miasta wzięła udział w badaniach, których celem było określenie wszystkich czynników, które mogłyby odgrywać rolę w rozwoju miażdżycy i chorób serca. W czasie trwania badań, z dużą częstotliwością mierzono poziom cholesterolu (1).

Po 5 latach badań naukowcy orzekli coś, co stało się podstawą koncepcji „Dieta–serce". Kiedy podzielili uczestników badań na trzy grupy – mających niski, średni i wysoki poziom cholesterolu, zauważyli, że w trzeciej grupie więcej osób zmarło na zawał serca niż w pozostałych dwóch. Na tej podstawie doszli do wniosku, że wysoki poziom cholesterolu jest wskaźnikiem pozwalającym przewidzieć zagrożenie zawałem serca. Uznali więc, że cholesterol jest czynnikiem ryzyka w chorobie wieńcowej serca.

Poziom cholesterolu, jako czynnik pozwalający przewidzieć zagrożenie zawałem, został potwierdzony w największych badaniach medycznych w historii nazywanych Multiple Risk Factor Intervention Trial (skrót MRFIT, więcej na ten temat w rozdziale 7). W badaniach tych naukowcy zmierzyli poziom cholesterolu u ponad 300 000 Amerykanów w średnim wieku. Przebadanych uczestników podzielono na dziesięć grup, zgodnie z wartościami ich poziomu cholesterolu. Pierwsza grupa składała się z mężczyzn z najniższym poziomem cholesterolu, a dziesiąta z tych, u których poziom cholesterolu był najwyższy (3). 6 lat później prof. Jeremiah Stamler, dyrektor badań MRFIT i jego współpracownicy z Chicago sprawdzili, ilu z tych mężczyzn zmarło i z jakiego powodu (2).

Okazało się, że w grupie dziesiątej cztery razy więcej mężczyzn zmarło z powodu zawału serca niż w pierwszej. Zespół prof. Stamlera zdefiniował to w następujący sposób: ryzyko śmierci spowodowanej zawałem serca przy poziomie cholesterolu powyżej 265 mg/dl było o 413% wyższe niż przy poziomie cholesterolu poniżej 170 mg/dl. Czterysta trzynaście procent?! Straszne!

Popatrzmy jednak na prawdziwe liczby, a nie tylko na same wartości procentowe. Używając statystyki można bowiem zamienić białe na czarne lub na odwrót, co wie prawie każdy polityk.

Ilu naprawdę mężczyzn zmarło na zawał serca w badaniach MRFIT? Całkowita liczba wynosiła 2 258, tj. 0,75% ogólnej liczby 300 000 uczestników badań. Można również powiedzieć, że 99,25% nie zmarło na zawał serca.

494 mężczyzn z najwyższym poziomem cholesterolu z dziesiątej grupy, co stanowiło 1,3%, zmarło z powodu zawału serca, to znaczy, że 98,7% tych z najwyższym poziomem cholesterolu we krwi ciągle żyło po 6 latach.

Spośród tych z najniższym poziomem cholesterolu, z pierwszej grupy, 95 mężczyzn (ok. 0,3%) zmarło z powodu zawału serca, podczas, gdy reszta, tzn. 99,7% przeżyła. A więc, różnica w liczbie zmarłych między pierwszą i dziesiątą grupą wynosiła tylko jeden procent (99,7% minus 98,7%).

Jeden punkt procentowy nie daje podstawy do takiego alarmującego efektu jak 413% prof. Stamlera, chociaż obie liczby są prawidłowe, ponieważ 1,3 stanowi 413% z 0,3.

Różnica w liczbie przypadków śmiertelnych była najbardziej wyraźna w dziesiątej grupie, która prawie w całości składała się z osób z rzadką, dziedziczną chorobą nazywaną rodzinną hipercholesterolemią. Osoby te mają znacznie podwyższony poziom cholesterolu i cierpią również na ciężką miażdżycę oraz chorobę wieńcową w młodym wieku. Mniej niż 1% populacji cierpi na rodzinną hipercholesterolemię.

To oznacza, że prawie 10% mężczyzn z dziesiątej grupy (10 razy 1 %) miało w tym kontekście rodzinną hipercholesterolemię. W ten sposób statystyka wykazała coś, co już wiedzieliśmy, że u pacjentów z wrodzoną wadą metabolizmu cholesterolu występuje większe ryzyko śmierci z powodu choroby serca.

Wykres z wyników tych badań, pokazujący śmiertelność w postaci linii prostej od najniższego poziomu cholesterolu do najwyższego, jest jednym z najsilniejszych argumentów używanych w akcji antycholesterolowej, a raport z badań MRFIT jest ciągle cytowany w literaturze naukowej dotyczącej tego tematu. Jednak nigdy nie wspomina się o tym, że związek ten prawie całkowicie zanika, jeśli wyłączy się z obliczeń mężczyzn palących tytoń.

Istnieje wiele różnych sposobów zastosowania statystyki (co do czynników ryzyka), dzięki którym można zwiększyć minimalne różnice, podczas gdy w rzeczywistości różnice te są całkowicie bez znaczenia. Wróćmy do badań we Framingham.

Duże czy małe różnice?

Żeby zilustrować zależność między poziomem cholesterolu we krwi i ryzykiem śmierci z powodu zawału serca, naukowcy z Framingham stworzyli interesujący wykres pokazany na rys. 3A (5). Widać na nim dwie krzywe w kształcie dzwonu. Oś pozioma określa poziom cholesterolu we krwi, zaś pionowa, procent wszystkich osób w każdej z grup, które uczestniczyły w badaniach.

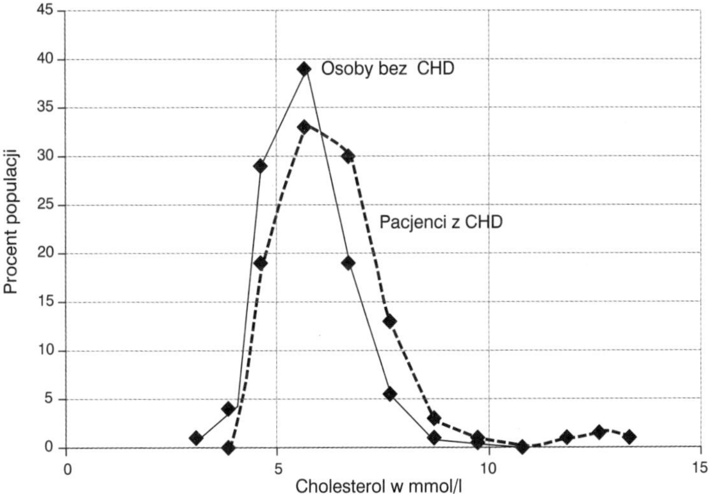

Rys. 3A. Rozkład uczestników w badaniach we Framingham zgodnie z ich początkowym poziomem cholesterolu we krwi. Linia ciągła reprezentuje 1387 osób, które nie chorowały na chorobę wieńcową w czasie badań kontrolnych; linia przerywana reprezentuje 193 mężczyzn, u których stwierdzono chorobę wieńcową (CHD) w czasie badań kontrolnych. Dane: Kannel i współpracownicy (5)

Przyjrzyjmy się uważnie krzywej na rys.3A. Linia przerywana wskazuje poziom cholesterolu u mężczyzn w średnim wieku, którzy w ciągu 16 lat od rozpoczęcia badań mieli zawał serca. Linia ciągła wskazuje poziom cholesterolu u mężczyzn, którzy nie mieli zawału serca. W pierwszej grupie było 193 osoby, w drugiej 1378. Druga grupa była zatem ponad 7 razy większa niż pierwsza, ale powierzchnia pod krzywymi jest prawie taka sama. Jest tak dlatego, że oś pionowa nie reprezentuje liczby osób, tylko procent osób. W związku z tym, na przykład, około 32% pacjentów z CHD (skrótem CHD oznacza się chorobę wieńcową serca, która w wielu przypadkach kończy się zawałem serca) miało poziom cholesterolu 220 mg/dl, podczas gdy 38% pacjentów, którzy nie cierpieli na CHD, miało również poziom cholesterolu około 220 mg/dl.

Krzywa dotycząca pacjentów z CHD jest nieco asymetryczna i ma mały garbik po stronie prawej, który reprezentuje pacjentów cierpiących na rodzinną hipercholesterolemię. Poza tym obie krzywe są prawie identyczne, oprócz tego, że krzywa reprezentująca pacjentów z CHD jest położona nieco na prawo – ich poziom cholesterolu jest 5 -10% wyższy niż u tych, którzy nie mieli CHD.

Powszechnie sądzi się, że u tych, u których pojawiał się zawał serca, prawie zawsze poziom cholesterolu we krwi był wysoki. Krzywe na wykresie wskazują jednak, że różnice w poziomach cholesterolu są minimalne. Wykres ten wskazuje wręcz na to, że prawie połowa tych, którzy mieli zawał serca, miała niski poziom cholesterolu.

Zwolennicy koncepcji „Dieta–serce" twierdzą, że ta mała różnica w poziomie cholesterolu jest jedną z najważniejszych przyczyn miażdżycy i choroby wieńcowej serca. Jak jednak wkrótce przekonamy się, różnica ta może być spowodowana kilkoma innymi czynnikami.

Nie ma ryzyka po przekroczeniu 47 lat

30 lat po dokonaniu pierwszych pomiarów we Framingham, naukowcy ponownie postawili sobie pytanie: w jakim stanie zdrowia są uczestnicy badań? (6). Okazało się, że kilku więcej uczestników z wysokim poziomem cholesterolu zmarło. Używam słowa „kilku" z pewnego powodu. Średnio 1 % mężczyzn z wysokim poziomem cholesterolu umierał każdego roku w czasie 30 lat trwających obserwacji. W czasie pierwszych 10 lat około 0,25% całkowitej liczby pacjentów zmarło. Z upływem czasu, procent tych, którzy zmarli, ciągle wzrastał, co było całkiem na-

turalne, bo stawali się coraz starsi. Wśród tych z najniższym poziomem cholesterolu tylko połowa z wymienionej liczby zmarła. Podobnie jak w większości wcześniejszych badań, kobiety z niskim poziomem cholesterolu umierały tak samo często jak kobiety z wysokim poziomem cholesterolu.

Liczby te odnoszą się do **wszystkich przyczyn** śmierci. Naukowcy nic nie wspomnieli jednak o zgonach, których **przyczyną była choroba serca**, co przecież było celem badań(!). Mamy prawo zapytać, dlaczego naukowcy prowadzący badania we Framingham „zapomnieli" nam o tym powiedzieć.

A teraz najbardziej interesująca sprawa. **U mężczyzn w wieku ponad 47 lat poziom cholesterolu nie miał żadnego wpływu na umieralność. Ci, którzy w wieku 48 lat mieli niski poziom cholesterolu, umierali tak samo często jak ci, u których poziom cholesterolu był wysoki.**

Tak więc badania z Framingham wykazują, że jeśli mężczyzna osiągnie wiek 47 lat, to w dalszych latach nie ma już znaczenia, czy poziom cholesterolu ma wysoki czy niski.

Nie spotkałem jeszcze ani jednego zwolennika koncepcji „Dieta–serce", którego ten zdumiewający fakt by zastanowił. Poziom cholesterolu osiąga swoją najwyższą wartość w wieku około 50 lat. Ale właśnie po przekroczeniu tego wieku, rok po roku, zwiększa się częstotliwość występowania zawałów serca.

Po osiągnięciu 50 lat częstotliwość występowania miażdżycy również się zwiększa, chociaż pierwsze oznaki miażdżycy w ścianach tętnic mogą być widoczne już między 20 a 30 rokiem życia. Zmiany miażdżycowe są pewnego rodzaju stanem zapalnym, w którym udział biorą komórki mięśni gładkich i elastyczne włókna tętnic, jak również krwinki białe. We wczesnych etapach miażdżycy cholesterol może w ogóle nie występować i zmiany patologiczne zazwyczaj nie utrudniają przepływu krwi. Znacznie później, zazwyczaj po osiągnięciu 50 lat, cholesterol i inne lipidy mogą odkładać się w takich zmianach miażdżycowych, powodując nieregularne zgrubienia wypełniające wnętrze tętnic. Są to tzw. blaszki miażdżycowe, które mogą być niebezpieczne, ponieważ blokują przepływ krwi przez tętnice.

Jak więc można wytłumaczyć to, że wysoki poziom cholesterolu uznaje się za niebezpieczny w wieku lat 30, ale nie 47? Jeśli wysoki poziom cholesterolu powoduje powstanie blaszki miażdżycowej, ponieważ jego poziom we krwi jest nieco wyższy niż normalnie, to dlaczego wysoki poziom cholesterolu w wieku 30 lat stanowi ryzyko, chociaż w tym wieku zmiany miażdżycowe czy też blaszki miażdżycowe są niezwykle rzadkie, ale nie po przekroczeniu wieku 47 lat, kiedy jest to okres, w którym powstanie zmian miażdżycowych w ścianach tętnic jest dużo bardziej prawdopodobne?

Co więcej, mniej osób umiera na zawał serca przed osiągnięciem 48 roku życia, a większość tych którzy zmarli, cierpiała z powodu cukrzycy lub z powodu rzadkich schorzeń genetycznych. Ponad 95% wszystkich zawałów serca zdarza się u ludzi starszych niż 48 lat. Jeśli cholesterol odgrywa ważną rolę tylko dla tych niewielu, którzy mają zawał serca przed wiekiem 48 lat, to dlaczego cała reszta populacji ma się przejmować wysokim poziomem cholesterolu i spożywaniem produktów bogatych w tłuszcz?

Wyniki badań we Framingham nie są odosobnione. Wysoki poziom cholesterolu nie miał też żadnego znaczenia u mężczyzn w Australii,w wieku powyżej 74 lat, zgodnie z badaniami, które przeprowadził dr L.A. Simons i jego współpracownicy w szpitalu św. Wincenta (St. Vincent's Hospital) w Sydney (7). Podobne wyniki otrzymał w swoich badaniach dr Peter Zimetbaum i jego zespół w Szkole Medycznej im.Alberta Einszteina (Albert Einstein College of Medicine) w Bronx, dzielnicy Nowego Jorku (8). Ich badania pokazały, że u mężczyzn w bardzo zaawansowanym wieku ani wysoki poziom cholesterolu całkowitego, ani też LDL nie stanowił ryzyka zawału serca ani też innej choroby naczyń serca. Zastanawiające jednak jest to, że autorzy tych badań doszli do następującego wniosku: „wyniki badań sugerują, że niekorzystny profil lipidowy powoduje wzrost ryzyka śmiertelności i zachorowań na chorobę wieńcową".

Niestety, zdarza się to bardzo często. **Naukowcy otrzymują wyniki, które zaprzeczają teorii dotyczącej szkodliwości cholesterolu, a mimo to w konkluzji swoich badań piszą, że wyniki ich badań tę teorię potwierdzają. Te mylące konkluzje badań najczęściej są opisywane w podsumowaniu, czyli w tej części artykułu naukowego, która jest najczęściej czytana przez lekarzy i naukowców. Żeby dojść do tych sprzeczności, należy przeczytać artykuł w całości i ze szczególną dokładnością przeanalizować dane zawarte w tabelach.**

U ludzi starszych cholesterol wydaje się nawet pełnić funkcję ochronną. Takie zadziwiające wyniki otrzymał dr Harlan Krumholz i jego współpracownicy z Wydziału Medycyny Naczyń Krwionośnych Serca Uniwersytetu w Yale. W czasie tych badań określano stan zdrowia 997 osób starszych, kobiet i mężczyzn, mieszkających w Bronx, dzielnicy Nowego Jorku. W czasie 4 lat obserwacji, około 2 razy więcej osób z niskim poziomem cholesterolu miało zawał serca lub zmarło niż osób z najwyższym poziomem cholesterolu we krwi (9).

Dr Krumholz i jego współpracownicy nie są jedynymi naukowcami, którzy doszli do takich wniosków. Większość badań naukowych przeprowadzanych na ludziach w starszym wieku wskazuje na to, że cholesterol nie stanowi u nich czynnika ryzyka. I rzeczywiście tak jest: **starsi ludzie z wysokim poziomem cholesterolu we krwi żyją dłużej niż ludzie z tej samej grupy wiekowej, którzy mają niski poziom cholesterolu.**

Powróćmy jeszcze do badań grupy mieszkańców z Framingham. Można pomyśleć, że kampania antycholesterolowa powinna być zatrzymana po opublikowaniu rezultatów badań z Framingham. Niestety tak się nie stało. Naukowcy stwierdzili, że zwiększona śmiertelność osób o niskim poziomie cholesterolu była kojarzona nie słusznie z poziomem ich cholesterolu, ponieważ umierały one z powodu innych chorób. Jednakże... wyniki badań zaprzeczały temu tłumaczeniu. Autorzy badań napisali: **„u tych, u których poziom cholesterolu obniżył się samoistnie w ciągu 30 lat obserwacji, ryzyko śmierci było większe niż u tych, u których poziom cholesterolu uległ podwyższeniu"**.

Cytując ich raport: **„Spadek poziomu cholesterolu we krwi o 1 mg/dl odpowiadał 11-procentowemu wzrostowi chorób serca i ogólnej śmiertelności". A więc nie tylko ogólna śmiertelność, ale także śmiertelność z powodu chorób serca zwiększyła się.**

W tym miejscu zatrzymajmy się na chwilę! Przez całe lata mówiono nam, jak ważne jest obniżenie poziomu cholesterolu, żeby zapobiec chorobie wieńcowej serca, a przecież badania z Framingham wskazują coś zgoła przeciwnego: że **jeśli poziom cholesterolu samoistnie obniża się – ryzyko śmierci wzrasta!**

Niewiele osób wie o tych alarmujących faktach, a wyniki tych badań są bardzo rzadko omawiane w opracowaniach medycznych dotyczących cholesterolu i chorób serca. Gorzej... nawet kiedy badania te są brane pod uwagę, to cytuje się je jako popierające koncepcję „Dieta–serce"!

A oto opinia wydana przez Amerykańską Fundację ds. Chorób Serca oraz Narodowy Instytut Chorób Serca, Płuc i Krwi zamieszczona w ich publikacji „Fakty o cholesterolu" :"Wyniki badań z Framingham wskazują, że 1 % obniżenia poziomu cholesterolu odpowiadał 2 % obniżeniu ryzyka wystąpienia choroby wieńcowej" (10).

W cytowanym poprzednio raporcie z tych badań, śmiertelność wzrosła o 11% na każdy 1 mg/dl redukcji poziomu cholesterolu. Mimo to w zacytowanej wyżej opinii stwierdza się coś przeciwnego – że śmiertelność zmniejszyła się.

Można pomyśleć, że wybitni naukowcy, autorzy tego opracowania, odnosili się do różnych raportów z Framingham, bo było ich kilka. Niestety, w tym przypadku tak nie jest. Okazuje się, że jest to jedna z wielu „pomyłek". Na przykład: w 1987 r. autorzy badań we Framingham opublikowali nowy raport dotyczący 30-letniego okresu ich obserwacji (11).

Bez zaprezentowania niczego innego prócz skomplikowanych obliczeń statystycznych, ani też bez odniesienia się do ich poprzedniego raportu, stwierdzili: „Najważniejszym ogólnym wynikiem jest ujawnienie całkowitej koncentracji cholesterolu jako czynnika ryzyka wystąpienia choroby wieńcowej u osób starszych".

Czyż nie jest dziwne, że statek z historią cholesterolu na pokładzie kontynuuje swoją podróż bez żadnej reakcji ze strony załogi lub pasażerów? Tych kilku dociekliwych pasażerów, którzy zauważyli, że statek jest w głębokim przechyle, jest uspokajanych stwierdzeniem kapitana, że to „zaledwie" zderzenie z górą lodową.

Zasady z wieloma wyjątkami

Większość zwolenników koncepcji „Dieta–serce" myśli, że ryzyko choroby wieńcowej istnieje przy każdym poziomie cholesterolu. Na przykład ci, u których poziom cholesterolu wynosi 200 mg/dl są w gorszej sytuacji niż ci, u których poziom ten wynosi 150 mg/dl, a ci, u których poziom ten wynosi 250 mg/dl, są zagrożeni jeszcze bardziej. Firmy farmaceutyczne uwielbiają tę koncepcję, ponieważ sugeruje ona, że wszyscy powinni się leczyć, nawet ci z normalnym poziomem cholesterolu. Prawda, gdyby została szeroko nagłośniona, spowodowałaby stratę wartości akcji wielu firm farmaceutycznych na giełdach.

Większość badań medycznych wykazuje, że zwiększone ryzyko występuje tylko powyżej pewnego poziomu cholesterolu i tylko u małego odsetka populacji (13). **Kobiety mogą natychmiast przestać się zamartwiać, ponieważ większość badań medycznych wskazuje na to, że wysoki poziom cholesterolu nie stanowi u nich żadnego czynnika ryzyka. W ogromnej literaturze dotyczącej cholesterolu ten zadziwiający fakt wspomniano zaledwie kilka razy**. A kiedy już wspomina się o tym, to mówi się, że żeńskie hormony zapobiegają zawałom serca.

W rzeczywistości w odniesieniu do kobiet znacznie bardziej niebezpieczny jest niski poziom cholesterolu niż wysoki. Dr Bernard Forette i zespół naukowców francuskich z Paryża w czasie prowadzenia badań odkryli, że **najdłużej żyły starsze kobiety z wysokim poziomem cholesterolu. Śmiertelność wśród kobiet z niskim poziomem cholesterolu była 5 razy wyższa. W raporcie ze swoich badań lekarze francuscy ostrzegali przed obniżaniem poziomu cholesterolu u kobiet w starszym wieku (14), ale równie dobrze mogli ostrzegać przed obniżaniem cholesterolu u kobiet w ogóle, a dokładniej – u kogokolwiek.**

Na spotkaniu w Amerykańskiej Fundacji ds. Chorób Serca naukowcy dokonali przeglądu wszystkich opublikowanych badań dotyczących ryzyka związanego z wysokim lub niskim poziomem cholesterolu i doszli do tego samego wniosku: **śmiertelność wśród kobiet z niskim cholesterolem była wyższa niż wśród kobiet z wysokim poziomem cholesterolu** (15).

Następnym faktem, który powinien zasiać pewien niepokój wśród zwolenników koncepcji „Dieta–serce" jest to, że chociaż wysoki poziom cholesterolu ma niewielki związek ze zwiększonym ryzykiem zawału u mężczyzn w USA, to takiego związku nie zauważono u mężczyzn w Kanadzie. Do takiej konkluzji doszedł dr Gelles Dagenais i jego zespół z Quebec po zakończeniu 12-letnich obserwacji prawie 5 000 zdrowych mężczyzn w średnim wieku (16). Swoje zdumiewające odkrycie wytłumaczyli tak, że widocznie więcej niż 12 lat jest potrzebne, aby zauważyć szkodliwy wpływ wysokiego poziomu cholesterolu na serce. Najwidoczniej nie wiedzieli o wynikach tego typu badań z Framingham, które trwały aż 30 lat!!

Poziom cholesterolu nie ma też znaczenia dla tych, którzy przeszli zawał serca. Dr Henry Shanhoff i jego zespół ze szpitala uniwersyteckiego w Toronto, przez 10 lat obserwowali 120 mężczyzn po zawale i okazało się, że mężczyźni z niskim poziomem cholesterolu mieli następny zawał serca równie często jak ci z wysokim poziomem (17). Wiele innych badań potwierdziło ich wyniki (18a-f).

W Szwecji profesorowie Lars-Erik Böttiger i Lars A.Carlson ze szpitala Karolinska doszli do wniosku, że ryzyko wystąpienia choroby wieńcowej było wyższe u mężczyzn z najwyższym poziomem cholesterolu, ale ryzyko to było znacznie niższe niż w podawanych wynikach badań z Framingham (19). Zauważyli również, że jeśli uwzględnić wszystkie rodzaje chorób naczyń krwionośnych spowodowanych przez miażdżycę, ryzyko to wcale nie było zwiększone, ponieważ ci z niskim poziomem cholesterolu umierali równie często jak ci z wysokim poziomem (20).

Jest jeszcze więcej wyjątków od sugerowanej reguły, takich np. jak Maorysi – Polinezyjczycy, którzy wyemigrowali do Nowej Zelandii kilkaset lat temu. W przeciwieństwie do rodowitych Polinezyjczyków Maorysi często umierają na zawał serca, ale dzieje się tak bez względu na to, czy ich poziom cholesterolu jest wysoki czy niski (21).

Lista ta jest długa. Co najmniej 10 badań naukowych wykazało, że wysoki poziom cholesterolu nie jest czynnikiem ryzyka u chorych na cukrzycę (22a-n), ani też u pacjentów w końcowym stadium zapalenia nerek (23a,b), a nawet nie jest czynnikiem ryzyka u ludzi z rodzinną hipercholesterolemią (24a-e). Można się spierać, że to nie może być prawda, ponieważ u ludzi z rodzinną hipercholesterolemią poziom cholesterolu jest dużo wyższy niż przeciętnie i bardziej niż inni ludzie są oni narażeni na ryzyko śmierci w młodym wieku z powodu zawału serca. Kilka badań jednak wykazało, że u tych z niewiele podwyższonym poziomem cholesterolu ryzyko jest takie samo jak u tych z bardzo wysokim poziomem. Odkrycia te są mało znane, mimo że całkowicie obalają hipotezę cholesterolową postawioną przez laureatów nagrody Nobla – Browna i Goldsteina. Pokazują one jednak, że muszą być jeszcze inne, ważniejsze czynniki wyjaśniające wyższe ryzyko u tych ludzi.

Istnije jeszcze więcej zadziwiających faktów. **Wysoki poziom cholesterolu nie jest czynnikiem ryzyka u pacjentów z istniejącą już chorobą wieńcową!** Ten zdumiewający fakt był wynikiem co najmniej 6 badań naukowych (25a-f). A przecież najbardziej istotnym wskazaniem do terapii obniżającej poziom cholesterolu jest istniejąca już choroba wieńcowa. **Dlaczego więc powinniśmy obniżać poziom cholesterolu u pacjentów z wysokim ryzykiem wystąpienia choroby wieńcowej, jeśli wysoki poziom cholesterolu nie jest czynnikiem ryzyka u już chorych?**

Ponieważ mówi się, że wysoki poziom cholesterolu jest przyczyną miażdżycy, powinien być czynnikiem ryzyka także w przypadku innych chorób spowodowanych przez miażdżycę. Okazuje się jednak, że wysoki poziom cholesterolu nie jest czynnikiem ryzyka w przypadku udaru mózgu (26) lub choroby obwodowych naczyń krwionośnych (27).

Zgodnie z nowymi wytycznymi pożądane jest, aby poziom LDL był poniżej 130 mg/dl w przypadku osób zdrowych i poniżej 100 mg/dl u osób, które już miały zawał serca. **Jednakże w Rosji ludzie z poziomem cholesterolu LDL około 140 mg/dl obarczeni są najniższym ryzykiem choroby wieńcowej. Jeśli poziom ten spada poniżej 112 ryzyko jest znacznie wyższe.** Fakt ten, był zadziwiającym wynikiem badań dra Dimitri Shestova z rosyjskiej Akademii Nauk Medycznych z St.Petersburga. Dr Shestow i jego współpracownicy (jednym z nich był prof. Herman Tyroler z Departamentu Epidemiologii Uniwersytetu Północnej Karoliny) zbadali także rolę, jaką odgrywał HDL, tzw. „dobry" cholesterol. Okazało się, że ludzie z niskim poziomem LDL mieli najwyższe poziomy HDL (28).

Wynika z tego, że wysoki poziom cholesterolu jest szkodliwy dla Amerykanów, ale nie dla Kanadyjczyków, mieszkańców Sztokholmu czy Maorysów. Twierdzi się, że wysoki poziom cholesterolu jest niebezpieczny dla mężczyzn, ale nie dla kobiet, mówi się, że jest on niebezpieczny dla zdrowych mężczyzn, ale nie dla pacjentów z istniejącą już chorobą serca, chorych na cukrzycę i cierpiących na poważne uszkodzenie nerek. Osoby z rodzinną hipercholesterolemią są narażone na duże ryzyko bez względu na to, czy ich poziom cholesterolu jest podwyższony czy też bardzo wysoki. Mówi się też, że wysoki poziom cholesterolu jest niebezpieczny dla mężczyzn w wieku około 30 lat (przynajmniej w przypadku palących papierosy), ale jest bezpieczny dla mężczyzn powyżej 47 roku życia; wysoki poziom cholesterolu może być nawet korzystny dla osób w wieku zaawansowanym.

Tak duże rozbieżności wskazują, że związek między wysokim poziomem cholesterolu i chorobą wieńcową serca nie jest określony prostym związkiem przyczynowo-skutkowym. Najprawdopodobniej cholesterol sam w sobie nie jest niebezpieczny, ale jest markerem czegoś innego.

Wielu naukowców, którzy sceptycznie podchodzą do koncepcji „Dieta–serce", ciągle ma wrażenie, że podniesiony poziom cholesterolu we krwi może być niebezpieczny tylko ze względu na jego związek ze śmiertelnością spowodowaną chorobami serca. Niewielu jednak naukowców zdaje sobie sprawę z tego, że ten związek jest słaby i niesystematyczny. Nawet jeśli byłby systematyczny i silny, to ciągle nie stanowiłoby to dowodu na to, że przyczyną chorób serca i miażdżycy jest tylko wysoki poziom cholesterolu. Istnieje co najmniej pięć satysfakcjonujących wytłumaczeń wysokiego poziomu cholesterolu u pacjentów z chorobą wieńcową serca.

Zamiecione pod dywan

Jednym z takich wytłumaczeń jest rodzinna hipercholesterolemia. Osoby z tą chorobą są narażone na większe ryzyko śmierci w młodym wieku i równocześnie mają znacznie podwyższony poziom cholesterolu. Zaakceptowano już dogmat, że wysoki poziom cholesterolu u takich osób, powodując miażdżycę, jest przyczyną ich problemów. Jak jednak wspomniałem wcześniej, zmiany w tętnicach widoczne u osób z rodzinną hipercholesterolemią nie są takie same jak w przypadku miażdżycy, co więcej, to nie stężenie cholesterolu we krwi tych osób określa ryzyko wystąpienia choroby serca, ale coś jeszcze innego.Ten ostatni fakt jest jednym z wielu odkryć naukowych, które całkowicie obalają jeden z najczęściej cytowanych „dowodów" na potwierdzenie hipotezy cholesterolowej.

Palenie tytoniu powoduje niewielki wzrost poziomu cholesterolu we krwi (29), ale może też doprowadzić do powstania choroby serca poprzez inne mechanizmy, takie np. jak powstawanie wolnych rodników. W związku z tym palenie może wywołać zawał serca oraz być przyczyną podwyższonego poziomu cholesterolu.

Nadwaga również powoduje nieznaczne podwyższenie cholesterolu, a redukcja nadwagi powoduje jego spadek. Nadwaga może też być przyczyną choroby serca, ponieważ powoduje nadmierne jego obciążenie. Sprzyja też powstaniu cukrzycy, mogącej również powodować powstanie choroby wieńcowej serca. A więc nadwaga może wywołać chorobę wieńcową oraz wzrost poziomu cholesterolu (30).

Wysokie ciśnienie krwi również ma związek z wysokim poziomem cholesterolu. Nadciśnienie, leczone czy nieleczone, stwierdza się u jednej trzeciej wszystkich osób z poziomem cholesterolu ponad 260 mg/dl, ale tylko u 15-20% osób z poziomem cholesterolu niższym niż 220 mg/dl (31). Wysokie ciśnienie krwi lub powodujący je czynnik, np. stres, mogą wywołać zawał serca ORAZ podnieść poziom cholesterolu.

Stres, szczególnie stres emocjonalny (w odróżnieniu od np. stresu oksydacyjnego), może być przyczyną bardzo gwałtownego wzrostu poziomu cholesterolu. Egzamin, pobieranie krwi lub zabieg chirurgiczny, konflikt rodzinny czy w pracy, utrata partnera życiowego lub przyjaciela oraz różne wymagania, jakie stawia nam życie, mogą gwałtownie podnieść poziom cholesterolu o 10 do 50% (32).

Dzieje się tak dlatego, że w czasie napięcia nerwowego wątroba i nadnercza syntetyzują więcej cholesterolu, ponieważ organizm używa właśnie cholesterolu do wytwarzania różnego rodzaju hormonów w sytuacjach stresowych. Dlatego też stres emocjonalny może wywołać atak serca, np. przez spazm wieńcowych naczyń krwionośnych. Może też nastąpić zwiększenie populacji różnych mikrobów, przyspieszone podwyższonym poziomem hormonów kortykosteroidowych we krwi, a to również może spowodować wzrost poziomu cholesterolu we krwi.

To, że wysoki poziom cholesterolu jest czynnikiem ryzyka w chorobach serca, może mieć wiele wytłumaczeń, ale żadne z nich nigdy nie było omówione w opracowaniach napisanych przez zwolenników koncepcji „Dieta–serce".

Popatrzmy na Finlandię i Japonię

Wyniki badań w różnych krajach, na podstawie których twierdzi się, że istnieje związek między poziomem cholesterolu a chorobą wieńcową, są często używane, żeby uzasadnić słuszność koncepcji „Dieta–serce". Przyjrzyjmy się bliżej niektórym z tych badań.

Najsłynniejsze z nich to badanie tzw. „Siedem Krajów", którego autorem jest dr Ancel Keys. Wskazuje on, że istnieje zależność między poziomem cholesterolu i śmiertelnością spowodowaną chorobami serca u mieszkańców siedmiu krajów. „Współzależność jest oczywista”– pisze dr Keys i słowa swoje ilustruje wykresem.

Z opisu dra Keysa nie wynika jednak jasno, w jaki sposób wyrysował krzywe na tym wykresie, ale można narysować samemu te krzywe, korzystając z wartości zamieszczonych w tabelach w jego opracowaniu. Narysowałem więc sam krzywe pokazane na rys. 3B, używając „twardych” danych, tzn. średnich wartości poziomu cholesterolu w różnych krajach i liczby osób, które zmarły z powodu choroby wieńcowej (liczba przypadków śmiertelnych spowodowanych CHD na 10 000 osób w czasie 5 lat, wśród mężczyzn, u których na początku badań nie stwierdzono CHD). Jeśli koncepcja „Dieta–serce” jest prawdziwa, to częstotliwość występowania zawałów serca powinna być niska tam, gdzie poziom cholesterolu jest niski, i wysoka tam, gdzie poziom cholesterolu jest wysoki.

Jednakże, co widać na moim wykresie? W prowincjach kilku krajów śmiertelność była zmienna w bardzo szerokim zakresie, mimo że średni poziom cholesterolu pozostawał taki sam. Zadziwia, że tak ważny wykres nie został uwzględniony w raporcie dra Keysa, mimo że jego raport jest wręcz naszpikowany mniej lub bardziej istotnymi wykresami.

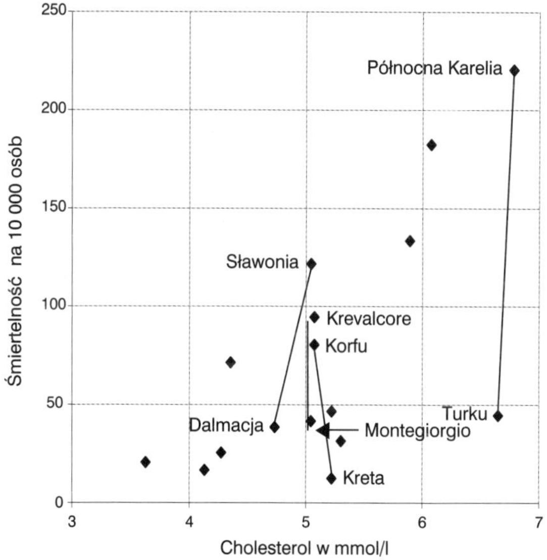

Rys. 3B. Śmiertelnośc po pięciu latach u chorych na CHD i średni poziom cholesterolu u 15 populacji w badaniach „Siedmiu Krajów”. Połączone punkty są danymi z tych samych krajów. Dane zostały wzięte z tabel raportu badań „Siedmiu Krajów”. Zauważalna jest bardzo duża różnica w śmiertelności przy podobnych poziomach chlesterolu. Źródło: dr Keys, badania „Siedmiu Krajów”

Jeśli Keys znalazłby silną zależność między poziomem cholesterolu i chorobami serca, punkty na wykresie znajdowałyby się na lub blisko wznoszącej się prostej, rozpoczynającej się w punkcie zerowym. Zamiast tego zauważyć można znaczne „rozsianie" punktów wykresu. Zauważmy, że np. w obszarze wykresu, gdzie przypadki śmiertelnych zawałów serca wynosiły mniej niż 100 na 10 000 osób, poziom cholesterolu wahał się od wartości najniższej do drugiej co do wielkości wartości najwyższej.

Z analizy wykresu na rys. 3B trudno dojść do wniosku, że istnieje jakikolwiek związek między liczbą przypadków śmiertelnych z powodu chorób serca i poziomem cholesterolu. Mogą one statystycznie mieć związek, ale powinniśmy być bardzo sceptyczni, co do korelacji, które zależą tylko od jednej lub dwóch obserwacji. Na przykład, jeśli zakryjemy ręką punkt oznaczony jako „Północna Karelia", nawet najmniejsze wrażenie związku natychmiast znika całkowicie.

Wrażenie istniejącego związku także zanika, jeśli popatrzy się na każdy kraj oddzielnie. Połączyłem linią ciągłą punkty reprezentujące dane z różnych miejscowości z tego samego kraju. Można zauważyć, że w Crevalcore we Włoszech liczba przypadków śmiertelnych spowodowanych chorobą serca była 2,5 razy wyższa niż w Montegiorgio również we Włoszech, mimo że średni poziom cholesterolu był identyczny. W Sławonii z powodu choroby serca zmarło 3 razy więcej osób niż w Dalmacji, mimo że średni poziom cholesterolu w Sławonii był tylko nieznacznie wyższy. W Finlandii osoby mieszkające w Północnej Karelii umierały 5 razy częściej z powodu zawału serca niż mieszkańcy Turku, chociaż poziom cholesterolu w obu miejscowościach różnił się tylko w niewielkim stopniu. W końcu, mieszkańcy greckiej wyspy Korfu umierali z powodu zawału serca 7 razy częściej niż mieszkańcy Krety, mimo że ich poziom cholesterolu był niższy. Różnice między całkowitą liczbą zawałów serca, ze skutkiem śmiertelnym i nie, były nawet jeszcze większe.

Dane z badań przeprowadzonych przez dra Keysa ukazują jeszcze jeden ciekawy fakt: nie znaleziono żadnej zależności między dietą i danymi z testów elektrokardiograficznych wykonanych przed rozpoczęciem badań. Fakt ten staje się widoczny tylko wtedy, kiedy uważnie przeanalizuje się wyniki podane w tabelach raportu Keysa, ponieważ nie jest on opisany w żadnym miejscu w tekście ani na wykresach. Ze względu na to, że wszystkie dane z elektrokardiogramów były analizowane przez lekarzy specjalistów z amerykańskiego centrum badań, rezultaty te powinny być uznane za ważniejsze niż korelacja wynikająca z diagnozy klinicznej lub z diagnozy znajdującej się na świadectwie zgonu.

Dane ze świadectw zgonu są bardziej zawodne niż elektrokardiogram, ponieważ są wypisywane na miejscu zgonu, przez różnych lekarzy, o różnym doświadczeniu, kompetencjach i przyzwyczajeniach diagnostycznych. Pomimo danych zawartych w swoich tabelach dr Keys doszedł do konkluzji, że poziom cholesterolu był jedynym czynnikiem mogącym wytłumaczyć bardzo duże różnice w liczbie przypadków zawałów serca w 16 obszarach, które poddał analizie. Szczególnie wskazywał na niską śmiertelność z powodu chorób serca i niski poziom cholesterolu w Japonii i na przeciwne wyniki w Finlandii.

Pomimo, że badania „Siedmiu Krajów" bezwzględnie zaprzeczają koncepcji „Dieta–serce" zwolennicy jej uparcie odwołują się do tych badań jako dowodu potwierdzającego jej słuszność. Ich „mantrą" jest: „popatrz na Finlandię i Japonię" (33).

Popatrzmy jeszcze raz na rys. 3B. Starając się dowieść słuszności swojej hipotezy, dr Keys przypadkiem ukrył jeden z najbardziej interesujących tropów. Jest to bardzo przygnębiające. Podejrzewam, że wielu czytelników już zadaje sobie pytanie, na które dr Keys miał okazję odpowiedzieć 30 lat temu. Wątpliwe jest, czy okoliczności pozwolą nam odpowiedzieć na nie dzisiaj. Zapytajmy mimo wszystko: co jest czynnikiem chroniącym mieszkańców Dalmacji, Montegiorgio, Turku i Krety przed chorobami serca, czynnikiem który nie działa wśród mieszkańców Sławonii, Krevalcore, Północnej Karelii i wyspy Korfu? Lub odwracając pytanie: dlaczego przypadki śmiertelne spowodowane chorobą wieńcową zdarzają się 3 do 5 razy częściej na ostatnio wymienionych obszarach?

Nie możemy za to winić dobrze znanych czynników ryzyka, ponieważ dr Keys wykazał, że występują one w takim samym stopniu na obu rodzajach obszarów. Jeśliby dr Keys i jego współpracownicy skoncentrowali cały swój wysiłek na tych 8 obszarach, jeśli dalej prowadziliby obserwacje, poszukiwali, zadawali pytania i zrobili absolutnie wszystko, co powinni, być może doszliby do czegoś, co byłoby ważne dla całej ludzkości. Jest to najbardziej tragiczny aspekt tego cholesterolowego szaleństwa.

Interesujące wątki pozostały niezbadane, obserwacje, które nie były zgodne z oczekiwaniami, odsunięto na bok i wskutek tego zaprzepaszczono okazję odkrycia czegoś znaczącego.

A może dr Keys przeprowadził badania w zbyt małej liczbie krajów? Może związek przyczynowo-skutkowy jest tak słaby, że trzeba dokonać wielu więcej obserwacji i badań, żeby go uwidocznić? A może właściwa korelacja wystąpi, jeśli przeprowadzimy badania w 27 krajach, a nie tylko w 7?

Projekt „MONICA"

Przez wiele lat Światowa Organizacja Zdrowia przeprowadzała gigantyczne badania w ramach międzynarodowego projektu dotyczącego choroby wieńcowej. Nazwany był on: „MONICA" od pełnej nazwy: „Monitorowanie tendencji i wyznaczników w chorobie wieńcowej serca" (MONItoring of trends and determinants in CArdiovascular disease). Początkowo kierownikiem tych badań był prof. Jeremiah Stamler z Chicago, jeden z najbardziej zagorzałych zwolenników koncepcji „Dieta–serce". 113 grup naukowców i lekarzy w 27 krajach, w USA, Europie, Azji i Australii, analizowało wszystko, co mogłoby mieć wpływ na rozwój choroby wieńcowej, łącznie oczywiście ze związkiem między poziomem cholesterolu i śmiertelnością spowodowaną chorobą wieńcową.

Autorzy tych badań nie opublikowali jeszcze kompletnej końcowej analizy zebranych danych, mimo że znane są one już od kilku lat. Możemy jednak użyć tych danych, aby dojść do własnych wniosków, które wynikają z wykresu na rys. 3C.

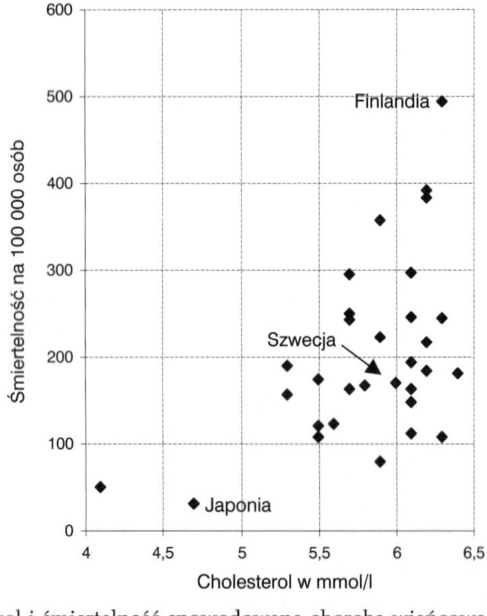

Rys. 3 C. Cholesterol i śmiertelność spowodowana chorobą wieńcową, zgodnie z danymi z projektu badawczego „MONICA". Należy zwrócić uwagę na bardzo dużą zmienność w śmiertelności przy tym samym poziomie cholesterolu

Powyższe wyniki są podobne do tych, które otrzymał dr Keys (rys. 3B). Najwyższa śmiertelność jest 5-krotnie wyższa niż najniższa przy tym samym poziomie cholesterolu we krwi. W Północnej Karelii średni poziom cholesterolu wynosił 245 mg/dl, co odpowiadało rocznej śmiertelności 493 osób na 100 000 mieszkańców z powodu choroby wieńcowej.

We francuskim mieście Fribourg średni poziom cholesterolu wynosił również 245 mg/dl, ale śmiertelność wynosiła tam 102 osoby rocznie na 100 000 mieszkańców, a więc tylko 1/5 tego, co w Północnej Karelii.

Niską śmiertelność i wysoki poziom cholesterolu stwierdzono we wszystkich lokalizacjach we Francji. Jest to tzw. „paradoks francuski". Żeby go wytłumaczyć, naukowcy wymieniają czynniki, które uważa się za reprezentatywne dla diety śródziemnomorskiej, np. picie wina i używanie oliwy zamiast masła. To one mają chronić przed chorobami serca.

Naprawdę jednak paradoks francuski nie istnieje. Określenie „paradoks" sugeruje, że wszystkie inne zaobserwowane zależności były zgodne z przyjęta koncepcją „Dieta–serce".

Jednak, jak można zauważyć z wykresu na rys. 3C, zgodności takiej przecież nie było. Wyniki badań grupy francuskiej były najbardziej zróżnicowane, najbardziej różniły się, ale wysoki poziom cholesterolu a przy tym niską śmiertelność zauważono też w Augsburgu w Niemczech i w Luksemburgu.

Oczywiście można snuć domysły, czy picie wina i używanie do smażenia oliwy z oliwek ma znaczenie ochronne, ale dlaczego koncentrować się tylko na tym, co ludzie jedzą?

Niska śmiertelność może wynikać z wielu innych czynników społecznych związanych ze środowiskiem lub kulturą, które są typowe dla krajów śródziemnomorskich.

Bardzo duża różnica w liczbie zawałów serca na przykład między śródziemnomorskimi wyspami Korfu i Kretą nie może być wytłumaczona cholesterolem lub pożywieniem, ponieważ różnice między nimi są minimalne w tych rejonach. Jednakże mieszkańcy Korfu są narażeni na 5-krotnie większe ryzyko śmierci z powodu choroby wieńcowej i przypadki zawałów serca zdarzają się tam 16 razy częściej niż u mieszkańców Krety (35).

Przez dodanie do bazy danych wyników z Chin i Japonii autorzy badań „MONICA" byli w stanie stworzyć jakieś pozory zależności między poziomem cholesterolu i ryzykiem chorób serca.

W Japonii jednak inne obserwacje wskazują na to, że niski wskaźnik choroby wieńcowej w tym kraju nie ma żadnego związku z niskim poziomem cholesterolu u jego mieszkańców.

Japoński paradoks

Japończycy mają niski poziom cholesterolu i niski wskaźnik zachorowalności na choroby serca. Fakt ten jest znany od dawna i został potwierdzony przez badania „Siedmiu Krajów". Keys stwierdził również, że japońscy emigranci, którzy osiedlili się w lądowej części USA, mieli wysoki poziom cholesterolu i umierali tak samo często z powodu zawału serca jak i Amerykanie. Dane dotyczące Japończyków, którzy osiedlili się na Hawajach, leżą gdzieś pośrodku.

Keys był przekonany, że różnice te były spowodowane pożywieniem, które w Japonii było chude (przynajmniej wtedy, kiedy Keys prowadził swoje badania), podczas gdy na Hawajach, a szczególnie w lądowej części USA, było bogate w tłuszcze zwierzęce (36).

Jak zwykle, Keys nie miał wytłumaczenia. Nie zadbał, żeby przynajmniej wspomnieć o tym, że mimo że wśród japońskich imigrantów w USA śmiertelność z powodu chorób serca się zwiększyła, to w takim samym stopniu zmniejszyła się częstotliwość występowania udarów mózgu, a całkowity współczynnik śmiertelności zmniejszył się jeszcze bardziej (37).

Istnieje również inne wytłumaczenie dotyczące wzrostu śmiertelności wśród japońskich imigrantów w USA. Jak już wspomniałem, koszt kalorii z tłuszczu zwierzęcego jest wysoki i produkty tego typu są konsumowane zazwyczaj w bogatych krajach, takich jak zindustrializowane kraje zachodnie. Koszt kalorii z węglowodanów i warzyw jest niższy i tego typu produkty spożywcze dominują w krajach ubogich, z niskim stopniem uprzemysłowienia i o niskim standardzie życia. Kiedy Keys zbierał swoje dane we wczesnych latach 60-tych, Japonia należała do krajów biednych, wyniszczonych wojną, a jej mieszkańcy z dużym wysiłkiem pozbywali się skutków wojny. Nie był to wtedy kraj bogaty i rozwinięty przemysłowo jak dzisiaj. Imigranci z ubogich krajów narażeni są w krajach bogatszych na wiele więcej czynników niż tylko żywność bogata w tłuszcz. Ogromna mnogość czynników w środowisku i stylu życia w krajach zachodnich może niszcząco wpłynąć na serce i naczynia krwionośne, np. mniejsza aktywność fizyczna, większy stres oraz więcej zanieczyszczeń środowiskowych i przemysłowych.

W swojej rozprawie doktorskiej dotyczącej chorób wieńcowych u japońskich imigrantów lekarz brytyjski dr Michael Marmot zaprezentował interesujące spojrzenie na związek między poziomem cholesterolu a czynnikami społecznymi, zwyczajami żywieniowymi i stylem życia (38). Dr Marmot wykazał, że żywność nie była przyczyną wzrostu poziomu cholesterolu u imigrantów japońskich, jak również, że wysokie poziomy cholesterolu u nich nie spowodowały wzrostu ryzyka zachorowań na chorobę wieńcową. Okazało się, że jeśli zachowywali swoje tradycje kulturowe, zabezpieczało to ich przed zawałami serca, mimo że poziom cholesterolu wzrósł u nich tak samo jak u imigrantów, którzy zaadoptowali zachodni styl życia i którzy umierali z powodu zawałów serca tak samo często jak rodowici Amerykanie. Najbardziej uderzającym aspektem wyników badań dra Marmota było to, że **imigranci, którzy zaadoptowali amerykański styl życia, ale woleli ubogotłuszczowe pożywienie, chorowali na chorobę wieńcową dwa razy częściej niż ich rodacy, którzy utrzymując tradycje japońskie woleli bogatotłuszczowe amerykańskie produkty spożywcze.**

A więc zgodnie z wynikami badań dra Marmota jest coś w japońskim stylu życia, co zapobiega chorobie wieńcowej. I... nie jest to żywność. Dr Marmot sam postulował, że istnieje jakiś czynnik ochronny w tradycyjnej japońskiej kulturze, który jest ciągle istotnym czynnikiem kształtującym życie we współczesnej Japonii. Japończycy kładą duży nacisk na ścisłe związki wewnątrzgrupowe, osiągnięcia grupy i społeczną stabilność. Członkowie stabilnego społeczeństwa japońskiego mogą zawsze liczyć na pomoc innych członków ich społeczności i w ten sposób są zabezpieczeni przed społecznymi i emocjonalnym napięciami, które dr Marmot uważa za istotną przyczynę zawałów serca. Japońskie tradycje „bycia razem" ostro kontrastują z typową amerykańską społeczną i geograficzną ruchliwością, indywidualizmem i dążeniem do zaspokojenia swoich ambicji.

Ignorowanie żenujących danych

Nie wiemy, czy twierdzenia dra Marmota są prawdziwe. Jednakże jeśli takie są, to koncepcja „Dieta–serce" nie ma podstaw. Niestety wyniki badań dra Marmota, jak też wiele innych danych żenująco sprzecznych z tą teorią, zostały zupełnie zignorowane w oficjalnych publikacjach.

Na przykład, w 1979 r. Amerykańska Fundacja Zdrowia zorganizowała międzynarodową konferencję, żeby ustalić „optymalny poziom cholesterolu", co miało pozwolić na zastosowanie metod zmierzających do obniżenia cholesterolu w krajach, gdzie – jak uczestnicy konferencji myśleli – jest on zbyt wysoki. Pisemny raport z tej konferencji (39) omawia skrupulatnie przedstawione wyniki badań dra Marmota, łącznie ze szczegółową informacją o japońskiej żywności, poziomach cholesterolu i ryzyku zachorowań na chorobę serca. Mimo to wyniki badań dra Marmota i dane epidemiologiczne, na których były oparte – zostały zignorowane. Raport wydany przez Amerykańską Fundację Zdrowia nawet nie wspomina o tym, że zwiększone ryzyko zachorowania na chorobę wieńcową nie mogło w żaden sposób być spowodowane przez żywność, jaką spożywali Japończycy, ani też przez ich poziom cholesterolu.

Rozpatrzmy kilka następnych przykładów, kiedy wyniki sprzeczne z koncepcją „Dieta–serce" zostały przez naukowców „zamiecione pod dywan". W dużym opracowaniu naukowym, napisanym w 1984 r. przez dra Williama Kannela, lidera projektu badawczego we Framingham i jego współpracowników, stwierdzono: „Istnieje silna zależność między średnią wartością cholesterolu całkowitego i występowaniem choroby wieńcowej" (40). Na poparcie swojego stwierdzenia dr Kennel posługuje się wynikami badań „Siedmiu Krajów". Nie wspomina jednak nic o tym, że dane z badań Keysa nie wykazują żadnej istotnej zależności między cholesterolem i chorobą wieńcową.

W największym opracowaniu na temat chorób serca pt. „Dieta i zdrowie", wydanym w 1989 r. przez renomowany „National Research Council", konkluduje się: „Dane epidemiologiczne z różnych populacji oraz poszczególnych osobników z tych populacji konsekwentnie wskazują na silną, ciągłą i pozytywną zależność między poziomem cholesterolu całkowitego, powszechnością oraz zasięgiem i śmiertelnością spowodowaną miażdżycową chorobą wieńcową" (41). Jak jednak wykazałem wcześniej, stwierdzenie to nie ma nic wspólnego z prawdą.

Typowym przykładem niewłaściwego użycia danych w celu promowania koncepcji „Dieta–serce" jest wykres na rys.3D. Stworzył go dr Lars Wilhelmsen, jeden z najbardziej aktywnych zwolenników koncepcji „Dieta–serce" w Szwecji i jeden ze współpracowników w projekcie „MONICA". Jego wykres ilustruje rzekomy związek między cholesterolem i śmiertelnością z powodu choroby wieńcowej w Japonii, Szwecji i Finlandii.

Wykres ten prawidłowo pokazuje, że poziom cholesterolu w Finlandii jest wysoki, gdzie zawały serca są powszechne, i niski w Japonii, gdzie zawały serca występują rzadko. Wyniki w Szwecji położone są pomiędzy wynikami Finlandii i Japonii. Na pierwszy rzut oka wykres ten wydaje się być całkiem przekonujący – im wyższy poziom cholesterolu we krwi – tym wyższe ryzyko zawału serca.

Porównajmy jednak wykres dra Wilhelmsena z wykresem na rys. 3C. Oba wykresy dotyczą tego samego problemu i zostały wykreślone w ten sam sposób, poziom cholesterolu we krwi wyznaczono na osi poziomej, a śmiertelność spowodowaną chorobami serca na osi pionowej. Pominięto jednak większość punktów odzwierciedlających dane z innych krajów, przez co dr Wilhelmsen przekazuje nam nieprawdziwe wrażenie silnej zależności. Oczywiście dr Wilhelmsen nie stworzył tego wykresu, żeby kogoś oszukać. Natomiast jego pobożne życzenie połączone z ogromna chęcią edukacji społeczeństwa doprowadziło go do zbyt wielkiego uproszczenia. Zignorował wszystkie irytujące i sprzeczne wyniki.

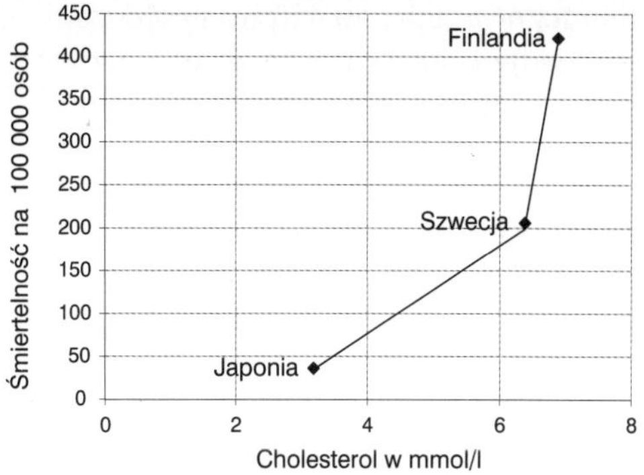

Rys. 3D. Wykres wykorzystywany przez organizacje ochrony zdrowia w Szwecji jako uzasadnienie ostrzegania przed wysokim poziomem cholesterolu. Pokazuje on wysoką śmiertelność spowodowaną chorobami serca w Finlandii, gdzie poziom cholesterolu jest wysoki i niską śmiertelność w Japonii, gdzie poziom cholesterolu jest niski. Źródło: Wilhelmsen L. Svärdsudd K. Läkartidn. 84, 1435-1436, 1987

Wydaje się, że wielu zwolenników koncepcji „Dieta–serce" przestało po prostu myśleć krytycznie. Być może jako członkowie międzynarodowego przymierza, do którego należy wielu wybitnych naukowców, stali się zbyt pewni siebie, zbyt chętni założyć, że hipoteza musi być słuszna, skoro tyle osób ją poparło. Jeśliby jednak zdawali sobie sprawę z tego, jakiego postępu nauka dokonała w ostatnim czasie i ile teorii kiedyś uznawanych okazało się niesłusznych, wiedzieliby, że teoria wcale nie musi być prawdą na zasadzie uznania jej przez większość czy potwierdzenia przez oficjalne rozporządzenie.

Następny mit: „dobry" i „zły" cholesterol

Cholesterol jest szczególną cząstką. Często jest nazywany „lipidem" lub nawet „tłuszczem", ale z chemicznego punktu widzenia cholesterol jest alkoholem, mimo że nie ma właściwości alkoholu. Duża ilość atomów węgla i wodoru zawartych w cząstce cholesterolu jest ułożona w skomplikowaną trójwymiarową sieć, nierozpuszczalną w wodzie. Wszystkie żyjące organizmy sprytnie wykorzystują tę jego cechę, wbudowując cholesterol w błony komórkowe, żeby zapewnić im wodoodporność, właściwość konieczną do prawidłowego funkcjonowania komórek. Cholesterol znajdujący się w błonach komórkowych powoduje, że mechanizmy regulacyjne wewnątrz komórki pozostają niezachwiane przez zmiany chemiczne w ich zewnętrznym otoczeniu. Fakt, że komórki mają błony wodoodporne, odgrywa szczególnie ważną rolę w funkcjonowaniu komórek nerwowych. Dlatego też najwyższa koncentracja cholesterolu występuje w mózgu i innych częściach systemu nerwowego.

Ponieważ cholesterol jest nierozpuszczalny w wodzie, krąży we krwi w sferycznych kapsułkach zbudowanych z tłuszczów i białek, tworząc tzw. lipoproteiny. Lipoproteiny są łatwo rozpuszczalne w wodzie, ponieważ ich zewnętrzna powłoka zbudowana jest głównie z rozpuszczalnych w wodzie białek. Wnętrze lipoprotein jest zbudowane z lipidów, tworząc miejsce dla nierozpuszczalnych w wodzie cząstek, takich jak cholesterol. Jak statki podwodne, lipoproteiny transportują we krwi cholesterol z jednego miejsca w organizmie do drugiego.

Te „statki podwodne" (lipoproteiny) podzielono na kategorie według ich gęstości. Najbardziej znane są HDL (lipoproteina wysokiej gęstości) i LDL (lipoproteina niskiej gęstości).

Głównym zadaniem HDL jest transport cholesterolu z tkanek peryferyjnych i ścian tętnic do wątroby. W wątrobie jest on wydalany z żółcią lub użyty do innych celów. LDL głównie transportuje cholesterol w kierunku przeciwnym niż HDL: z wątroby, gdzie większość cholesterolu jest produkowana, do tkanek peryferyjnych i ścian naczyń krwionośnych. Kiedy komórki potrzebują dodatkowego cholesterolu „statki podwodne" LDL transportują go do wnętrza komórek.

Od 60 do 80% cholesterolu we krwi jest transportowane przez LDL. Jest to tzw. „zły" cholesterol. Tylko 15 do 20% cholesterolu transportowane jest przez HDL nazywany „dobrym" cholesterolem. Dodatkowo, niewielka część krążącego we krwi cholesterolu jest transportowana przez innego typu lipoproteiny.

Dlaczego naturalna substancja we krwi, spełniająca biologicznie bardzo ważne funkcje, jest nazywana „złą", kiedy jest transportowana przez LDL z wątroby do komórek, a „dobrą", kiedy jest transportowana przez HDL w kierunku przeciwnym? Powodem tego jest to, że liczne badania wykazały, że obniżony poziom cholesterolu HDL i podwyższony poziom cholesterolu LDL zwiększają ryzyko wystąpienia zawału serca. I odwrotnie, podwyższony poziom cholesterolu HDL i obniżony poziom cholesterolu LDL zmniejszają to ryzyko. Inaczej mówiąc, niski stosunek HDL do LDL jest czynnikiem ryzyka w chorobie wieńcowej serca. **Wiemy już jednak, że czynnik ryzyka to nie to samo co przyczyna**, a więc jakiś czynnik może spowodować zawał serca i równocześnie obniżyć stosunek HDL do LDL. Popatrzmy na kilka czynników znanych z tego, że mogą mieć wpływ na stosunek HDL do LDL.

Stosunek HDL do LDL to poważny parametr czy żart?

Jak już wspomniałem poprzednio, osoby, które odchudzają się, bo mają nadwagę, zmniejszają w tym samym czasie poziom cholesterolu. Kompilacja 70 badań, dokonana przez doktorów M. Dattilo i P.M. Kris-Ethertona z Wydziału Żywności i Odżywiania Uniwersytetu stanu Georgia, wykazała, że średnio, zależnie od stopnia utraty wagi, poziom cholesterolu obniża się u takich osób o około 10% (30). Interesujący jest fakt, że tylko poziom cholesterolu LDL obniża się podczas utraty wagi, natomiast HDL podwyższa się. A więc zmniejszenie nadwagi zwiększa stosunek HDL do LDL.

Naukowcy popierający koncepcję „Dieta–serce" mówią, że podwyższony stosunek HDL do LDL jest korzystny dla organizmu. Cholesterol zmienia się ze „złego" na „dobry". Jednak czy korzystny jest ten stosunek, czy też sama utrata wagi? Kiedy mamy nadwagę, przydarzają się nam inne szkodliwe rzeczy. Jedną z nich jest to, że nasze komórki stają się mniej wrażliwe na insulinę i to tak bardzo, że niektórzy ludzie otyli zachorowują na cukrzycę. Z kolei u osób chorych na cukrzycę istnieje większe prawdopodobieństwo wystąpienia zawału serca niż u osób, które na cukrzycę nie chorują, ponieważ miażdżyca i inne uszkodzenia naczyń w przypadku cukrzycy mogą wtedy powstać dość wcześnie, nawet u osób z niskim poziomem cholesterolu. Co więcej, nadwaga jest wynikiem m.in. zmniejszonej aktywności fizycznej, a brak ruchu sprzyja powstawaniu chorób serca. Innymi słowy, nadwaga może zwiększyć ryzyko zawału serca przez mechanizmy inne niż nienormalny stosunek HDL do LDL, podczas gdy zmniejszenie nadwagi obniża wartość stosunku HDL do LDL.

Palenie papierosów również podnosi nieco poziom cholesterolu. U palaczy LDL wzrasta, a HDL maleje, czego rezultatem jest niekorzystny stosunek HDL do LDL (29). Tak więc, chroniczne narażanie się na wdychanie dymu z liści tytoniu i żarzącego się papieru jest niekorzystne. Zamiast uważać niski stosunek HDL do LDL za zło, powinniśmy pomyśleć o tym, że palenie tytoniu samo w sobie jest złe. Palenie może też wywołać zawał serca i w tym samym czasie obniżyć stosunek HDL do LDL.

Ćwiczenia fizyczne obniżają LDL, tzw. „zły" cholesterol i podwyższają HDL – „dobry" cholesterol (42). U dobrze wytrenowanych osób HDL jest podwyższony. Dr Paul D.Thompson i jego zespół z Providence na wyspie Rhode w USA stwierdził, że sportowcy, średnio, mieli poziom HDL o 41% wyższy niż ludzie, którzy prowadzili siedzący tryb życia. Większość badań wykazała, że wysiłek fizyczny jest związany z niższym ryzykiem wystąpienia zawału serca i że siedzący tryb życia ryzyko to podwyższa. W dobrze wytrenowanym sercu trudniej o zablokowanie naczyń wieńcowych niż w sercu pracującym wolniej, ponieważ naczynia krwionośne są szersze, co stwierdzono np. u Masajów w Kenii, którzy cały dzień biegają, doglądając wypasanych stad bydła. Siedzący tryb życia może prowadzić do skłonności do zawałów serca, w tym samym czasie powodując obniżenie stosunku HDL do LDL.

Niski stosunek HDL do LDL jest powiązany z wysokim ciśnieniem krwi (31). Najczęściej nadciśnienie jest spowodowane przez współczulny układ nerwowy, który jest stymulowany zbyt dużą ilością adrenaliny, szczególnie kiedy dana osoba jest w dużym napięciu psychicznym. Nadciśnienie więc może sprowokować zawał serca, na przykład poprzez wywołany adrenaliną spazm naczyń wieńcowych, a w tym samym czasie obniżyć również stosunek HDL do LDL.

Analiza jedno – i wielowymiarowa

Nie jest łatwo zorientować się, co jest złe. Czy niedobrze jest mieć nadwagę, palić, prowadzić siedzący tryb życia, mieć nadciśnienie lub być narażonym na stres? Czy niedobrze jest mieć dużo tzw. „złego" cholesterolu? A może wszystko naraz? Czy dobrze jest być szczupłym, nie palić, ćwiczyć, mieć normalne ciśnienie krwi i być emocjonalnie spokojnym? Lub może dobrze jest mieć dużo tzw. „dobrego" cholesterolu? A może wszystko razem?

Ryzyko zawału serca jest większe u ludzi z wysokim LDL, ale ryzyko to jest też wysokie u ludzi, którzy mają nadwagę i nadciśnienie, palą i są narażeni na stres. Nie można więc stwierdzić, czy ryzyko to zwiększa się z powodu wszystkich powyższych czynników, czy też tylko z powodu wysokiego LDL. Obliczanie wartości ryzyka opartego tylko na LDL, bez uwzględnienia pozostałych czynników, jest nazywane analizą jednowymiarową, która oczywiście nie ma znaczenia.

Aby wykazać, że wysoki poziom LDL jest czynnikiem niezależnym, trzeba by odpowiedzieć na pytanie, czy osoby z nadwagą, palące, prowadzące siedzący tryb życia, z nadciśnieniem, narażone na emocjonalny stres oraz z wysokim poziomem LDL są narażone na większe ryzyko wystąpienia u nich choroby wieńcowej niż osoby o tych samych cechach, ale z niskim lub normalnym poziomem LDL.

Używając skomplikowanych wzorów statystycznych możliwe jest przeprowadzenie takich porównań w populacji o zmiennym stopniu czynników ryzyka i zmiennych poziomach LDL, czyli dokonać tzw. analizy wielowymiarowej. Jeśli taka analiza uwzględni również wagę, mówi się, że jest „skorygowana o wagę". Głównym problemem takich analiz jest to, że znamy dużo czynników ryzyka. Skąd możemy wiedzieć, że uwzględniliśmy wszystkie? I czy są może jeszcze inne czynniki, których jeszcze nie znamy, a które być może są ważniejsze niż pozostałe razem wzięte?

Problemem jest to, że dane uzyskane przy zastosowaniu skomplikowanych metod statystycznych są prawie niemożliwe do zrozumienia dla większości czytelników, a nawet dla większości lekarzy. Przez wiele lat naukowcy zajmujący się tymi zagadnieniami nie byli w stanie określić podstawowych danych w formie prostych zależności, że nie wspomnę już o wykresach jasno obrazujących związek więcej niż jednego czynnika z częstotliwością chorób serca. Zamiast tego większość artykułów jest okraszona wieloma, nie mającymi znaczenia wartościami stosunków, względnymi ryzykami i wartościami „p", nie wspominając już o tak niejasnych parametrach, jak „standaryzowany współczynnik regresji logistyki" lub „skomasowany stosunek wielkości niebezpieczeństwa". Statystyka, zamiast być pomocna dla nauki, jest używana do wywarcia na czytelniku wrażenia oraz ukrycia faktu, że omawiane odkrycia są bez znaczenia i nie mają praktycznej wartości. Wartość „p" daje większe wrażenie niż wykres dla wielu zmiennych. Jeśli mamy setki, a nawet tysiące obserwacji, można byłoby otrzymać wyniki statystycznie znaczące, chociaż graficzna prezentacja danych z dużej liczby obserwacji może wyglądać jak wystrzał naboju śrutowego o dużym rozrzucie, co wskazałoby, jak niesamowicie słaby jest poszukiwany związek.

„Dobry" cholesterol

Niezliczone publikacje zajmowały się tym, w jakim stopniu HDL może posłużyć do prognozowania wystąpienia chorób serca. Jest to jednak bardzo trudne. Jeśli HDL spełniałby istotną rolę ochronną dla serca, nie byłoby konieczne wydawanie ogromnych funduszy na drogie i wielokrotnie powtarzane badania takiego efektu.

W 1986 r. dr Stuart Pocock i jego zespół z Londynu i Birmingham w Anglii opublikowali raport dotyczący badań na 7 000 mężczyzn w średnim wieku w 24 miastach Wielkiej Brytanii (44). Po dokładnej wstępnej analizie krwi wszyscy mężczyźni byli obserwowani przez następne 4 lata.

W ciągu tego czasu 193 mężczyzn miało zawału serca. Na początku badań mężczyźni ci mieli niższą średnią wartość HDL niż ci, którzy zawału serca nie dostali. Średnia różnica między tymi, którzy dostali zawał serca i tymi, którzy go nie dostali, wynosiła 6%. Różnica ta była mała, ale dzięki dużej liczbie obserwowanych mężczyzn statystycznie była istotna.

Była to jednak analiza jednowymiarowa i – jak wcześniej wspomniano – różnica ta mogła być wytłumaczona innymi przyczynami. Analiza wielowymiarowa, uwzględniająca wiek, ciśnienie krwi, wagę, palenie tytoniu i cholesterol (oprócz HDL) obniżyła wartość tej różnicy do 2 %. To oznacza, że u tych, którzy mieli zawał serca, HDL był niższy głównie dlatego, że byli starsi, z nadwagą, mieli wyższe ciśnienie krwi i palili więcej papierosów niż ci, którzy zawału serca nie mieli. Tylko w czasie jednego badania doszukano się znacznej różnicy, ale badanie to przeprowadzono tylko na 39 osobach, w związku z czym wyniki były mało wiarygodne. Dr Pocock i jego współpracownicy doszli do wniosku, że niski poziom HDL nie jest czynnikiem ryzyka w chorobie wieńcowej serca.

Rezultaty tych badań zakwestionowało w 1989 r. dziewięciu naukowców pod kierownictwem dr Davida Gordona z Narodowego Instytutu Chorób Serca, Płuc i Krwi w USA. Przeanalizowali oni wartość HDL jako parametru przewidującego chorobę wieńcową w 4 dużych badaniach amerykańskich, które objęły łącznie ponad 15 000 osób, kobiet i mężczyzn (45). Myśleli, że badacze brytyjscy użyli niewłaściwych metod do otrzymania swoich wyników.

Zgodnie z opinią dra Gordona i jego zespołu, HDL może być przedstawiony jako znacznie lepszy prognostyk chorób serca, jeśli użyje się innej metody analizy statystycznej wyników. Wszystkie osoby badane podzielono na trzy grupy, w zależności od poziomu ich HDL. W pierwszej grupie poziom HDL był najniższy, w drugiej wyższy, a najwyższy w trzeciej.

Mimo zmiany metody obliczeń statystycznych nie osiągnięto bardziej zadowalających rezultatów. W jednym z czterech badań, które przeanalizowano, liczba śmiertelnych zawałów serca była identyczna w pierwszej i drugiej grupie. W innych badaniach liczba przypadków śmiertelnych była identyczna w drugiej i trzeciej grupie, a w jednym z badań więcej zgonów wystąpiło w grupie trzeciej niż w drugiej. Dane z tych badań nie były korygowane w stosunku do innych parametrów.

Po skorygowaniu, tj. po uwzględnieniu wieku, palenia tytoniu, ciśnienia krwi, wagi ciała i poziomu LDL, różnice te okazały się jeszcze mniejsze.

W trzech z czterech analizowanych badań różnice straciły w ogóle wartość statystyczną. Należy zaznaczyć, że dane nie były korygowane pod względem aktywności fizycznej lub stresu.

Rok później dr Pocock i jego zespół powrócili do tematu, podejmując tym razem nową analizę, używając tej samej metody, jaką posłużył się dr Gordon ze swoimi współpracownikami. Uczestników badań obserwowano już ponad 7 lat, a łączna liczba zawałów serca w tym okresie wyniosła 443 (46).

Tym razem zauważono różnicę między poziomem HDL u pacjentów z chorobą serca i u pacjentów pozostałych. Różnica była mała, ale statystycznie istotna, nawet po uwzględnieniu pięciu głównych czynników ryzyka. Jednakże największa różnica wystąpiła w wartościach cholesterolu całkowitego. W związku z tym autorzy doszli do wniosku, że określenie poziomu HDL może mieć marginalną wartość w programach przesiewowych i zapobiegawczych, mających na celu zmniejszenie współczynnika ryzyka wystąpienia choroby wieńcowej. Autorzy mogliby również dodać, że ponieważ nie skorygowali swoich badań odnośnie wszystkich czynników ryzyka, różnice równie dobrze mogły być spowodowane tym, że pacjenci, u których wystąpił zawał serca, byli narażeni na większy stres lub byli mnie aktywni fizycznie niż pozostali pacjenci.

Nawet jeśli po uwzględnieniu wszystkich znanych czynników ryzyka pozostały różnice, kluczowym pytaniem jest: czy poziom HDL ma jakiekolwiek znaczenie? Wykazałem, że istnieje niewiele dowodów lub wręcz wcale ich nie ma na to, że poziom cholesterolu we krwi odgrywa ważną rolę w chorobie wieńcowej serca. Jeśli cholesterol całkowity – lepszy czynnik prognostyczny niż HDL – nie ma znaczenia, to jak HDL może mieć znaczenie?

Mógłbym przytoczyć jeszcze wiele badań, które wykazały, że HDL nie jest dobrym czynnikiem prognostycznym w zawałach serca. Wspomnę tylko trwające 24 lata badania grupy pacjentów z Finlandii, którzy brali udział w badaniach „Siedmiu Krajów". Są to jedne z najdłużej trwających badań dotyczących HDL (47). Naukowcy prześledzili stan zdrowia 518 zdrowych mężczyzn z 3 różnych rejonów Finlandii. Tabela 3A podaje liczbę śmiertelnych zawałów serca i wartości początkowe HDL u badanych w każdym rejonie.

Rejon badania	Początkowy poziom HDL w mg/dl	Śmiertelność z powodu zawału serca na 1000 mężczyzn
Helsinki	44,8	81
Finlandia Zachodnia	43,2	105
Północna Karelia	47,6	183

Tabela 3A. Średnia wartość HDL u uczestników badań w 3 rejonach Finlandii i śmiertelność z powodu zawału serca po 24 latach

Jeśli HDL byłby dobry dla serca, to najmniej mężczyzn powinno umrzeć na zawał serca w Północnej Karelii, gdzie poziom HDL był najwyższy. A tymczasem zmarło ich tam dwa razy więcej niż w Helsinkach, gdzie poziom HDL był najniższy.

W swoich opracowaniach dr Keys i jego zespół wspomnieli o dwóch dużych i długotrwałych badaniach, w których również stwierdzono, że u osób, które zachowały dobre zdrowie, poziom HDL był niższy niż u tych, którzy zmarli z powodu choroby wieńcowej.

Jednakże w podsumowaniu swojego artykułu napisali: „Wyniki tych 24-letnich badań niekoniecznie są sprzeczne z doniesieniami w literaturze, dotyczącymi odwrotnie proporcjonalnego związku między występowaniem choroby wieńcowej i HDL".

Na szczęście niski poziom HDL sam w sobie nie powoduje wzrostu ryzyka wystąpienia zawału serca, ponieważ „rozsądna" dieta ma zadziwiający wpływ na jego poziom.

We francuskim eksperymencie, który prowadził dr Frédéric Fumeron ze swoim zespołem, badano efekt dwóch różnych diet na 36 zdrowych osobach. Jeden rodzaj diety przewidywał 70 g masła dziennie, podczas gdy drugi 70 g margaryny z oleju słonecznikowego, pozostałe składniki obu diet były podobne.

Każdy z uczestników badań spożywał oba rodzaje diety przez trzy tygodnie, połowa z nich zaczęła od diety z masłem, a pozostała połowa od „rozsądnej" diety z margaryną (41).

Tak jak w wielu innych poprzednich badaniach analiza lipidów we krwi „przed i po" wykazała, że „rozsądna" dieta obniżała poziom cholesterolu.

Obniżała jednak również poziom HDL, tzn. „dobrego" cholesterolu, a szczególnie dwie jego frakcje nazywane HDL–2 i LpA–I. Inne badania wykazały, że frakcje te są szczególnie korzystne. Autorzy dokonali przeglądu i analizy 7 innych badań, które dostarczyły podobnych wyników.

„Zły" cholesterol

„LDL charakteryzuje się najsilniejszym i najbardziej konsekwentnym związkiem z indywidualnym i zbiorowym ryzykiem zachorowań na chorobę wieńcową serca oraz odgrywa centralną i przyczynowo ważną rolę w łańcuchu patogenicznym prowadzącym do miażdżycy i CHD" – tak napisali autorzy amerykańskiego, wielkiego, rządowego opracowania „Dieta i zdrowie" (41). Opracowanie to jest – podobnie jak moja książka – analizą tego, co zostało zrobione i napisane na pewien określony temat. Taki przegląd zazwyczaj nie prezentuje obserwacji czy eksperymentów przeprowadzonych przez samych jego autorów. Jest pomocny dla naukowców, gdyż oszczędza im mrówczej i nudnej pracy, polegającej na szukaniu ważnych danych w materiałach bibliotecznych czy elektronicznych bazach danych. Co więcej, przeglądy naukowe pozwalają naukowcom odwoływać się do kilku przeglądów zamiast do wielkiej liczby oryginalnych prac. Oczywiście ci, którzy do takich przeglądów naukowych się odwołują, muszą mieć pewność, że są one poprawne i kompletne oraz, że przekazują zrównoważone punkty widzenia i dokładne konkluzje. Uważa się, że przeglądy takie, opracowane przez różnego rodzaju wybitne gremia naukowe, spełniają te kryteria. Dlatego może dziwić, w jaki sposób autorzy przeglądu „Dieta i zdrowie" doszli do wniosku dotyczącego LDL. Ja też się zdziwiłem, kiedy zacząłem zgłębiać zagadnienie HDL – LDL, ponieważ obszerna literatura na ten temat nie dawała mi odpowiedzi.

Niewiele zostało opublikowanych analiz dotyczacych samego LDL. Na przykład: w setkach raportów z badań we Framingham bardzo mało wspomina się o LDL. To dziwne, ponieważ wszystkim uczestnikom tych badań mierzono poziom LDL na początku i w czasie trwania badań.

„Dieta i zdrowie" jest oficjalnym, najbardziej autorytatywnym i postrzeganym jako najbardziej wiarygodny przeglądem Narodowego Komitetu Badań w Waszyngtonie. Byłem przekonany, że jego wysoko kwalifikowani autorzy dostarczą mi odpowiedzi na pytanie o dowody i eksperymenty, na podstawie których sformułowali swoje twierdzenia o szkodliwości LDL.

„Dieta i zdrowie" cytuje cztery publikacje dotyczące LDL. W pierwszej publikacji z 1973 r. dr Jack Medalie i jego zespół z uniwersytetu w Tel Avivie w Izraelu opublikowali wyniki trwających 5 lat badań 10 000 mężczyzn, pracowników instytucji rządowych (49). W ramach tych badań mierzyli poziom cholesterolu całkowitego i LDL. Osoby z najniższym poziomem stanowiły pierwszą z trzech grup, a osoby z najwyższym poziomem stanowili grupę trzecią. W tabeli 3B podano początkowe wartości poziomu cholesterolu w każdej z trzech grup i odpowiadającą im liczbę zawałów serca u tych mężczyzn po 5 latach.

Poziom cholesterolu a liczba zawałów	Grupy		
	I	II	III
Cholesterol całkowity w mg/dl	77-189	190-219	220-500
Liczba zawałów serca na 1000 mężczyzn	29	39	60
LDL w mg/dl	40-149	150-189	190-560
Liczba zawałów serca na 1000 mężczyzn	33	38	58

Tabela 3B. Liczba zawałów serca po 5 latach, z uwzględnieniem wieku i początkowej wartości poziomu cholesterolu całkowitego i LDL

Tabela 3B pokazuje, podobnie jak w wielu innych badaniach, że więcej zawałów serca zdarzyło się w grupie z najwyższymi poziomami cholesterolu. Jednak dane te nie uwzględniają innych czynników ryzyka jak tylko wiek mężczyzn, co oznacza, że w grupie trzeciej byli mężczyźni narażeni na większy stres, palący, z nadwagą, mniej fizycznie aktywni.

W przeglądzie „Dieta i zdrowie" stwierdza się, że LDL ma najsilniejszy związek z ryzykiem wystąpienia choroby wieńcowej i w związku z tym powinien być lepszym czynnikiem prognostycznym niż cholesterol całkowity. Jednak jak widać nie jest. Można natomiast zauważyć większą różnicę w liczbie zawałów serca między grupą pierwszą i trzecią ustalona pod względem poziomu cholesterolu całkowitego (29 i 60 przypadków) niż pomiędzy grupami ustalonymi pod względem poziomu LDL (33 i 58 przypadków). Innymi słowy, autorzy opracowania „Dieta i zdrowie" nie powinni powoływać się na badania z Izraela jako potwierdzające koncepcję, że podwyższony poziom LDL jest najważniejszym czynnikiem prognostycznym w chorobach serca, ponieważ w tych badaniach nie LDL a cholesterol całkowity wykazywał najsilniejszy związek z ryzykiem wystąpienia choroby wieńcowej.

Drugimi badaniami, na które powołują się autorzy „Diety i zdrowia" w celu poparcia tezy, że LDL jest niebezpieczny dla zdrowia, był wydany w 1977 r. raport z badań we Framingham (50). Badania te jednak głównie dotyczyły HDL. Jedyną informacją o LDL, która się w nim znalazła, jako wsparcie ich konkluzji, był „statystyczny współczynnik logistyczny" – statystyczna koncepcja nieznana większości lekarzy. Jedną z konkluzji z tych badań było to, że: „LDL jest marginalnym czynnikiem ryzyka u ludzi z tych grup wiekowych", tzn. kobiet i mężczyzn w wieku ponad 50 lat. Niektóre ze współczynników były rzeczywiście niskie. **Dla kobiet w wieku powyżej 70 lat współczynnik ten był ujemny, co oznacza, że kobiety w tym wieku były narażone na większe ryzyko zawału serca, jeśli ich poziom LDL był niski, niż kiedy był wysoki.** W takim razie, drugie źródło, na które powoływano się w przeglądzie „Dieta i zdrowie" również nie dostarczyło żadnego dowodu, że LDL jest istotnym czynnikiem ryzyka.

Trzecie badania (44) dotyczyły tylko HDL. Ponownie nie stanowiły one żadnego wsparcia dla twierdzeń prezentowanych przez autorów przeglądu. „Narodowy program edukacji o cholesterolu" był dużym przeglądem, nie cytował jednak oryginalnych danych (52). Jeden z wniosków tego przeglądu brzmiał: „Duża ilość epidemiologicznych danych dowodowych wspiera tezę, że istnieje bezpośredni związek między poziomem cholesterolu całkowitego i LDL oraz występowaniem choroby wieńcowej serca".

Nareszcie – pomyślałem – jest dowód, którego poszukiwałem. „Duża ilość epidemiologicznych danych dowodowych" okazała się stanowić tylko trzy odniesienia do badań. Jednym z tych odniesień był następny duży przegląd (53), w którym nawet nie wspomniano o LDL! W drugim powoływano się na badania z Honolulu (54), na podstawie których stwierdzono, że: „wartości poziomu żadnego cholesterolu nie wydawały się być lepsze niż poziom cholesterolu całkowitego". Trzecim dowodem, na który powoływano się, był jeszcze jeden duży przegląd bez oryginalnych danych, pt. „Optymalne źródła podstawowej prewencji choroby miażdżycowej" (55), którego pierwszym autorem był dr Kannel. Niczego prawie nie napisano w nim o LDL, oprócz tego, że: „długoterminowe badania populacji wskazują na stały wzrost ryzyka powstania CHD w odniesieniu do cholesterolu całkowitego i LDL we krwi, przynajmniej do zaawansowanego wieku średniego".

Wniosek dra Kannela jest bardziej ostrożny niż wniosek, jaki ukazał się w opracowaniu „Dieta i zdrowie", ale chociaż dr Kannel dobrał słowa ostrożniej, dowody i na nie są zbyt słabe. Kannel cytuje 6 badań na poparcie swoich twierdzeń. W dwóch z nich LDL nie tylko nie był tematem analizy, ale nawet w ogóle nie został wspomniany (56). W innych dwóch raportach LDL był powiązany z rozpowszechnianiem się chorób serca, co oznacza, że to nie były badania długoterminowe. W związku z tym niczego nie mogły powiedzieć na temat LDL jako czynniku prognostycznym (57). Jeszcze inny raport poświęcił temu tematowi dwie tabele (nr 8 i 9), które pokazały, że możliwości prognostyczne LDL są statystycznie bez znaczenia (58). W ostatnim raporcie, na który się powoływano, LDL stanowił element prognostyczny w chorobach serca, ale tylko u mężczyzn między 35 i 49 rokiem życia i u kobiet między 40 i 44 (59).

Podsumowując: „dużą ilość epidemiologicznych danych dowodowych" można sprowadzić do pojedynczych badań, w których pokazano prognostyczną wartość LDL, ale tylko w stosunku do dwóch grup wiekowych. W związku z tym jedyny istotny wniosek jest taki, że **LDL nie jest ani głównym parametrem, ani nie jest przyczynowo ważny, nie wykazuje najsilniejszego, ani najbardziej stałego związku z ryzykiem choroby wieńcowej serca, nie ma też żadnego związku z częstotliwością występowania tej choroby.**

Uznanie LDL jako czynnika ryzyka nie jest jedynym błędnym wnioskiem w „Narodowym programie edukacji o cholesterolu". Dokument ten jest „nafaszerowany" błędnie cytowanymi badaniami, a nawet fałszywymi stwierdzeniami (60). Poparcie w tym „Programie" stosowania środków farmakologicznych do leczenia CHD jest równie wysoko podejrzane. Autorzy napisali: „Pytanie czy obniżanie poziomu LDL poprzez dietę lub środkami farmakologicznymi może spowodować obniżenie częstotliwości występowania CHD zostało uwzględnione przez więcej niż tuzin randomizowanych eksperymentów klinicznych". Jest to stwierdzenie wprowadzające w błąd, ponieważ w tamtym czasie, tj. w 1988 r., tylko 4 eksperymenty uwzględniały analizę LDL (61). Ponadto w żadnym z nich nie udało się obniżyć śmiertelności spowodowanej chorobą wieńcową serca i tylko w jednym znacznie obniżono liczbę zgonów.

Dlaczego LDL?

Jak to się stało, że koncepcja „złego" cholesterolu została ogłoszona i uznana w świecie naukowców? „Narodowy program edukacji o cholesterolu" podaje dwa powody. Pierwszym było odkrycie uszkodzonego receptora LDL u chorych na rodzinną hipercholesterolemię, co skutkowało bardzo wysokim poziomem LDL we krwi u tych osób. Odkrywcy, laureaci nagrody Nobla: Michael Brown i Joseph Goldstein, sugerowali, że to właśnie LDL powodował zmiany w naczyniach krwionośnych u tych osób i co więcej, że podobny mechanizm funkcjonuje w organizmie każdego z nas (62). Drugim, były eksperymenty żywieniowe na zwierzętach, które spowodowały u nich podwyższenie LDL i powstanie zmian w naczyniach krwionośnych, nazwanych „zmianami miażdżycowymi".

Oba te argumenty są słabe. Jeśli LDL był „złem" sam w sobie, to powinien być znacznie lepszym parametrem prognostycznym niż cholesterol całkowity, ponieważ cholesterol całkowity zawiera również HDL, tzw. „dobry" cholesterol. Poza tym eksperymenty na zwierzętach dają tylko wskazówki i nie mogą być dowodem w chorobach ludzkich. Ponadto to, co widać w naczyniach krwionośnych w czasie eksperymentów laboratoryjnych na zwierzętach, wcale nie wygląda jak miażdżyca u ludzi. Nie można też wywołać zawału serca u zwierząt tylko przez dietę. W końcu, odkrycia dotyczące ludzi z rzadką formą błędu genetycznego w mechanizmie metabolicznym cholesterolu niekoniecznie stosują się do całej pozostałej populacji.

Eksperymentatorzy powołują się na badania epidemiologiczne i kliniczne nie popierające ich założeń badawczych, a epidemiolodzy i klinicyści powołują się na dowody z badań eksperymentalnych, na podstawie których nie można wysnuć żadnych wniosków.

Ofiarami tej przerażającej niesprawiedliwości są: cholesterol – niewinna i użyteczna cząsteczka w naszej krwi, rolnicy i producenci tłuszczu zwierzęcego na całym świecie i miliony zdrowych ludzi, straszonych cholesterolem, zmuszanych do spożywania nudnego i bezsmakowego jedzenia, które – jak im się mówi – obniży im poziom „złego" cholesterolu i zabezpieczy ich przed chorobami serca.

Bibliografia

1. Kannel WB. *Med Clin North Am* 58, 363–79, 1974.
2. Stamler J and others. *JAMA* 256, 2823–8, 1986.
3. To be statistically correct, deciles are not defined in this way, but as all diet–heart papers have used this definition I have used it also, to avoid confusion.
4. Shaten BJ and others. *Prev Med* 20, 55–669, 1991.
5. Kannel WB and others. *Ann Intern Med* 90, 85–91, 1979.
6. Anderson KM and others. *JAMA* 257, 2176–80, 1987.
7. Simons LA and others. *Atherosclerosis* 117, 107–18, 1995.
8. Zimetbaum P and others. *Arteriosclerosis* 12, 416–423, 1992.
9. Krumholz HM and others. *JAMA* 272, 1335–40, 1994.
10. Gotto AM and others. *Circulation* 81, 1721–33, 1990.

11. Castelli WP and others. *Am J Cardiol* 63, 12H–19H, 1989.
13. Oliver MF. *Lancet* 2, 655, 1982.
14. Forette B and others. *Lancet* 1, 868–70, 1989.
15. Jacobs D and others. *Circulation* 86, 1046–60, 1992.
16. Dagenais GR and others. *Can J Cardiol* 6, 59–65, 1990.
17. Shanoff HM and others. *Can Med Ass J* 103, 927–31, 1970.
18. (a) Gertler MM and others. *Am J Med Sci* 247, 145–55, 1964.
(b) Frank CW, Weinblatt E, Shapiro S. *Circulation* 47, 509–517, 1973.
(c) Mulcahy R and others *Br Heart J* 37, 158–165, 1975.
(d) Schatzkin A and others. *Am J Epidemiol* 120, 888–899, 1984.
(e) Khaw KT, Barrett–Connor E. *J Cardiopulm Rehab* 6, 474–480, 1986.
(f) Olsson G, Rehnqvist N. *Cardiology* 74, 457–464, 1987.
19. Carlson LA and others. *Acta Med Scand* 206, 351–60, 1979.
20. Böttiger LE, Carlson LA. *Acta Med Scand* 211, 437–42, 1982.
21. Beaglehole R and others. *BMJ* 1, 285–7, 1980.
22. (a) Fontbonne A and others. *Diabetologia* 32, 300–4, 1989.
(b) Uusditupa MI and others. *Am J Clin Nutr* 51, 768–73, 1990.
(c) Fitzgerald AP, Jarrett RJ. *Diabet Med* 8, 475–80, 1991.
(d) Ford ES og DeStefano F. *Am J Epidemiol* 133, 1220–30, 1991. (e) Laakso M and others. *Circulation* 88, 1421–30, 1993.
(f) Janghorbani M and others. *J Clin Epidemiol* 47, 397–405, 1994.
(g) Collins VR and others. *Diabet Med* 13, 125–32, 1996.
(h) Muggeo M and others. *Circulation* 96, 1750–4, 1997.
(i) Niskanen L and others. *Diabetes Care* 21, 1861–9, 1998.
(j) Hanninen J and others. *Diabetes Res Clin Pract* 43, 121–6, 1999.
(k) Forrest KY and others. *Atherosclerosis* 148, 159–69, 2000.
(l) Östgren CJ and others. *Diabetes Care* 25, 1297–302, 2002.
(m) Roselli della Rovere G and others. *Nutr Metab Cardiovasc Dis* 13, 46–51, 2003.
(n) Chan WB and others. *Diabetes Metab Res Rev* 21, 183–8, 2005.
23. (a) Zoccali C and others. *Lancet* 358, 2113–7, 2001.
(b) Bellomo G and others. *J Nephrol* 16, 245–51, 2003.
24. (a) Hill JS and others. *Arterioscler Thromb* 11, 290–7, 1991.
(b) Ferrieres Jm and others. *Circulation* 92, 290–5, 1995.
(c) Miettinen TA, Gylling H. *Arteriosclerosis* 8, 163–7, 1998.
(d) Hopkins PN and others. *Am J Cardiol* 87, 547–53, 2001.
(e) Neil HA and others. *Heart* 90, 1431–7, 2004.
25. (a) Gertler MM and others. *Am J Med Sci* 247, 145–55, 1964.
(b) Frank CW and others. *Circulation* 47, 509–17, 1973.
(c) Mulcahy R and others. *Br Heart J* 37, 158–65, 1975.

(d) Khaw KT, Barrett–Connor E. *J Cardiopulm Rehab* 6, 474–80, 1986.
(e) Chester M and others. *Br Heart J* 73, 216–22, 1995.
(f) Behar S and others. *Eur Heart J* 18, 52–9, 1997.
26. Prospective Studies Collaboration. Cholesterol, diastolic blood pressure, and stroke: 13 000 strokes in 450 000 people in 45 prospective cohorts. *Lancet* 346, 1647–53, 1995.
27. (a) Uusitupa MI and others. *Am J Clin Nutr* 51, 768–73, 1990.
(b) Senti M and others. *Circulation* 85, 30–6, 1992.
(c) Bainton D and others. *Br Heart J* 72, 128–32, 1994.
(d) Mölgaard J and others. *Nutr Metab Cardiovasc Dis* 6, 114–23, 1996.
(e) Wilt TJ and others. *Arch Intern Med* 156, 1181–8, 1996.
(f) Mowat BF and others. A*therosclerosis* 131, 161–6, 1997.
(g) Siitonen O and others. *Acta Med Scand* 220, 205–12, 1986.
h) Aronow WS, Ahn C. *Am J Cardiol* 73, 995–7, 1994.
(i) Katsilambros NL and others. *Diabet Med* 13, 243–6, 1996.
(j) Shestov DB and others. *Circulation* 88, 846–53, 1993.
28. Craig WE and others. *BMJ* 298, 784–8, 1989.
29. Dattilo AM, Kris–Etherton PM. *Am J Clin Nutr* 56, 320–8, 1992.
30. Assmann G, Schulte H. *Am J Cardiol* 59, 9G–17G, 1987.
31. Dimsdale JE, Herd A. *Psychosom Med* 44, 413–30, 1982. Rosenman RH. Relationships of neurogenic and psychological factors to the regulation and variability of serum lipids. *Stress Med* 9, 133–40, 1993.
32. Brown MS, Goldstein JL. *Scientific American* 251, 52–60, 1984).
33. Tuomilehto J, Kuulasmaa K. *Int J Epidemiol* 18, suppl. 1, S38–S45, 1989; Keil U, Kuulasmaa K. WHO MONICA Project: Risk factors. Same journal and issue: S46–S55.
35. Keys A, and others. *Ann Intern Med* 48, 83–94, 1958.
36. Worth RM and others. *Am J Epidemiol* 102, 481–90, 1975.
37. (a) Marmot MG, Syme SL. *Am J Epidemiol* 104, 225–47, 1976.
(b) Marmot MG and others. *Am J Epidemiol* 102, 514–25, 1975.
38. Prev Med 8, 609–766, 1979.
39. Kannel WB and others. *Circulation* 70, 157A–205A, 1984. The quotation is found on page 164A.
40. National Research Council. *Diet and Health. Implications for Reducing Chronic Disease Risk.* Washington D.C. 1989, National Academy Press. The quotation is found on page 166.
41. Ekelund LG and others. *N Engl J Med* 319, 1379–84, 1988.
42. Thompson PD and others. *Circulation* 84, 140–152, 1991.

43. Pocock SJ and others. *BMJ* 292, 515–19, 1986.
44. Gordon DJ and others. *Circulation* 79, 8–15, 1989.
45. Pocock SJ, Shaper AG, Phillips AN. *BMJ* 298, 998–1002, 1989.
46. Keys A. and others. *Int J Epidemiol* 13, 428–435, 1984.
47. Fumeron F and others. *Am J Clin Nutr* 53, 655–9, 1991.
48. Medalie JH and others. *J Chron Dis* 26, 329–49, 1973.
49. Gordon T and others. *Am J Med* 62, 707–14, 1977.
50. Watkins LO and others. *Am J Cardiol* 57, 538–45, 1987.
51. The Expert Panel. *Arch Intern Med* 148, 36–69, 1988.
52. Grundy SM. *JAMA* 256, 2849–58, 1986.
53. Hulley SB, Rhoads GG. *Metabolism* 31, 773–7, 1982.
54. Kannel WB and others. *Circulation* 70, A157A–205A, 1984.
55. (a) Yaari and others. *Lancet* 1, 1011–1015. 198.
(b) Keys A: *Seven Countries*. Harvard University Press, 1980.
56. (a) Rhoads GG and others *N Engl J Med* 294, 293–8, 1976.
(b) The Pooling Project Research Group. *J Chron Dis* 31, 201–306, 1978.
57. *Prev Med* 8, 612–78, 1979; Tables 8 and 9.
58. Kannel WB and others. *Ann Intern Med* 90, 85–91, 1979.
59. Ravnskov U. *J Clin Epidemiol* 48, 713–9, 1995.
60. The Multiple Risk Factor Intervention Trial, the Newcastle Trial, the Lipid Research Clinics Trial, and the Helsinki Heart Study. For references to these studies, see Chapter 6.
61. Brown MS, Goldstein JL. *Scientific American* 251, 58–66, 1984.

Aneks

TRÓJGLICERYDY
(znane też jako triacyloglicerole)

Większość kwasów tłuszczowych w diecie i we krwi jest połączona z glicerolem, który jest alkoholem. Zazwyczaj każda cząsteczka glicerolu jest połączona z trzema cząsteczkami kwasów tłuszczowych i ten zespół cząsteczek jest nazywany „trójglicerydem", często oznaczanym jako TG. Uważa się, że – podobnie jak w przypadku cholesterolu – wysoki poziom TG we krwi jest związany ze zwiększonym ryzykiem CHD. Czy to oznacza, że powinniśmy obniżać poziom TG we krwi, żeby uniknąć zachorowania na chorobę wieńcowa serca?

Żeby odpowiedzieć na to pytanie w sposób satysfakcjonujący konieczne jest długie tłumaczenie. Jednakże, jeśli zrozumiałe jest już fałszywe podłoże hipotezy cholesterolowej, to łatwo będzie zrozumieć, że nie ma też potrzeby martwić się poziomem TG. Nawet najbardziej zagorzali zwolennicy interwencji farmakologicznej przyznają, że siła dowodowa tego, że wysoki poziom TG powoduje miażdżycę i CHD jest słaba. Znacznie nawet słabsza niż w przypadku wysokiego poziomu cholesterolu. Skoro dowody dotyczące cholesterolu są słabe lub nie ma ich wcale, dlaczego mamy zamartwiać się TG? W dodatku, istnieją poważne powody aby przypuszczać, że wysoki poziom TG odgrywa wręcz rolę ochronną.

Poziom TG we krwi zależy od wielu czynników. Normalnie poziom TG wzrasta po posiłku. Im więcej węglowodanów spożywamy i więcej pijemy alkoholu, tym wyższy staje się poziom TG. Musi minąć prawie 12 godzin, zanim poziom TG zacznie powracać do wartości „normalnej". Analizowanie poziomu TG jest w związku z tym pozbawione sensu, jeśli nie poszczono co najmniej 12 godzin przed pobraniem próbki krwi. Co więcej, analiza TG jest wysoce niedokładna, a normalne poziomy w czasie postu są bardzo zmienne. Jeśli analiza krwi wykaże 200 mg/dl, to w rzeczywistości poziom TG może wynosić między 100 i 300. Żeby otrzymać bardziej wiarygodny wynik, byłoby konieczne obliczyć średnią z 3 pomiarów, z 3 różnych pobrań krwi, przy zachowaniu za każdym razem 12 godzinnego okresu postu.

Co więcej, osoby z nadwagą mają wyższy poziom TG we krwi niż ludzie szczupli, palacze wyższy niż niepalący, chorzy na cukrzycę wyższy niż ludzie, którzy cukrzycy nie mają, osoby prowadzące siedzący tryb życia mają również poziom TG wyższy niż osoby fizycznie aktywne oraz osoby narażone na stres wyższy niż osoby, które są z natury spokojne. Można więc zapytać: czy osoby z nadwagą, palące, nieaktywne, diabetycy, narażeni na stres i mające wyższy poziom TG, są narażone na większe ryzyko niż osoby z nadwagą, palące, nieaktywne, będące diabetykami oraz narażone na stres, ale które mają normalny poziom TG?

Problem ten jest jednak bardziej skomplikowany. Po wystąpieniu wielu chorób zakaźnych następuje wzmożona synteza trójglicerydów spowodowana stymulacją wątroby poprzez lipopolisacharydy (LPS), jedne z najbardziej toksycznych produktów bakteryjnych. Następnie LPS łączą się i są dezaktywowane przez bogatą w TG lipoproteinę (VLDL), a następnie są transportowane do wątroby, gdzie odbywa się ich końcowa eliminacja. Trójglicerydy należą więc do systemu immunologicznego tak jak LDL i nie są złoczyńcą, ale raczej dobrym przyjacielem chroniącym nas przed niszczącą siłą bakterii. Pojawia się coraz więcej dowodów na to, że bakterie odgrywają ważną rolę w chorobie wieńcowej serca.

Tak więc, kiedy naukowcy mówią nam, że wysoki poziom trójglicerydów wskazuje na zwiększone ryzyko wystąpienia CHD, pojawia się pytanie, czy prawdziwym powodem tej choroby może być siedzący tryb życia, palenie tytoniu, nadwaga, stres emocjonalny, cukrzyca lub choroba zakaźna? A może jest nim czynnik ryzyka, którego jeszcze nie znamy?

Bibliografia

Harris and others. J Endotoxin Res 6, 421–30, 2001.

MRFIT – najbardziej „dokładna" baza danych

Jak wspomniałem na początku tego rozdziału, naukowcy prowadzący badania MRFIT analizowali, na ile wiarygodnym czynnikiem przewidującym wystąpienie choroby wieńcowej jest poziom cholesterolu. W analizach uwzględnili nie tylko 12 000 mężczyzn wybranych do badań, ale również 300 000 mężczyzn, którzy nie spełniali kryteriów uczestnictwa w badaniach. Wyniki dotyczące obu grup razem zostały opublikowane w powszechnie znanych międzynarodowych magazynach medycznych. Badania te są ciągle cytowane jako najsilniejszy dowód na to, że istnieje bezpośrednia zależność między stężeniem cholesterolu we krwi i ryzykiem wystąpienia choroby serca.

Niestety, dane przedstawione w raportach z badań MRFIT były niechlujnie przygotowane. Systematycznie przeszukując literaturę dotyczącą badań MRFIT, prof. Lars Werkö, w tamtym czasie dyrektor Szwedzkiego Komitetu ds. Oceny Technologii w Ochronie Zdrowia, niezależnej jednostki rządowej, wysoko cenionej za swoją uczciwość, zebrał 34 raporty dotyczące związku cholesterolu ze śmiertelnością. Zadał sobie pytanie: czy rzeczywiście było potrzebne opublikowanie tych wszystkich raportów, skoro ich wyniki były w każdym przypadku podobne. Czy wydawcy naprawdę oceniali oryginalną wartość każdego z tych raportów i uznali je za warte opublikowania? Czy też byli pod wrażeniem statusu gremiów badawczych, będących autorami tych raportów z Narodowym Instytutem Chorób Serca, Płuc i Krwi w USA w tle i musieli ugiąć się przed władzami?

Gorsze niż powtarzanie tego samego było to, że dane były niespójne i wysoce wątpliwe. Na przykład, liczba uczestników badania znacznie się zmieniała, w zależności od raportu – od 316 099 do 361 266. Szczególnie krytycznie prof. Werkö odnosił się do badań wskazujących na liczbę przypadków śmiertelnych, ponieważ jest mało prawdopodobne, żeby ze wszystkimi z 361 266 ludźmi utrzymywano kontakt przez 6-12 lat. Nie podano, w jaki sposób określano przyczynę zgonu, ale można być prawie pewnym, że większość tych danych była oparta na świadectwach zgonu wydanych przez zwykłych lekarzy. Nie tylko informacje ze świadectw zgonu są wysoce niewiarygodne, ale w wielu przypadkach (między 6 a 20%, w zależności od raportu) świadectwa zgonów zniknęły. Mimo to niektóre raporty zawierały szczegółowe listy diagnoz, obejmujące prawie każdy przypadek zgonu!

Podczas wstępnej oceny okazało się, że jedno z centrów badawczych sfałszowało dane, zawyżając liczbę uczestników badań, prawdopodobnie po to, aby otrzymać większą pomoc finansową z Narodowego Instytutu Zdrowia. Temu żenującemu faktowi nie poświęcono wiele miejsca w pozostałych raportach ani też autorzy publikacji nie wspominają o możliwości fałszowania danych również przez inne centra badawcze. Przeciwnie – unikano starannie jakichkolwiek dyskusji na temat kontroli jakości danych. Prof. Werkö pisał: „W wielu publikacjach dotyczących uczestników badań MRFIT jest oczywiste, że autorzy są bardziej zainteresowani matematycznym potraktowaniem wielkich liczb niż jakością tych liczb lub tym, jak zostały otrzymane".

Mimo tych nieprawidłowości, raporty dotyczące uczestników badań MRFIT są ciągle cytowane jako: „najbardziej dokładna baza danych dotycząca związku czynników ryzyka ze śmiertelnością wśród zdrowej męskiej populacji w USA".

Bibliografia

Werkö L. J Intern Med 237, 507–518, 1995.

ROZDZIAŁ 4

WYSOKI POZIOM CHOLESTEROLU NIE POWODUJE MIAŻDŻYCY

Teoretycy prawie zawsze stają się
zbyt zakochani w swoich teoriach,
często dlatego, że żyją nimi zbyt długo.
Trudno uwierzyć, że czyjaś hołubiona teoria,
która w pewnych jej aspektach całkiem dobrze się sprawdza,
może okazać się kompletnie fałszywa.

Francis Crick

Cholesterol: złoczyńca czy niewinny obserwator?

Mimo że rolą naukowca jest ciągłe stawianie pytań i poddawanie w wątpliwość wszystkich „uświęconych pewników", to w przypadku cholesterolu jedno stwierdzenie nigdy nie było kwestionowane, ponieważ uważa się je za tak oczywiste jak prawo ciążenia. Nawet przeciwnicy koncepcji „Dieta–serce" zapominają o zakwestionowaniu tego podstawowego twierdzenia. Co jest tym uświęconym dogmatem? Ano to, że kiedy poziom cholesterolu jest wysoki, przechodzi on z krwi do ścian naczyń krwionośnych, zamieniając tętnice z gładkich przewodów w coś, co przypomina kamieniste brzegi rwącego potoku. Bardzo często nasze tętnice porównywane są do rur kanalizacyjnych, które z czasem stają się zablokowane zanieczyszczeniami. Tętnice zablokowują jakoby złogi cholesterolu. Lekarze i naukowcy mogą debatować, czy cholesterol osadza się, czy też przenika w sposób pasywny, czy też jest aktywnie transportowany do ścian tętnic, ale ogólnie zgadzają się co do roli, jaką odgrywa w krwi: im wyższy jego poziom, tym szybciej postępuje proces miażdżycy.

Już w 1953 r. Ancel Keys napisał: „Faktem jest, że głównym elementem charakteryzującym tętnice ze zmianami miażdżycowymi jest nienormalna ilość cholesterolu w tych tętnicach". I dodał: „cholesterol w ścianach tętnic pochodzi z krwi" (1).

Żadnych dowodów, żadnych przekonujących argumentów – ani ze strony Keysa, ani innych, którzy jego koncepcję popierali. Cholesterol pochodzi z krwi i kropka. **Naukowcy dyskutują, jaki musi być**

poziom cholesterolu we krwi, żeby rozpoczął się proces miażdżycowy, ale nie dyskutują nad tym, czy sam poziom cholesterolu jest w jakikolwiek sposób istotny. Rola, jaką odgrywa cholesterol w procesie miażdżycowym, nie podlega dyskusji. Tak ustalono raz na zawsze i w to każe nam się wierzyć. Poznajmy jednak bliżej fakty.

Wapń i kamienie nerkowe

Wielu naukowców przekonało do roli cholesterolu następujące odkrycie: kiedy wstrzyknie się do krwi cząstki radioaktywnie oznakowanego cholesterolu, po jakimś czasie pokazuje się on w zmianach miażdżycowych w tętnicach. Podobnie sole wapnia, z których tworzą się kamienie nerkowe, również kiedyś krążyły we krwi. Nie można jednak zapobiec lub wyeliminować istniejących już kamieni nerkowych przez obniżenie poziomu wapnia we krwi lub obniżenie jego poziomu w diecie. Jeśli pominiemy rzadkie schorzenie, jakim jest nadczynność przytarczyc, kamienie nerkowe z pewnością nie powstają z powodu wysokiego poziomu wapnia we krwi, ponieważ pacjenci z kamicą nerkową nie mają wyższego poziomu wapnia we krwi niż osoby, które kamicy nerkowej nie mają.

Sole wapnia tworzące kamienie nerkowe pochodzą z krwi, ale nie wiemy, dlaczego i jak sole te zamieniają się w nerkach w kamienie. Każda substancja tworząca strukturę patologiczną w naszym organizmie w pewnym czasie była transportowana przez krew. Jej obecność w takim złogu, czy to w postaci kamienia w nerce czy też złogu miażdżycowego, wcale nie oznacza, że złóg ten utworzył się z powodu wysokiego poziomu tej substancji we krwi. Fakt, że wysoki poziom cholesterolu nie powoduje złogów miażdżycowych, ewidentnie wynika z wielu badań. Jeśli cząstki cholesterolu krążącego we krwi mają tendencję do odkładania się w ścianach tętnic tylko dlatego, że krew zawiera ich więcej niż normalnie, to osoby z wysokim poziomem cholesterolu we krwi powinny mieć więcej zmian miażdżycowych niż osoby z niskim jego poziomem. Czysta logika. Zwolennicy tej koncepcji twierdzą, że tak jest, ale – jak zobaczymy – nie mają racji.

Nieprawdziwe współzależności

Istnieje wiele sposobów, które mogą prowadzić naukowców do znalezienia nieprawdziwych zależności, a nieprawdziwe zależności mogą wprowadzić w błąd naukowców i czytających ich opracowania czytelników. Dobra, rzetelna nauka jest trudna, łatwo może otrzymać fałszywe odpowiedzi nawet naukowiec, który ma dobre zamiary.

Zacznijmy od zanotowania poziom cholesterolu i stopnia zmian miażdżycowych u pewnej liczby osób po ich śmierci. Żeby przekonać się, czy poziom cholesterolu i stopień zmian miażdżycowych mają ze sobą związek, narysujemy wykres, na którym poziom cholesterolu we krwi zaznaczymy na osi poziomej, a stopień zmian miażdżycowych na osi pionowej (rys. 4A). Możemy z niego wysnuć nieprawdziwe wnioski, jeśli uwzględniliśmy jednocześnie osoby młode i starsze, ponieważ z większości badań wynika, że osoby starsze mają wyższy poziom cholesterolu niż ludzie młodzi. W związku z tym młodzi ludzie z ich nieco niższym poziomem cholesterolu i małym stopniem zmian miażdżycowych będą reprezentowani głównie przez punkty znajdujące się w lewej dolnej części wykresu, a osoby starsze z ich nieco wyższym poziomem cholesterolu i znacznie bardziej wyraźnymi zmianami miażdżycowymi – w górnej prawej części. Dlatego, nie znając wieku osób uczestniczących w badaniach, można by pomyśleć, że istnieje związek między poziomem cholesterolu i miażdżycą, kiedy w rzeczywistości jest to związek między poziomem cholesterolu i wiekiem oraz stopniem zmian miażdżycowych i wiekiem.

Dlatego właśnie konieczne jest analizowanie tego problemu na osobach w wąskim zakresie wiekowym. Żeby uzyskać naukowo wiarygodną odpowiedź, należy zadać pytanie, czy ktoś w wieku np. 60 lat, mający wysoki poziom cholesterolu, ma wyższy stopień zmian miażdżycowych niż ktoś inny w tym samym wieku, ale mający poziom cholesterolu niski.

Fałszywa zależność może pojawić się również, jeśli w badaniach uczestniczy dużo osób cierpiących na rodzinną hipercholesterolemię, która jest wrodzoną wadą metabolizmu cholesterolu, dotykającą mniej niż 1% populacji. Tacy ludzie zawsze mają bardzo wysoki poziom cholesterolu (ponad 350 mg/dl) i często mają też poważne zmiany naczyniowe w młodym wieku. Z tego powodu wszyscy oni będą reprezentowani przez symbole umieszczone w prawej, najwyższej części diagramu. Jeśli rezultaty badań uwzględnią wiele takich osób, łącznie z tymi, którzy tej choroby nie mieli, dane statystyczne będą zniekształcone i automatycznie wykażą istnienie związku między wysokim poziomem cholesterolu i miażdżycą (rys. 4A). Przeciętny czytelnik nie będzie w stanie spostrzec tej różnicy i zniekształcenia danych.

Istnieją dowody na to, że zmiany naczyniowe u osób z rodzinną hipercholesterolemią mogą być spowodowane inną przyczyną niż miażdżyca i że takie zmiany mogą też powodować skłonność do miażdżycy.

Z tego powodu badania, w których uczestniczą osoby z rodzinną hipercholesterolemią, nie mogą być używane jako dowód, że wysoki poziom cholesterolu powoduje miażdżycę u pozostałych 99% populacji. Chorzy na rodzinną hipercholesterolemię powinni uczestniczyć w osobnych badaniach, jako osoby z biochemicznym zaburzeniem i nie powinni być łączeni w badaniach z osobami bez tej choroby. Niemniej jednak, niemalże wszystkie badania zawierają wyniki otrzymane od obu grup równocześnie, tj. od tych z i tych bez rodzinnej hipercholesterolemii.

Można powiedzieć, że 1% populacji nie może mieć zbyt dużego wpływu na wyniki, ale w wielu badaniach pacjentów z tym schorzeniem było nieproporcjonalnie wielu.

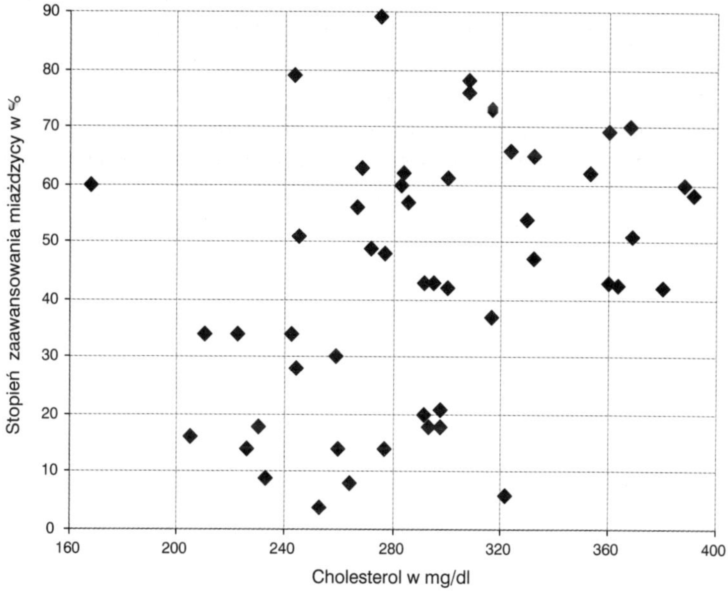

Rys. 4A. Poziom cholesterolu i stopień zaawansowania miażdżycy naczyń wieńcowych serca u 50 mężczyzn w średnim wieku. Bez wątpienia najwyższe poziomy cholesterolu (powyżej 320) cechują pacjentów z rodzinną hipercholesterolemią. Po rozpatrzeniu danych ze wszystkich obserwacji, widać że związek miażdżycy i cholesterolu jest słaby (współczynnik korelacji r = 0,29). Jeśli dane pacjentów z podejrzewaną rodzinną hipercholesterolemią wykluczy się – jakikolwiek związek zanika. Dane wzięto z pozycji 15 z załączonej bibliografii

Istnieje jeszcze wiele innych przyczyn, które mogą powodować, że naukowiec – mimo dobrej woli – może uzyskać wyniki statystycznie niewiarygodne. Należy o tym pamiętać, kiedy analizuje się niektóre badania, które przekonały środowisko naukowe, że wysoki poziom cholesterolu powoduje miażdżycę.

Landé i Sperry

Pierwsze badania zaprojektowane w celu wykazania możliwej zależności między poziomem cholesterolu we krwi i stopniem miażdżycy opublikowali patolog Kurt Landé i biochemik Warren Sperry z Departamentu Medycyny Sądowej Uniwersytetu New York (2).

Był to rok 1936. Naukowcy ci przebadali ciała dużej liczby osób, które zmarły w sposób nagły. Ku ich zdumieniu nie znaleźli żadnej zależności między ilością cholesterolu w ich krwi i stopniem miażdżycy. W każdej grupie wiekowej ich wykresy wyglądały jak gwiaździste niebo (rys.4B). Ponieważ Landé i Sperry byli bardzo uważni i metodyczni, wyniki ich badań powinny uszczypnąć koncepcję „Dieta–serce" w pośladek. Inaczej mówiąc, jeśli ci, którzy później popierali koncepcję „Dieta–serce", przeczytaliby publikację Landé'ego i Sperry'ego, zanim rozpoczęli swoje badania, prawdopodobnie zmieniliby własne nastawienie.

Jednakże ci, którzy te badania pamiętali, błędnie je cytowali i twierdzili, że Landé i Sperry znaleźli korelację pomiędzy poziomem cholesterolu a stopniem miażdżycy (3) lub ignorowali ich wyniki, twierdząc, że poziom cholesterolu u osób zmarłych nie jest taki sam jak u osób żywych.

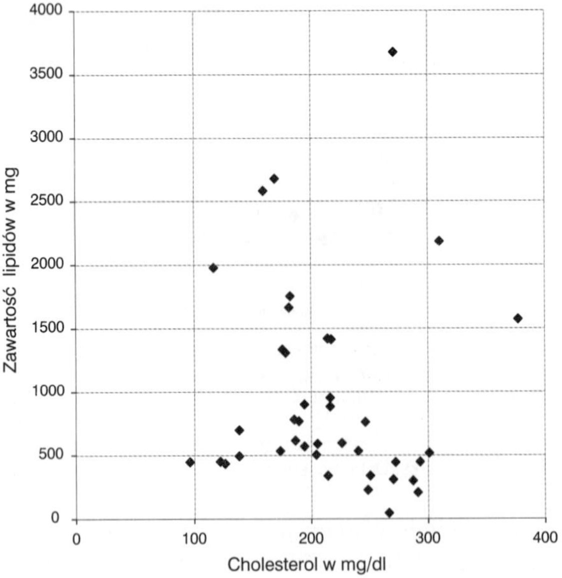

Rys 4B. Zawartość lipidów w aorcie (miara stopnia miażdżycy) i ilość cholesterolu we krwi u 40 mężczyzn i kobiet w wieku 50-69 lat, którzy zmarli w wyniku wypadku. Dane z pozycji 2 w bibliografii

Weterani wojenni – wyjaśnienie znalezione

Problem ten rozwiązał dr J.C.Paterson z Londonu w Kanadzie i jego zespół (4). Przez wiele miesięcy obserwowali 800 weteranów wojennych. Mężczyźni ci znajdowali się w szpitalach, ponieważ byli psychicznie chorzy lub wymagali całodobowej opieki.

Przez całe lata dr Paterson i jego współpracownicy analizowali próbki krwi weteranów. Ponieważ zmarli w wieku 60-70 lat, naukowcy mieli dobre informacje na temat poziomu cholesterolu u nich w czasie, kiedy normalnie powstaje miażdżyca.

Poziomy cholesterolu u badanych weteranów były różne i to w szerokim zakresie, ale u każdego z nich indywidualnie były raczej stałe. Tak więc na przykład ci, u których poziom cholesterolu był zazwyczaj niski, pozostawał niski także tuż przed śmiercią.

Sekcję zwłok przeprowadzono na wszystkich zmarłych weteranach i każdemu z nich przypisano wskaźnik miażdżycowy oparty na wzrokowej, mikroskopowej i chemicznej analizie tętnic wieńcowych i centralnych.

Tak samo jak dr Landé i dr Sperry, dr Paterson i jego współpracownicy **nie znaleźli żadnego powiązania między wskaźnikiem miażdżycowym i poziomem cholesterolu**. Pacjenci z niskim poziomem cholesterolu mieli ten sam stopień zmian miażdżycowych co ci z wysokim poziomem.

Wyniki tych badań również zostały pokrętnie wytłumaczone. Zwolennicy koncepcji „Dieta–serce" twierdzili, że spożywali oni taką samą żywność, i że u ludzi, którzy nie przebywają w szpitalach, zawartości tłuszczu w ich diecie jest dużo bardziej zmienna.

Chociaż nie wiadomo, co każdy z weteranów jadł, z dużym prawdopodobieństwem można założyć, że wielu z nich podjadało sobie słodycze czy też ziemniaczane chipsy i inną przypuszczalnie niezdrową żywność. Również można założyć, że niektórzy z nich pozostawiali na talerzu bardziej tłuste kawałki, podczas gdy inni spożywali cały posiłek.

Załóżmy jednak, że wszyscy ci mężczyźni w przybliżeniu spożywali taką samą ilość tłuszczu, przebywając w szpitalach i instytucjach zamkniętych.

Koncepcja „Dieta–serce" utrzymująca, że poziom cholesterolu zależy od ilości i rodzaju zjadanego tłuszczu, musi więc być nieprawdziwa, ponieważ poziom cholesterolu u tych mężczyzn był bardzo różny, zmienny w takim samym stopniu, jak wykazały badania doktorów Landé i Sperry (rys. 4B).

Wysoki poziom cholesterolu i gładkie tętnice

W mieście Agra w Indiach dr K. S. Mathur i jego współpracownicy przeprowadzili podobne badania. Ich pierwszym krokiem było zmierzenie poziomu cholesterolu u chorych tuż przed śmiercią i następnie, co kilka godzin po śmierci. Zauważono, że poziomy cholesterolu były bardzo podobne, kiedy badano krew przed śmiercią i w ciągu 16 godzin po śmierci. To udowadnia, że twierdzenie, jakoby poziom cholesterolu był u osób zmarłych inny niż u żywych, jest niesłuszne. Próbki krwi pobrane bezpośrednio po śmierci są wiarygodne – a to potwierdza odkrycia doktorów Landé'ego i Sperry'ego. Grupa naukowców, na czele której stał dr Paterson z Kanady, przeprowadziła podobny test i otrzymała takie same wyniki. Następnie dr Mathur ze współpracownikami przebadali 200 osób, które zmarły w wypadkach bez uprzednio stwierdzonych chorób. Tak jak Landé i Sperry oraz dr Paterson, naukowcy z Indii również nie znaleźli żadnego powiązania między wartością cholesterolu i stopniem miażdżycy. Osoby z niskim poziomem cholesterolu miały taki sam stopień zaawansowania miażdżycy jak te, u których poziom cholesterolu był wysoki.

„Tylko my mamy rację"

W niektórych jednak badaniach znaleziono korelację, np. w badaniach we Framingham (6), ale była ona minimalna. W ujęciu statystycznym współczynnik korelacji wyniósł tylko 0,36. Tak niski współczynnik korelacji oznacza bardzo mały związek między zmiennymi, tzn. w tym przypadku między cholesterolem i miażdżycą. Zazwyczaj naukowcy szukają znacznie większego współczynnika korelacji, zanim dojdą do konkluzji, że istnieje biologicznie istotny związek między dwoma zmiennymi. Zazwyczaj. Ale badania we Framingham nie były zwykłym przeciętnym badaniem. Były prowadzone na dużą skalę i pochłaniały ogromne fundusze rządowe.

Po pierwsze, wielu mieszkańców Framingham miało badany cholesterol wiele razy w czasie kilku lat. Po drugie, dr Manning Feinleib z Narodowego Instytutu Chorób Serca, Płuc i Krwi w USA prowadził zespół współpracowników badający stan naczyń wieńcowych u zmarłych osób. Naukowcy koniecznie chcieli się dowiedzieć, który z wielu badanych czynników był najważniejszy w procesie rozwoju miażdżycy u badanych zmarłych z Framingham. Czy był to cholesterol czy też liczba wypalanych papierosów, a może coś jeszcze innego?

Po dokładnym opisaniu zmian miażdżycowych w tętnicach wieńcowych zmarłych osób, dr Feinleib i jego współpracownicy doszli do wniosku, że poziom cholesterolu we krwi był najważniejszym czynnikiem, na podstawie którego można przewidzieć stopień rozwoju miażdżycy. Twierdzili, że ani wiek, ani waga, ani ciśnienie krwi, ani jakikolwiek inny czynnik nie był tak dobrym wskaźnikiem jak cholesterol. A przecież... po bardzo intensywnych badaniach współczynnik korelacji wynosił zaledwie 0,36!

Raport z tych badań nie zawiera żadnego wykresu ani też danych dotyczących poziomu cholesterolu i stopnia zaawansowania miażdżycy u każdej z osób, której ciało po śmierci było poddane badaniom. W raporcie w ogóle nie omówiono niskiego współczynnika korelacji, nie opatrzono go nawet najmniejszym komentarzem.

Kiedy naukowcy dochodzą do wniosków sprzecznych z badaniami przeprowadzonymi przez inne zespoły badawcze, ustaloną formą postępowania jest – nie tylko zazwyczaj, ale zawsze – przekazanie dokładnych danych dotyczących wyników i przedyskutowanie możliwych powodów, dlaczego wyniki badań mogły być „zniekształcone". W przypadku badań we Framingham była szczególnie duża potrzeba przestrzegania takiego postępowania, gdyż badania te prowadzone pod egidą Narodowego Instytutu Zdrowia finansowane były z funduszy podatników i miały mieć największy wpływ na ochronę zdrowia i amerykańską gospodarkę. Jeśli nie wykazano by związku między cholesterolem i miażdżycą – tak jak wykazano to w poprzednio przeprowadzonych badaniach – wtedy nie byłoby żadnego powodu do obniżania poziomu cholesterolu czy też do zmiany zwyczajów żywieniowych. Miliardy dolarów podatników mogłyby być wydane znacznie mądrzej niż na sposoby obniżania cholesterolu u zdrowych ludzi. Jednakże naukowcy przeprowadzający badania we Framingham nie mieli żadnych wątpliwości ani zastrzeżeń. Za wszelką cenę starali się wykazać własną doskonałość i uwydatnić słabe strony badań na weteranach wojennych w Kanadzie przeprowadzonych przez dra Patersona. W raporcie nie wspomnieli nawet o innych badaniach, których wyniki wskazywały na brak poszukiwanego związku. Jeżeli w ogóle autorzy raportu z Framingham wspomnieli badania dra Patersona, to tylko w celu skrytykowania ich, jednak bez wyłożenia własnych „kart na stół". Nie zrobili tego, bo niektóre z tych „kart" stanowiłyby powód do ciekawych domysłów.

Na przykład, jak zmarłe osoby były wybierane do badań pośmiertnych? Według jakichś kryteriów czy losowo (przypadkowo)? Z 914 zmarłych naukowcy przeprowadzili badania na zwłokach tylko 281 osób. Z kolei z tych 281 przebadanych zwłok do zbadania stanu serca i naczyń wieńcowych wybrali tylko 127, tj. 14% wszystkich zmarłych osób. **Oznacza to, że ciała wybrane do sekcji zwłok nie były wybierane losowo, tak jak to było zrobione w innych badaniach.**

W raporcie z Framingham nie wspomniano również o kryteriach, jakie stosowano do wyboru ciał, mimo że normalnie w badaniach naukowych to się robi. Zazwyczaj decydującym kryterium jest wiek. Sekcje zwłok rzadko przeprowadza się na osobach, które, tak jak większość ludzi, zmarły spokojnie, w zaawansowanym wieku. Sekcje zwłok przeprowadza się głównie u ludzi młodych i w średnim wieku, którzy zmarli przedwcześnie. Tak też było w badaniach we Framingham. Prawie połowa zwłok poddanych sekcji należała do ludzi w wieku poniżej 65 lat. Z tego powodu w grupie tej musiały być też osoby z rodzinną hipercholesterolemią, która wielu ze swoich ofiar nie pozwala osiągnąć wieku 65 lat. Co więcej, osoby z tym schorzeniem są obiektem szczególnego zainteresowania naukowców badających problemy związane z cholesterolem. **Toteż przy 14% ogółu zmarłych we Framingham przy wybieraniu zwłok do sekcji występowało duże ryzyko preferencyjnego wybrania osób z takim uszkodzeniem metabolicznym.**

Więcej badań

Przeszukując bazy danych, udało mi się znaleźć 17 badań podobnego typu jak opisane wyżej. W tabeli 4A zestawiłem ich wyniki. Po przeanalizowaniu tej tabeli staje się oczywiste, że w badaniach, w których naukowcy dokonali sekcji zwłok na przypadkowo wybranych osobach, na przykład na tych, które zginęły wypadkach, nie znaleziono żadnego związku między cholesterolem i stopniem zmian miażdżycowych.

Osoby, które miały niski poziom cholesterolu, miały ten sam stopień zmian miażdżycowych co osoby z bardzo wysokim poziomem cholesterolu. Kiedy jednak osoby zmarłe zostały wybrane spośród pacjentów szpitala lub spośród pacjentów zmarłych z powodu choroby wieńcowej lub jakiejś innej choroby, zauważono słaby związek, przynajmniej w kilku badaniach. Jednakże w większości z nich związek ten zanika, jeśli wykluczy się osoby z najwyższym poziomem cholesterolu. Niestety, nie pokazano wyników na wykresie, dlatego większości czytelników trudno zrozumieć, jak bardzo słaby jest ten związek.

Jest jednak wyjątek. Są to badania przeprowadzone w Oslo przez dra Larsa Solberga ze szpitala w Ullevaal (15).

Badania	Uczestnicy	Stopień zależności
Landé & Sperry (2)	zdrowi ludzie	brak
Paterson (4)	weterani wojenni	brak
Mathur (5)	zdrowi ludzie	brak
Marek (6)	zdrowi ludzie	brak *
Schwartz (8)	pacjenci	kobiety: brak; mężczyźni: słaby
Méndez & Tejada (9)	zdrowi ludzie	brak
Rhoads (10)	pacjenci	bardzo słaby
Feinleib (6)	pacjenci	kobiety: brak; mężczyźni: słaby
Sadoshima (11)	pacjenci	tętnice mózgowe: brak aorta: nie u osób w zaawansowanym wieku
Oalman (12)	pacjenci	czarna rasa: brak biała rasa: brak *
Sorlie (13)	pacjenci	tętnice wieńcowe: słaby; aorta: bardzo słaby
Cabin i Roberts (14)	pacjenci	brak
Solberg (15,16)	pacjenci	brak (patrz tekst i rys. 4A)
Okumiya (17)	pacjenci	słaby
Reed 1988 (18)	pacjenci	duże tętnice: słaby; małe tętnice: brak
Reed 1989 (19)	pacjenci	LDL-cholesterol: brak

Tabela 4A. Badania związku między cholesterolem i stopniem miażdżycy po przeprowadzeniu sekcji zwłok

* Po wyeliminowaniu osób z bardzo wysokim poziomem cholesterolu.

Typowe przekłamanie

W badaniach z Oslo fakt, że związek między miażdżycą i cholesterolem jest słaby był widoczny na wiele sposobów. Na przykład: wiele osób z normalnym stanem tętnic wieńcowych miało poziom cholesterolu tak samo wysoki jak osoby, u których trzy główne naczynia wieńcowe były zablokowane. Co więcej, osoby z dwoma zwężonymi naczyniami wieńcowymi miały średnio niższy poziom cholesterolu niż osoby ze zwężonym jednym naczyniem. Wynik taki określa się naukowo jako: „niesystematyczny", to znaczy, że wpływ na niego miał zwykły przypadek.

Różnica wieku między najstarszym i najmłodszym uczestnikiem badań wynosiła 20 lat. Odchylenie wyników mogło być spowodowane tą różnicą wieku, ponieważ poziom cholesterolu u młodych ludzi może być nieco niższy niż u starszych oraz starsi ludzie zazwyczaj mają więcej zmian miażdżycowych niż ludzie młodzi.

Brak poszukiwanego związku najlepiej ilustruje wykres na rys. 4A. Wykonany został na podstawie wyników otrzymanych w jednym z pierwszych raportów dotyczących badań w Oslo (14). Po przeanalizowaniu tego wykresu staje się oczywiste, że jeśli wykluczymy tych, którzy mieli poziom cholesterolu ponad 350 mg/dl, związek przyczynowo-skutkowy zanika lub staje się minimalny.

Angiografia naczyń wieńcowych

Jeśli roztwór jodu wstrzykniemy do naczynia krwionośnego żyjącej osoby, to za pomocą promieni Roentgena można zobaczyć wnętrze naczyń krwionośnych. Na tym zjawisku oparte jest diagnostyczne badanie medyczne nazwane „angiografią". Wąską i giętką rurkę wprowadza się do tętnicy w pachwinie i delikatnie posuwa do góry przez aortę, główną tętnicę, dopóki nie wejdzie do naczynia krwionośnego, które podlega badaniu, np. do tętnicy wieńcowej, doprowadzającej krew do mięśnia sercowego. Kiedy koniec tej rurki, zwanej kateterem, dotrze do wejścia interesującego nas naczynia wieńcowego, powoli wstrzykuje się roztwór jodu.

Z nastaniem ery bajpasów, które pozwalają wymienić stare i zablokowane naczynia wieńcowe na nowe i gładkie, angiografia nabrała dużego znaczenia. Na zdjęciach rentgenowskich cienie wskazują, w jakim stopniu dane naczynie jest zawężone.

Jeśli znamy poziom cholesterolu u pacjenta, u którego wykonano angiografię, i możemy go porównać z otrzymanymi zdjęciami z badania angiograficznego, to możemy sprawdzić, czy faktycznie wysoki poziom cholesterolu towarzyszy dużym zmianom w naczyniach krwionośnych. Jeśli bowiem, jak nam się mówi przez ostatnie dekady, cholesterol we krwi jest najważniejszym czynnikiem w procesie powstawania miażdżycy, osoby z nieregularną, chropowatą powierzchnią naczyń wieńcowych powinny mieć wyższy poziom cholesterolu niż osoby z naczyniami krwionośnymi o ścianach gładkich. Każdy amerykański specjalista w zakresie angiografii naczyń wieńcowych może przeprowadzić takie badanie porównawcze. W praktyce, w USA, wydaje się na nie ogromne sumy (z pieniędzy podatników) i prowadzi się je pod egidą tak ważnej instytucji jak Narodowy Instytut Chorób Serca, Płuc i Krwi.

Niemal we wszystkich artykułach drukowanych w różnych czasopismach medycznych, używając prawie identycznych słów i sformułowań, ci „specjaliści" medyczni potwierdzają ważność wpływu poziomu cholesterolu na rozwój miażdżycy.

Publikacje te jednak nie podają konkretnych liczb, wartości, tylko współczynniki korelacji, a te nie mają nigdy wartości wyższej niż 0,36, a zazwyczaj są nawet mniejsze. Nigdy też nie zostały wspomniane żadne poprzednio opublikowane badania, które wykazywały brak związku między stopniem rozwoju miażdżycy i poziomem cholesterolu we krwi.

Badania oparte na badaniach angiograficznych są u swoich podstaw wadliwe, a zwłaszcza, jeśli ich wyniki mają mieć zastosowanie do dużej populacji. Badanie angiograficzne naczyń wieńcowych wykonuje się głównie u pacjentów w średnim wieku z symptomami choroby serca. Oznacza to, że duża liczba pacjentów z rodzinną hipercholesterolemią jest włączona do badań opartych na angiografii, stąd istnieje duże ryzyko „skrzywienia" wyników, które opisane zostały poprzednio.

To, że takie podejście jest uzasadnione, wykazano w badaniach, które przeprowadził Kim Cramér i jego współpracownicy w Goeteborgu w Szwecji (20).

Jak w większości innych badań opartych na angiografii pacjenci z najwyższym poziomem cholesterolu, średnio, mieli największe zmiany miażdżycowe w naczyniach wieńcowych. Jeśli jednak wykluczy się osoby, które były leczone lekami obniżającymi cholesterol, a z dużym prawdopodobieństwem można powiedzieć, że grupa ta obejmowała wszystkich pacjentów z rodzinną hipercholesterolemią, korelacja między cholesterolem i stopniem miażdżycy zanika całkowicie.

Czynniki ryzyka i naczynia wieńcowe

Teoria, według której poziom cholesterolu określa, czy miażdżyca powstanie lub nie, również jest sprzeczna z wynikami licznych długoterminowych badań angiograficznych naczyń wieńcowych. Celem badań było rozpoznanie, które z czynników ryzyka były odpowiedzialne za powstawanie miażdżycy. Czy czynniki te były pierwotne czy wtórne? Czy należałoby ich szukać wśród pierwszoliniowych „wojsk" czy też „na tyłach", gdzie szerzy się głód i cholera? Czy palenie papierosów ma znaczenie? Czy ciśnienie krwi ma wpływ? Czy też tym czynnikiem jest wysoki poziom cholesterolu?

Zgodnie z powszechnym przekonaniem, postęp miażdżycy zwiększa się nie tylko wtedy, gdy poziom cholesterolu jest wysoki przez długi czas, ale i wtedy, gdy zaledwie nieco się zwiększy. Obojętnie dlaczego. I odwrotnie – miażdżyca powinna ustępować lub przynajmniej nie pogłębiać się, jeśli poziom cholesterolu jest niski lub jego poziom się obniża.

Związek między wzrostem podejrzewanego czynnika powodującego chorobę (w tym przypadku poziomu cholesterolu) i pogorszeniem się choroby (w tym przypadku miażdżycy), nazwany jest: „akcja–reakcja". Występowanie związku „akcja–reakcja", w którym zmiana czynnika powodującego (akcja) i zmiana w częstotliwości występowania choroby (reakcja) zmierzają w tym samym kierunku i tylko w tym kierunku – zdecydowanie wskazuje na to, że badany czynnik jest czynnikiem przyczynowym. Jednakże obecność zjawiska „akcja–reakcja" nie wystarcza do udowodnienia przyczynowości, ponieważ mało istotny wskaźnik ryzyka może też zmierzać w tym samym kierunku co prawdziwa przyczyna, dając nieprawdziwe wrażenie istnienia zjawiska „akcji–reakcji". Jednak brak takiego zjawiska definitywnie stanowi o braku przyczynowości. Analizy tego zjawiska są dlatego niezwykle ważne.

Jednym z badaczy, który badał wnętrze naczyń wieńcowych, mając na względzie wyżej opisane zjawisko, był dr Charles Bemis. Był rok 1973. Razem ze swoim zespołem w szpitalu Peter Bent Brigham w Bostonie przebadał 70 pacjentów i doszedł do tego, że jedynym czynnikiem, który mógł być związany ze stopniem rozwoju miażdżycy, był poziom cholesterolu określony na początku badań. U pacjentów, u których poziom cholesterolu na początku badań był wysoki, miażdżyca zwiększyła się, co było zauważalne w czasie angiografii wykonanej kilka lat później (21).

Oczekiwano takich wyników. Ponownie wykazano, że wysoki poziom cholesterolu jest czynnikiem ryzyka w występowaniu choroby wieńcowej serca. Teraz jednak czas na niektóre interesujące fakty.

U 24 pacjentów poziom cholesterolu obniżył się o więcej niż 25% między dwoma badaniami angiograficznymi. Jest to redukcja znacznie większa niż ta, jaką osiąga się w czasie testów lekarstw obniżających jego poziom. Spośród tych 24 pacjentów u 16 nastąpił postęp w rozwoju miażdżycy, podczas gdy u 8 nie wystąpiła żadna zmiana. U 12 pacjentów poziom cholesterolu się zwiększył, ale tylko u 4 zwiększyły się zmiany miażdżycowe.

Innymi słowy, u 2 pacjentów z 3, u których poziom cholesterolu się obniżył, wystąpiły pogłębiające się zmiany miażdżycowe, podczas gdy takie zmiany nastąpiły tylko u 1 pacjenta z 3, w przypadku kiedy poziom cholesterolu wzrósł. Oczywiście, powinno być na odwrót.

Następnego roku dr Demetrios Kimbiris i jego zespół z Filadelfii potwierdzili wyniki badań Bemisa (22). Naukowcy ci również doszli do wniosku, że cholesterol nie był ważny. Przez kilka lat stan tętnic wieńcowych u 17 z 25 pacjentów z wysokim poziomem cholesterolu pogorszył się, ale pogorszył się też u 7 pacjentów z 10, u których poziom cholesterolu był niski.

Podobne wyniki otrzymano w słynnej klinice Mayo w badaniach, które przeprowadził dr Clarence Shub i jego zespół (23). Stwierdzili oni, że **zmiany miażdżycowe w naczyniach wieńcowych serca zwiększyły się u wszystkich pacjentów, u których poziom cholesterolu obniżył się o więcej niż 60 mg/dl**. Był to spadek, który powinien być w pełni satysfakcjonujący w czasie jakiegokolwiek eksperymentu efektywności leków obniżających poziom cholesterolu.

Wiele następnych badań potwierdziło sensacyjne wyniki Bemisa i jego współpracowników (24). W jednej z publikacji dr John Kramer i jego współpracownicy z Departamentu Kardiologii i Biostatystyki Fundacji Klinicznej Cleveland w USA doszli do następującej konkluzji: „Interwencja medyczna ukierunkowana na „prewencję wtórną" może nie być skuteczna w opóźnianiu lub odwracaniu progresywnego rozwoju zmian tętniczych i ich klinicznych konsekwencji" (20).

Fakt, że miażdżyca naczyń wieńcowych pogarsza się równie szybko lub nawet szybciej, kiedy poziom cholesterolu się obniża niż kiedy się podwyższa, a więc odwrotność zjawiska „akcji–reakcji", powinna doprowadzić naukowców do zakwestionowania w całości koncepcji „Dieta–serce". Nikt tego jednak nie zrobił.

W roku 1993 zespół, który prowadził kanadyjski naukowiec dr David Waters, opublikował wyniki jeszcze jednych badań. Uczestniczyło w nich 335 pacjentów (25). Po dwóch latach badań zespół ten stwierdził, że jeśli naczynia wieńcowe uległy zwężeniu o więcej niż 15%, ryzyko wystąpienia zawału serca znacznie się zwiększało. Doszli do wniosku, że zmiany widziane w czasie angiografii odpowiadały nieprawidłowościom w funkcjonowaniu serca wykazywanym w testach klinicznych.

Jednak nie zauważyli, że – średnio – poziom cholesterolu u tych, u których miażdżyca się pogłębiła, nie różnił się znacznie od tych, u których zmiany miażdżycowe pozostawały bez zmian. W testach angiograficznych poziom cholesterolu zazwyczaj spadał o 30-50%, podczas gdy zmiany w średnicy naczyń wieńcowych były bardzo małe, mniejsze niż 1%. W badaniach Watersa zmiana w średnicy była większa niż 15%, ale zmiana w poziomie cholesterolu z kolei wynosiła nieznaczne 2%. Takie wyniki świadczą o tym, że zmiany średnicy naczyń krwionośnych niekoniecznie mają związek ze zmianami w poziomie cholesterolu.

Można pomyśleć, że w tym celu wybrałem tylko badania, które nie wykazują zjawiska „akcja–reakcja". Być może zacytowane badania są przykładami złego stanu nauki, ponieważ jest to zjawisko powszechne. Być może przeoczyłem badania wyższej jakości, w których wykazano istnienie zjawiska „akcja–reakcja". Sam sobie zadałem takie pytanie. Gorąco pragnąc, żeby nie pominąć takich badań, dokonałem systematycznego przeszukania wszystkich badań, w których zarejestrowano zmiany w systemie naczyń wieńcowych, prowadząc w tym samym czasie rejestr zmian w całkowitym cholesterolu i LDL. Po analizie kilkuset badań, odnalazłem 22 badania, które spełniały moje kryteria. Było to 17 eksperymentów medycznych z udziałem angiografii i 5 badań polegających na obserwacjach. Niektóre z nich były wspomniane powyżej (24). We wszystkich tych badaniach z wyjątkiem jednego, nie znalazłem dowodu na istnienie zjawiska „akcja–reakcja". Interesujące jest to, że – poza jednym wyjątkiem – żaden inny czynnik ryzyka nie był związany z rozwojem miażdżycy, nie była to ani waga ciała, ani palenie, ani dobry cholesterol, ani pozostałe lipidy we krwi. Wyjątkiem był jeden eksperyment, w którym odkryto znaczny, odwrotnie proporcjonalny związek między rozwojem miażdżycy i wysiłkiem fizycznym.

Żeby opisać brak „akcji–reakcji", należy w skrócie opisać badania, w których uzyskano największy spadek poziomu cholesterolu.

LAARS (LDL–Apheresis Atherosclerosis Regression Study)

Badania te przeprowadzono w Holandii. Przeprowadził je dr Abraham A. Kroop i jego współpracownicy z różnych szpitali uniwersyteckich z Nijmegen i Leiden (26). Przebadali oni 43 mężczyzn, 32 z nich miało rodzinną hipercholesterolemię. Wszyscy mieli zaawansowaną miażdżycę naczyń wieńcowych i poziom cholesterolu co najmniej 312 mg/dl. Wszystkim pacjentom podawano simwastatynę (Zocor), jeden z najnowszych leków obniżających cholesterol. Leki te nazywane są „statynami".

Połowa pacjentów była leczona dodatkowo metodą aferezy LDL. Afereza LDL polega na tym, że plazma krwi pacjenta jest przepompowywana przez system, który chemicznie usuwa większość cholesterolu LDL, ale nie usuwa cholesterolu HDL. Przez równoczesne podawanie simwastatyny i zastosowanie aferezy LDL uzyskano obniżenie poziomu cholesterolu. W czasie gdy poziom LDL u pacjentów leczonych tylko za pomocą simwastatyny obniżył się średnio o 47%, u pacjentów leczonych za pomocy simwastatyny i aferezy LDL łącznie obniżył się o 63%, z 303 do 115 mg/dl. Naukowcy byli przekonani, że po tak dużym obniżeniu poziomu cholesterolu nie tylko będą w stanie spowolnić proces miażdżycowy, ale i go odwrócić.

Jednak okazało się, że nie było mierzalnej różnicy między badanymi dwoma grupami! U 9 pacjentów w grupie „afereza i statyny" i 11 pacjentów w grupie „tylko statyny" nastąpiło pogorszenie stanu miażdżycy, a tylko u dwóch z grupy „afereza i statyny" i u pięciu z grupy „tylko statyny" nastąpiła poprawa. Jeszcze bardziej niepokojący był fakt, że nie było żadnej zależności między stopniem obniżenia poziomu cholesterolu i zmianami angiograficznymi u każdego z pacjentów. Poprawa lub pogorszenie nastąpiły bez względu na to, czy LDL i cholesterol całkowity były znacznie obniżone czy niewiele.

Nieustanny brak „akcji–reakcji" w eksperymentach medycznych obniżających poziom cholesterolu, zarówno przy stosowaniu starszych środków farmakologicznych, jak i nowych, bardziej efektywnych statyn, powinien skłonić naukowców, by zadali sobie fundamentalne pytanie: czy rzeczywiście poziom cholesterolu ma znaczenie? Pomijając oczywiste wyniki eksperymentów medycznych, autorzy publikacji naukowych po prostu stwierdzają, że wstępny lub występujący w czasie eksperymentów poziom cholesterolu pozwala przewidzieć wynik. Często pozwala przewidzieć właściwie, ale te odkrycia nie dodają niczego do tego, co już wiedzieliśmy przed rozpoczęciem tych eksperymentów, a mianowicie że wysoki poziom cholesterolu jest czynnikiem ryzyka w rozwoju CHD. Żeby udowodnić, że wysoki poziom cholesterolu jest złoczyńcą, a nie tylko niewinnym gapiem, trzeba by u każdego pacjenta z osobna, po obniżeniu poziomu cholesterolu we krwi, zbadać zmiany w postępie miażdżycy. Zmiany te muszą konsekwentnie i stale zdążać w tym samym kierunku, tzn. zwiększać się przy podwyższaniu się cholesterolu, a zmniejszać, gdy jego poziom się obniża. Jednak we wszystkich badaniach zmiany te miały charakter przypadkowy i niesystematyczny.

Jeszcze jeden „paradoks japoński"

Powszechnie wiadomo, że dieta japońska uchodzi za spartańską w porównaniu ze standardami żywieniowymi w krajach zachodnich. Poziom cholesterolu u Japończyków jest niski i ryzyko wystąpienia zawału serca u Japończyków jest znacznie niższe niż w wielu innych krajach. Na podstawie tego można w sposób uzasadniony sądzić, że przypadki miażdżycy w Japonii należą do rzadkości.

W latach 50-tych XX wieku profesorowie Gore i Hirst z Harwardzkiej Szkoły Medycyny oraz prof. Koseki z Sapporo w Japonii badali tętnice Amerykanów i Japończyków (27). W tym czasie średni poziom cholesterolu u Amerykanów wynosił 220 mg/dl, a u Japończyków około 170 mg/dl. Naukowcy zbadali stan aorty, największej tętnicy w naszym organizmie, u 659 Amerykanów i 260 Japończyków po ich śmierci, precyzyjnie zapisując i oceniając wszelkie oznaki miażdżycy. Jak oczekiwano, zmiany miażdżycowe u Amerykanów i u Japończyków pogarszały się od wieku 40 lat.

Kiedy porównano stopień zmian miażdżycowych w każdej z grup wiekowych, okazało się, że nie było prawie żadnej różnicy między Amerykanami i Japończykami. **W wieku między 40 i 60 lat Amerykanie mieli trochę większe zmiany miażdżycowe niż Japończycy. W wieku między 60 i 80 lat nie było praktycznie żadnej różnicy, a w wieku powyżej 80 lat zmiany miażdżycowe były nieznacznie większe u Japończyków niż u Amerykanów.**

Podobne badania przeprowadził dr J.A. Resch z Minneapolis i doktorzy N.Okabe i K.Kimoto z Kyushu w Japonii (28). **Zbadali tętnice mózgowe u 1 408 Japończyków i ponad 5 000 Amerykanów i stwierdzili, że we wszystkich grupach wiekowych Japończycy mieli bardziej zaawansowane zmiany miażdżycowe niż Amerykanie.**

Ci którzy chcą, żeby obniżać poziom cholesterolu, twierdzą, że zawały serca są spowodowane miażdżycą w naczyniach wieńcowych, a nie w aorcie czy tętnicach mózgowych. I... mają rację. Z jakiegoś powodu w tętnicach wieńcowych u Japończyków jest mniej zmian miażdżycowych niż u Amerykanów i to może tłumaczyć, dlaczego wśród Japończyków jest mniej przypadków zawałów serca niż wśród Amerykanów.

Dlaczego jednak w aorcie i tętnicach mózgowych zmiany miażdżycowe u Japończyków, którzy mają znacznie niższy poziom cholesterolu, są takie same jak u Amerykanów? Jeśli to cholesterol powoduje miażdżycę w ścianach tętnic, powinien oczywiście zrobić to samo w każdej tętnicy, ponieważ poziom cholesterolu w krwi jest taki sam bez względu na to, czy krew płynie przez serce, przez mózg czy przez którykolwiek inny organ.

Czy nie jest bardziej prawdopodobne, że coś innego, a nie cholesterol, może być przyczyną miażdżycy? Coś co może być zmienne w różnych tętnicach, np. ciśnienie krwi. Ciśnienie krwi może zmieniać się w szerokim zakresie w różnych tętnicach, w zależności od ich szerokości i napięcia w komórkach mięśni gładkich ścian tętnic. Na przykład: napięcie w ścianach naczyń wieńcowych znacznie wzrasta, kiedy jesteśmy w silnym stresie psychicznym, ale niekoniecznie wzrasta tak samo w innych naczyniach.

Cholesterol jest niewinny

Odkrycie, że ludzie z niskim poziomem cholesterolu mają takie same zmiany miażdżycowe jak ludzie, u których poziom cholesterolu jest wysoki, oczywiście jest ciosem uderzającym w koncepcję „Dieta–serce". Niestety, nazwiska naukowców, takich jak Landé, Sperry, Paterson i Mathur, nie pojawiają się w publikacjach i książkach, które zwolennicy koncepcji „Dieta–serce" wydają każdego roku.

Bibliografia

1. Keys A. *J Mount Sinai Hosp* 20, 118–139, 1953.
2. Landé KE, Sperry WM. *Arch Pathol* 22, 301–312, 1936.
3. Epstein FH, Ostrander LD. *Prog Cardiovasc Dis* 13, 324–342, 1971.
4. Paterson JC and others. *Circulation* 27, 229–236, 1963.
5. Mathur KS and others. *Circulation* 23, 847–852, 1961.
6. Marek Z and others. *Am Heart J* 63, 768–774, 1962.
7. Schwartz CJ and others. *Br Heart J* 27:731–9,1965.

8. Méndez J, Tejada C. *Am J Clin Nutr* 20, 1113–1117, 1967.
9. Rhoad GG and others. *Lab Invest* 38, 304–11, 1978.
10. Feinleib M and others. *Atherosclerosis*. 34, 145–157, 1979.
11. Sadoshima S and others. *Atherosclerosis*. 1980;36:117–26.
12. Oalmann MC and others. *Am J Epidemiol*113, 396–403, 1981.
13. Sorlie PD and others. *Am J Pathol* 103, 345–52, 1981.
14. Cabin HS, Roberts WC. *Am J Med*73, 227–234, 1982.
15. Solberg LA and others. *Lab Invest* 53, 648–55, 1985.
16. Solberg LA and others. Atherosclerosis IV. Proc IV Internat Symp, Springer–Verlag, Berlin Heidelberg New York 1977, sidan 98–102.
17. Okumiya N and others. *Am J Cardiol* 1, 56, 62–6, 1985.
18. Reed DM and others. *Stroke* 19, 820–5. 1988.
19. Reed DM and others. *Arteriosclerosis* 9, 560–4, 1989.
20. Kramer JR and others. *Am Heart J* 105, 134–144, 1983.
21. Bemis CE m.fl. *Circulation* 47, 455–464, 1973.
22. Kimbiris D and others. *Am J Cardiol* 33, 7–11, 1974.
23. Shub C m.fl. *Mayo Clin Proc* 56, 155–160, 1981.
24. Ravnskov U *QJM* 95, 397–403, 2002.
25. Waters D, Craven TE. *Circulation* 87, 1067–1075, 1993.
26. Kroop AA and others. *Circulation* 93, 1826–35, 1996.
27. Gore I and others. *Am J Clin Nutr* 7, 50–54, 1959.
28. Resch JA and others. *Geriatrics* November, p. 111–132, 1969.

ROZDZIAŁ 5

EKSPERYMENTY NA KRÓLIKACH SĄ NIEMIARODAJNE

Sztuczki z królikami
są pozytywnym sukcesem.

Harry Houdini

Zwierzęta jedzą źle

Sprawa cholesterolu u człowieka jest dość skomplikowana. To jednak nic w porównaniu z sytuacją, jaka panuje wśród zwierząt.

Zacząć trzeba od tego, że wyników badań cholesterolu u zwierząt nie można odnieść do człowieka. Żaden ze ssaków nie jest taki jak człowiek. Zwierzęta mają inną ilość cholesterolu we krwi i inne zwyczaje żywieniowe. Wiele ssaków nie żywi się pożywieniem zawierającym cholesterol. Jeśli jednak zmusić je do tego, wtedy poziom cholesterolu w ich krwi podnosi się do wartości wielokrotnie przewyższającej kiedykolwiek stwierdzoną u normalnego człowieka. Ponieważ zwierzęta takie nie mogą w naturalny sposób wydalić cholesterolu, który zjadły, dlatego każdy z ich organów wchłania cholesterol jak gąbka wodę.

Jeśli zwierzęta są tak różne od nas, jak można używać je do udowodnienia, że bogatotłuszczowa żywność i cholesterol są niebezpieczne dla rodzaju ludzkiego? Używając paszy bogatej w cholesterol do karmienia małp rasy rezus możliwe jest wywołanie u nich zmian tętniczych, które nieco tylko przypominają miażdżycę u ludzi, ale nie stwierdza się tego zjawiska np. u małp rasy baboon. Skąd mamy wiedzieć, czy człowiek reaguje jak rezus, baboon czy też jeszcze w jakiś inny sposób?

Te oczywiste różnice nie powstrzymały tysięcy naukowców przed wymyślaniem licznych sposobów testowania diet na zwierzętach w swoich laboratoriach.

Są jednak eksperymenty i obserwacje, które mogą nas skłonić do dalszych przemyśleń. Zacznijmy od zbadania miażdżycy i choroby wieńcowej u dzikich zwierząt. Jak wygląda miażdżyca w tętnicach i sercach zwierząt żyjących na wolności?

Zmiany miażdżycowe podobne do tych, jakie można zauważyć u człowieka, zostały znalezione u wielu zwierząt, ale są one rzadkie prawdopodobnie dlatego, że wiele dzikich zwierząt ginie w gwałtowny sposób we wczesnej młodości i rzadko osiągają wiek, kiedy miażdżyca jest już bardziej rozwinięta. Mówi się, że wśród dzikich zwierząt nie stwierdzono chorób serca, ale wiadomo przecież, że zwierzę z chorobą serca jest łatwym łupem dla innych dzikich zwierząt i prawdodpodobnie dlatego nigdy nie staje się przedmiotem badań przez człowieka.

Miażdżycę częście obserwuje się u ptaków, być może dlatego, że ich ciśnienie krwi jest wyższe niż zwierząt, które nie latają. Jednakże tłuszcz zwierzęcy i cholesterol w ich pożywieniu nie są przyczyną miażdżycy. Na przykład, u gołębi jedzących ziarna i nasiona oraz u pingwinów żywiących się rybami procesy miażdżycowe rozwijają się tak samo jak u ptaków drapieżnych. Czworonogi również nie dostarczają dowodów na poparcie koncepcji „Dieta–serce". Nie zaobserwowano miażdżycy u drapieżników, ale zdarza się ona u wegetariańsko odżywiających się ssaków, na które drapieżniki polują. Lwy morskie i foki również miewają miażdżycę, mimo że w ich diecie ilość tłuszczów wielonienasyconych jest większa niż w diecie większości ludzi normalnie się żywiących (1). Niestety naukowcy zajmujący się chorobami serca nie wykazali zainteresowania naturalnie występującą miażdżycą u zwierząt. Dla naukowca z otwartym umysłem rodzi się wiele istotnych pytań. Na przykład, skoro zmiany naczyniowe podobne do miażdżycy u człowieka wykryto u niektórych dzikich zwierząt, a u innych nie, dlaczego takie zmiany zdarzają się u zwierząt roślinożernych i ssaków morskich, a nie u tych żywiących się tłuszczem zwierzęcym? I czy można zapobiegać czy też leczyć spontanicznie występującą miażdżycę u zwierząt?

Zamiast tego większość naukowców zadecydowała, że typową miażdżycą są zmiany w tętnicach u królików w ich laboratoriach, jeśli zmusi się je do jedzenia karmy zawierającej tłuszcz i cholesterol. Przyjrzyjmy się niektórym z wyników takich badań.

Króliki i cholesterol

Królik jest zwierzęciem uległym i łagodnym. Nie gryzie, a pobieranie krwi z jego długich uszu jest bardzo łatwe, no i... króliki są tanie.

Głównym jednak powodem, dla którego króliki stały się najczęściej używanymi zwierzętami w laboratoriach zajmujących się cholesterolem, jest sposób, w jaki reagują na karmę bogatą w cholesterol.

Królik oczywiście z natury jest wegetarianinem. Jeśli zostanie zmuszony do jedzenia karmy, której nigdy sam dobrowolnie nie tknąłby i której nie może strawić lub metabolizować, jego poziom cholesterolu wzrośnie do wartości ponad 20-krotnie wyższej niż najwyższa wartość, jaką kiedykolwiek stwierdzono u człowieka. Cholesterol przenika cały jego organizm, jego wątroba i nerki stają się otłuszczone, futerko wypada, oczy stają się żółtawe od nadmiaru cholesterolu, którego jego organizm nie może zmagazynować, zmetabolizować ani wydalić. W końcu umiera, nie z powodu choroby serca, ale z powodu utraty apetytu i z wychudzenia – z zagłodzenia. Prawdą jest, że cholesterol odkłada się w tętnicach królika, ale złogi te w najbardziej nawet odległy sposób nie przypominają złogów, jakie znajdują się w tętnicach człowieka. Cholesterol pojawia się w innych miejscach naczyń krwionośnych u królika niż u człowieka, zmiany te wyglądają inaczej w mikroskopie, nie zauważa się krwawień i rozszczepień, tak jak u człowieka, a w ścianach tętnic nie powstają skrzepy czy tętniaki. Najbardziej uderzającym faktem jest to, że u królika nie da się wywołać zawału serca wyłącznie dietą. Jedynym wspólnym zjawiskiem jakie występuje i u królika i u człowieka po karmieniu cholesterolem, jest zwiększona jego ilość w ścianach tętnic. Karmienie innych zwierząt cholesterolem i tłuszczem zwierzęcym daje bardzo zmienne rezultaty. Charakterystyka zmian patologicznych jest podobna do tej u królika, ale ilość i umiejscowienie cholesterolu w tętnicach jest zmienne. Z zasady niemożliwe jest zablokowanie tętnic u zwierząt tylko przez manipulacje dietetyczne, ani też przez użycie zwierząt z wysokim poziomem cholesterolu ze względu na dziedziczne defekty metabolizmu cholesterolu. Żeby osiągnąć swój cel, naukowcy muszą łączyć dietę z dodatkowymi czynnikami, na przykład ze wstrzykiwaniem hormonów lub spowodowaniem mechanicznego uszkodzenia tętnic u takiego zwierzęcia (2).

W rzadko spotykanych eksperymentach zawał serca stwierdzono u zwierząt laboratoryjnych karmionych cholesterolem i tłuszczem zwierzęcym. Nie jest to jednak dowód na to, że przyczyną zawału było pożywienie, które im podawano, ponieważ miażdżyca i choroba wieńcowa serca zdarzają się u zwierząt żyjących w ZOO karmionych naturalnym dla nich pożywieniem. Żeby wykazać, że nienaturalne pożywienie podawane zwierzęciu powoduje u niego zawał serca, należałoby przeprowadzić laboratoryjne badania na dwóch grupach zwierząt: jedna grupa otrzymywałaby bogatotłuszczowe pożywienie, a druga karmiona byłaby karmą naturalną dla danego gatunku.

Małpy i cholesterol

Ci, którzy przeprowadzają eksperymenty na zwierzętach, często zapominają, że dla zwierząt jest to wielki stres. Frustracja i stres psychiczny uważane są za możliwy powód choroby wieńcowej u ludzi. W tym kontekście, interesujące mogą być eksperymenty, które przeprowadził amerykański lekarz i naukowiec dr Bruce Taylor wraz ze swymi współpracownikami. Zwolennicy koncepcji „Dieta–serce" często powołują się na te eksperymenty jako na dowód, że tłuszcz zwierzęcy powoduje miażdżycę i chorobę wieńcową u człowieka.

Dr Taylor i jego współpracownicy badali małpy rasy rezus pojmane w dżungli. W celu „wyprodukowania" u nich miażdżycy karmiono je karmą, do której dodawano ogromną ilość cholesterolu. W czasie trwania eksperymentu małpy były trzymane osobno, w małych klatkach dla psów, czego oczywiście nie lubiły. Żeby uniemożliwić małpom ucieczkę, klatki wzmocniono stalowymi prętami, których używa się w klatkach dla tygrysów.

Małpy nie lubiły dawanego im pożywienia, a także nie lubiły swoich „kwater mieszkalnych". Jadły mało, a resztę niezjedzonego pożywienia rozrzucały po całej klatce. Przez długie okresy stosowały strajk głodowy. Pobieranie próbek krwi od tych nieszczęśliwych małp było zajęciem trudnym dla wszystkich, którzy brali w nim udział. Aby pobrać odpowiednią ilość krwi, nakłuwano im tętnicę pachwinową, czemu małpy agresywnie się sprzeciwiały – wyły, sikały i defekowały (3).

Z 27 małp, po czterech latach takich eksperymentów w podziemiach laboratorium w Chicago jedna miała zawał serca, po traktowaniu, które byłoby równe 20-letniemu pobytowi człowieka w najcięższym więzieniu. Co ciekawe, naukowcy relacjonowali, że małpy były szczególnie nadaktywne i niezwykle nerwowe (4). Raczej trudno, by w tych warunkach były spokojne i szczęśliwe. Relacjonowali, ale nie omawiali szerzej. Być może inne czynniki oprócz wysokiego cholesterolu spowodowały zawał serca u tego inteligentnego zwierzęcia, trzymanego całe lata w izolacji, w małej klatce, żywionego okropnym w smaku (dla tego zwierzęcia) pożywieniem, regularnie narażanego na straszne dla niego pobieranie krwi. Czy mogło tak być? Tego nie wiadomo. Taylor ze swoimi współpracownikami i większość tych, którzy w później wydanych publikacjach powoływali się na te badania, uważali, że powodem zawału było pożywienie i wysoki poziom cholesterolu. To i nic innego. Jednak w rzeczywistości to nie poziom cholesterolu zadecydował o wyniku eksperymentu. Fakt ten został wykazany w interesującym eksperymencie, który przeprowadził dr Dieter Kramsch i jego współpracownicy z Departamentu im. Evansa Instytutu Badań Klinicznych i Instytutu Kardiologii z Bostonu.

Dr Kramsch i jego zespół badali tyle małp co dr Taylor, ale w badaniach dra Kramscha podzielono je na trzy grupy. Jedna grupa była żywiona karmą naturalną dla małp, dwie pozostałe grupy otrzymywały karmę z dodatkiem masła i cholesterolu. Grupa otrzymująca normalną karmę i jedna z grup karmiona pożywieniem z dodatkiem masła i cholesterolu były zamknięte w klatkach, prawie fizycznie nieaktywne przez czas trwania eksperymentu. Trzeciej grupie pozwolono na ćwiczenia fizyczne.

Tylko u małp żywionych karmą z cholesterolem i masłem, ale nieaktywnych fizycznie, rozwinęła się miażdżyca naczyń wieńcowych serca, a więc choroba wieńcowa. Natomiast u małp, którym pozwolono na aktywność fizyczną stwierdzono szerokie, niemalże całkiem gładkie tętnice wieńcowe, mimo że poziom cholesterolu miały prawie tak samo wysoki, jak małpy fizycznie nieaktywne (5). Niestety, dr Kramsch i jego zespół nie wyjawili w swoim raporcie z badań, co stało się z małpami nieaktywnymi, karmionymi naturalnym dla nich pożywieniem. Jest to zadziwiające, ponieważ gdyby u tych małp nie rozwinęła się miażdżyca, oznaczałoby to, że przyczyną miażdżycy jest kombinacja pożywienia bogatego w cholesterol i braku aktywności fizycznej. Gdyby u małp żywionych naturalnym dla nich pożywieniem, ale nieaktywnych fizycznie, rozwinęła się miażdżyca, tak jak u małp nieaktywnych, którym podawano karmę bogatą w tłuszcz, oznaczałoby to, że brak aktywności fizycznej, a nie pożywienie bogate w tłuszcz jest przyczyną miażdżycy. Obie alternatywy dałyby niezwykle cenne informacje. Czy to możliwe, że wyniki badań były tak kontrowersyjne, że naukowcy nie odważyli się ich opublikować? Tego nie wiemy.

Tylko uczciwi naukowcy przyznają, że hipoteza „Dieta–serce" może być potwierdzona nie przez wywołanie miażdżycy i choroby serca u zwierząt, ale jedynie przez badanie tego problemu na ludziach.

Bibliografia

1. (a) Lindsay S, Chaikoff IL. In Sandler M, Bourne GH. (ed) Atherosclerosis and its origin. Academic Press, New York 1963, p 349–437.
   (b) Detweiler DK and others. *Ann NY Acad Sci* 149, 868–881, 1968.
2. (a) Vastesaeger MM. *J Atheroscl Res* 8, 377–380, 1968.
   (b) Stout C, Groover ME. *Ann NY Acad Sci* 162, 89–98, 1969.
   (c) Stout LC, Bohorquez MS. *Med Clin N Amer* 58, 245–255, 1974.
   (d) Stehbens WE. *Prog Cardiovasc Res* 29, 107–128, 1986.
   (e) Stehbens WE. *Prog Cardiovasc Res* 29, 221–237, 1986.
3. (a) Taylor CB and others. *Arch Pathol* 74, 16–34, 1962.
   (b) Taylor CB and others. *Arch Pathol* 76, 404–412, 1963.
4. Kramsch DM m.fl. *N Engl J Med* 305, 1483–1489, 1981.

ROZDZIAŁ 6

KORZYŚCI Z RODZINNEJ HIPERCHOLESTEROLEMII

Umysł człowieka jest jak spadochron – zamknięty nie spełnia swojej funkcji.

Frank Zappa

Czy to choroba?

– Doktorze, proszę się nie martwić moim wysokim cholesterolem!

To były słowa młodego człowieka, który po raz pierwszy zjawił się w moim gabinecie w celu przeprowadzenia ogólnego badania okresowego. Rzeczywiście, jego poziom cholesterolu był wysoki – wynosił 400 mg/dl.

– U mojego ojca poziom cholesterolu był jeszcze wyższy – dodał – ale żył w szczęściu aż do 79 lat, a zmarł z powodu choroby nowotworowej. Jego brat miał również wysoki poziom cholesterolu, a zmarł wieku lat 83. Żaden z nich nigdy nie miał jakichkolwiek problemów z sercem.

Mój „pacjent", jego brat i jego kuzyn, który miał ponad 60 lat, wszyscy mieli wysoki poziom cholesterolu, ale żaden z nich nie miał nigdy żadnego problemu z sercem i żaden z nich nigdy nie brał leków obniżających cholesterol.

Członkowie tej rodziny mają „chorobę" nazwaną „rodzinną hipercholesterolemią", którą większość lekarzy kojarzy z wczesną śmiercią spowodowaną chorobą serca. Faktycznie jednak los tych ludzi jest daleki od tego, co zazwyczaj wynika z przekonania lekarzy.

Zbyt wczesna konkluzja

Im więcej jest LDL we krwi, tym szybciej rozwija się miażdżyca. Taka była główna konkluzja amerykańskich zdobywców nagrody Nobla, którymi byli Joseph Goldstein i Michael Brown (1). Odkryli oni, że komórki w organizmie osób cierpiących na rodzinną hipercholesterolemię mają trudności z pobieraniem cholesterolu z krwi z powodu uszkodzenia receptora LDL, co upośledza mechanizm transportu tej, jakże ważnej, cząstki do komórek. Z tego powodu u takich osób poziom cholesterolu we krwi jest znacznie wyższy niż normalnie. Osoby z tym schorzeniem mają także bardziej zaawansowaną miażdżycę niż normalnie i niektóre z nich rzeczywiście umierają młodo z powodu choroby serca. Wydawało się więc, że Goldstein i Brown nie byli dalecy od prawdy, dochodząc do takiej konkluzji, jak również robiąc założenie, że zasada ta stosuje się do całej reszty populacji ludzkiej. Otrzymali nagrodę Nobla w 1985 r. i wielu innych naukowców zgadza się z ich opinią.

Odkrycie to jest z pewnością interesujące i jest wynikiem uważnej naukowej pracy. Niestety wnioski, jakie Goldstein i Brown wyciągnęli ze swojej pracy, były zbyt pochopne. W rzeczywistości, jak później się okazało, istnieją korzyści związane z tym schorzeniem. Z tego powodu celowo o ludziach z rodzinną hipercholesterolemią mówię „osoby", a nie „pacjenci". Zdumiewające jest to, że powodem, dla którego niektórzy z nich umierają w młodym wieku na choroby serca, wcale nie jest ich wysoki poziom cholesterolu, ale coś innego. Wrócę jeszcze do tego.

Rodzinna hipercholesterolemia jest schorzeniem dziedzicznym. Jeśli jedno z rodziców ma rodzinną hipercholesterolemię, istnieje 50% szans na to, że dzieci będą również ją miały. O dzieciach, które odziedziczą ten gen od jednego z rodziców, mówi się, że mają heterozygotyczną formę rodzinnej hipercholesterolemii. U takich osób czynność receptora LDL jest tylko częściowo upośledzona. Jeśli oboje rodzice mają rodzinną hipercholesterolemię, to ich dzieci odziedziczą ją na pewno, z tym że wtedy występuje 25% ryzyko, że będą miały to schorzenie w poważnej formie, znanej jako homozygotyczna forma rodzinnej hipercholesterolemii.

U osób z rodzinną hipercholesterolemią zmiany w ścianach tętnic występują w młodym wieku. Kluczowym pytaniem jest jednak to, czy te zmiany są takie same, jak zmiany występujące w przypadku miażdżycy? Niektórzy patolodzy twierdzą, że nie.

Żeby się o tym przekonać, konieczne jest zbadanie osób z homozygotycznym typem rodzinnej hipercholesterolemii, najlepiej ludzi młodych, dlatego że normalnie proces miażdżycowy zaczyna się w wieku późniejszym. Większość osób, które umierają na homozygotyczną rodzinną hipercholesterolemię, ma ponad 30 lat, a w tym czasie normalna miażdżyca już mogła się rozpocząć.

Mniej niż 0,5% populacji cierpi na heterozygotyczną rodzinną hipercholesterolemię, a homozygotyczna jej odmiana jest niezwykle rzadka. Obecnie znane są już badania wykonane pośmiertnie na ciałach ludzi młodych lub dzieci z homozygotyczną rodzinną hipercholesterolemią.

Zmiany naczyniowe

Większość patologów, którzy badali tętnice dzieci z homozygotyczną rodzinną hipercholesterolemią, nazywa takie zmiany „wczesną miażdżycą" (2-5), mimo że wiele z tych zmian oglądanych zarówno gołym okiem, jak i pod mikroskopem, wygląda inaczej niż w normalnej miażdżycy. Patologiem, który przeprowadził badania najbardziej krytycznie, był William Stehbens, były profesor patologii na Uniwersytecie Wellington w Nowej Zelandii. Stehbens przedstawił wiele argumentów świadczących o tym, że zmiany stwierdzone w homozygotycznej rodzinnej hipercholesterolemii różnią się od tych, które występują we wczesnej miażdżycy (6). Nawet jeśli przyjmie się, że zmiany te są identyczne ze zmianami miażdżycowymi u innych ludzi, to jest wiele obserwacji, które świadczą o tym, że spowodowanie tych zmian przez wysoki poziom cholesterolu jest bardzo mało prawdopodobne. Wrócimy jeszcze do tego kluczowego faktu.

Osoby z rodzinną hipercholesterolemią żyją tak samo długo jak inni ludzie

W Anglii, grupa naukowców nazwana Rejestr Chorych na Rodzinną Hipercholesterolemię im. Simona Boome'a (The Simon Boome Familial Hyperlipidemia Register Group) przez wiele lat obserwowała grupę prawie 3 000 osób z rodzinną hipercholesterolemią. Osoby te na początku obserwacji miały od 30 do 50 lat. Ostatnie wykonane analizy wykazały, że 102 z nich zmarły z powodu zawału serca, co stanowiło 3,4%. Analizując śmiertelność w takiej samej grupie wiekowej populacji zdrowych Anglików badacze wyliczyli, że oczekiwana liczba powinna wynosić 40 (1,33%). Z drugiej jednak strony mniej tych osób zmarło z innych przyczyn. Na przykład, tylko połowa z nich zmarła na raka (7). Jeśli ocenić całą liczbę przypadków śmiertelnych można stwierdzić, że osoby z rodzinną hipercholesterolemią żyją tak samo długo jak inni ludzie – o ile nie dłużej. Nieco więcej umiera z powodu chorób serca, szczególnie w młodym wieku, ale mniej z nich umiera z powodu raka lub innych chorób.

Autorzy opublikowanego raportu zwracają uwagę, że uczestnicy obserwacji zostali przyjęci do badań, ponieważ mieli bliskich, którzy zmarli w młodym wieku. Dlatego też należeli do wybranej grupy, u której ryzyko wystąpienia zawału było szczególnie wysokie. Często badania przesiewowe poziomu cholesterolu identyfikują osoby w zaawansowanym wieku z rodzinną hipercholesterolemią, których bliscy nie zmarli z powodu zawału serca.

Warto również wspomnieć jeszcze raz, że wśród osób z rodzinną hipercholesterolemią w prawie wszystkich grupach wiekowych śmiertelność z powodu innych chorób była niższa niż wśród całej populacji. W związku z tym, mimo że wśród osób z rodzinną hipercholesterolemią śmiertelność z powodu chorób serca jest wyższa w młodym wieku, to w wieku starszym jest niższa z powodu innych chorób.

Wysoki poziom cholesterolu nie jest problemem

Osoby z rodzinną hipercholesterolemią mają złogi cholesterolowe nie tylko w tętnicach wieńcowych, ale również w innych miejscach. U niektórych twarde narośla z cholesterolu – zwane „xantoma"– znajdowano w ścięgnach, np. w ścięgnie Achillesa, u innych zaś w ścięgnach palców. U niektórych osób mogły być wykryte tylko specjalistycznymi metodami. Ich obecność wydaje się być raczej przypadkowa. Tak też jest w przypadku występowania xantomy w tętnicach wieńcowych. U tych, którzy zmarli w młodym wieku z powodu zawału, narośla te urosły do takiej wielkości, że przepływ krwi był poważnie utrudniony i nawet mały skrzep czasami powodował całkowite zamknięcie światła tętnicy.

Powód dla którego jedni mają xantomy a inni nie, nie jest znany, tak samo jak nie są znane czynniki wyznaczające ich lokalizacje. U tych osób, które umierają w młodym wieku, xantoma znajduje się w tętnicach wieńcowych i jest wystarczająco duża, aby całkowicie zablokować dopływ krwi do mięśnia sercowego. Ci, u których nie stwierdza się xantomy w naczyniach wieńcowych, żyją równie długo jak inni, a czasami dłużej. Ten zadziwiający fakt stwierdzono w trakcie wielu badań.

W Finlandii, prof. Tatu Miettinen i jego współpracownik dr Helena Gylling ze szpitala uniwersyteckiego w Helsinkach badali około 100 osób z rodzinną hipercholesterolemią. Żadnej z tych osób nie podawano środków farmakologicznych obniżających poziom cholesterolu (8). 14 do 17 lat później 30 osób zmarło, 26 z powodu zawału serca i 4 z innych przyczyn. Podobnie jak w przypadku innych ludzi, jeśli chce się żyć długo, palenie nie jest wskazane. Spośród tych którzy zmarli, 67% było palaczami, podczas gdy wśród pozostałych tylko 41% paliło tytoń.

Najbardziej jednak zadziwiającą obserwacją było to, że początkowy poziom LDL był taki sam u tych, którzy zmarli, jak i u pozostałych. Jeśli wysoki poziom LDL jest najważniejszym czynnikiem powodującym miażdżycę i choroby serca, tak jak postulowali to zdobywcy nagrody Nobla Goldstein i Brown, to należałoby oczekiwać wysokiego poziomu cholesterolu u tych, którzy zmarli. Ale... tak nie było. Również inni naukowcy potwierdzili wyniki badań z Finlandii.

Dwa zespoły naukowców z Kanady, jeden który prowadził dr J. S. Hill z Wydziału Patologii i Genetyki Medycznej Uniwersytetu Kolumbii Brytyjskiej oraz drugi, któremu przewodził dr J. Ferrières ze swoimi współpracownikami z różnych wydziałów uniwersytetu w Montrealu (10), również otrzymały podobne rezultaty. Zauważyli też, że poziom cholesterolu całkowitego i LDL różnił się nieco między tymi, którzy chorowali, i tymi, którzy nie chorowali na serce, ale tak jak w przypadku badań przeprowadzonych w Finlandii prawdopodobieństwo, że ci, którzy chorowali na chorobę serca było dwukrotnie wyższe u palaczy tytoniu.

Podobnie dr Paul N. Hopkins i jego współpracownicy z kilku wydziałów uniwersytetu w Utah w Salt Lake City i Uniwersytetu Wake Forest w Winton-Salem w Nowej Karolinie (11) oraz dr H.A.W. Neil i jego współpracownicy z Instytutu Nauk o Zdrowiu Uniwersytetu w Oksfordzie (12) także zaobserwowali, że nie było różnicy w poziomie cholesterolu u tych, którzy chorowali i u tych, którzy nie chorowali na serce. W rzeczywistości w badaniach amerykańskich osoby z rodzinną hipercholesterolemią nieobarczone chorobą serca miały nawet znacznie wyższy LDL (11).

Innym interesującym odkryciem było to, że dwa razy więcej tych, którzy mieli chorobę serca, miało też xantomę (11), co sugeruje, że nawet xantoma nie jest spowodowana wysokim poziomem cholesterolu.

Rodzinna hipercholesterolemia jest często łączona z zaburzeniami krążenia w nogach ze względu na zwężenie światła tętnic. W badaniach, które przeprowadził dr A.A.Kroon i jego współpracownicy z Wydziału Medycyny Wewnętrznej szpitala uniwersyteckiego w Nijmegen w Holandii, 31% osób z rodzinną hipercholesterolemią i tylko 4% osób z grupy kontrolnej (tej samej grupy wiekowej i płci) miało zaburzenia w krążeniu obwodowym (13). Zadziwiającym odkryciem było też to, że u osób z rodzinną hipercholesterolemią problemy naczyniowe występowały niezależnie od poziomów cholesterolu. Dokładniej jednak ujmując, u tych z problemami naczyniowymi całkowity cholesterol był trochę wyższy, ale LDL nieco niższy, co jest następnym argumentem przemawiającym za tym, że wysoki poziom cholesterolu nie powoduje miażdżycy.

Zadziwiający jest fakt, że autorzy, którzy sami potwierdzają, że wysoki poziom LDL nie jest ważnym czynnikiem w rozwoju miażdżycy, w swych konkluzjach piszą coś innego. Ioannis Skoumas i jego współpracownicy z Wydziału Kardiologii Uniwersytetu w Atenach w Grecji zauważyli na przykład, że nie ma żadnej istotnej różnicy między poziomem cholesterolu u 100 pacjentów z rodzinną hipercholesterolemią chorujących na serce, a grupą 500 osób z rodzinną hipercholesterolemią, ale nie chorujących na serce. Jednakże, mimo to, w konkluzji swoich badań napisali, że: „wysoki miażdżycorodny potencjał heterozygotycznej rodzinnej hipercholesterolemii przypisuje się głównie wysokiemu poziomowi LDL–C" (14).

Nawet Brown i Goldstein byli świadomi tych zadziwiających odkryć. Przeczytajmy, co napisali w swojej publikacji wydanej w 1983 r.: „Pośród pacjentów z rodzinną hipercholesterolemią (heterozygotyczną i homozygotyczną) występuje znaczna zmienność w prędkości postępu miażdżycy, mimo tego samego wysokiego poziomu LDL". (15)

Jednak rok później, a rok przed tym zanim otrzymali nagrodę Nobla, najwyraźniej zmienili zdanie i zdecydowali, że: „im więcej LDL-u we krwi tym szybciej postępuje rozwój miażdżycy" (1).

Normalny stan tętnic mózgowych mimo nadmiernego poziomu cholesterolu

Innym faktem będącym w konflikcie z hipotezą cholesterolową jest to, że osoby z rodzinną hipercholesterolemią mają normalne tętnice mózgowe, mimo że ta sama, bogata w cholesterol krew przepływa przez ich mózg tak samo jak przez całe ich ciało. Popatrzmy na przykład na badania, które wykonał prof. Alfredo Postiglione i jego współpracownicy z różnych włoskich uniwersytetów. Badali mózg i jego tętnice u 10 osób z niezwykle rzadką formą homozygotyczną hipercholesterolemii (16). Średnia wieku pacjentów wynosiła 19 lat i była zmienna, między 3 i 32 lata. Chociaż 5 pacjentów już miało chorobę wieńcową serca, ich tętnice mózgowe były zupełnie normalne.

Naukowcy ci dokonali następnego interesującego odkrycia. Widocznie jednak sami tego nie zauważyli, ponieważ nic o tym nie wspomnieli w tekście swojej publikacji. Poziom cholesterolu był oczywiście wysoki u wszystkich badanych, ale zgodnie z danymi z tabeli zamieszczonej w ich publikacji, średni poziom cholesterolu był najwyższy w grupie, która nie miała choroby serca – 694 mg/dl, podczas gdy średni poziom cholesterolu w grupie, która chorobę serca miała, wynosił 562 mg/dl.

Badania te zostały potwierdzone przez ich rodaka prof. Guido Rodrigueza i jego współpracowników z różnych wydziałów uniwersytetu w Genui. Badali oni 25 osób w wieku między 29 i 70 lat z heterozygotyczną odmianą rodzinnej hipercholesterolemii. Mimo wysokiego poziomu cholesterolu zmiany miażdżycowe w tętnicach mózgowych tych osób nie były większe niż u innych ludzi z tej samej grupy wiekowej i tej samej płci, u których poziom cholesterolu był znacznie niższy (17).

Jeśli cholesterol powoduje miażdżycę, dlaczego więc w tętnicach mózgowych u osób z rodzinną hipercholesterolemią nie ma większych zmian miażdżycowych niż u innych ludzi, mimo że ich poziom cholesterolu może być dwa, a nawet trzy razy wyższy. Patrząc na to oczywiste staje się, że muszą istnieć inne czynniki prowadzące do przedwczesnej choroby wieńcowej serca.

Brakujące ogniwo

Aberracje genetyczne u osób z rodzinną hipercholesterolemią są bardziej skomplikowane niż Brown i Goldstein przypuszczali. Na przykład, w badaniach 2 400 takich osób dr Angelique C.M. Jansen i jej współpracownicy z Wydziału Biostatystyki i Epidemiologii Klinicznej i Naczyniowej Uniwersytetu w Amsterdamie oraz Wydziału Genetyki Ludzkiej z Roche Molecular Systems z Kaliforni zauważyli, że zmienność genu kodującego protrombinę była połączona z podwyższonym ryzykiem wystąpienia choroby serca u tych osób. Protrombina jest białkiem koniecznym do koagulacji i nienormalny gen protrombiny może prowadzić do wytwarzania przez organizm zbyt dużej ilości tej substancji. Wynikiem takiego zaburzenia jest zwiększona tendencja do koagulacji i tworzenia zakrzepów. Z tego powodu u niektórych osób z rodzinną hipercholesterolemią zakrzepy w tętnicach mogą powstawać łatwiej niż u innych ludzi. Jednak przyczyną nie jest wysoki poziom cholesterolu, ale upośledzenie działania systemu koagulacji w krwi.

Podobnie jak w wyżej wymienionych badaniach, naukowcy holenderscy stwierdzili, że poziom cholesterolu u osób z rodzinną hipercholesterolemią był podobny u tych, które miały i u tych które nie miały choroby serca. Natomiast zauważono, że wielu pacjentów z chorobą serca miało wysoki poziom protrombiny we krwi (18).

Inni naukowcy zauważyli, że ich pacjenci z rodzinną hipercholesterolemią i chorobą serca dużo częściej mieli we krwi wysoki poziom fibrynogenu i tzw. czynnika VIII, niż ci z rodzinną hipercholesterolemią, ale bez choroby serca. Fibrynogen i czynnik VIII biorą udział w procesie koagulacji i zbyt duża ich ilość zwiększa tendencję do tworzenia się zakrzepów. Ponownie – podczas gdy pacjenci z chorobą serca mieli znacznie wyższy poziom fibrynogenu i czynnika VIII, ich poziomy cholesterolu i LDL były podobne (19).

Obniżanie cholesterolu nie pomaga osobom z rodzinną hipercholesterolemią

Jednym ze sposobów obniżenia poziomu cholesterolu jest usunięcie części jelita. W szpitalu uniwersyteckim w Helsinkach operację taką wykonano u 19 osób z heterozygotyczną odmianą rodzinnej hipercholesterolemii. W grupie kontrolnej było 18 osób również z rodzinną hipercholesterolemią. Obie grupy leczono podając środki obniżające cholesterol. Po 10 latach leczenia poziom cholesterolu w grupie, w której dokonano operacji był o 24% niższy niż w grupie kontrolnej i HDL wzrósł o 22%. Mimo tych różnic, liczba pacjentów z zaburzonym krążeniem obwodowym była taka sama w obu grupach. Także porównanie między cholesterolem i poziomem LDL u osób z normalnym i z zaburzonym krążeniem wskazywało na brak jakiejkolwiek różnicy. Czyli mamy następny dowód na to, że wysoki poziom cholesterolu u tych osób nie odgrywał żadnej roli. Okazało się za to, że żaden z pacjentów z normalnym krążeniem nie palił papierosów, podczas gdy jedna trzecia pacjentów z problemami krążeniowymi paliła (20).

Kilka lat temu firma Pfizer opracowała i wprowadziła na rynek lek o nazwie „torcetrapib", który miał podnosić poziom „dobrego" cholesterolu HDL o 60%. Oczywiście było to marzenie tych, którzy myślą, że manipulując dobrym i złym cholesterolem będzie można pozbyć się choroby wieńcowej.

30 listopada 2006 r. Jeff Kindler, nowy szef firmy Pfizer powiedział: „Będzie to jeden z najważniejszych związków naszego pokolenia". Dwa dni później firma Pfizer wydała oświadczenie, że wstrzymuje wszelkie dalsze prace nad tym lekiem, ponieważ wśród osób, którym w czasie testów klinicznych podawano torcetrapib nastąpił nieoczekiwany wzrost śmiertelności spowodowany niedomaganiem systemu krążenia.

W jednych z badań, o nazwie „Radiance 1", torcetrapib podawano 850 pacjentom z rodzinną hipercholesterolemią. We wstępnym etapie, trwającym 6 – 14 tygodni, wszystkim podawano atorwastatynę (Lipitor), żeby osiągnąć wymagany poziom LDL. Następnie połowie z nich podano także torcetrapib. Efekty śledzono za pomocą angiografii, ale w ciągu następnych dwóch lat nie stwierdzono najmniejszej różnicy między tymi dwoma grupami. W rzeczywistości grubość tętnic szyjnych wzrosła u pacjentów, którym podawano torcetrapib, mimo że ich LDL był o 20% niższy, a HDL o prawie 60% wyższy. Co gorsza, 24 pacjentów, którym podawano oba leki, miało poważne problemy z naczyniami wieńcowymi (zawał i dusznica bolesna), a tylko u jedenastu z tych, którym podawano samą atorwastatynę pojawiły się podobne problemy (21).

Nikt jednak nie zakwestionował zastosowania samej atorwastatyny, mimo że nie miała żadnego wpływu na grubość kompleksu błony środkowej i wewnętrznej tętnic szyjnych (tzw. intima-media complex) w tej grupie.

Co robić?

Badania te zdecydowanie pokazują, że problemem w zapobieganiu zawałom serca nie jest wysoki poziom cholesterolu, a raczej podwyższona podatność na tworzenie skrzepów. Zamiast u osób z rodzinną hipercholesterolemią obniżać poziom cholesterolu, lepszym wyjściem byłoby zidentyfikowanie osób z nieprawidłowym systemem koagulacji i zbadanie, w jaki sposób można to skorygować.

Ktoś mógłby powiedzieć, że leki, które w obecnych czasach są używane do obniżenia poziomu cholesterolu, tzn. statyny, dają właśnie taki efekt: przyspieszają fibrynolizę, czyli proces rozpuszczania niepotrzebnych skrzepów we krwi i spowalniają aktywność płytek krwi, które zapoczątkowują procesy koagulacji. Problem jednak jest w tym, że statyny efektywnie obniżają poziom cholesterolu, a są dowody na to, że wysoki poziom cholesterolu u tych osób jest pożądany.

Wysoki poziom cholesterolu jest korzystny

Podsumowując: niektóre osoby z rodzinną hipercholesterolemią mogą cierpieć na chorobę serca w młodym wieku, ale nie oznacza to, że mają wyższy poziom cholesterolu niż te osoby, u których nie stwierdza się choroby serca. Co więcej, obniżanie poziomu cholesterolu nie przynosi u nich żadnej korzyści.

Jeszcze bardziej zadziwia fakt, że kiedyś ludzie z rodzinną hipercholesterolemią żyli dłużej niż inni! Są to wyniki badań, które przeprowadził dr Eric J. G. Sijbrands i jego współpracownicy ze szpitali klinicznych w Leiden i w Amsterdamie w Holandii (22). Holenderscy naukowcy odszukali przodków osób z rodzinną hipercholesterolemią i zidentyfikowali 420 takich osób z 50-procentową szansą, że mieli oni to schorzenie genetyczne. Przeanalizowali też zapisy archiwalne i zauważyli, że żywotność osób, które miały rodzinną hipercholesterolemię, nie była niższa przed 1900 rokiem. Co więcej ich żywotność była wyższa niż reszty populacji. Autorzy publikacji zauważyli, że najczęstszą przyczyną śmierci w tamtych czasach były choroby zakaźne i sugerowali, że wysoki poziom cholesterolu pełnił funkcje ochronną przeciw infekcjom. Istnieje wiele dowodów na to, że tak właśnie jest. Zostanie to opisane w jednym z następnych rozdziałów.

Bibliografia

1. Brown MS, Goldstein JL. *Scientific American* 251, 58–66, 1984.
2. Buja LM and others. *Am J Pathol* 97, 327–57, 1979.
3. Sprecher DL and others. *Am J Cardiol* 54, 20–30, 1984.
4. Yutani C and others. *Acta Pathol Jpn* 37, 1489–1504, 1987.
5. Marais AD and others. *S Afr Med J* 77, 588–90, 1990.
6. Stehbens WE, Martin M. *Pathology*. 23, 54–61, 1991.
7. Neil HAW and others. *Atherosclerosis* 179, 293–7, 2005.
8. Miettinen TA, Gylling H. *Arteriosclerosis* 8, 163–7, 1988.
9. Hill JS and others. *Arterioscler Thromb.* 11, 290–7, 1991.
10. Ferrières J and others. *Circulation* 92, 290–5, 1995.
11. Hopkins PN and others. *Am J Cardiol* 87, 547–53, 2001.
12. Neil, HAW and others. *Heart* 90, 1431–7, 2004.
13. Kroon AA and others. *J Intern Med* 238, 451–9, 1995.
14. Brown MS, Goldstein JL. *Ann Rev Biochem* 52, 223–61, 1983.

15. Skoumas I and others. *Int J Cardiol* 121, 178–83, 2007.
16. Postiglione A and others. *Atherosclerosis* 90, 23–30, 1991.
17. Rodriguez G and others. *Stroke* 25, 831–6, 1994.
18. Jansen ACM and others. *Arterioscler Thromb Vasc Biol* 25, 1475–81, 2005.
19. Sugrue DD and others. *Br Heart J* 53, 265–8, 1985.
20. Koivisto PVI, Leinonen H. *Atherosclerosis* 70, 21–7, 1988.
21. Bots ML and others. *Lancet*. 370, 153–60, 2007.
22. Sijbrands EJG and others. *BMJ* 322, 1019–23, 2001.

ROZDZIAŁ 7

EKSPERYMENTY NA LUDZIACH

Poza rzeczywistymi chorobami, które nas trapią,
wiele z nich jest urojonych.
Dla nich lekarze wymyślili
urojone leczenie o wielu nazwach,
a także leki dla nich właściwe.

Jonathan Swift

Czas na prawdę

Jak już wiele badań naukowych wykazało, można objadać się tłuszczem zwierzęcym przez lata i utrzymywać niski poziom cholesterolu. Dowiedzieliśmy się też, że miażdżyca i zawały serca mogą się zdarzyć bez względu na to, czy spożywana żywność jest chuda czy tłusta i czy poziom cholesterolu jest wysoki czy niski. Skoro takie są fakty, to czy istnieje jakiś powód, pozwalający myśleć, że w celu zapobiegania zawałom serca należy obniżać poziom cholesterol we krwi poprzez dietę lub leki?

Opierając się na tym, co do tej pory zostało tutaj przedstawione, odpowiedź brzmi – nie. Będąc jednak fair trzeba wspomnieć, że żywność bogata w tłuszcz zawiera jeszcze coś oprócz cholesterolu i nasyconych kwasów tłuszczowych, coś co może być niebezpieczne dla serca. Ponadto, wysoki poziom cholesterolu spowalnia krążenie wieńcowe w sposób inny niż przez powstawanie zmian miażdżycowych. Możliwe też jest dojście do „właściwych" wniosków na podstawie złych przesłanek.

Sama koncepcja „Dieta–serce" jest chybiona, jak już zostało to udowodnione na kilka sposobów. Najlepszym sposobem jednak, żeby się przekonać na pewno, czy pożywienie bogatotłuszczowe i wysoki poziom cholesterolu są niebezpieczne, jest użyć ludzi jako królików doświadczalnych, by sprawdzić, czy choroba wieńcowa może być wywołana przez karmienie ludzi tłuszczem zwierzęcym lub przez podwyższanie ich poziomu cholesterolu. Można również sprawdzić, czy można zapobiec zawałom serca przez karmienie ludzi pożywieniem ubogotłuszczowym lub przez obniżenie poziomu cholesterolu.

Pomysł, żeby pozwolić uczestnikom badań na spożywanie przez kilka lat dużych ilości tłuszczu zwierzęcego musimy jednak odrzucić, ponieważ komitety etyki, które muszą wydać zgodę na takie eksperymenty na ludziach, z pewnością by taki pomysł potępiły. Na szczęście, szczepy Masajów i innych populacji mimowolnie same wykonały taki eksperyment, z zadziwiającymi nas rezultatami. Wielu naukowców taką zgodę otrzymało i eksperymenty wykonało, mimo że obniżanie cholesterolu jest bardziej niebezpieczne niż jego podwyższanie, jak będzie wkrótce wyjaśnione.

Żeby móc ocenić efekty obniżania cholesterolu, wszystkie inne czynniki ryzyka powinny pozostać niezmienione. Jeśli uczestnicy testów przestaną palić, zmniejszą nadwagę, zaczną wykonywać ćwiczenia fizyczne, zaczną być leczeni na nadciśnienie, zmienią pracę lub zostaną zwolnieni, zakochają się lub się rozwiodą, przeprowadzą do innej strefy klimatycznej i kulturowej lub stanie się z nimi coś jeszcze, co mogłoby mieć wpływ na stan ich serca lub naczyń, wtedy nie wiadomo, który z tych czynników mógł mieć wpływ na wyniki. Czy jest to efekt obniżenia poziomu cholesterolu czy też może czegoś innego? Ale to nie jedyny problem.

Zwolennicy koncepcji „Dieta–serce" mówią, że na zapobieganie chorobie miażdżycowej nigdy nie jest zbyt wcześnie. Dodają, że najlepsze wyniki można osiągnąć, jeśli proces zapobiegawczy rozpocznie się, zanim wystąpią pierwsze zmiany i twarde złogi zaczną odkładać się w naszych tętnicach. W tym jednak problem, że choroba wieńcowa na ogół niezbyt często zdarza się przed osiągnięciem wieku 50 lat. Żeby udowodnić, że obniżenie poziomu cholesterolu zapobiega zawałom serca u osób w wieku średnim i młodszym, jest konieczne przeprowadzenie badań na wielu tysiącach młodych osób, szczególnie takich, które już są obarczone wysokim czynnikiem ryzyka.

Należy postawić pytanie: czy częstotliwość występowania zawałów serca u pacjentów, u których obniżano poziom cholesterolu, jest mniejsza niż u tych, którym żadnego leku obniżającego poziom cholesterolu nie podawano. Eksperyment taki musi oczywiście uwzględniać grupę kontrolną, której nie obniżono poziomu cholesterolu. Grupa kontrolna składać się musi z osób narażonych na takie same czynniki ryzyka wystąpienia choroby wieńcowej, jak np. taki sam (średnio) poziom cholesterolu, palenie tytoniu, waga ciała itd., tak jak osoby poddane leczeniu.

W badaniach na wystarczająco dużą skalę czynniki ryzyka są dość równo rozłożone losowo, pod warunkiem że osoby biorące w nich udział są wybrane do obu grup losowo, na podstawie np. dat urodzenia czy też przez selekcję losową dokonaną przez system komputerowy. Badania, które uwzględniają losowo wybranych uczestników, nazywane są badaniami „kontrolowanymi losowymi".

Jak widać nie jest zadaniem łatwym zaprojektowanie nawet fazy wstępnej badań, które mają mieć naukowy i możliwy do zaakceptowania charakter. Wymagania naukowe, których należy przestrzegać, są bardzo wysokie. Są one tak wysokie, że nawet jeśli uda się wybrać grupę testową i grupę kontrolną z prawie identycznymi czynnikami ryzyka co do chorób serca, to należy pamiętać, że „prawie identyczne" i „absolutnie identyczne" nie są sobie równe i że nigdy nie można poznać wszystkich czynników, które mogą lub nie mogą przyczynić się do rozwoju choroby u tych osób.

Do tych nieuchronnie występujących problemów sami kierownicy projektów badawczych dodają jeszcze jeden. W eksperymentach naukowych jest niezwykle ważne, żeby w każdym czasie nie zmieniać więcej niż jednego czynnika. Jeżeli poprosimy uczestników eksperymentu, żeby nie tylko obniżyli swój poziom cholesterolu, ale też przestali palić, pozbyli się nadwagi, zaczęli ćwiczyć lub żeby zaczęli robić cokolwiek jeszcze innego, co można przewidzieć, że jest dla nich korzystne, to nigdy nie będzie można określić, czy częstotliwość występowania chorób serca zmniejszyła się wskutek obniżenia cholesterolu czy też z innego powodu. Niestety, właśnie taka metoda, nazywana „multiple risk factor intervention", była używana w wielu badaniach (badania wielowymiarowe).

Otwarte czy „ślepe"

Wielu naukowców próbowało zapobiec chorobie wieńcowej serca przez stosowanie diety lub środków farmakologicznych. Niektóre z pierwszych eksperymentów były obarczone tak poważnymi błędami technicznymi, że nawet zwolennicy koncepcji „Dieta–serce" pomijają je, kiedy w swoich publikacjach usiłują uzasadnić tę koncepcję.

Jednym z poważnych zarzutów było to, że badania te nie były „ślepe". Żeby badania były „ślepe", pacjent nie może wiedzieć, czy należy do grupy leczonej czy też do grupy kontrolnej. W najlepszych eksperymentach, nazywanych „podwójnie ślepymi", nawet lekarze nie wiedzą, do której grupy każdy z ich pacjentów należy. Zabezpiecza to pacjentów przed mylnym odczuciem „czucia się lepiej" ze względu na fakt przynależenia do grupy leczonej i równie mylnym odczuciem „czucia się gorzej" przez tych, którzy należą do grupy otrzymującej placebo, a więc nieleczonej. Podwójnie „ślepe" eksperymenty zabezpieczają też lekarzy, którzy chcą zobaczyć korzyści wynikające z leczenia ich pacjentów, przed wyciąganiem zbyt wczesnych i pochopnych wniosków, opartych bardziej na ich nadziejach niż naukowych faktach.

Do 1968 r. zostało przeprowadzonych 11 eksperymentów medycznych dotyczących diety i wyniki przekazano środowiskom naukowym. Prof. Jerome Cornfield z uniwersytetu w Pittsburghu i dr Sheila Mitchell z amerykańskiego Narodowego Instytutu Chorób Serca, Płuc i Krwi przeanalizowali wyniki tych eksperymentów. Okazało się, że „najlepsze" wyniki uzyskano tam, gdzie lekarze wiedzieli, do której grupy uczestnicy należeli. W 6 eksperymentach lekarze wiedzieli, do której grupy należą pacjenci i w 4 grupach spośród tych 6 liczba zawałów serca spadła. W 5 eksperymentach lekarze nie wiedzieli i w 3 spośród tych 5 nie było żadnej różnicy między liczbą nowych zawałów serca w grupie kontrolnej i w grupie otrzymującej leki. W jednym z tych 5 eksperymentów więcej zawałów serca i przypadków śmiertelnych zanotowano w grupie otrzymującej leki niż w grupie kontrolnej (1).

Niestety, wiele eksperymentów przeprowadzonych już po tej publikacji nie było pojedynczo lub podwójnie „ślepych". W kilku moich publikacjach podałem wiele szczegółów dotyczących wszystkich eksperymentów przeprowadzonych zanim wprowadzono nowoczesne leki z grupy statyn. Tutaj wspomnę tylko najważniejsze. Niektóre z nich są ciągle cytowane w literaturze naukowej, ponieważ twierdzi się, że pokazują zasadność obniżania cholesterolu. Bliższe jednak zbadanie szczegółów ujawnia, że nie osiągnięto oczekiwanych rezultatów. Inne badania były oczywistym niewypałem, ale o tych się nigdy nie wspomina. Zacznijmy od tych ostatnich.

Złe badania – nic do zapamiętania

W latach 60-tych przeprowadzono kilka badań dotyczących diety, w której masło i inna smakowita żywność pochodzenia zwierzęcego były zamienione na oleje roślinne z soi i kukurydzy. W 2 badaniach nie zauważono żadnego efektu. Liczba śmiertelnych zawałów serca i tych, które nie zakończyły się śmiercią, w grupie żywionej „zdrową dietą" była podobna do tej w grupie kontrolnej, która odżywiała się jak zwykle (2, 3). W innych badaniach, w Dayton, mniej osób zmarło z powodu choroby serca, ale więcej z powodu choroby nowotworowej, a co ciekawe, mimo iż liczba zawałów serca w grupie spożywającej olej z kukurydzy była nieco mniejsza niż w grupie kontrolnej, to u zmarłych z grupy „oleju kukurydzianego" zauważono bardziej zaawansowaną miażdżycę (4).

Także badania w Minnesocie, następne badania dotyczące diety, nie przyniosły oczekiwanego rezultatu, ponieważ więcej pacjentów zmarło w grupie, która stosowała dietę. Największym jednak niepowodzeniem zakończyły się badania MRFIT, jedne z największych kiedykolwiek przeprowadzonych badań dotyczących diety. Było to oczywiste i do przewidzenia, ponieważ prowadzący badania nie tylko zmienili uczestnikom ich dietę w czasie trwania badań, ale w dodatku próbowali wyeliminować wszystkie czynniki ryzyka, jakie uważali w tamtym czasie za istotne. Były to więc typowe wielowymiarowe badania. Ale... nie osiągnięto z nich żadnych korzyści.

MRFIT – dużo hałasu o nic

Przez wiele lat naukowcy z Narodowego Instytutu Chorób Serca, Płuc i Krwi dyskutowali nad tym, jak zapobiegać zawałom serca. Zanim jednak mieli powiedzieć społeczeństwu amerykańskiemu „co robić?", potrzebowali solidnego dowodu na to, że ich rada będzie skuteczna.

Odrzucili pomysł użycia tylko samej diety. W celu osiągnięcia sukcesu – uznali – konieczne jest rozprawienie się z trzema głównymi czynnikami ryzyka: wysokim cholesterolem, paleniem papierosów i wysokim ciśnieniem krwi. Zaprojektowano więc gigantyczne badania nazwane Multiple Risk Factor Intervention Trial (w skrócie: MRFIT) (6). Szefem badań został Jeremiah Stamler, profesor medycyny prewencyjnej ze szpitala Northwestern z Chicago, jeden z najbardziej zagorzałych i wpływowych liderów kampanii antycholesterolowej.

W pierwszym etapie należało zdobyć z 18 miast amerykańskich ponad 360 000 uczestników, mężczyzn w średnim wieku. Po rutynowej selekcji wybrano 12 000 mężczyzn, którzy byli najbardziej zagrożeni atakiem serca.

Było wielce prawdopodobne, że badania te odniosą sukces. Wszyscy mężczyźni dobrowolnie zgodzili się na uczestnictwo w badaniach i wszyscy wiedzieli, że ich stan zdrowia jest zagrożony. Mimo że czuli się „czerstwo i zdrowo" (zgodnie z normalnymi standardami byli zdrowi), to mieli nadwagę, nadciśnienie i w opinii lekarzy z zespołu badań ich poziom cholesterolu wskazywał na możliwość przedwczesnej śmierci z powodu choroby serca. Po kilku wstępnych analizach mężczyźni wzięli udział w badaniach „z zadziwiająco entuzjastycznym podejściem".

Jednak już wstępne analizy MRFIT powinny były być powodem do zatrzymania całego procesu badań.

10 lat wcześniej przeprowadzono badania na mniejszą skalę. Porównanie pożywienia spożywanego przez uczestników tych badań z pożywieniem, jakie dawano uczestnikom badań MRFIT, wykazało, że uczestnicy z MRFIT jedli dużo bardziej „zdrowo" pod wieloma względami, bardziej opierając się na zaleceniach zwolenników koncepcji „Dieta–serce" (7). **A mimo to poziom cholesterolu u uczestników badań MRFIT był wyższy!**

Co więcej. Wstępne wyniki wykazały, że ci uczestnicy badań MRFIT, którzy spożywali mniej tłuszczu nasyconego i cholesterolu, mieli tendencję do wyższego poziomu cholesterolu we krwi! Nie było to zachęcające odkrycie dla naukowców, którzy mieli wykazać swymi doświadczeniami akurat coś odwrotnego: chcieli obniżyć poziom cholesterolu przez zmniejszenie tłuszczów nasyconych i cholesterolu w diecie. Jednakże kierownicy badań uznali, że ilość spożywanego przez uczestników badań cholesterolu i tłuszczu zwierzęcego musi być jeszcze mniejsza niż pierwotnie zaplanowano. Co więcej, sugerowali, że poziom cholesterolu we krwi był najwyższy wśród uczestników, którzy byli na „rozsądnej" diecie, dlatego że ci mężczyźni z pewnością musieli zmienić swoją dietę w ostatnim momencie, tuż przed rozpoczęciem badań.

Mogło tak być. Uczestnicy mogli „za pięć dwunasta" zmienić dietę, na kilka dni przed tym, kiedy zapytano ich o to, co zazwyczaj jedzą. Kiedy jednak naukowcy otrzymują wyniki, które są sprzeczne z oczekiwanymi, zazwyczaj chcą wiedzieć „o co chodzi? dlaczego?" Zgodnie z długą tradycją zbierania wywiadu naukowego, większość naukowców zapytałaby uczestników badań, czy rzeczywiście zmienili swoje zwyczaje żywieniowe tuż przed przystąpieniem do programu badawczego. Ponad 100 milionów dolarów z kieszeni podatników można było zaoszczędzić, gdyby naukowcy zadali to proste pytanie. Jeśli uczestnicy badań MRFIT jedli tak jak zawsze, tj. nie zmieniali swojej diety, wykazałoby to, że dieta nie jest istotnym czynnikiem mającym wpływ na poziom cholesterolu i ten niesamowicie drogi program badawczy mógłby zostać natychmiast zatrzymany.

Ale nikt nie zadał takiego pytania. A może i zadał, a odpowiedź utajniono. Może zbyt trudno było kierownictwu programu MRFIT zrezygnować z tych badań, skoro lekarze, pielęgniarki, dietetycy i co najważniejsze oni sami już ustawili się w kolejce do zadania, które zapewniało im lukratywną, prestiżową pracę na kilka następnych lat? I … eksperymenty ruszyły.

Uczestników losowo przypisano do dwóch grup równej wielkości. Ci, którzy trafili do grupy ze zmienioną dietą, spotkali się w małych grupach łącznie ze swoimi rodzinami, i tam zapoznano ich z uzasadnieniem badań, a następnie dietetycy wyjaśniali im, jak interpretować informacje na etykietach różnych produktów żywnościowych, jak wybierać w sklepach produkty ubogie w cholesterol i tłuszcz nasycony, jak gotować przy użyciu minimalnej ilości tłuszczu i jak zmienić dotąd używane przez nich przepisy kulinarne, żeby odpowiadały wymaganym wytycznym. Celem tych porad dietetycznych było obniżenie spożycia cholesterolu i tłuszczów nasyconych oraz zwiększenie spożycia tłuszczów wielonienasyconych (roślinnych).

Grupa uczestników, którym zmieniono dietę, spotkała się na intensywnym szkoleniu, mającym na celu spowodowanie, żeby zaprzestali palenia, w wybranych przypadkach zastosowano nawet hipnoterapię, żeby im w tym pomóc. Kiedy było to konieczne, indywidualne konsultacje były prowadzone przez lekarzy, żywieniowców, psychologów, pielęgniarki i inne osoby zajmujące się zdrowiem. Co cztery miesiące wszystkim uczestnikom badano krew i prowadzono sesje konsultacyjne, żeby się upewnić, że dobrze zrozumieli nowe zasady ich żywienia i że je stosują.

Z przypadkami wysokiego ciśnienia krwi natychmiast się uporano stosując środki farmakologiczne. Ci, którzy mieli nadwagę, byli pouczeni, jak zmniejszyć spożycie kalorii i więcej ćwiczyć. Dietetycy sprawdzali każdego roku, czy uczestnicy przestrzegają wymaganych reżimów dietetycznych.

Mężczyźni w grupie kontrolnej nie otrzymali żadnych porad, tylko raz w roku przychodzili do centrum badań, gdzie pobierano im krew do badań, wypełniali też odpowiedni kwestionariusz o ich zwyczajach żywieniowych, a wyniki tych ankiet wysyłane były do ich własnych lekarzy.

Po 7 latach wyniki badań zostały poddane analizie. Kierownictwo badań było usatysfakcjonowane, bo pojawiła się znaczna różnica w czynnikach ryzyka. Ciśnienie krwi spadło znacznie i wielu z uczestników porzuciło palenie. Jednak poziom cholesterolu obniżył się zaledwie o 7%. Obniżył się też w grupie kontrolnej, mimo że członkowie tej grupy nie zmienili swojego sposobu odżywiania. W efekcie rzeczywista różnica poziomów cholesterolu między tymi dwoma grupami wyniosła tylko 1%. Inne czynniki ryzyka również zmieniły się w grupie kontrolnej. Jedna różnica, którą warto wspomnieć, to fakt, że członkowie grupy kontrolnej ciągle wypalali tyle samo papierosów.

Różnica w liczbie przypadków śmierci między tymi dwoma grupami była również niewielka. W grupie „dietetycznej" 115 osób zmarło z powodu choroby wieńcowej, w grupie kontrolnej 124. Zgodnie z zasadami statystyki, tak niewielka różnica mieści się w granicach błędu losowego. Nie było też różnicy statystycznie istotnej między przypadkami śmierci ze wszystkich innych powodów: 265 osób zmarło w grupie dietetycznej i 260 w grupie kontrolnej.

Powszechnie przyjętym zwyczajem jest to, że jeśli wynik eksperymentu naukowego nie potwierdza postawionej hipotezy, naukowcy natychmiast to przyznają. MRFIT jednak nie był zwykłym eksperymentem. Ponad 10 lat ciężkiej pracy i kilkaset milionów dolarów zainwestowano w coś, co wydawało się najbardziej ambitnymi badaniami dietetycznymi, jakie kiedykolwiek przeprowadzono. Setki lekarzy, profesorów, statystyków, dietetyków, psychologów i przedstawicieli innych grup zawodowych brało udział w tym eksperymencie. Opracowano i opublikowano ponad 50 raportów, przeważnie ogromnej wielkości. Tysiące zdrowych mężczyzn i ich rodzin przekonano do zmiany diety i stylu życia na wiele lat.

Ten niesamowity wysiłek nie mógł pójść na marne. To, o czym przez lata przekonywano społeczeństwo amerykańskie, jeśli chodzi o czynniki ryzyka i zawały serca, nie mogło przecież okazać się błędem.

Za pomocą manipulacji statystycznych kierownicy badań poprawili wyniki. Podzielili wszystkich uczestników na mniejsze grupy, mimo że oryginalny projekt badań tego nie przewidywał. Kiedy wykluczyli podgrupę, która miała szczególnie złe wyniki, to – wiadomo – ogólne wyniki badań wyglądały na lepsze. Prawie wszystkie pozostałe podgrupy miały nieco niższą liczbę śmiertelnych zawałów serca – nie wszystkie, ale prawie wszystkie.

Ta „po-fakcie" manipulacja statystyczna pozwoliła kierownikom tego eksperymentu dojść do wniosku, że postępowanie dietetyczne, jakie zastosowano, mogło mieć korzystny wpływ na zdrowie większości uczestników. Na przykład, oczywisty był fakt, że wyniki były korzystne dla tych, którzy zrezygnowali z palenia tytoniu. W rzeczywistości analiza podgrup wykazała, że rezygnacja z palenia była jedynym czynnikiem mającym wpływ na wyniki badań (8).

Natomiast mniej oczywiste było to, że leczenie nadciśnienia przyczyniło się do zwiększenia długości życia. W niektórych podgrupach wśród osób biorących leki na obniżenie ciśnienia krwi było więcej zawałów serca, mimo że w innych podgrupach, w których również stosowano leki, wyniki były lepsze.

Ci zwolennicy koncepcji „Dieta–serce", którzy są bardziej ostrożni, przyznają, że MRFIT był niewypałem, ale zazwyczaj dodają, że badania te zakończyły się niepowodzeniem, ponieważ obniżenie poziomu cholesterolu zaledwie o 2% było zbyt małe, żeby spowodowało jakieś efekty.

To uzasadniona uwaga. Zmiana poziomów cholesterolu była bardzo mała, chociaż grupa stosująca dietę dokładnie i ochoczo ją stosowała. Zredukowano spożycie cholesterolu o połowę, obniżono spożycie tłuszczu nasyconego o ponad 25% i spożywano o 33% więcej olejów wielonienasyconych, podczas gdy grupa kontrolna praktycznie nie zmieniła niczego (9). Nieuchronny jest więc wniosek, że **dieta jest bezużyteczna jako środek zapobiegający wysokiemu poziomowi cholesterolu**. Ale na taką konkluzję kierownicy badań MRFIT nie mogli się zdobyć.

Jeśli w czasie eksperymentu naukowego z prawie nieograniczonym budżetem i licznym personelem naukowcy nie są w stanie po 7 latach obniżyć poziomu cholesterolu o więcej niż 2 %, to jak ma to osiągnąć przemęczony lekarz rodzinny z poczekalnią pełną pacjentów, bez pomocy dietetyków i ekspertów psychologicznych? No i w jaki sposób pacjent może być zmotywowany, jeśli nie może oczekiwać pozytywnych efektów swoich wysiłków?

Badania MRFIT wykazały jedynie, że korzystne jest rzucenie palenia. To jednak było wiadomo od dawna i większość ludzi może się pozbyć tego nałogu bez kosztownej pomocy naukowców i biurokratów.

Nauka poprzez cytaty

Wysoka zachorowalność na choroby serca w Finlandii spowodowała, że kilku naukowców z tego kraju postanowiło przeprowadzić badania prewencyjne. Dr Tatu Miettinen i jego współpracownicy z Helsinek byli wśród nich.

Połowie z 1200 biznesmenów, w wieku średnim, z pewną nadwagą, nadciśnieniem i wysokim poziomem cholesterolu we krwi poradzono, jak rzucić palenie, ćwiczyć, obniżyć wagę i jaką zastosować dietę. Druga połowa była grupą kontrolną. Jeśli ciśnienie krwi i cholesterol w grupie eksperymentalnej nie doszły do wartości normalnych w efekcie stosowania samej diety, poddawano ich leczeniu środkami farmakologicznymi obniżającymi ciśnienie krwi i cholesterol. Prowadzący badania byli usatysfakcjonowani efektami swoich wysiłków co do czynników ryzyka. Poziom cholesterolu obniżył się o 6,3%, ciśnienie krwi o około 5%. Palenie tytoniu zredukowano o 13%. Jednak to zmniejszenie czynników ryzyka nie doprowadziło do lepszych wyników końcowych. W grupie, która wykonywała ćwiczenia fizyczne, obniżyła nadwagę, spożywała mniej tłuszczów zwierzęcych, a więcej olejów roślinnych i rzuciła palenie – wystąpiło dwa razy więcej zawałów serca niż w grupie kontrolnej (10).

Naukowcy uznali, że większa liczba śmiertelnych zawałów serca w grupie stosującej dietę prawdopodobnie spowodowana została użyciem leku o nazwie klofibrat, który niektórzy z uczestników zażywali w celu obniżenia poziomu cholesterolu, lub być może z powodu innych leków obniżających ciśnienie. **Czyż nie jest przerażające, że leki, które są stosowane przez miliony ludzi w celu obniżenia ciśnienia krwi i tym samym zapobieżenia chorobie wieńcowej, zamiast tego chorobę te powodują?!**

Więcej niepowodzeń

Ktoś może powiedzieć, że dieta nie jest efektywnym środkiem w obniżaniu ciśnienia. Jednakże eksperymenty, w których testowano leki, wskazywały na równie niską efektywność środków farmakologicznych. W pierwszych wielkich badaniach, tzw. The Coronary Drug Project (11), testowano pięć różnych leków obniżających cholesterol, na pięciu grupach uczestników, ale wkrótce testy w trzech grupach musiały być natychmiast wstrzymane, ponieważ okazało się, że śmiertelność w tych grupach była wyższa niż w grupie kontrolnej (12-14). Dwie grupy dokończyły proces leczenia, ale na koniec liczba przypadków śmiertelnych i tych, kiedy pacjenci przeżyli, nie różniła się od liczby w grupie kontrolnej, a niektóre skutki uboczne stosowania takich leków, jak klofibrat (Atromidin®) (15) i kwas nikotynowy były straszne.

Klofibrat testowano w czasie następnych dużych badań, tzw. badań WHO. W tym przypadku liczba zawałów serca, które nie zakończyły się śmiercią, była obniżona za pomocą leków, ale liczba śmiertelnych zawałów serca zwiększyła się. W grupie, w której stosowano klofibrat, zmarło 128 osób, a tylko 87 w grupie biorącej placebo (17-18).

Gemfibrozil (Lopid®) jest chemicznie zbliżony do klofibratu, ale uważany jest za bardziej korzystny, ponieważ obniża ogólny poziom cholesterolu, jednocześnie podnosząc poziom „dobrego" cholesterolu HDL. Lek ten był wybrany w tzw. badaniach helsińskich, które są najczęściej cytowane ze względu na – jak się twierdzi – pozytywne wyniki. Niewiele jednak osób wie, że badania te składały się z dwóch części. Pierwsza, z na pozór wspaniałymi wynikami, i druga, której wyniki były dalekie od wystarczająco dobrych. Po 5 latach leczenia 17 osób, które brały gemfibrozil, zmarło, a w grupie biorącej placebo – tylko 8 (19).

Kierownik badań dr Frick i jego współpracownicy bardzo starali się przekonać opinię publiczną, że ta różnica była wynikiem przypadku. **W podsumowaniu wydanej przez nich publikacji napisali, że liczba zawałów serca, śmiertelnych i bez zejścia śmiertelnego, nie różniła się znacznie między tymi dwoma grupami!**

W grupie nazwanej „śmiertelne przypadki z powodu choroby serca" fińscy naukowcy zawarli małą grupę nazwaną „przypadki śmiertelne z nieznanych przyczyn". Nie jest jasne, czy te przypadki skończyły się śmiercią z powodu zawału serca, a jeśli tak, to z powodów oczywistych powinny być zaklasyfikowane do innej grupy. Gdyby tak zrobili i wyłączyli „przypadki śmiertelne z nieznanych przyczyn", wtedy liczba zawałów serca byłaby trzykrotnie wyższa w grupie stosującej leki (16 przypadków) niż w grupie kontrolnej (5 przypadków). Taka różnica jest już statystycznie istotna.

Kierownicy badań przyznali, że rezultaty nie były zgodne z założeniami i próbowali to wytłumaczyć. Twierdzili np., że ponieważ badania te były niejako „wygodnym produktem pobocznym" oryginalnych badań, liczba uczestników była zbyt mała, aby mogły dać wiarygodne wyniki. **Żeby uniknąć zamieszania, ta „niefortunna" część badań została opublikowana dopiero 6 lat później w mniej prestiżowych i mniej znanych pismach medycznych** (19). Popatrzymy teraz na badania, których kierownicy twierdzili, że zakończyły się sukcesem. Rozpoczniemy od badań helsińskich, tej „dobrej" części, która najczęściej jest cytowana.

Dobre (rzekomo) wyniki

Naukowcy helsińscy wybrali ponad 4000 zdrowych, w średnim wieku mężczyzn z wysokim poziomem cholesterolu. Wszystkim poradzono rzucić palenie, ćwiczyć i pozbyć się nadwagi. Połowa z nich otrzymywała gemfibrozil, a połowa placebo.

Tak jak we wcześniejszych badaniach, liczba przypadków śmiertelnych była taka sama w obu grupach, ale po raz pierwszy obniżenie cholesterolu zaowocowało statystycznie istotnym zmniejszeniem liczby zawałów serca, które nie zakończyły się śmiercią (20).

Zgodnie z hipotezą lipidową cholesterol jest niebezpieczny, ponieważ powoduje powstawanie miażdżycy. Jeśli byłaby to prawda, to na inne choroby naczyń spowodowane miażdżycą, takie np. jak udar mózgu, obniżenie poziomu cholesterolu miałoby również wpływ. Jednakże, we wszystkich badaniach naukowcy używali jedynie klasyfikacji „śmiertelna" lub „nie kończąca się śmiercią choroba wieńcowa serca".

W tabelach wszystkich badań można znaleźć małą grupę pacjentów zaklasyfikowanych jako „inne choroby serca". W większości badań liczba z tej kategorii jest nieco większa w grupie biorącej leki. Kiedy efekty badań są na granicy istotności statystycznej, tak jak to zazwyczaj jest w przypadku testów dotyczących cholesterolu (oprócz przypadków kiedy efekt jest negatywny), małe różnice między liczbami z grupy „inne choroby serca" i grupy kontrolnej nabierają dużego znaczenia. Jeśli wszystkie choroby serca łącznie z chorobą wieńcową byłyby ujęte razem w badaniach helsińskich, to wyniki nie byłyby statystycznie istotne. Innymi słowy, otrzymane wyniki mogłyby być dziełem przypadku.

W dodatku podawane leki spowodowały u uczestników powstanie negatywnych skutków ubocznych. W pierwszym roku 232 (11,3%) leczonych osób miało zaburzenia gastryczno-jelitowe. W grupie biorącej leki 81 operowano z powodu chorób układu trawiennego. W grupie kontrolnej wykonano tylko 53 takie operacje. Stąd, jeśli różnica w liczbie zawałów serca była prawdziwa i nie była dziełem przypadku, powstaje pytanie: czy wolelibyście operację na żołądku lub pęcherzyku żółciowym czy też mieć zawał serca, który nie kończy się śmiercią, ponieważ suma zawałów serca i wspomnianych operacji była prawie identyczna w obu grupach.

W badaniach helsińskich nie udało się obniżyć śmiertelności z powodu choroby wieńcowej, nie było też znacznej różnicy między całkowitą liczbą przypadków śmiertelnych. Jeśli cokolwiek było inne, to, że **więcej osób zmarło w grupie biorącej leki niż w grupie kontrolnej**.

Tłuste jedzenie i fizycznie sprawni Finowie

Jednym z krajów o najwyższej śmiertelności z powodu choroby wieńcowej jest Finlandia. Z nieznanych powodów śmiertelność ta jest szczególnie wysoka w Północnej Karelii. Śmiertelność spowodowana chorobami serca zwiększała się tam rok po roku aż do roku 1960. Oczywiście władze fińskie były zaniepokojone. Dla nich było całkiem oczywiste, że powodem był wysoki poziom cholesterolu, ponieważ poziom cholesterolu u Finów jest wyższy niż gdziekolwiek indziej i niektóre z najwyższych wartości zauważono właśnie w Północnej Karelii.

Grupa lekarzy i naukowców, którym przewodził prof. Pekka Puska z uniwersytetu w Kuopio, zdecydowała się problem ten zbadać. Zaczęto od Północnej Karelii. Jako grupy kontrolnej użyto mieszkańców z Kuopio, ponieważ umierali oni tak samo często jak mieszkańcy Północnej Karelii i mieli równie wysoki poziom cholesterolu.

W roku 1972 rozpoczęto akcję promocji zdrowia. Jej celem było zapobieganie chorobom serca przez ograniczenie palenia tytoniu, zmniejszenie w diecie żywności bogatej w tłuszcz oraz obniżenie poziomu cholesterolu. Myśl przewodnia badań była spopularyzowana za pomocą mediów publicznych, plakatów, spotkań ze społeczeństwem w szkołach i miejscach pracy. W Kuopio pozwolono ludziom żyć tradycyjnie – bez kampanii reklamowych i jakiejkolwiek interwencji. 5 lat później stwierdzono, że liczba zawałów serca wśród mężczyzn w Północnej Karelii zmniejszała się każdego roku. Całkowita śmiertelność również się obniżyła. Liderzy kampanii byli przekonani, że w efekcie ich działań powstanie tendencja do stopniowego obniżania się śmiertelności z powodu choroby wieńcowej (21a).

Pojawił się jednak problem. W Kuopio, gdzie mieszkańcy stanowili grupę kontrolną, liczba zawałów serca zmniejszyła się nawet bardziej, tak wśród kobiet jak i mężczyzn, chociaż jedli i palili tak jak przedtem. W rzeczywistości śmiertelność spadła we wszystkich prowincjach Finlandii.

Łatwo sobie wyobrazić rozczarowanie liderów kampanii. Cały ich entuzjazm i ciężka praca poszły na marne. Z drugiej jednak strony negatywne wyniki mogą być i zazwyczaj są interesujące dla tych, których ciekawość wynika z zainteresowania wiedzą, a nie obroną własnego stanowiska. Dwa wnioski można wysnuć z rezultatów tej kampanii. Pierwszy – to nie żywność bogatotłuszczowa, palenie czy też wysokie ciśnienie krwi powodowały wiele zawałów serca w Północnej Karelii. Jeśliby tak było, to liczba zawałów serca powinna zmaleć bardziej w Północnej Karelii niż w grupie kontrolnej w Kuopio. Drugi – stało się coś w całym kraju, co spowodowało zmniejszenie liczby przypadków chorób wieńcowych, ale nie była to lepsza dieta, nie było to zmniejszenie liczby wypalanych papierosów, ani większe zwracanie uwagi na ciśnienie krwi.

Niestety, zespół fińskich naukowców nie zorientował się, że natrafił na ślad, któremu warto było poświęcić więcej uwagi. Zamiast tego opublikowano jeszcze więcej raportów z dalszymi analizami wyników. Przyznawali, że więcej osób zmarło w Północnej Karelii w czasie prowadzenia ich „kampanii zdrowia" niż w Kuopio, ale w Północnej Karelii bardziej zmniejszyła się liczba zawałów serca niż w innych prowincjach Finlandii. I ten fakt, wyrażający się niewielką nieregularnością w krzywej ilustrującej śmiertelność w Północnej Karelii miał dowodzić, że ich kampania przyniosła korzyści (21b).

Liderzy kampanii nie wspomnieli jednak, że proces obniżania się śmiertelności zaczął się już kilka lat przed rozpoczęciem „kampanii zdrowia" i że jeśli przeanalizować krzywą śmiertelności obejmującą dłuższy okres, jasno widać, że „kampania zdrowia" nie miała żadnego wpływu na rzeczywiste rezultaty. Co więcej, jeśli niewielkie nieregularności w krzywej obrazującej śmiertelność miały w ogóle mieć jakieś znaczenie, to okazuje się, że śmiertelność w Północnej Karelii **wzrosła** w czasie pierwszych trzech lat prowadzonej „kampanii zdrowia". Naukowcy jednak byli tak przekonani o swoim sukcesie, że natychmiast rozpoczęli podobne „kampanie zdrowia" w innych częściach Finlandii.

Jeden z liderów kampanii, dr Jukka Salonen, miał inną opinię. W liście skierowanym do wydawców najbardziej prestiżowego pisma medycznego „The Lancet" wyjaśniał, że chociaż był jednym ze współautorów raportu z badań w Północnej Karelii, to nie czytał optymistycznych konkluzji tego raportu przed jego publikacją. Nie sądził, że możliwe jest dojście do takich konkluzji, jakie zaprezentowano w publikacji wydanej na podstawie raportu z badań. Przyznał, że bardziej stroma krzywa śmiertelności w Północnej Karelii może być wytłumaczona na kilka sposobów. Na przykład: wzrost liczby przypadków chorób serca widoczny w poprzednich dekadach nastąpił w Północnej Karelii dopiero później, w związku z tym i ich redukcja nadeszła później. Krytycznym pytaniem było: czy kampania zdrowia zmieniła trend w Północnej Karelii? A nie zmieniła! Dr Salonen pisał, że eksperyment w Północnej Karelii nie może być użyty jak dowód na to, że czynniki ryzyka powodowały lub nie powodowały chorób serca. Badania zaledwie pokazały, że interwencja jest możliwa i może prowadzić do zmian w czynnikach ryzyka (22).

Prof. Michael Oliver z Edynburga odpowiedział na obiekcje dra Salonena: „Po co podejmować próby zmian czynników ryzyka, jeśli uważa się, że nie pełnią one roli przyczyny i jeśli nie oczekuje się pozytywnych wyników" (23).

Badania w Oslo

Często cytuje się eksperymenty z Oslo. Dr Ingvar Hermann i jego zespół myśleli, że palenie tytoniu i wysoki poziom cholesterolu – to dwie najważniejsze przyczyny powstawania choroby wieńcowej. Zastanawiali się więc, co by się stało, jeśli zaprzestanoby palenia, a poziom cholesterolu zostałby obniżony przez zastosowanie odpowiedniej diety. Żeby uzyskać odpowiedź na to pytanie, przebadali 1200 mężczyzn w średnim wieku, głównie palących, z wysokim poziomem cholesterolu. Połowa z nich została poinstruowana co do sposobu żywienia i zachęcono ich do rezygnacji z palenia. Pozostała połowa grupy nie otrzymała ani porady, ani leków.

Po pierwszych 5 latach wyniki eksperymentu w Oslo wydawały się być obiecujące (24a). W grupie ze zmienioną dietą i poradą dotyczącą zaprzestania palenia 19 osób zmarło z powodu zawału serca, w grupie kontrolnej było takich przypadków 35. Jeśli w grupie kontrolnej dodałoby się jedną osobę, która zmarła w sposób nagły z niewyjaśnionej przyczyny, to różnica między grupą stosującą dietę i grupą kontrolną byłaby statystycznie istotna.

Dla zwolenników koncepcji „Dieta–serce" był to bardzo obiecujący rezultat. Ale czy eksperyment dowiódł, że niewłaściwa dieta była przyczyną choroby wieńcowej?

Norwescy naukowcy wskazali na dwa rodzaje interwencji: w diecie i w zaprzestaniu palenia. Przyznali, że gdyby użyto tylko samej diety, ich wyniki byłyby niewystarczająco mocne na to, żeby stanowiły dowód. Naprawdę jednak użyli trzech rodzajów interwencji, ponieważ członkom grupy eksperymentalnej poradzono również, aby obniżyli swoją wagę. Było oczywiste, że z tej porady skorzystano, ponieważ na końcu badań średnia różnica w wadze między obiema grupami wynosiła prawie 7 kilogramów (24b). Opinie są różne co do istotności tych 6 czy 7 kilogramów wagi. Wiadomo jednak, że ryzyko wystąpienia cukrzycy lub wysokiego ciśnienia jest większe u ludzi z nadwagą i że cukrzyca i wysokie ciśnienie predysponują do choroby wieńcowej. Większość zwolenników koncepcji „Dieta–serce" również jest zgodna co do tego, że nadwaga jest problemem w chorobach serca. Dr William Kannel, kierownik badań we Framingham, napisał: „Unikanie i redukcja otyłości zasługują na priorytet pośród działań, które mogą się przyczynić do uniknięcia choroby wieńcowej, ponieważ połączony efekt czynników ryzyka, jakie wywołują w odniesieniu do choroby wieńcowej, jest straszny".

Powstaje pytanie: które z działań miały decydujący wpływ w eksperymencie w Oslo? Czy było to obniżenie cholesterolu za pomocą diety, czy też redukcja liczby wypalanych papierosów, a może utrata wagi? Tego nikt nie wie.

Można zapytać: dlaczego liderzy badań w Oslo nie skoncentrowali się na zbadaniu tylko wpływu samej diety? Odpowiedź na to pytanie znajduje się we wcześniej wydanych publikacjach. Około 10 lat przed rozpoczęciem badań w Oslo norweski naukowiec, dr Paul Leren, opublikował najnowsze wyniki swoich badań (3). Pomimo że jego badania wykazały niewielki spadek liczby zawałów serca, dr Morrisowi i jego kolegom w Anglii, którzy stosowali podobne metody, nie udało się zmniejszyć liczby zawałów serca (4). Dr Leren przeanalizował swoje wyniki i doszedł do wniosku, że byłoby dobrze, aby zmienić więcej niż jeden czynnik ryzyka metodą nazywaną „interwencją wieloczynnikową", ponieważ zastosowanie samej tylko diety nie powiodło się. Niewielu ze zwolenników koncepcji „Dieta–serce" polega w swoich badaniach tylko na samej diecie, pozostali łączą dietę z innymi czynnikami. Kiedy ogromna Klinika Badań Lipidów przeprowadzała swoje badania, już planując je naukowcy szczerze stwierdzili, że zmiana samej tylko diety nie wystarczy do obniżenia poziomu cholesterolu; konieczne jest zastosowanie leków.

Godne pochwały są starania, żeby zapobiegać przedwczesnej śmierci, gdy tylko jest to możliwe. Jeśli udowodni się, że zmniejszanie wszystkich czynników ryzyka jest korzystne, należy rozszerzyć front działań. Kiedy jednak w jednym eksperymencie połączy się różne czynniki ryzyka, nie jest możliwa ocena wpływu każdego z nich oddzielnie. Ponieważ nikt nie udowodnił jeszcze, że tylko sama dieta jest czynnikiem efektywnym, byłoby może mądrym rozwiązaniem, żeby wykluczyć z badań dietę – lub badać tylko zmiany samej diety.

„Dowód ostateczny" – eksperyment Kliniki Badań Lipidów

Zwolennicy koncepcji „Dieta–serce" twierdzą, że gdyby istniał lek, który mógłby w wystarczający sposób obniżać poziom cholesterolu bez powodowania skutków ubocznych, można by zapobiec lub przynajmniej opóźnić rozwój wszystkich chorób spowodowanych przez miażdżycę.

Byłoby to spełnienie marzeń wielu lekarzy. Wszystko, co byłoby potrzebne, żeby zapobiec chorobom serca, to plik recept i gadżet do pomiaru cholesterolu – bez potrzeby czasochłonnych porad dietetycznych. Obniżanie cholesterolu u większości populacji bez końca, stosując drogie leki, byłoby kopalnią złota dla producentów takich leków. Zyski uzyskiwane z krótkoterminowego leczenia penicyliną bledną w porównaniu z zyskami, jakie można byłoby otrzymać ze sprzedaży leków obniżających poziom cholesterolu. Zyski producentów leków sięgają miliardów dolarów.

Wyniki dużych badań klinicznych klofibratu, nie były wprawdzie specjalnie zachęcające. Jednak nowe leki wydają się być bardziej obiecujące. Jednym z nich jest cholestyramina (Questran®).

Narodowy Instytut Chorób Serca, Płuc i Krwi rozpoczął nowe gigantyczne badania nazwane w skrócie LRC (The Lipid Research Clinics Coronary Primary Prevention Trial), w celu przetestowania efektywności cholestyraminy (25). Badania MRFIT wyłączały mężczyzn z ekstremalnie wysokim poziomem cholesterolu (ponad 350 mg/dl lub 8,98 mmol/l), ponieważ uważano za nieetyczne, żeby umieścić takich „pacjentów" w grupie kontrolnej, bez leczenia. W badaniach LRC włączono również do grupy kontrolnej osoby z wysokim poziomem cholesterolu. Im wyższy mieli poziom cholesterolu, tym lepiej.

Żeby rozwiązać „dylemat etyczny" obniżania poziomu cholesterolu tylko u połowy pacjentów, grupa eksperymentalna i grupa kontrolna otrzymały porady dietetyczne. Mimo że taka porada zmniejszyłaby różnicę w wynikach między tymi dwoma grupami, to stopień redukcji poziomu cholesterolu za pomocą samej diety byłby bez znaczenia! Ewentualna duża różnica byłaby spowodowana cholestyraminą. W celu wybrania 4 000 osób do badań zmierzono poziom cholesterolu u prawie 300 tysięcy mężczyzn w średnim wieku. Nigdy wcześniej w historii tyle osób z tak wysokim poziomem cholesterolu nie brało udziału w eksperymencie medycznym. W badaniach MRFIT uwzględniono uczestników z najwyższych 3% zakresu poziomu cholesterolu, ale mężczyźni z najwyższym poziomem byli wykluczeni. W badaniach LRC wzięto pod uwagę tylko najwyższe 0,8% osób z najwyższym poziomem cholesterolu bez wyjątków. W wyniku tego średni poziom cholesterolu przed zastosowaniem leczenia dietą był o około 40 mg/dl wyższy niż w badaniach MRFIT.

Tak jak w MRFIT, tak i w LRC, uczestników gruntownie przebadano. Po kilku tygodniach dietetycznej indoktrynacji, połowie uczestników zaczęto podawać cholestyraminę, podczas gdy drugiej połowie obojętny proszek placebo.

Rezultaty przeanalizowano 7 do 8 lat później. Chociaż poziom cholesterolu w grupie leczonej obniżył się więcej niż o 8%, różnica w liczbie osób, u których wystąpił zawał serca była tak mała, że mogła być przypisana tylko zwykłemu przypadkowi. Spośród tych, którym podawano cholestyraminę, 10% (190 mężczyzn), a w grupie kontrolnej 11,1% (212 osób) miało zawał serca, który przeżyli. Różnica wynosiła więc 1,1 punktu procentowego. Jeśli chodzi o liczbę zawałów serca, które zakończyły się śmiercią, to wynosiła ona odpowiednio 1,7% i 2,3% – różnica 0,6% (12 osób.)

W podsumowaniu badań, te nie robiące wrażenia wyniki zaprezentowano trochę inaczej, nazywając je „ryzykiem względnym". Powiedziano bowiem, że zmniejszenie liczby zawałów serca, które nie zakończyły się śmiercią, wynosiło 19%, a tych które zakończyły się śmiercią 30%. Liczby te otrzymano przez porównanie liczby mężczyzn w grupie leczonej z liczbą z grupy kontrolnej, zupełnie ignorując całkowitą liczbę mężczyzn, którzy uczestniczyli w badaniach. Mówiąc inaczej, naukowcy usunęli mianownik z ułamka i w ten sposób różnice, które były minimalne, mogli pokazać jako istotne.

Nie jest to jedyny przykład poddania manipulacji wyników w badaniach LRC. Po to, żeby osiągnąć te 30%, kierownicy badań LRC włączyli przypadki niepewne, tzn. tych, którzy być może zmarli z powodu zawału serca, natomiast po to by uzyskać spadek o 19% przypadki niepewne zaś wykluczyli. Gdyby było odwrotnie, uzyskanoby następujące wyniki: 24% zamiast 30 i 15% zamiast 19. Innymi słowy naukowcy tak zestawili dane, aby dały im rezultaty, których oczekiwali.

Co gorsza, kierownicy badań LRC obniżyli swoje własne wymagania statystyczne. We wstępnym raporcie, napisanym kilka lat przed zakończeniem eksperymentów, stwierdzili, że żeby wyniki były przekonujące nie zaakceptują niczego oprócz najsilniejszego dowodu statystycznego ich badań (26). W tym przypadku był to poziom statystyczny wartości „p" mniejszej niż 0,01, co oznacza, że wyniki musiałyby mieć dokładność wynosząca 99%. Ponadto, naukowcy zapowiedzieli, że będą musieli użyć bardzo wymagającego, dwubiegunowego testu T (27), żeby osiągnąć statystyczną dokładność.

Tak więc, kierownicy badań LRC zaczęli od przyjęcia najwyższych standardów. Następnie, kiedy było jasne, że rezultaty badań nie spełnią pokładanych w nich nadziei i oczekiwań, przesunęli swoje wymagania dotyczące dokładności z dokładności „p" poniżej 0,01 do znacznie mniej wymagającej wartości 0,05 oraz do jednobiegunowego, znacznie mniej miarodajnego testu T.

W odpowiedzi na krytyczne listy wysłane do „Journal of The American Medical Association", kierownicy badań po prostu zaprzeczyli, że kiedykolwiek deklarowali na piśmie użycie wysokich standardów, które sami zaplanowali! Stwierdzili, że: „zwrot 'znaczne' nie został zdefiniowany w odniesieniu do konkretnego poziomu statystycznego" (28).

Zwolennicy koncepcji „Dieta–serce" wyglądają na obrażonych, kiedy mówi im się, że w eksperymencie LRC z pół miliona przebadanych mężczyzn uratowano od śmierci tylko 12. W rzeczywistości liczba ta była jeszcze mniejsza.

Mniej osób w grupie leczonej zmarło z powodu zawału serca (34 w porównaniu z 44 w grupie kontrolnej), ale więcej zmarło z powodów innych: przemocy lub samobójstw (11 w porównaniu z 4) .

Uwydatniając korzyści, minimalizując ryzyko

Jeśli wszyscy mężczyźni w USA z cholesterolem tak wysokim, jak w badaniach LRC byliby poddani temu samemu sposobowi leczenia i uzyskali te same rezultaty, dwieście osób uratowanoby rocznie od śmierci, pod warunkiem, że wyniki eksperymentów LRC nie były dziełem przypadku. (A dokładniej mówiąc: 200 mężczyznom przedłużonoby życie o kilka lat). Jednakże w 1990 r. w liście do wydawcy „The Atlantic Monthly" dr Daniel Steinberg, przewodniczący konferencji, która zapoczątkowała finansowaną przez podatników Narodową Kampanię Edukacji o Cholesterolu, zadeklarował, że 100 000 istnień ludzkich może być uratowanych każdego roku. Dalej stwierdzał, że takie wspaniałe wyniki otrzymano ze statystycznie istotną pewnością w oparciu o „dużą liczbę badań" (29).

Zaledwie kilka miesięcy później, dr Basil Rifkind, który był dyrektorem badań LRC, przyznał w jednym z magazynów medycznych, że eksperymenty naukowe nie doprowadziły do zmniejszenia liczby przypadków śmiertelnych z powodu miażdżycy i że „dalszy wzrost oczekiwanej długości życia jest mało prawdopodobny do uzyskania w krajach rozwiniętych" (30).

Rezultaty eksperymentu LRC były statystycznie tak słabe, że mogły być wynikiem przypadku. Co więcej cholestyramina stosowana w grupie leczonej i rzekomo niewinne placebo brane przez grupę kontrolną powodowały przykre skutki uboczne. 68% mężczyzn biorących cholestyraminę w pierwszym roku badań miało dolegliwości ze strony układu pokarmowego, takie jak gazy, zgaga, odbijanie, wzdęcia, ból brzucha, nudności, wymioty. Prawie 50% cierpiało na skutek zaparć lub biegunek. W grupie kontrolnej 43% mężczyzn doświadczało podobnych skutków ubocznych w czasie pierwszego roku eksperymentu. Była to znacznie wyższa liczba niż można byłoby się spodziewać, jeśli podawany proszek placebo byłby naprawdę obojętny dla zdrowia.

Raport z badań zapewniał, że skutki uboczne nie były poważne i mogły być zneutralizowane przez standardowo stosowane przez klinicystów środki farmakologiczne. Autorzy wskazali, że po 7 latach liczba przypadków występowania skutków ubocznych spadła do 29%, podobnie było w grupie otrzymującej placebo. Sugerowali, że ból żołądka czy zła praca jelit nie miały nic wspólnego ze stosowaniem cholestyraminy, a były spowodowane wyobraźnią uczestników badań lub że symptomy takie wystąpiłyby tak czy inaczej.

W kontrolowanych badaniach leków grupa kontrolna zazwyczaj otrzymuje placebo, które nie powoduje skutków ubocznych. Naukowcy muszą ustalić, czy symptomy uważane za skutki uboczne są przypadkowe, tzn. pojawiają się losowo, a nie w związku ze stosowaniem testowanego leku. Symptomy przypadkowe oczywiście mogą się także pojawić w grupie kontrolnej. Dlatego właśnie procent skutków ubocznych w grupie placebo jest odejmowany od procenta skutków ubocznych u grupy przyjmującej leki, żeby otrzymać prawdziwy procent skutków ubocznych spowodowanych podawanym lekiem.

W badaniach LRC jednak podawane placebo powodowało dość powszechne skutki uboczne. Aż 43% uczestników badań cierpiało z powodu problemów ze strony układu pokarmowego. W związku z tym nie uspokaja zapewnienie, że skutki uboczne w grupie eksperymentalnej były takie same jak w gruopie kontrolnej. Twierdzenie, że te częste skutki uboczne były przypadkiem, oznacza, że 43% wszystkich osób dorosłych cierpi z powodu problemów gastrycznych. Na szczęście nie jest to prawda. Również nie uspokajają oświadczenia, że „te skutki uboczne były leczone poprzez standardowo stosowane przez klinicystów środki farmakologiczne". Słowa te oznaczają, że prawie połowa tych zdrowych osób, oprócz cholestyraminy lub placebo musiała też brać środki przeczyszczające, neutralizujące kwasy żołądkowe lub leki wstrzymujące biegunkę i zapobiegające nudnościom i wymiotom.

Większa liczba osób w grupie leczonej była przyjęta do szpitali w celu przeprowadzenia operacji lub wykonania zabiegów na układzie nerwowym. Nie podano na ten temat żadnej diagnozy ani bardziej szczegółowych informacji, ponieważ eksperymentatorzy nie byli zdolni wyjaśnić wpływu cholestyraminy na układ nerwowy.

Tak więc, te skutki uboczne zaklasyfikowano jako „zbieg okoliczności". Autorzy raportu nie rozważyli możliwości, że obniżanie cholesterolu samo w sobie, a nie cholestyraminą, mogło prowadzić do zaburzeń w systemie nerwowym.

Niewiele osób wie o skutkach ubocznych, które mogą u nich wystąpić, jeśli zażywają cholestyraminę, ponieważ rzadko są one przekazywane do ogólnej wiadomości. Rozważmy na przykład twierdzenia dra Daniela Steinberga w liście, który opublikował w „The Atlantic Monthly": „Lek, jaki obecnie używamy do obniżenia poziomu cholesterolu, powoduje zadziwiająco mało skutków ubocznych. Zgodnie z tym co wiem, nie spowodował żadnych śmiertelnych skutków ubocznych" (29).

Po zakończeniu badań LRC zwolennicy koncepcji „Dieta–serce" utrzymywali, co następuje: „Teraz udowodniliśmy, że warto jest obniżać poziom cholesterolu; nie ma potrzeby przeprowadzania dalszych badań. Teraz jest czas na leczenie". Uważali oczywiście, że leczenie to powinno objąć większość ludzi.

W naukach klinicznych roztropnie jest unikać dochodzenia do wniosków dotyczących grup pacjentów innych niż tylko te, które były poddane badaniom, szczególnie w przypadku choroby o dużej zmienności, jeśli chodzi o wiek i płeć. Jeśli jakieś leczenie jest zdecydowanie korzystne dla mężczyzn w średnim wieku, ze szczególnie wysokim poziomem cholesterolu, wtedy tylko mężczyźni w średnim wieku ze szczególnie wysokim poziomem cholesterolu powinni być w dany sposób leczeni, dopóki nie zostanie dowiedzione, że leczenie to przynosi korzyści również innym grupom ludzi.

W badaniach LCR to nawet nie byli mężczyźni w średnim wieku i o wysokim poziomie cholesterolu, ale w większości osoby z wrodzonym błędem genetycznym w metabolizmie cholesterolu. Pamiętać należy, że byli to właśnie ci stanowiący skrajne 0,8%, których wyselekcjonowano do przeprowadzenia eksperymentu. Ponieważ przynajmniej 0,5% ludzkości jest obarczona owym błędem genetycznym, więc większość uczestników musiała należeć do tej kategorii. Nawet jeśli założymy, że leczenie było dla nich korzystne, to wcale nie oznacza, że jest to leczenie odpowiednie i korzystne także dla innych osób.

Kierownictwo badań LRC nie miało jednak zastrzeżeń. Nie tylko mężczyźni w średnim wieku powinni być leczeni, ale również mężczyźni z innych grup wiekowych – twierdzili. I nie tylko mężczyźni z wysokim poziomem cholesterolu, ale także ci, których poziom cholesterolu jest bliski normalnego. Także nie tylko mężczyźni, ale i kobiety, chociaż badania LRC nie uwzględniały kobiet i mimo to, że wyniki prawie wszystkich innych poprzednio przeprowadzonych badań wskazywały, że wysoki poziom cholesterolu nie jest czynnikiem ryzyka u kobiet, ani też że obniżanie u nich poziomu cholesterolu ma jakikolwiek sens. Jedyną grupą, której nie włączono do eksperymentu LRC były dzieci. Uznano to za przeoczenie, które wkrótce naprawiono.

Z badań LRC nie można wyciągnąć żadnych wniosków co do diety, ponieważ grupa eksperymentalna i grupa kontrolna otrzymały porady dietetyczne. Kierownicy badań LRC przyznają to, ale nie powstrzymuje to ich od zalecania ubogotłuszczowej, niskocholesterolowej diety. Utrzymują ponadto, że rezultaty z badań LRC ujęte razem z dużą ilością dowodów dotyczących diety, poziomu cholesterolu we krwi i choroby wieńcowej wspierają stanowisko, że obniżanie cholesterolu przez zastosowanie diety jest korzystne. Takie argumentowanie jest typowe. Żadne badania co prawda nie udowodniły, że tłuszcz zwierzęcy i wysoki poziom cholesterolu są niebezpieczne dla serca, ale jeśli połączymy wszystkie badania razem, to się okazuje, że są niebezpieczne. Dla naukowców z Kliniki Badań Lipidów nic plus nic równa się coś.

Zapomnieć czy nie zapomnieć?

Indeks Cytowań Naukowych jest interesującą pomocą dla naukowców. Można w nim przeczytać, kto cytował każdą publikację naukową, jak często była cytowana i gdzie. Wydawcy publikacji medycznych lubią wskazywać, że artykuł opublikowany w ich magazynie czy piśmie jest często cytowany. Częste cytowanie artykułu naukowego oznacza, że jest wpływowy i staje się to sprawą prestiżową nie tylko dla magazynu, w którym artykuł opublikowano, ale także dla samego autora – naukowca.

Warto zajrzeć do tego Indeksu, żeby sprawdzić, ile razy cytowano badania LRC, a ile razy niepomyślnie zakończone badania przeprowadzone przez dra Miettinena i jego współpracowników, u których śmiertelność w grupie eksperymentalnej wzrosła, co było opublikowane rok później. Oba artykuły miały podobną tematykę i oba były opublikowane w tym samym magazynie medycznym i nikt nie kwestionował uczciwości ich autorów lub jakości ich badań. Można więc spokojnie przyjąć, że będą one cytowane równie często. To, że badania LRC, przynajmniej tak twierdzili ich kierownicy, potwierdzały a badania Miettinena nie potwierdzały obecnej teorii było bez znaczenia, ponieważ celem badań jest dotarcie do prawdy.

Tabela 7A pokazuje częstotliwość, z jaką wyniki obu badań były cytowane podczas pierwszych czterech lat po ich opublikowaniu. Można by powiedzieć, że naukowcy są tacy sami jak wszyscy inni ludzie: zapominają o momentach kompromitujących i wstydliwych, pamiętają tylko o przyjemnych, dających satysfakcję. To może być użyteczne, jeśli chodzi o układy osobiste, ale jest niedopuszczalne, jeśli chodzi o postęp w nauce.

Rok po opublikowaniu	Liczba cytowań	
	LRC	Miettinen i inni
Pierwszy rok	109	6
Drugi rok	121	5
Trzeci rok	202	3
Czwarty rok	180	1

Tabela 7A. Częstotliwość cytowania przez innych naukowców badań dotyczących obniżania poziomu cholesterolu z rzekomymi pozytywnymi wynikami i badań z negatywnymi wynikami w czasie pierwszych 4 lat po opublikowaniu ich wyników zgodnie z Indeksem Cytatów Naukowych

Czy miażdżyca może się cofnąć?

Eksperymenty, w których biorą udział tysiące ludzi są pracochłonne i oczywiście niezmiernie kosztowne. W ostatnich latach naukowcy poszli na skróty. Zamiast liczby przypadków śmiertelnych z powodu choroby wieńcowej, jako punktu odniesienia do pomiarów, zaczęli używać „regresji w postępie choroby wieńcowej". Przez „regresję" rozumieją rozszerzenie lub co najmniej wolniejsze zamykanie się światła tętnic, co można uwidocznić w angiografii naczyń wieńcowych. Średni wzrost średnicy naczynia w czasie leczenia uważany jest za cofanie się ognisk miażdżycowych. Testy angiograficzne są znacznie tańsze, ponieważ wykonuje się je na mniejszej liczbie uczestników oraz umożliwiają one ocenę rezultatów leczenia po upływie znacznie krótszego czasu.

Użycie jako kryterium oceny zmian wykrywanych laboratoryjnie zamiast liczby zgonów jest nazywane „wynikiem zastępczym". Użyte jest słowo „zastępczy", ponieważ nie jest jednoznaczne, czy zmiany laboratoryjne mogą być przełożone na zmiany kliniczne, takie jak obniżenie śmiertelności. Można również kwestionować, czy poszerzenie tętnicy widoczne w czasie angiografii można zinterpretować jako zanikanie ogniska miażdżycowego.

Popatrzmy jednak najpierw na badania z użyciem angiografii.

Narodowy Instytut Chorób Serca, Płuc i Krwi oraz Amerykański Związek Chorób Serca w pełni popierają koncepcję „Dieta–serce". W większości naukowcy, którzy prowadzili antycholesterolowe kampanie lub najaktywniej je wspierali, są lub byli w przeszłości we władzach tych organizacji. Razem dysponowali ponad 90% wszystkich dotacji rządowych, jakie były przeznaczone na badania choroby miażdżycowej. Oznacza to, że naukowcy nie wspierający koncepcji „Dieta–serce" nie mieli większych szans na uzyskanie odpowiednich funduszów na ich badania.

Na początku lat 80-tych Narodowy Instytut Chorób Serca, Płuc i Krwi zdecydował się zbadać efekt obniżania poziomu cholesterolu przez zastosowanie angiografii rentgenograficznej. Do obniżania poziomu cholesterolu wybrali cholestyraminę (Atromidin®), ten sam lek, który był użyty w badaniach LRC. Przez 5 lat naukowcy obserwowali 116 mężczyzn z choroba wieńcową i wysokim poziomem cholesterolu, połowa z nich otrzymywała cholestyraminę, druga połowa placebo (30).

Ponownie rezultaty rozczarowały. W grupie eksperymentalnej tętnice poszerzyły się o ułamek milimetra (!) u czterech pacjentów, ale uległy też poszerzeniu u czterech pacjentów z grupy kontrolnej.

Zanim rozpoczęto badania, naukowcy zdecydowali, jak zwykle, że wyniki ich badań będą analizowane mniej wymagającą metodą jednobiegunowego testu T. Jak wspomniano wcześniej, prawdziwi naukowcy nie akceptują takiej metodologii. Jednobiegunowy test T jest do zaakceptowania wtedy, kiedy wyniki badań zmierzają tylko i wyłącznie w jednym kierunku, podczas gdy badania leków z pewnością mogą zmierzać w dwóch kierunkach. Liczba wypadków śmiertelnych może się zwiększać lub zmniejszać, tak jak widać to było w kilku poprzednich eksperymentach obniżania cholesterolu, ale Narodowy Instytut Chorób Serca, Płuc i Krwi zaakceptował użycie jednobiegunowego testu T, ponieważ uważano, że „dowody epidemiologiczne i laboratoryjne" wskazują na to, że rezultaty mogą zmierzać tylko w jednym kierunku. Tymczasem „dowody epidemiologiczne i laboratoryjne" na nic takiego nie wskazują. Należy tylko wspomnieć, że zanim badania, które rozpoczęli, były opublikowane w 1984 r., przeprowadzono nie mniej niż 7 kontrolowanych eksperymentów medycznych obniżania cholesterolu, których wynikiem był wzrost śmiertelności wśród leczonych pacjentów, a nie spadek.

Używając jednobiegunowego testu T i manipulując liczbami na różne sposoby, 15 kierowników tych badań znalazło taką kombinację danych, która pozwoliła statystycznie wykazać korzyści z leczenia. W rzeczywistości jednak jedynym interesującym faktem było zwiększenie się miażdżycy u pacjentów, u których poziom HDL („dobry" cholesterol) obniżył się w czasie badań, i u pacjentów, których poziom LDL („zły" cholesterol) był wysoki od początku badań. Przyznali, że rezultaty nie były takie, jak oczekiwali, ale w później opublikowanym artykule (31) stwierdzili, że poprawa była proporcjonalna do zmian w poziomie cholesterolu we krwi, jaki stwierdzili u swoich pacjentów, bez względu na to, czy byli z grupy eksperymentalnej czy z grupy kontrolnej. Innymi słowy, stan naczyń wieńcowych nie pogarszał się tak często wtedy, kiedy poziom cholesterolu był raczej niski niż wysoki.

Naukowcom prowadzącym badania nad cholesterolem bardzo łatwo popaść w rozumowanie polegające na „ściganiu własnego ogona". Nie wiadomo jeszcze, co jest przyczyną miażdżycy. Jednak wiadomo, że wysoki poziom cholesterolu jest czynnikiem ryzyka. Teoretycznie rzecz biorąc, wysoki poziom cholesterolu może być przyczyną miażdżycy, ale wysoki poziom cholesterolu może spełniać też rolę drugorzędną w stosunku do rzeczywistej przyczyny, gdyż przyczyny wywołujące miażdżycę mogą równocześnie powodować wzrost poziomu cholesterolu. Celem badań było określenie, który z tych powodów odgrywał rolę stymulatora powstawania zmian miażdżycowych. Jeśli cholesterol jest tym złoczyńcą, to po zmniejszeniu jego koncentracji we krwi powinno nastąpić zmniejszenie stopnia zaawansowania występującej miażdżycy lub przynajmniej wstrzymanie jej rozwoju. Jeśli jednak cholesterol jest tylko niewinnym świadkiem, obserwującym popełnianie przestępstwa i będącym pod jego wpływem, to obniżenie jego koncentracji nie da żadnego efektu, ponieważ prawdziwy sprawca jest ciągle na wolności. Przestępstwu nie zapobiega się zabijając jego świadka.

Ślepota wybiórcza

Z poparciem Narodowego Instytutu Chorób Serca, Płuc i Krwi oraz firmy farmaceutycznej Upjohn, dr David Blankenhorn i jego grupa z Uniwersytetu Południowej Kaliforni rozpoczęli nowy cykl badań angiograficznych nazwanych w skrócie CLAS (Cholesterol-Lowering Atherosclerosis Study) (32).

W badaniach tych uczestniczyło 162 pacjentów, którzy byli po operacji wszczepienia bajpasów. Po rutynowych testach laboratoryjnych przeprowadzono angiograficzne badanie wszystkich głównych tętnic. Pacjentów na zasadzie losowej podzielono na dwie grupy równej wielkości. Jedna grupa dostawała lek obniżający cholesterol, podczas gdy druga obojętne placebo. Badania były podwójnie „ślepe", to znaczy, że ani pacjenci ani lekarze nie wiedzieli, która grupa otrzymuje leki, a która nie. Żeby się upewnić, że poziom cholesterolu zostanie wystarczająco obniżony, pacjenci z grupy otrzymującej leki w tym samym czasie otrzymywali dwa leki – colestipol (Colestid®) i kwas nikotynowy.

Po 2 latach leczenia przeprowadzono następne angiografie. Badania angiograficzne wykazały, że średnica naczyń wieńcowych wzrosła u 16% pacjentów z grupy leczonej, a tylko u 2% w grupie kontrolnej. U 38% leczonych pacjentów średnica naczyń się zmniejszyła, ale uznano to za sukces, ponieważ w grupie kontrolnej nastąpiło zwężenie średnicy naczyń u 56% pacjentów.

Różnice były statystycznie istotne, jak wskazywali dr Blankenhorn i jego współpracownicy, ale tylko dlatego, że użyto jednobiegunowego testu T. Autorzy nie sprawiali nawet wrażenia, że ich badania mogą mieć jakieś niedociągnięcia. Ich godne uwagi odstąpienie od standardowych praktyk obliczeń statystycznych nie zostało nawet wspomniane w podsumowaniu ich publikacji, a często jest to jedyna część artykułu, która jest czytana.

Co więcej, widoczny był tam jeszcze inny problem. Skutki uboczne kwasu nikotynowego, jednego z leków, którego używano w tym eksperymencie, są tak oczywiste, że nie może mieć wątpliwości nikt, kto ten lek bierze. Po zażyciu tego leku pacjent odczuwa pieczenie i swędzenie skóry, jakby był poparzony pokrzywą. Jest to dokuczliwe, toteż pacjenci nie mogą powstrzymać się od mówienia o tym każdemu, kto zechce ich słuchać, łącznie z lekarzami.

Jeśli lekarze chcieliby wiedzieć, czy dany pacjent jest z grupy eksperymentalne czy z kontrolnej, wystarczyło tylko stwierdzić, czy występuje u niego czy nie ten jeden objaw uboczny.

Żeby się upewnić, że poziom cholesterolu naprawdę zostanie obniżony podczas badań eksperymentalnych, pacjentom z grupy zażywającej leki podawano je na trzy miesiące przed rozpoczęciem eksperymentu i **ci, u których poziomu cholesterolu nie udało się obniżyć do wartości oczekiwanej, zostali wykluczeni z eksperymentu**!

W ten sposób poziom cholesterolu został obniżony średnio o 26% u tych, którzy zażywali leki. Poziom LDL („zły" cholesterol) obniżył się o 43%. W czasie regularnych wizyt u swoich lekarzy pacjenci równie dobrze mogli nosić na szyi tabliczkę z napisem, czy należą do grupy otrzymującej leki czy do grupy kontrolnej.

Tak więc, badania te nie były pojedynczo ani podwójnie ślepe, co autorzy szczerze przyznali. Nazwali to „wybiórczą ślepotą", nowe i uderzające określenie tej gałęzi badań naukowych, na których rodzą się cholesterolowe jastrzębie. Natura ludzka jest taka, że jeśli lekarz wie, do której z dwóch grup należy jego pacjent, jego zdolność oceny pozostaje pod wpływem tej wiedzy, obojętne jak bardzo starałby się być obiektywny.

Dr Blankenhorn i jego zespół byli jednak tak bardzo pewni wyników swoich badań, że natychmiast zwołali konferencję prasową w Narodowym Instytucie Chorób Serca, Płuc i Krwi i z wielkimi fanfarami ogłosili ich sensacyjne odkrycie (33). Teraz nareszcie po raz pierwszy wykazali „silny i konsekwentny efekt terapeutyczny leku obniżającego poziom cholesterolu na poziomie tętnic wieńcowych".

Dr Blankenhorn musiał z pewnością zapomnieć, że dr Brensike i jego współpracownicy twierdzili, że udowodnili to już kilkakrotnie. Jak już wcześniej w tym rozdziale wspomniano, to właśnie „solidne epidemiologiczne i laboratoryjne dowody" dra Brensika pozwoliły doktorowi Blankenhornowi na użycie jednobiegunowego testu T.

Dr Blankenhorn poszedł nawet dalej. Jak twierdził, jego badania wykazały, że poziom cholesterolu powinien być obniżony do wartości 185mg/dl, co wkrótce zostało uznane za narodowe wytyczne przez Narodowy Instytut Chorób Serca, Płuc i Krwi oraz Amerykański Związek Chorób Serca.

Co za zadziwiająca sytuacja! Pamiętamy przecież, że nawet najbardziej zagorzali zwolennicy koncepcji „Dieta–serce" nie wierzą, że sama dieta wystarczy do obniżenia poziomu cholesterolu do takich wartości jak w badaniach dra Blankenhorna. Aby to osiągnąć muszą zostać użyte leki. Ile dorosłych osób ma poziom cholesterolu ponad 185mg/dl? Zgodnie z tym, co twierdzi dr Basil Rifkind, jeden z największych zwolenników koncepcji „Dieta–serce", prawdopodobnie około 40 milionów zdrowych Amerykanów. Robert Levy, były szef Amerykańskiego Związku Chorób Serca, powiedział, że wyniki badań były „ekscytujące", nawet jeśli nie były całkiem takie, jak oczekiwano. No, a dyrektorzy firmy Upjohn, producenta colestipolu, musieli być zachwyceni.

W raportach naukowych przyjęte jest załączanie omówienia wyników innych eksperymentatorów, szczególnie wtedy, kiedy wyniki ich badań są zupełnie inne. Jak dr Blankenhorn i jego współpracownicy oraz „zbiorowy mózg" Narodowego Instytutu Chorób Serca, Płuc i Krwi skomentowali zniechęcające wyniki, które otrzymali dr Bemis, Kimbiris, Shub i Kramer z ich grupami, którzy nie znaleźli najmniejszego związku między zmianami rentgenograficznymi (angiograficznymi) i zmianami w poziomie cholesterolu we krwi? Jak wyjaśnili fakt, że stan naczyń wieńcowych w ich badaniach uległ poprawie, ale nie stało się tak w wielu innych poprzednich badaniach, w których poziom cholesterolu został tak samo lub jeszcze bardziej obniżony? Dlaczego nadali zdecydowanie większe znaczenie ich wątpliwym pozytywnym wynikom niż bezdyskusyjnym negatywnym wynikom? Nie mogę podać odpowiedzi, jak to wyjaśnili czy skomentowali, ponieważ wcale tego nie wyjaśnili ani nie skomentowali.

Coś lepszego...

Trzy lata później, w roku 1990, dr Greg Brown i jego zespół z Waszyngtonu, również wspierani przez Narodowy Instytut Chorób Serca, Płuc i Krwi opublikowali swój raport z nowych badań angiograficznych (34). Widocznie „silny i konsekwentny" efekt leczenia Blankenhorna nie był na tyle oczywisty, żeby już dalszych badań nie prowadzić. W swoim raporcie napisali, że zmiany w poziomie lipidów w poprzednich badaniach – łącznie z badaniami Blankenhorna – były małe i dlatego korzyści kliniczne ograniczone. Dr Brown i jego współpracownicy także użyli dwóch leków jednocześnie. 38 mężczyzn otrzymywało colestipol

(Colestid®) oraz lowastatynę, jeden z nowych i bardziej efektywnych leków obniżających cholesterol. 36 mężczyznom podawano kwas nikotynowy i colestipol, a 46 mężczyznom podawano placebo. Badania zaprojektowano jako „podwójnie ślepe". Większość uczestników miała rodzinną hipercholesterolemię.

I rzeczywiście, ich poziom cholesterolu obniżył się, o 34% w grupie osób, którym podawano lowastatynę i colestipol i o 23% w grupie, która brała kwas nikotynowy i colestipol. Cholesterol (LDL) obniżono w poszczególnych grupach odpowiednio o 45% i o 32% .

Średnica tętnic wieńcowych była mierzona w różnych punktach, przed i po rozpoczęciu eksperymentu, przy użyciu pięciokrotnie powiększonych zdjęć rentgenowskich. Powiększenie takie było konieczne, ponieważ średnica naczyń w grupie kwas nikotynowy-lowastatyna wzrosła średnio zaledwie o 0,04 mm, podczas gdy średnica w grupie lowastatyna-colestipol zmalała o 0,002 mm (!), a w grupie kontrolnej o 0,05 mm. To są rzeczywiście małe różnice, ale statystycznie istotne, i dr Brown i jego współpracownicy postrzegali je jako dowód na ich sukces terapeutyczny.

W grupie lowastatyna-colestipol, w której najbardziej obniżył się poziom cholesterolu, średnica naczyń zmniejszyła się! W niektórych miejscach średnica tętnicy zwiększyła się, ale średnio, biorąc pod uwagę wszystkie pomiary razem, średnica tętnicy się zmniejszyła. Zmniejszenie średnicy oznacza, że naczynie wieńcowe się zwęziło, co z pewnością nie jest poprawą jego stanu, mimo że średnica w grupie kontrolnej zmniejszyła się nawet bardziej.

Autorzy nie skomentowali tego uderzającego wręcz odkrycia, ani też nie wypowiedzieli się na temat tego, że dwa przypadki śmiertelne, jakie zdarzyły się w czasie badań, w tym jeden z powodu zawału serca, były w grupie lowastatyna-colestipol. W rzeczywistości tytuł ich raportu wskazywał coś zupełnie innego: „Regresja (tj. 'poprawa') choroby naczyń wieńcowych jako rezultat intensywnej terapii obniżającej cholesterol..." Komentarz oczywiście nie jest potrzebny.

Udręka angiografii

Należy ciągle pamiętać, że zmiana średnicy naczyń wieńcowych jest niczym innym jak tylko wynikiem zastępczym. Zakłada się, że poszerzenie naczynia krwionośnego, widoczne na obrazie otrzymanym w badaniu angiograficznym, oznacza zmniejszenie się zmiany miażdżycowej, a więc większą szansę uniknięcia zawału serca. Ale to tylko założenie.

Ściany tętnic są otoczone przez komórki mięśni gładkich. Kiedy te komórki kurczą się – tętnica się zwęża, kiedy się rozluźniają – tętnica się rozszerza. Różne czynniki mogą powodować to, że mięśnie gładkie tętnic serca kurczą się, np. stres psychiczny, lęk, zimno lub nawet długo utrzymujący się uścisk dłoni. Ten ostatni efekt, 6 lat wcześniej, badał dr Greg Brown, ten sam dr Brown, który prowadził wyżej wspomniane badania angiograficzne. Doszedł on do wniosku, że po utrzymującym się przez kilka minut uścisku dłoni średnica naczynia krwionośnego zmniejszyła się o 35% (35).

Trzeba wziąć pod uwagę, że zmiany widoczne w czasie badań średnio wynosiły tylko kilka procent. Jaka jest reakcja przeciętnego człowieka, jeśli ktoś wpycha mu w żyłę długą rurkę od pachwiny aż do serca i dalej do jednej z jego tętnic? Prawdopodobnie łapie pielęgniarkę za rękę lub ściska coś bardzo silnie, przynajmniej w czasie pierwszego takiego badania. Skąd więc naukowcy wiedzieli, że wzrost średnicy w czasie drugiego badania angiograficznego nie był spowodowany większym zrelaksowaniem pacjenta lub że badana tętnica miała mniejsze zmiany miażdżycowe?

Wpływ na wynik badań mógł mieć także fakt, że prawie wszyscy pacjenci z chorobą wieńcową serca biorą leki pomagające rozluźnić tętnice wieńcowe. Dr Brown i jego współpracownicy mieli tego świadomość podczas wykonywania badań. Sposób użycia takich leków u tych pacjentów był odtworzony tak blisko jak to było możliwe. To nie było wcale takie łatwe, ponieważ poziom każdego leku we krwi zależy od dużej liczby czynników niemożliwych do wystandaryzowania.

Dr Brown i jego współpracownicy nie napisali niczego o powtarzających się możliwych uściskach dłoni lub odczuciu lęku czy niepokoju, ponieważ takie dokładne odtworzenie nie jest niemożliwe do wykonania. Tak więc, każdy z czynników mających wpływ na stan komórek mięśni gładkich w tętnicach wieńcowych mógł wpłynąć na średnicę naczynia dużo bardziej niż pojawienie się lub zaniknięcie niewielkiej ilości cholesterolu.

Istnieje jednak jeszcze więcej niejasności. Dr Seymor Glagov i jego współpracownicy z Uniwersytetu w Chicago badali serca 136 zmarłych osób i zauważyli, że kiedy naczynia wieńcowe obciążone są zmianami miażdżycowymi ich średnica się zwiększa, kompensując zwężenie spowodowane złogami cholesterolu w ścianach. W rzeczywistości dzieje się tak, że średnica tętnicy zwiększa się więcej niż wynikałoby to z jej zmniejszenia z powodu narastającego złogu cholesterolowego, dopóki złogi cholesterolowe nie zajmą około 40% poniżej ściany mięśniówki tętnicy (36).. Dopiero potem przekrój naczynia zaczyna się zmniejszać. Innymi słowy, powiększenie się średnicy naczynia tętniczego może nastąpić z powodu większego rozluźnienia jego ściany lub z powodu zmniejszającej się grubości blaszki miażdżycowej w naczyniach o wysokim stopniu objawów miażdżycowych, jak również z powodu kompensacyjnego wzrostu średnicy w pierwszych etapach tworzenia się blaszki. Jak więc kierownicy odpowiedzialni za te badania mogli wiedzieć, która z tych możliwych trzech przyczyn spowodowała wzrost średnicy badanych naczyń tętniczych?

Meta–analiza

Pewne objawy są łatwe do oceny. Na przykład – właściwy antybiotyk wyleczy dziewięć z dziesięciu kobiet z nieskomplikowaną infekcją dróg moczowych. Po przeprowadzeniu bowiem leczenia u mniej niż tuzina pacjentek przez kilka dni, wiadomo na pewno, że lek jest efektywny. A po tylu eksperymentach obniżających poziom cholesterolu naukowcy ciągle nie wiedzą, czy mogło to zmniejszyć liczbę przypadków śmiertelnych. Statystycy twierdzą, że aby udowodnić wpływ cholesterolu na śmiertelność należałoby przebadać o wiele więcej uczestników, nawet ponad 100 000. Jeśli tak trudno jest wykazać ten wpływ, czy nie mamy podstaw do wyciągnięcia wniosku, że wysoki poziom cholesterolu nie jest niebezpieczny dla zdrowia?

Problem ten można rozwiązać inaczej. Rozwiązanie to nosi nazwę „meta–analizy". W meta–analizie dane z wszystkich badań, które spełniają określone kryteria jakościowe zbiera się razem, w nadziei że będą stanowić wystarczająco dużą próbę dla osiągnięcia wiarygodności statystycznej. W badaniach medycznych konieczne są przynajmniej trzy warunki:

1) badania powinny być „podwójnie ślepe",
2) badania powinny być kontrolowane, to znaczy, że – średnio – wszystkie czynniki ryzyka muszą być podobne w obu grupach,
3) osoby do eksperymentu i te do grupy kontrolnej powinny być wybrane losowo.

Aby móc użyć połączonych wyników z wielu badań, konieczne jest zastosowanie takich samych sposobów. Oczywiście również rezultaty leczenia – wynik lub punkt końcowy – powinny być takie same.

Widać wyraźnie, że jeśli wszystkie powyższe wymagania miałyby być spełnione, to niewiele badań mogłoby się zakwalifikować. Niewiele bowiem eksperymentów przeprowadzono w prawdziwie „podwójnie ślepy" sposób, a oprócz obniżania cholesterolu w niektórych badaniach użyto innych sposobów leczniczych. Niemniej jednak popatrzmy na kompletną ewidencje badań, jakie przeprowadzono przed 1992 rokiem. Wszystkie przeprowadzono przed wprowadzeniem na rynek leków z grupy statyn.

Kilka meta–analiz dotyczących obniżania cholesterolu zostało już opublikowanych. W większości z nich autorzy wykluczyli niektóre badania, szczególnie te, które nie potwierdzały ich teorii. Tak więc zdecydowałem, że przeprowadzę taką analizę sam, włączając wszystkie losowe i kontrolowane badania, których celem było obniżenie poziomu cholesterolu przez dietę lub za pomocą leków i bez względu na to, czy również użyto innych sposobów czy też nie (37). Uwzględniłem również badania otwarte (niespełniające warunku „podwójnie ślepych"), ponieważ było niemożliwe dokonać uczciwej selekcji „podwójnie ślepych" badań, dlatego że nawet badania, które w ten sposób były zaprojektowane, w rzeczywistości nimi nie były. Dane do mojej analizy przedstawione zostały w tabeli 7B.

Ataki serca a śmiertelność	Grupy poddane leczeniu	Grupy kontrolne
	w procentach	
Ataki serca bez skutku śmiertelnego	2,8	3,1
Ataki serca ze skutkiem śmiertelnym	2,9	2,9
Śmiertelność całkowita	6,1	5,8

Tabela 7B. Połączone wyniki z 26 eksperymentów obniżania cholesterolu opublikowanych do 1992 r. (37)

Z tabeli 7 B jasno wynika, że procent przypadków śmiertelnych z powodu zawału serca był dokładnie taki sam w grupie eksperymentalnej i w grupie kontrolnej, a całkowita liczba przypadków śmiertelnych była wyższa w grupie eksperymentalnej. W jednym z badań przypadków śmiertelnych było znacznie mniej, w innych dwóch badaniach znacznie więcej i w żadnym z badań śmiertelność z powodu choroby wieńcowej nie zmieniła się bardziej niż można to przypisać tylko przypadkowi. Bardziej zaawansowane obliczenia nie zmieniły obrazu całej sytuacji.

Pojawiła się mała zmiana w liczbie zawałów serca, które nie zakończyły się śmiercią. Jeśli policzona jest ona jako redukcja w „ryzyku względnym", tak jak robią to zwolennicy koncepcji „Dieta–serce", różnica wynosi 9,7%.

Kiedy jednak policzyć to samo we właściwy sposób, jako redukcję w poziomie „ryzyka absolutnego", wtedy ta różnica wyniesie 0,3%. Ze względu na dużą liczbę uczestników wziętych pod uwagę, ta mała różnica była statystycznie istotna, ale najprawdopodobniej było to wynikiem tego, że większość badań nie była „podwójnie ślepa" i niektóre z nich ujmowały wiele czynników ryzyka w tym samym czasie.

Inna jednak obserwacja wyraźnie pokazuje, że obniżanie cholesterolu nie przynosi żadnych korzyści. Jeśli może ono zmniejszyć ryzyko występowania choroby wieńcowej, to skuteczność takiego czynnika powinna wzrastać w miarę upływu czasu i powinna być tym większa im niższa jest wartość poziomu cholesterolu. Nie zauważono jednak żadnego związku między stopniem obniżenia cholesterolu a jakimkolwiek punktem końcowym, ani między poszczególnymi osobami w każdym z badań, ani między poszczególnymi badaniami. Średnio śmiertelność była taka sama w długo- i krótkoterminowych badaniach, a śmiertelność z powodu choroby wieńcowej była większa w długoterminowych badaniach niż w krótkoterminowych.

Tak więc, mimo że niektóre badania uwzględniały takie czynniki, jak ćwiczenia fizyczne, utratę wagi, obniżenie ciśnienia krwi, porady dotyczące rezygnacji z palenia tytoniu i mimo że większość badań nie była „podwójnie ślepa", to liczba zawałów serca, które nie zakończyły się śmiercią, nie była większa niż 0,3%. Jeśli nawet wiedza do jakiej grupy należy dany pacjent nie wpływała na prowadzących badania lekarzy, to jak pamiętamy z poprzednich rozdziałów, nawet doświadczeni lekarze nazywali zawałem serca to, co w rzeczywistości nim nie było.

Po opublikowaniu mojej meta–analizy w „British Medical Journal", mój artykuł wywołał niemiłe komentarze zwolenników koncepcji „Dieta–serce" (38). Krytycy zarzucali mi, że najpoważniejszym moim błędem było uwzględnienie badań, w których użyto żeńskich hormonów płciowych, ponieważ leki te uważane są za toksyczne dla serca*. Ale w jednym z pierwszych opublikowanych badań kontrolowanych, przeprowadzonych przez dr Jeremiaha Stamlera, naukowcy również używali małych dawek estrogenu (39). Nawet kiedy analizowałem każdą podgrupę, także w przypadku podgrup, w których nie stosowano hormonów, wyniki mojej analizy nie były satysfakcjonujące.

* W trzech badaniach, które zakończyły się niepowodzeniem, użyto do leczenia estrogenu.

Europejskie Stowarzyszenie ds. Miażdżycy (European Atherosclerosis Society) jeszcze przed wprowadzeniem na rynek leków typu statyn ogłosiło następujące zalecenie: „Badania kliniczne wtórnego zapobiegania przez obniżenie poziomu cholesterolu w połączeniu z meta–analizą wskazują, że zachorowalność i śmiertelność spowodowana chorobą wieńcową zostały obniżone. Istnieje również tendencja obniżania śmiertelności całkowitej" (40). To wprowadzające w błąd stwierdzenie nie jest jedyne. Jest ono typowe i niejednokrotnie pojawia się w publikacjach zwolenników koncepcji „Dieta–serce". Podobne stwierdzenia były publikowane przez wiele pism naukowych i propagowane przez media.

Dlaczego naukowcy i lekarze piszą te niepoprawnie optymistyczne wiadomości popierające koncepcję „Dieta–serce"? Bo jest ona najbardziej rozpropagowana. Najczęściej cytowane są tylko te badania, które są zgodne z ich poglądem. Ustaliłem, że badania, które były zgodne z hipotezą „Dieta–serce" cytowane były 6 razy częściej niż te, które były niezgodne z tą hipotezą. Fakt, że dane badania były często cytowane, nie miał niczego wspólnego z ich jakością czy opublikowaniem w znanej prasie medycznej. Kierownicy badań byli szczególnie niechętni cytowaniu prac, które nie wspierały ich badań. W latach 1970-1992 żadne z badań, które uważano, że było niezgodne z propagowaną teorią antycholesterową, nie zostało zacytowane w żadnym z publikowanych raportów. **Nawet autorzy meta–analiz wybierali do nich badania w zależności od ich wyników.**

Do tej pory opisałem wiele poprzednio przeprowadzonych, nieudanych badań, których celem było obniżenie cholesterolu. Popatrzmy teraz na te udane. Jeśli jednak czytelnik myśli, że w końcu uzyska dowód na duże znaczenie poziomu cholesterolu dla zdrowia naszego serca, jest w błędzie, ponieważ uderzające w tych badaniach było to, że chociaż ryzyko choroby wieńcowej zmalało, to było oczywiste, że było to spowodowane czymś innym niż obniżeniem poziomu cholesterolu.

Udane badania dietetyczne

Przekonanie, że dieta śródziemnomorska jest korzystna w leczeniu choroby wieńcowej, zainspirowało francuskiego naukowca, dra Michela de Lorgerila i jego zespół z Lyonu we Francji, żeby rozpocząć nowe badania diety, tzw. Lyon Diet-Heart study (54). Wybrano około 600 pacjentów, którzy przeżyli pierwszy zawał. Połowa z nich zaadoptowała tzw. dietę śródziemnomorską, tzn. włączyła do swojej diety większą ilość chleba, warzyw korzeniowych i ryb, a zmniejszyła spożycie tłuszczów zwierzęcych i czerwonego mięsa. Zalecono im również codzienne spożywanie owoców, zamianę wieprzowiny na mięso drobiowe i zamianę masła na margarynę, którą za darmo otrzymywały całe ich rodziny. W odróżnieniu od poprzednio przeprowadzonych badań, w których jako tłuszcz dietetyczny stosowano oleje roślinne z dużą zawartością Omega 6 wielonienasyconych kwasów tłuszczowych, w tym przypadku naukowcy użyli margaryny wyprodukowanej z oleju rzepakowego bogatego w kwas alfa-linolenowy, wielonienasycony kwas tłuszczowy z grupy Omega 3. Grupa kontrolna także otrzymała poradę dietetyczną, ale zalecono im zwykłą, „rozsądną" dietę.

Badania zaprojektowano w taki właśnie sposób, ponieważ w poprzednich badaniach mieszkańcy Krety i wysp greckich, gdzie zawały serca były rzadkością zgodnie z wynikami badań „Siedmiu Krajów", mieli we krwi trzy razy więcej wielonienasyconych kwasów tłuszczowych niż mieszkańcy Zutphen w Holandii (41). Francuscy naukowcy myśleli, że kwas alfa-linolenowy może mieć własności ochronne, ponieważ liczba zawałów serca była znacznie wyższa w Zutphen niż na Krecie, mimo że poziom cholesterolu był niemalże identyczny.

Po 40 miesiącach zauważono znaczną różnicę – w grupie kontrolnej 20 osób zmarło z powodu ataku serca, a tylko 8 w grupie eksperymentalnej. Najbardziej zadziwiające jednak było to, że w grupie kontrolnej 8 pacjentów zmarło w sposób nagły, co prawie zawsze oznacza zaburzenia rytmu serca. Nie stwierdzono tego u żadnego z tych pacjentów, którzy zmarli w grupie eksperymentalnej (42). Po 4 latach eksperyment przerwano, ponieważ poprawa w grupie eksperymentalnej nadal postępowała, 24 osoby zmarły w grupie kontrolnej, ale tylko 14 w grupie leczonej. Różnica między liczbą zawałów serca, które nie zakończyły się śmiercią, była nawet większa – 25 w grupie kontrolnej, a tylko 8 w grupie eksperymentalnej. W związku z tym uznano, że dalsze kontynuowanie tego eksperymentu jest nieuzasadnione (43).

Po raz pierwszy badania z zastosowaniem diety zaowocowały obniżeniem ryzyka śmierci spowodowanej zawałem serca. W tej sytuacji wydawało się całkiem jasne, że dobrym pomysłem jest obniżenie poziomu cholesterolu poprzez dietę. Jednak okazało się, że poziom cholesterolu na końcu tych badań był praktycznie identyczny w obu grupach. Co więcej... był nawet trochę wyższy w grupie eksperymentalnej!

Jeśli różnica w liczbie przypadków śmierci nie mogła być wytłumaczona poziomem cholesterolu, to co mogło ją tłumaczyć? Czy był to dodatkowy kwas alfa-linolenowy lub dodatkowa ilość spożywanych owoców i warzyw? A może dodatkowa ilość chleba? A może dodatkowa ilość spożywanych ryb i drobiu? A może, skoro ryby i kwas alfa-linolenowy są bogate w Omega 3, stosunek Omega 3 do Omega 6 był korzystniejszy? Zgodnie z odpowiednimi kwestionariuszami zebranymi na końcu badań, stosunek Omega 6 do Omega 3 w grupie kontrolnej wynosił 20:1, a w grupie eksperymentalnej 4,5:1.

Istnieją dowody pochodzące z badań na zwierzętach i badań epidemiologicznych, że wysoki stosunek Omega 6 do Omega 3 może predysponować do arytmii serca, głównej przyczyny nagłej śmierci pacjentów cierpiących na chorobę serca. Kilka lat później wyniki następnych badań dostarczyły dalszych wspierających dowodów na słuszność tej teorii.

Badania GISSI-Prevenzione

Jednym z największych kontrolowanych badań dietetycznych było badanie nazwane „Gruppo Italiano per lo Studio della Sopravvivenza nell'Infarto miocardico Prevenzione" lub w skrócie GISSI (44). Ponad 11 000 pacjentów, którzy przeżyli pierwszy zawał, zostało podzielonych na cztery równej wielkości grupy. Jednej grupie podawano kapsułkę zawierającą mieszankę trzech różnych kwasów tłuszczowych Omega 3, druga grupa otrzymywała kapsułki z witaminą E, trzecia otrzymywała obie kapsułki, a czwarta grupa była grupą kontrolną, więc nie przyjmowała nic. Wszyscy pacjenci byli poddani standardowemu leczeniu choroby wieńcowej.

Średnio obserwowano pacjentów przez 40 miesięcy. Na końcu okresu badań okazało się, że w sposób nagły zmarło z grupy kontrolnej 3,5% osób, 2,3% biorących witaminę E, 2,4% w grupie biorącej obie kapsułki i 1,9% w grupie biorącej Omega 3. Oprócz wyników z grupy z witaminą E różnice te były statystycznie istotne – różnica między grupą kontrolną i grupą Omega 3 była wyższa niż w badaniach statyn, które później przeprowadzono. Względna różnica w nagłych przypadkach śmiertelnych była o 46% niższa niż w grupie kontrolnej. Także liczba wszystkich przypadków śmiertelnych była znacznie niższa. Ponadto nie zauważono żadnych różnic między grupami, jeśli chodzi o poziom cholesterolu.

Interesujący jest fakt, że nie zauważono żadnej różnicy w liczbie zawałów serca, które nie zakończyły się śmiercią. Następny argument popierający teorię, że Omega 3 ma korzystny wpływ na przewodnictwo systemu nerwowego serca.

Ci, którzy ciągle wierzą, że wysoki poziom cholesterolu jest głównym złoczyńcą, mogą argumentować, że w badaniach tych nie obniżono poziomu cholesterolu w sposób wystarczający. W dzisiejszych czasach mamy metody farmakologiczne obniżenia poziomu cholesterolu znacznie bardziej niż pozwalały na to poprzednio używane leki. Są to statyny. Zgodnie ze zdaniem kierowników odpowiedzialnych za eksperymenty, w których testowano statyny, intensywne obniżanie cholesterolu przy ich użyciu jest zupełnie nieszkodliwe i są one efektywnym lekiem zapobiegającym rozwojowi choroby wieńcowej.

W następnym rozdziale postaram się ustalić, czy jest to prawda.

Bibliografia

1. Cornfield J, Mitchell S. *Arch Environ Hlth* 19, 382–94, 1969.
2. Report of a research committee to the medical research council. *Lancet* 2, 693–700, 1968.
3. Leren P. *Acta Med Scand* Suppl. 466, 1966.
4. Dayton S and others. *Circulation* 40, suppl. II, 1–63, 1969.
5. Frantz ID and others. *Arteriosclerosis* 9, 129–35, 1989.
6. JAMA 248, 1465–77, 1982.
7. Circulation 37, suppl. I, 1–428, 1968; figures of the diet and blood cholesterol in the multiple risk factor intervention trial (MRFIT). IV. Intervention on blood lipids. Prev Med 10, 443–75, 1981; table IX,1 and table XII,e.
8. Fakt palenia lub niepalenia tytoniu wyjaśnia tę różnicę. Najlepiej jest to widoczne, kiedy uprości się tabelę w skomplikowanej publikacji w JAMA w następujący sposób:

Wyszczególnienie	Grupa leczona		Grupa kontrolna	
	liczba przypadków	śmiertelność	liczba przypadków	śmiertelność
Przestało palić	991	11,1 %	374	10,7 %
Kontynuowało palenie	2842	20,4 %	3456	20,3%

Jeśli czytać wyniki w tabeli poziomo, widoczny jest efekt diety. Jeśli czytać wyniki pionowo, wtedy widoczny jest efekt zaprzestania palenia. Dlatego tabela ta pokazuje, że obojętne co jemy, śmiertelność spowodowana choroba wieńcową może być zmniejszona o połowę, jeśli zaprzestanie się palenia tytoniu.

9. *J Amer Diet Assoc* 86, 744–58, 1986.
10. Miettinen TA and others. *JAMA* 254, 2097–102, 1985.
11. The Coronary Drug Project Research Group. Circulation 47, suppl. 1, 1–50, 1973.
12. *Ibid. JAMA* 214, 1303–13, 1970.
13. *Ibid. JAMA* 226, 652–7, 1973.
14. *Ibid. JAMA* 220, 996–1008, 1972.
15. *Ibid. JAMA* 231, 360–81, 1975.
17. Rezultaty z badań WHO znajdują się w *Br Heart J* 40, 1069–1118, 1978, a dalszy wynik obserwacji w *Lancet* 2, 379–85, 1980.
18. Salonen JT and others. BMJ 2, 1178–83, 1979.
19. Frick MH and others. *Ann Med* 25, 41–45, 1993.
20. Frick MH and others. *N Engl J Med* 317, 1237–45, 1987.
21. (a) Salonen JT. Primary prevention of sudden coronary death: a community–based program in North Karelia, Finland. *Ann N Y Acad Sci* 382, 423–37, 1982.
(b) Tuomilehto J and others. Decline in cardiovascular mortality in North Karelia and other parts of Finland. *BMJ* 293, 1068–71, 1986.
22. Salonen JT. *Lancet* 2, 269, 1987.
23. Oliver MF. *Lancet* 2, 518, 1987.
24. (a) Hjermann I and others. Lancet 2, 1303–10, 1981.
Redukcja wagi ciała w grupie leczonej jest bardzo łatwa do przeoczenia, ponieważ waga ciała nie była podana w kilogramach tylko jako waga względna (waga ciała podzielona przez wzrost do kwadratu):

Grupa	Waga względna	
	przed	po
Grupa leczona	24,44	23,28
Grupa kontrolna	25,46	25,65

25. *JAMA* 251, 351–64, 1984.

26. *J Chron Dis* 32, 609–631, 1979. Krytyka zmiany wymagań statystycznych była opublikowana w JAMA 253, 3091, 1985, razem z odpowiedzią dyrektorów badań.
27. Dwubiegunowy test T jest znacznie bardziej trudny do wypełnienia niż test jednobiegunowy, ale jest znacznie wiarygodniejszy. Naukowcy już dawno uzgodnili, że jednobiegunowy test może być użyty tylko wówczas, kiedy jest pewne, że wyniki badań będą zmierzały tylko w jednym kierunku. Jednobiegunowego testu nigdy nie należy używać, kiedy badania – na przykład testy leku, kiedy to lek może wyrządzić raczej szkodę niż przynieść korzyść – mogą mieć wynik szkodliwy lub korzystny.
28. *JAMA* 253, 3091, 1985.
29. *The Atlantic Monthly*, January 1990.
30. Brensike JF and others. *Circulation* 69, 313–24, 1984.
31. Levy RI and others. *Circulation* 69, 325–37, 1984.
32. Blankenhorn DH and others. *JAMA* 257, 3233–40, 1987.
33. Roberts L. *Science* 237, 28–9, 1987.
34. Brown G and others. N Engl J Med 323, 1289–98, 1990.
35. Brown G and others. Circulation 70, 18–24, 1984.
36. Glagov S and others. N Engl J Med 316, 1371–5, 1987.
37. Ravnskov U. BMJ 305, 15–19, 1992.
38. BMJ 305, 420–2, 1992.
39. Stamler J and others. JAMA 183, 632–8, 1963.
40. International Task Force for Prevention of Coronary Heart Disease. Prevention of coronary heart disease. *Nutr Metabol Cardiovasc Dis* 2, 113–56, 1992. Pamiętać należy, że cytat jest z artykułu napisanego zanim opublikowano wyniki badań statyn.
41. de Lorgeril M and others. *Lancet* 343, 1454–1459, 1994.
42. Sandker GW and others. *Eur J Clin Nutr* 47, 201–208, 1993.
43. de Lorgeril M and others. *Circulation* 99, 779–85, 1993.
44. *Lancet*. 354, 447–55, 1999.

Aneks

Dr Ornish – badania stylu życia i jego wpływu na serce

„Choroba wieńcowa serca jest chorobą wieloczynnikową, która wymaga wieloczynnikowej interwencji farmakologicznej". Opinię tę wyraża dr Dean Ornish z Instytutu Badań Prewencyjnych w Medycynie w Sausalito w Kaliforni. Opinię tę podziela również wielu lekarzy i naukowców. Dr Ornish i jego zespół postanowili zastąpić dietę niskotłuszczową, ubogą w cholesterol, dietą wegetariańską. Polecili również zaprzestać palenia, unikać stresu i stosować umiarkowane ćwiczenia fizyczne. Wybrali 96 pacjentów, u których zdiagnozowano chorobę wieńcową na podstawie wcześniej wykonanych angiografii. 53 zostało losowo przypisanych do grupy eksperymentalnej i 43 do grupy kontrolnej. Kiedy jednak pacjentów powiadomiono o celu badań, tylko 28 i 20 odpowiednio z tych grup, zgodziło się uczestniczyć w eksperymencie.

Po roku wykonano ponownie badania angiograficzne, ale jeden z angiogramów zniknął. U trzech pacjentów angiogramy nie mogły być zinterpretowane, jeden pacjent nie był brany pod uwagę, ponieważ nie zapłacił, jeden zmarł, wykonując zbyt ciężkie ćwiczenia fizyczne, jeden odpadł z programu badań ze względu na nadużycie alkoholu. Tak więc tylko 22 pacjentów w grupie eksperymentalnej i 19 w grupie kontrolnej brało udział w eksperymencie.

Wyniki wydawały się całkiem obiecujące. W grupie eksperymentalnej cholesterol całkowity obniżył się średnio o 24% i LDL o 37%, średnia masa ciała obniżyła się o 10 kg. Stwierdzono mniej dotkliwe bóle w klatce piersiowej, tętnice wieńcowe nieco się poszerzyły, podczas gdy w grupie kontrolnej średnica tętnic trochę się zmniejszyła. Jak napisano w raporcie z badań, wspomniane elementy poprawy były bardzo mocno powiązane z dokładnym przestrzeganiem zaleceń. Poprawa stanu naczyń utrzymywała się ciągle, nawet po przedłużeniu okresu badań o dalsze 5 lat, ale i tym razem różnica została wyliczona przy użyciu mniej wymagającego jednobiegunowego testu T. Niestety nie stwierdzono żadnej różnicy w częstotliwości, długości trwania lub stopniu odczucia ciężkości w klatce piersiowej między obiema grupami. Jednak to nieoczekiwane odkrycie wystąpiło najprawdopodobniej na skutek wszczepienie bajpasów w grupie kontrolnej. Nic nie wspomniano, ile takich operacji przeprowadzono, ani też nie dokonano porównania z tymi, u których takich operacji nie przeprowadzono. W dodatku następne trzy osoby zrezygnowały z udziału w dalszych eksperymentach.

Pojawiło się jednak jeszcze więcej niedociągnięć. Nie były to badania „ślepe" (chociaż w ostatniej publikacji zostały określone jako „ślepe"!). Ponadto mała liczba uczestników spowodowała nierówny rozkład czynników ryzyka. Na przykład: w grupie kontrolnej na początku badań średni wiek uczestników był o 4 lata wyższy, średni poziom cholesterolu wyższy o 8%, i średni poziom LDL o 10%, a średnia masa ciała w grupie eksperymentalnej była o ponad 11 kg większa niż w grupie kontrolnej. Takie duże różnice w czynnikach ryzyka oczywiście skomplikowały efekty leczenia.

Załóżmy jednak, że poprawa, jaka nastąpiła u leczonych osób, była prawdziwa i była wynikiem zastosowanego leczenia. Jednak który z czynników przyniósł ten korzystny efekt? Czy była to redukcja masy ciała o ponad 11 kg? Czy różnica wynikała z faktu zaprzestania palenia? (Jedna z osób w grupie eksperymentalnej paliła i przestała, nic nie wspomniano, ile osób paliło w grupie kontrolnej). Czy był to efekt ćwiczeń fizycznych? Czy też był to efekt większego spokoju wewnętrznego i dobrego samopoczucia wynikającego z przeprowadzonej edukacji kontroli stresu. A może była to kombinacja wszystkich tych czynników?

To, że dieta ma jakiekolwiek znaczenie, jest mało prawdopodobne, ponieważ nie ma dowodów na to, że wegetarianie są narażeni na mniejsze ryzyko chorób serca niż inni ludzie. Jest również mało prawdopodobne, że jest to zmiana w poziomie LDL, dlatego że po zakończeniu badań okazało się, że nie było żadnych istotnych różnic między poziomem LDL w obu grupach. To ostatnie zdanie zaprzecza twierdzeniu, że zmiany w chorobie miażdżycowej i dieta są powiązane na zasadzie „dawka-wynik". Na słuszne pytanie, jakie zadała Elanie R. Monsewn, redaktor naczelny pisma „Journal of the American Dietetic Association": „Dokładnie, jak silne były te korelacje?" dr Ornish odpowiedział: „ Badania te nie miały na celu tego typu analiz, więc jeśli powiedzielibyśmy, że taka korelacja istnieje, stalibyśmy na śliskim gruncie".

Godne pochwały jest zapobieganie chorobom bez użycia środków farmakologicznych. Wiemy też, że rolę zapobiegawczą może pełnić unikanie nadwagi, umiarkowane ćwiczenia fizyczne, unikanie palenia tytoniu i napięcia emocjonalnego. Jednakże jak przy tak słabych dowodach, można narzucać milionom ludzi dietę, którą tolerować jest w stanie tylko królik? Być może rezultaty byłyby lepsze, gdyby wewnętrzny spokój pacjentów i dobre ich samopoczucie było wzmocnione przez pozwolenie im spożywania smaczniejszego i bardziej odżywczego pożywienia.

Bibliografia

Ornish D and others. *Lancet* 336, 129–133, 1990.
Ornish D *J Amer Diet Ass* 91, 162–165, 1991.
Gould KL, Ornish D and others. *JAMA* 274, 894–901, 1995.

STATYNY – ZAGROŻENIEM DLA ŻYCIA CZŁOWIEKA

To co ci powiem trzy razy – jest prawdą.

Lewis Carroll

Statyny – nowy lek „cud"

Pod koniec lat 80-tych ubiegłego wieku, firmy farmaceutyczne wprowadziły na rynek nowy typ leków obniżających cholesterol nazwanych „statynami". Sprzedawane są one pod różnymi nazwami, takimi jak np. atorwastatyna (Lipitor®), simwastatyna (Zocor®), lowastatyna (Mevacor®), prawastatyna (Pravachol®). Leki te wstrzymują w naszym organizmie produkcję wielu ważnych substancji, a jedną z nich jest cholesterol. I robią to bardzo efektywnie. W dzisiejszych czasach, stosując statyny, można obniżyć poziom cholesterolu o połowę. Ta właściwość statyn w połączeniu z rzekomym brakiem skutków ubocznych i oczekiwanymi ogromnymi zyskami ze sprzedaży tych bardzo drogich leków zdrowym ludziom wyjaśnia, dlaczego wykonano bardzo dużo ich testów. Liczba uczestników testów, pacjentów z chorobą serca i zdrowych ludzi wzięta razem, szybko zbliża się do pół miliona.

Większość lekarzy wierzy, że wyniki tych badań to zwycięstwo zwolenników koncepcji „Dieta–serce". Jednakże dokładniejsza ich analiza ujawnia, że efekty obniżania cholesterolu nie są istotne, a w rzeczywistości mają sporo stron ujemnych. Korzyści zaś są minimalne i jeśli nawet istnieją, to dotyczą tylko pewnej grupy pacjentów. Przez: manipulacje statystyczne, taki dobór pacjentów by prawdopodobieństwo otrzymania oczekiwanych wyników było wysokie, zastosowanie szerokich zakresów granic badań laboratoryjnych uważanych za normalne itd.... kierownikom badań udało się pomniejszyć znaczenie skutków ubocznych, co pozwoliło im zaprezentować statyny jako leki bezpieczne przy stosowaniu u ludzi.

Badania 4S (The Scandinavian Simvastatin Survival Study)

Badania	EXCEL	4S	WOSCOPS	CARE	AFCAPS/ TexCAPS	LIPID
Statyna	lovastatin	simvastatin	pravastatin	pravastatin	lovastatin	pravastatin
Uczestnicy	zdrowi z wysokim cholestero- lem	chorzy na serce z wysokim choleterolem	zdrowi z wysokim cholestero- lem	chorzy na serce z normalnym cholestero- lem	zdrowi z normalnym cholestero- lem	chorzy na serce z różnymi poziomami cholesterolu
Długość badań w latach i miesiącach	?	5 i 4	4 i 4	5	5 i 2	6 i 1
Liczba uczestników						
leczeni	6600	2221	3302	2081	3304	4512
grupa kontrolna	1650	2223	3293	2078	3301	4502
Liczba mężczyzn; procent	59	82	100	86	85	83
Wiek	18-70	35-70	45-64	21-76	M: 45-73; K: 55-73	31-75
Początkowy poziom cholesterolu						
LDL	4,6	4,88	4,92	3,56	3,85	3,85
Cholesterol całkowity	6,6	6,74	6,97	5,36	5,67	5,59
Obniżenie poziomu cholesterolu						
LDL	?	–35%	–26%	–28%	–26%	–25%
Cholesterol całkowity	?	–25%	–20%	–20%	–19%	–18%
Śmiertelność całkowita						
Statyny/gr.kontrolna; liczba	?	182/256	106/135	180/196	80/77	498/633
Statyny/gr.kontrolna; procent	0,5/0,2	8,2/11,5	3,2/4,1	8,6/9,4	2,4/2,3	11/14,1
Zmiana względna; procent	+150	–29	–21	-8	+3,9	-21
Zmiana bezwzględna; punkt procentowy	+0,3	–3,3	–0,9	–0,77	+0,09	-3
Znaczenie statystyczne (BZ= bez znaczenia)	?	***	BZ	BZ	BZ	***

Śmiertelność (serce)						
Statyny/gr.kontrolna; liczba	?	111/189	38/52	96/119	11/15	287/373
Statyny/gr.kontrolna; procent	?	5/8,5	1,2/1,6	4,6/5,7	0,33/0,45	6,4/8,3
Zmiana względna; procent	?	–41	–27	–19	–27	–23
Zmiana bezwzględna; punkt procentowy	?	–3,5	–0,42	–1,1	–0,12	–1,9
Znaczenie statystyczne (BZ= bez znaczenia)		***	BZ	BZ	BZ	***
Choroby serca bez skutku śmiertelnego						
Statyny/gr.kontrolna, liczba	?	353/502	143/204	135/173	116/183[a]	336/463
Statyny/gr.kontrolna; procent	?	5,9/22,6	4,3/6,2	6,5/8.3	3,5/5,5	7,4/10,3
Zmiana względna; procent	?	–30	–22	–22	–38	–27
Zmiana bezwzględna; punkt procentowy	?	–6,7	–1,8	–1,8	–2	–2,9
Znaczenie statystyczne		***	***	*	***	***

Tabela 8A. Główne wyniki z pierwszych sześciu badań nad statynami. Im więcej gwiazdek (*) tym lepiej; ? – oznacza brak danych

W 1994 roku opublikowano wyniki wielkich, wielokierunkowych badań w Skandynawii, które dotyczyły simwastatyny (Zocor®) (1). Wyniki te rzeczywiście są godne uwagi. Po raz pierwszy w badaniach takich udało się osiągnąć obniżenie ryzyka zachorowania na chorobę wieńcową kończącą się śmiercią, oraz w przypadkach, kiedy pacjenci przeżyli. Obniżono nawet ryzyko śmierci w ogóle. Rezultaty te były szeroko skomentowane w piśmie medycznym „British Medical Journal". Napisano: „Poziom cholesterolu u pacjentów należy obniżać już teraz! Nie ma już żadnych wątpliwości dotyczących zalet i bezpieczeństwa leczenia hipercholesterolemii u pacjentów, którzy mieli zawał mięśnia sercowego" (2).

19 listopada 1994, wyniki badań 4 S zostały opublikowane w najbardziej prestiżowym piśmie medycznym „The Lancet" i tego samego dnia zaprezentowano je na konferencji prasowej, zorganizowanej przez producenta simwastatyny i sponsora badań (!) firmę Merc, Sharp & Dohme. Na konferencji tej obecni byli odkrywcy uszkodzonego receptora LDL

u ludzi z rodzinną hipercholesterolemią, zdobywcy nagrody Nobla – Joseph Goldstein i Michael Brown, którzy – zgodnie z opinią przedstawiciela firmy Merck – ogłosili również, że: „to wielki sukces". Ich podniecenie było zupełnie zrozumiałe. Zapewne nie przespali wielu nocy, myśląc o wynikach wcześniej przeprowadzonych badań dotyczących obniżania cholesterolu, których wyniki nie były zbyt zachęcające. W pełnej wigoru kampanii reklamowej, która nastąpiła po konferencji, ogłaszano, że badania 4S to „kamień milowy w badaniach nad cholesterolem" i że simwastatyna to „brakujące ogniwo".

Badania te przeprowadzono we współpracy z 94 skandynawskimi oddziałami szpitali, którymi kierował dr Terje Pedersen z oddziału kardiologii szpitala z Aker w Norwegii. **W komitecie zarządzającym badaniami i monitorującym ich przebieg byli pracownicy firmy Merc (!). Wszystkie dane z badań były opracowywane we własnych laboratoriach firmy Merc w USA, bez jakiegokolwiek niezależnego nadzoru zewnętrznego.**

W czasie badań leczono 4 444 mężczyzn i kobiet, którzy przeżyli zawał serca. Połowa otrzymywała simwastatynę, a połowa placebo. Po 5 latach z powodu zawału serca 8,5% pacjentów zmarło w grupie kontrolnej i 5% w grupie eksperymentalnej (tabela 8A). Ten korzystny wynik dotyczył tylko mężczyzn. Liczba kobiet, które zmarły z powodu zawału serca, była równa w obu grupach.

Liczba zawałów serca, które nie zakończyły się śmiercią, obniżyła się jeszcze bardziej, z 22,6% w grupie kontrolnej do 15,9% w grupie biorącej simwastatynę, różnica wyniosła więc 6,7%. W dodatku, liczba udarów mózgu również znacznie się zmniejszyła: z 4,3 % do 2,7%.

Zadziwia jednak fakt, że w innych, jeszcze większych badaniach HPS (3), które przeprowadzono później, wyniki były tylko w połowie tak dobre jak w badaniach 4S (tabela 8B) , mimo że testowano ten sam lek, w tej samej dawce, na tego samego typu pacjentach i mimo że nawet jeszcze bardziej obniżono poziom cholesterolu.

Wyszczególnienie	HPS (3)	4S (1)
Śmiertelność z powodu choroby serca	–1,2	–3,5
Śmiertelność całkowita	–1,7	–3,3
Udary mózgu	–1,5	–1,6

Tabela 8B. Absolutna redukcja ryzyka (w punktach procentowych) w pierwszych dwóch badaniach simwastatyny (HPS i 4S)

Jednakże w kampaniach marketingowych leku Zocor, używa się tylko danych z badań 4S, a na dodatek liczby te wyrażane są w procentach, a nie w punktach procentowych, a to przecież nie to samo.

Badania CARE (Cholesterol and Recurrent Events Trial)

Podobne badania przeprowadzono pod nazwą CARE. Dr Franck Sacks i jego współpracownicy z 7 amerykańskich, kanadyjskich i brytyjskich szpitali uniwersyteckich stosowali prawastatynę (Pravachol®) w celu obniżenia poziomu cholesterolu u pacjentów po przebytym zawale serca (4). Po 5 latach w grupie kontrolnej z powodu choroby serca zmarło 5,7% osób i 4,6% w grupie leczonej prawastatyną. Biorąc pod uwagę dużą liczbę uczestników badań, wyniki te nie mogą budzić szczególnego zachwytu, zwłaszcza że różnica pomiędzy nimi nie jest statystycznie istotna. Trzeba też nadmienić, że wprawdzie liczba przypadków śmiertelnych z powodu choroby serca zmalała, ale liczba zgonów z innych przyczyn wzrosła.

Stosowanie statyn przyniosło jednak inne korzyści. Podobnie jak w badaniach 4 S, liczba udarów mózgu była mniejsza w grupie leczonej – 2,6% w porównaniu z 3,8% w grupie kontrolnej, a liczba zawałów serca, które nie zakończyły się śmiercią, również była mniejsza w grupie eksperymentalnej – 6,4% w porównaniu z grupą kontrolną – 8,3%.

Badania WOSCOPS (West of Scotland Coronary Prevention Study)

Celem poprzednio omówionych badań nad statynami był efekt leczniczy u pacjentów, którzy mieli już chorobę serca. Czy również możliwe jest zapobieganie chorobom serca u zdrowych osób, których jedyną „chorobą" jest wysoki poziom cholesterolu? To pytanie zadał sobie prof. James Shepherd i jego zespół z uniwersytetu w Glasgow w Szkocji (4). Zebrał do badań 6 000 mężczyzn w średnim wieku ze średnim poziomem cholesterolu, którym podano prawastatynę (Pravachol®) lub placebo w badaniach nazwanych WOSCOPS (5).

5 lat później w grupie kontrolnej z powodu choroby serca zmarło 1,6%, a w grupie eksperymentalnej 1,2%. Różnica ta była daleka od statystycznie istotnej, jednak w grupie eksperymentalnej mniej osób zmarło z powodu wylewu krwi do mózgu i z powodu chorób innych niż choroby serca. Jeśli policzyć wypadki śmiertelne z wszystkich przyczyn, to okaże się, że w grupie kontrolnej zmarło 9,4% osób, a w grupie biorącej prowastatynę 8,6%. Różnica ta ma wartość bliższą wartości statystycznie istotnej. Z kolei liczba przypadków chorób serca, które nie zakończyły się śmiercią, w grupie kontrolnej wyniosła 6,2% w porównaniu z grupą biorącą prowastatynę 4,3%. Jak widać, różnice były niewielkie, a mimo to nikt nie zakwestionował tego, że należy obniżać poziom cholesterolu zgodnie z ogólnie przyjętym poglądem: jeśli poziom cholesterolu jest wysoki, to obojętne jak bardzo jesteś zdrowy – obniżaj go!

Badania AFCAPS/TexCAPS (The Air Force/Texan Coronary Atherosclerosis Prevention Study)

Czy możliwe jest, aby zapobiec zawałom serca u osób zdrowych z normalnym poziomem cholesterolu? Jeśli tak, to oznaczałoby to, że każdy z nas czerpałby korzyści z zażywania statyn, rozpoczynając przyjmowanie tych leków w wieku średnim i kontynuując ich przyjmowanie do końca życia. Ewentualne zyski firm farmaceutycznych w efekcie takiego podejścia zapierają dech w piersiach i są mało przyjemne dla osób zarządzających systemami zdrowia na całym świecie, bo to one musiałyby za to zapłacić.

Nowe badania statyn nazwane w skrócie AFCAPS/TexCAPS miały odpowiedzieć na wyżej zadane pytanie. Kierował nimi były prezes Amerykańskiego Związku Chorób Serca prof. Antonio Gotto z Uniwersytetu w Cornell z Nowego Jorku i jego współpracownicy z różnych instytucji i szpitali z Teksasu. Trzech jego współpracowników było pracownikami firmy Merc & Co, która produkowała lowastatynę (Mevacor®) lek testowany w czasie tych badań. Ponad 5000 zdrowych mężczyzn i prawie 1000 zdrowych kobiet bez żadnych symptomów choroby wieńcowej podzielono na grupę eksperymentalną i grupę otrzymującą placebo (6).

Po 5 latach w grupie eksperymentalnej zmarło 2,4% osób, a w grupie kontrolnej 2,3%. Jednak, jak ogłosili dyrektorzy badań, głównym celem w tych badaniach nie było zmniejszenie śmiertelności w ogóle, ale zmniejszenie liczby śmiertelnych i niekończących się śmiercią zawałów serca, łącznie z przypadkami dusznicy bolesnej. Różnica między liczą takich przypadków była statystycznie istotna – 5,5% w grupie kontrolnej i 3,5% w grupie biorącej lowastatynę.

Badania LIPID (Long-term Intervention with Pravastatin in Ischemic Disease)

Innymi badaniami nad prawastatyną były badania nazwane LIPID. Uczestniczyli w nich pacjenci chorzy na serce z różnymi poziomami cholesterolu. Jak się wydaje, podejście takie jest logiczne, ponieważ skoro statyny zapobiegają chorobie wieńcowej bez względu na to, jaki jest poziom cholesterolu, nie ma powodu, by zwracać uwagę na to, jaki uczestnicy badań mają jego poziom. Badania te prowadził dr Andrew Tonkin i dr John Simes z Uniwersytetu w Sydney z Australii razem z innymi 63 naukowcami. 3 z nich pracowało również w firmie farmaceutycznej Bristol-Myers Squibb, która była sponsorem badań (!) (7).

Po 6 latach w grupie kontrolnej zmarło 14% osób, w grupie ekperymentalnej 11%. Stwierdzono również niewielki wpływ leku, jeśli chodzi o śmiertelność ogólną, ale tylko u mężczyzn. Efekt ten osiągnięto bez względu na to, czy początkowy poziom cholesterolu był niski czy wysoki. Było to odkrycie, z którego naukowcy byli szczególnie dumni. Nie zorientowali się, że to właśnie odkrycie stanowiło poważny problem dla tych, którzy twierdzili, że cholesterol jest niebezpieczny.

Jak wyjaśnić, że obniżanie poziomu cholesterolu jest korzystne u ludzi z normalnym jego poziomem, skoro normalny poziom cholesterolu nie jest czynnikiem ryzyka? To proste – należy zmienić definicje tego, co jest uważane za „normalne”. W dzisiejszych czasach służby medyczne uważają, że wszyscy mamy zbyt dużo cholesterolu we krwi, nawet jeśli jego poziom jest już niski.

Problem interpretacji

W swoich raportach dyrektorzy powyższych badań wskazywali na cholesterol jako ważny czynnik ryzyka w chorobie wieńcowej. Jednak tak naprawdę badania te wykazały, bez względu na niezwykle pochlebne komentarze w prasie, istnienie mocnych dowodów na to, że poziom cholesterolu nie ma znaczenia.

Po pierwsze, w wielu badaniach pozytywny efekt wystąpił niezależnie od wieku pacjentów, mimo że cholesterol nie jest czynnikiem ryzyka u osób starszych (8).

Po drugie, u pacjentów, którzy przeżyli zawał, leczenie przyniosło dobre skutki, chociaż większość badań wykazała, że u osób z przebytym zawałem wysoki poziom cholesterolu jest słabym czynnikiem ryzyka, jeśli jest jakimkolwiek w ogóle.

Po trzecie, liczba udarów mózgu zmniejszyła się po leczeniu statynami, chociaż wszystkie badania wskazują na to, że wysoki poziom cholesterolu jest słabym, jeśli w ogóle, czynnikiem ryzyka w przypadku udarów mózgu.

Po czwarte, statyny zabezpieczają przed chorobą wieńcową bez względu na to, czy poziom cholesterolu u danego pacjenta jest wysoki czy niski, mimo że większość badań wskazuje na to, że większe ryzyko dotyczy tylko osób z najwyższym poziomem cholesterolu.

Istnieje jednak znacznie silniejszy dowód na to, że LDL nie stwarza zagrożenia. Twierdzi się, że miażdżyca jest spowodowana przez wysoki poziom cholesterolu we krwi. Im wyższy poziom cholesterolu tym większe ryzyko miażdżycy i mówi się, że im bardziej obniżymy poziom cholesterolu, tym większe osiągniemy korzyści. Najważniejszym dowodem na słuszność takiej hipotezy jest więc związek między stopniem obniżenia poziomu cholesterolu i rezultatem takiego obniżenia. Taki związek nazywa się „związkiem przyczynowo-skutkowym". Podobnym określeniem jest „dawka-skutek", co oznacza związek między dawką leku zastosowanego u pacjenta i efektem tej dawki. Związek przyczynowo-skutkowy między stopniem obniżenia cholesterolu i wynikiem nie dowodzi przyczynowości, ponieważ stężenie cholesterolu może być czynnikiem drugorzędnym w stosunku do rzeczywistej przyczyny, ale brak takiego związku z góry oznacza brak przyczynowości. Zadziwiające jest jednak to, że tylko kilka raportów z badań zawierało obliczenia związku przyczynowo-skutkowego.

W przypadku badań CARE brak związku przyczynowo-skutkowego został udokumentowany w oddzielnym artykule z tych badań, w którym jego autorzy nie pozostawili żadnej wątpliwości. Napisali: „W wielozmiennych analizach dotyczących stężenia LDL w kolejnych etapach badań nie wykazano, że zmiana w LDL w stosunku do wartości bazowej, wyrażonej jako procent lub jako absolutna zmiana w stężeniu, jest w znaczy sposób powiązana z przypadkami kardiologicznymi" (10). Użyto wielu słów na wytłumaczenie tego niespodziewanego odkrycia.

Bez skutku. Oczywiście, najbardziej prawdopodobne wytłumaczenie, że LDL nie ma nic wspólnego z chorobą wieńcową, nie znalazło się w tym artykule.

Dyrektorzy badań WOSCOPS doszli do tych samych wniosków: „Nie było żadnej oczywistej korelacji między procentową zmianą w obniżeniu poziomu LDL i zmniejszeniem się liczby przypadków kardiologicznych". Stwierdzili oni, że statyny muszą dawać jakiś inny pozytywny efekt (11).

Kiedy dane z badań zostają zebrane i uporządkowane, łatwo policzyć związek przyczynowo-skutkowy. Czytelnikowi pozostawiam spekulacje, dlaczego tego nie zrobiono. Mimo że rezultaty powyższych badań były takie a nie inne, wielu autorów twierdzi, że badania te wykazały jednak istnienie związku przyczynowo-skutkowego. Autorzy ci swoje argumenty opierają na związku między średnim stopniem obniżenia poziomu cholesterolu i wynikami końcowymi. Jednak w obliczeniach związku przyczynowo-skutkowego konieczne jest wzięcie pod uwagę wartości uzyskanych oddzielnie dla poszczególnych osób. Nie ma wątpliwości, że leczenie statynami obniża ryzyko wystąpienia choroby serca, ale musi być to spowodowane innym ich działaniem*. Ponieważ statyny również obniżają poziom cholesterolu, nie jest zaskakujące, że związek przyczynowo-skutkowy pojawi się, jeśli do jego obliczeń użyje się wartości uśrednionych. Jedynym wyjaśnieniem braku indywidualnych danych przyczynowo-skutkowych jest to, że u niektórych osób, które miały zawał serca, cholesterol został znacznie obniżony i/lub że cholesterol u niektórych osób, które nie zachorowały na serce, został nieco tylko obniżony, co oznacza, że wysokie stężenie cholesterolu spełnia rolę ochronną i że stosowanie statyn ma zalety, mimo iż obniżają one poziom cholesterolu. Z powyższego wynika, że statyny dają inne, bardziej korzystne efekty niż obniżanie cholesterolu, co było również konkluzją, do jakiej doszli dyrektorzy badań WOSCOPS. Statyny zmniejszają ryzyko zachorowania na chorobę serca u osób, u których poziom cholesterolu nie jest czynnikiem ryzyka i ich efekt nie zależy od tego, jak bardzo obniżają poziom cholesterolu.

Kiedy wyniki badań 4 S zostały zaprezentowane szwedzkim lekarzom, jednym z uderzających odkryć był zupełny brak związku przyczynowo-skutkowego w odniesieniu do LDL i do całkowitego poziomu cholesterolu. Byłem obecny na dwóch prezentacjach tych badań i wskazałem na to rażące odejście od hipotezy cholesterolowej. W obu przypadkach było oczywiste, że prowadzący te spotkania nie byli świadomi

* Nie poprzez obniżanie cholesterolu. Przyp. tł.

wagi ani znaczenia tego zjawiska. Nie wspomniano o tym ważnym fakcie w pierwszym raporcie opublikowanym w „The Lancet" w roku 1994. W związku z tym wysłałem swój manuskrypt do „The Lancet", prezentując powyższe argumenty i kilka jeszcze innych. Mój artykuł został odrzucony przez naczelnego redaktora Robina Foxa z następującym wyjaśnieniem:

Szanowny dr Ravnskov
Nie zdziwiło mnie, kiedy usłyszałem od Pana o wynikach badań 4 S. Artykuł Pana spowodował wymianę interesującej korespondencji i jasne jest już, że spór dotyczący cholesterolu i chorób serca jeszcze się nie zakończył. Potrzebujemy więcej danych i wiem, że grupa naukowców, która przeprowadziła badania 4 S, już zajmuje się problemami poruszonymi przez Pana. Zbadamy na przykład, czy korzyści mają związek z początkowym poziomem cholesterolu. Nie jestem przekonany, że opublikowanie Pana hipotez na tym etapie byłoby pomocne czytelnikom.

Z pozdrowieniami
Robin Fox

Korespondencja wspomniana w liście dra Foxa rzeczywiście przyniosła rezultaty. 4 lata później opublikowano nowy raport z badań 4 S i w tej publikacji autorzy stwierdzili, że wystąpił związek przyczynowo-skutkowy (12). Jednak po bliższej analizie okazało się, że związek ten dotyczył tylko pierwszego roku badań.

W liście do „Läkartidningen", czasopisma szwedzkiego związku medycznego, poprosiłem jednego z autorów badań 4 S, którym był prof. Anders G. Olsson, o wyjaśnienie, dlaczego zaprezentowano istnienie związku przyczynowo-skutkowego tylko z okresu pierwszego roku badań, a nie z całego okresu trwania badań, w którym, zgodnie z prezentacją wyników na spotkaniach w Szwecji, związku przyczynowo-skutkowego nie stwierdzono (13).

Olsson odpowiedział jak następuje: „Każdy, kto ma obsesję na punkcie pewnej określonej idei, może dojść do zarozumiałej konkluzji na podstawie analizy wybranych podgrup" (14).

Do dziś dnia zastanawiam się, kogo miał Olsson na myśli.

Istnieją solidne dowody na istnienie alternatywy, tzw. plejotropowego efektu statyn (zjawisko, w którym jeden czynnik ma więcej niż jeden efekt), na który wskazałem w moim odrzuconym przez redaktora Foxa manuskrypcie, jak również w następnym liście, który wysłałem do magazynu „The Lancet" (15). W ciągu następnych kilku lat również inni naukowcy opublikowali podobne do mojego artykuły dotyczące tego problemu (16).

Statyny spowalniają w organizmie produkcję substancji nazwanej mewalonian, która jest prekursorem cholesterolu, ale spowalniają także produkcję innych biologicznie ważnych dla organizmu substancji. Zasada, zgodnie z którą statyny utrudniają organizmowi produkcję mewalonianu, jest skomplikowana i trudna do przewidzenia. Na podobnej zasadzie trudno przewidzieć, co się stanie, kiedy stalowy młot wrzucimy do wnętrza skomplikowanej maszyny. Można jednak spróbować dojść do pewnych wniosków (17).

Mniejsza ilość mewalonianu może wyjaśniać, dlaczego leczenie statynami przynosi efekt przeciwzapalny (17), powoduje, że komórki mięśni gładkich są mniej aktywne (18) i płytki krwi mają mniejszą tendencje do tworzenia tromboksanu (19). Jednym z pierwszych etapów procesu miażdżycowego jest wzrost i migracja komórek mięśni gładkich wewnątrz ścian tętnic, a tromboksan jest substancją konieczną do tworzenia skrzepów. Przez zablokowanie funkcji płytek krwi i komórek mięśni gładkich leczenie statynami może być korzystne w przypadku choroby wieńcowej, z powodu przynajmniej dwóch mechanizmów, które nie zależą od poziomu cholesterolu (18,19).

Ochronny efekt simwastatyny zademonstrowany został podczas testów przeszczepiania serca u szczurów (20). Normalnie, funkcjonowanie przeszczepionego serca stopniowo pogarsza się, ponieważ naczynia wieńcowe zwężają się z powodu zwiększonego rozrostu komórek mięśni gładkich w ścianach tętnic. Efekt ten nazwany został „chorobą przeszczepienną naczyń" (graft vessel disease). Ma on wiele cech podobnych do wczesnej miażdżycy.

U szczurów, którym podawano simwastatynę, zauważono zdecydowanie mniejsze zwężenia światła tętnic w wyniku rozrostu komórek mięśni gładkich niż w grupie kontrolnej, która nie otrzymywała simwastatyny. I nie było to spowodowane obniżeniem poziomu cholesterolu, ponieważ simwastatyna nie obniża poziomu cholesterolu u szczurów. W rzeczywistości poziom LDL był najwyższy u szczurów, którym podawano simwastatynę.

W innym eksperymencie, na królikach, na tętnicę założono elastyczne opaski (21). Po dwóch tygodniach średnica tętnic z założonymi opaskami zmniejszyła się, ale w mniejszym stopniu u tych królików, którym podawano simwastatynę. Ponownie efekt ten nie miał żadnego związku z poziomem cholesterolu u tych królików. W związku z tym można powiedzieć, że statyny w pewnym stopniu zapobiegają chorobie wieńcowej, ale ich działanie i efekt nie mają żadnego związku z poziomem cholesterolu. Zwolennicy hipotezy cholesterolowej mieli po prostu niesamowite szczęście znajdując substancję, która chroni przed choroba wieńcową, a jednocześnie obniża poziom cholesterolu. Powstaje jednak pytanie, czy korzyści nie byłyby jeszcze większe, gdyby statyny nie obniżały cholesterolu?

Jednak właściwie po co zajmować się tymi mechanizmami? Czyż to nie wspaniałe, że statyny działają? Czy nie powinniśmy wszyscy zażywać statyny? A może dodawać je do wody pitnej?

Koszty

Rozpatrzmy teraz liczby zestawione w tabeli 8 A, uzyskane w czasie badań. Wybrałem dane tylko dotyczące przypadków śmiertelnych z powodu choroby serca. Popatrzmy na liczby z opisem „liczba przypadków śmiertelnych, względna redukcja ryzyka". Śmiertelność z powodu choroby serca w tych badaniach zmniejszyła się o 19% do 41%, najwięcej w badaniach 4 S, najmniej w badaniach CARE. Są to tak zwane „wartości względne ryzyka", które są najczęściej używane przez dyrektorów badań i w kampaniach reklamowych firm farmaceutycznych. Popatrzmy jednak teraz na wartości absolutne opisane w następnej linii jako „wartość absolutna redukcji ryzyka". Tutaj można zauważyć, że śmierci z powodu zawału serca uniknął tylko mały procent leczonych uczestników badań. Liczba ta była najwyższa w badaniach, w których uczestniczyły osoby z istniejącą już chorobą serca, podczas gdy w badaniach, w których uwzględniono również osoby zdrowe, z normalnym poziomem cholesterolu (AFCAPS/TexCAPS), stanowiło to zaledwie 0,12%.

Inaczej mówiąc, prawdopodobieństwo uniknięcia śmierci w ciągu następnych 4 do 6 lat z powodu zawału serca przez nieleczonego pacjenta z istniejąca już chorobą serca wynosi około 92%, a jeśli pacjent każdego dnia zażywa simwastatynę – około 95%.

U osób zdrowych liczby te robią jeszcze mniejsze wrażenie. W badaniach WOSCOPS na przykład, prawdopodobieństwo uniknięcia śmierci z powodu zawału serca w ciągu 5 lat trwania tych badań wśród pacjentów z wysokim poziomem cholesterolu wynosiło 98,4% bez leczenia i 98,8% przy stosowaniu statyn. W badaniach AFCAPS/TexCAPS wynosiło odpowiednio 99,55% bez leczenia i 99,67% przy zastosowaniu leczenia. Najprawdopodobniej jednak nie zauważono żadnego efektu, ponieważ przy tak niewielkich różnicach mogło to być dziełem zwykłego przypadku. Porównajmy te wyniki z innym rodzajem leczenia, np. infekcji układu moczowego. 9 z 10 kobiet z infekcją układu moczowego natychmiast wyzdrowieje po zastosowaniu leczenia przez kilka dni odpowiednio dobranym antybiotykiem kosztującym kilku dolarów. A w badaniach 4 S leczono 28 pacjentów przez 5 lat, żeby zapobiec jednemu zawałowi serca. W innych badaniach leczono dwa razy tyle osób, żeby osiągnąć ten sam efekt. Tak więc, podczas gdy 1 pacjent miał jakąś korzyść z leczenia, to pozostałych 9 brało leki na próżno, ponieważ i tak przeżyliby. Koszt samych leków to około 150 000 dolarów na osobę, która uniknęła zawału serca. Tak było w 1994 roku, kiedy opublikowano wyniki pierwszych badań statyn. Dzisiaj jest już taniej. W badaniach wszystkie koszty poniosły firmy farmaceutyczne, ale w rzeczywistości koszty te musi pokryć pacjent lub społeczeństwo, nie tylko koszty leków, ale także honoraria lekarzy, analizy laboratoryjne, utratę dochodów podczas wizyt u lekarzy itp. Żeby zapobiec jednemu zawałowi serca, jeśli to w ogóle jest możliwe, 235 osób z wysokim poziomem cholesterolu i 826 osób z normalnym jego poziomem musi zażywać statyny przez okres 4 do 5 lat.

Oczywiście, stosowanie statyn może przynieść też inne korzyści. Leczenie statynami w prowadzonych badaniach zapobiegło nie tylko chorobie wieńcowej, ale zapobiegło też niemalże podwojeniu liczby zawałów serca nie kończących się śmiercią. Od kosztów leczenia należałoby jednak odjąć koszty opieki szpitalnej i innego leczenia pacjentów, u których leczenie statynami zapobiegło zawałom, nie wspominając żalu i bólu związanego z utratą żon, mężów czy przyjaciół. W najbardziej optymistycznych obliczeniach, koszt uratowanego jednego roku życia u osoby chorej na serce ocenia się na około 10 000 dolarów, w przypadku osoby zdrowej suma ta jest znacznie wyższa. Może to brzmieć niezbyt rozsądnie, ale czy życie ludzkie nie jest warte 10 000 dolarów? A więc żeby dodać kilka lat życia kilku ludziom, więcej niż połowa ludzkości powinna zażywać statyny każdego dnia od wczesnej młodości do końca życia? Łatwo policzyć, że pochłonęłoby to większość funduszy z budżetu przeznaczonego na ochronę zdrowia każdego rządu. Jeśli takie fundusze miałyby być wydane na przedłużenie życia kilku zdrowym ludziom, to skąd wziąć pieniądze na leczenie tych, którzy naprawdę są chorzy? Czyż opieka zdrowotna nie powinna być przede wszystkim dla chorych i niepełnosprawnych?

Co gorsze, ci, którzy zalecają leczenie statynami zdrowych ludzi, ignorują fakt, że „leczenie" to może wywołać chorobę zamiast jej zapobiegać.

Skutki uboczne

Leki, które ingerują w procesy, jakie zachodzą w organizmie, zazwyczaj dają nieoczekiwane i niezamierzone skutki. Tak jest również w przypadku statyn. Zgodnie z tym co twierdzą producenci tych leków i kierownicy badań, niepożądane skutki uboczne stosowania statyn są rzadkie i łagodne, takie jakie powinny być, ponieważ są przeznaczone do leczenia trwającego przez całe życie przez miliony pacjentów i ludzi zdrowych. Firmy farmaceutyczne prześcigają się w zapewnianiu potencjalnych klientów, że ich leki są bezpieczne, mając na względzie niebotyczne zyski, jakie i tak już osiągnęły z ich sprzedaży. Marcia Angell, była redaktorka naczelna magazynu medycznego „The New England Journal of Medicine" oceniła, że **łączny zysk 10 firm farmaceutycznych z listy Fortune 500 (lista 500 największych firm w Stanach Zjednoczonych według przychodów) był większy niż zyski wszystkich pozostałych 490 firm wziętych razem!** (22). Przy czym, statyny są najczęściej przepisywanym w dzisiejszych czasach lekiem. Na przykład: w roku 2002 dochód firmy Pfizer ze sprzedaży atorwastatyny tylko w USA wyniósł 9 miliardów dolarów. Bez wątpienia, jak mówi dr Angell, celem firm farmaceutycznych jest „tak manipulować danymi, aby ich leki były dobrze postrzegane". Firmy te są bardzo sprytne w stosowaniu środków pozwalających im ten cel osiągnąć.

Miopatia i rabdomioliza

Statyny blokują działanie enzymu nazywanego reduktazą 3–hydroksy–3–metyloglutarylo–koenzymu A. Enzym ten jest konieczny do produkcji mewalonianu, który jest nie tylko elementem strukturalnym cholesterolu, ale również substancji nazywanej koenzym Q10 lub po prostu Q10. Substancja ta znajduje się w mitochondriach naszych komórek, a każde mitochondrium jest fabryką energii. Organizm nie może produkować potrzebnej mu energii bez tej niezbędnej cząstki, a jej znaczenie jest najbardziej widoczne tam, gdzie istnieje największe zapotrzebowania na energie – w komórkach mięśni. Dolegliwości mięśniowe są najczęściej zgłaszanym przez pacjentów skutkiem ubocznym stosowania statyn.

Autorzy badań twierdzą, że dolegliwości mięśniowe lub miopatia zdarzają się u mniej niż 1% pacjentów, ale z pewnością jest to spore niedoszacowanie. Inni autorzy, którzy nie są związani z firmami farmaceutycznymi, zauważyli znacznie większą częstotliwość występowania tych skutków ubocznych. Grupa naukowców, którą prowadził Helmut Sinzinger z uniwersytetu wiedeńskiego, zauważyła, że skutki uboczne przejawiające się upośledzeniem pracy mięśni były widoczne u 25% pacjentów, którzy wykonywali regularne ćwiczenia fizyczne. Badali ten problem u 22 zawodowych sportowców z rodzinną hipercholesterolemią, których leczono, podając im różnego rodzaju leki z grupy statyn. 16 pacjentów musiało zaprzestać leczenia z powodu skutków ubocznych dotyczących mięśni (24). Sportowcy wyczynowi mogą być bardziej wrażliwi na ból mięśni i ich osłabienie niż inni ludzie, ale nawet łagodne symptomy mogą mieć szkodliwy skutek u ludzi starszych, którzy cierpią z powodu osłabionych mięśni. Biorąc pod uwagę fakt, że najlepszą, najtańszą i najmniej ryzykowną metodą zapobiegania chorobom serca jest regularne wykonywanie ćwiczeń fizycznych, problemy mięśniowe, jako skutek uboczny stosowania statyn, mogą zniweczyć jakiekolwiek możliwe korzyści z tego leczenia.

Wyniki, jakie otrzymał dr Peter Langsjoen i jego zespół z East Texas Medical Center również stwierdzają, że ponad połowa z 50 pacjentów z chorobą serca leczonych statynami cierpiała na bóle mięśni, a 6% z nich nadal odczuwało bóle po zaprzestaniu podawania statyn (24c).

Kiedy mięśnie zostają uszkodzone, wzrasta w nich stężenie enzymu nazywanego kinazą kreatyninową lub w skrócie CK. Podwyższony poziom CK jest wczesną oznaką uszkodzenia mięśni szkieletowych oraz mięśnia sercowego. Mówi się nam, że podniesiony poziom CK zauważono tylko u mniej niż 1% osób leczonych statynami. **Kierownicy badań jednak nalegają, by uznać za „normalny" poziom CK 10-krotnie wyższy niż najwyższa granica poziomu uznawanego do tej pory powszechnie za normalny dla tego enzymu i tylko wtedy uznawać go za wysoki, jeżeli zmierzono tę wartość w dwóch następujących po sobie badaniach!**

Z uszkodzeniem wątroby jako skutkiem ubocznym stosowania statyn jest podobnie jak z mięśniami. **Skutki uboczne wymienia się w raportach tylko wtedy, kiedy enzymy wątrobowe są trzykrotnie wyższe niż najwyższy ich poziom uznawany za normalny i kiedy taką wysokość potwierdzi się w 2 pomiarach!**

Nigdy nie słyszałem ani nie czytałem, aby ktoś zakwestionował tego rodzaju praktykę. Nikt nie wydaje się zainteresowany tym, co będzie się działo z wątrobą po 10 czy 20 latach leczenia statynami tych ludzi, u których poziom enzymów wątrobowych był tylko 2,5 razy wyższy? A co stanie się z mięśniami u tych, których poziom CK jest tylko 9 razy wyższy?

Zwyczaj diagnozowania i stwierdzania uszkodzenia mięśni tylko na podstawie podwyższonego poziomu CK powinien również zostać zakwestionowany, ponieważ badania mikroskopowe tkanki mięśniowej u pacjentów leczonych statynami wykazują jej uszkodzenie nawet przy normalnym poziomie CK (25). Tkanka mięśniowa u pacjentów leczonych statynami, nawet nie odczuwających żadnych symptomów ze strony mięśni, również może być uszkodzona. W badaniach za pomocą mikroskopu elektronowego struktury tkanki mięśniowej u 10 z 14 pacjentów leczonych statynami wykryto uszkodzenia, ale żaden pacjent tego nie odczuwał. Podobne zmiany wykryto zaledwie u jednego pacjenta z 8 w grupie kontrolnej (26).

W rzadkich przypadkach postępująca miopatia doprowadza do zniszczenia tkanek mięśniowych, czyli do schorzenia nazywanego rabdomiolizą. W tej chorobie duże ilości białka zwanego mioglobiną są uwalniane do krwi, a zbyt dużo mioglobiny we krwi prowadzi do uszkodzenia nerek. Kilka lat po wprowadzeniu na rynek przez firmę Bayer statyny pod nazwą Baycol, 50 pacjentów, których leczono tym lekiem, zmarło na skutek uszkodzenia nerek, a firma Bayer była zmuszona do wycofania tego leku z rynku. Zgodnie z ostatnim raportem firmy Bayer ponad 100 pacjentów biorących Baycol zmarło z powodu uszkodzenia nerek. Liczba pacjentów, którzy wymagali dializ lub przeszczepienia nerki, w efekcie stosowania Baycolu, jest nieznana. Liczba ta jednak musi być wysoka. Jednakże w dzisiejszych czasach leczenie zaawansowanej niewydolności nerek jest bardzo efektywne, szczególnie u ludzi młodych i w średnim wieku, a pacjent z wyleczonymi nerkami nie obciąża statystyki.

Rabdomioliza występuje również przy leczeniu innymi statynami, ale z mniejszą częstotliwością. W jednym z ostatnio opublikowanych przeglądów skutków ubocznych statyn autorzy zauważyli 4,4 przypadków rabdomiolizy na 100 000 pacjento-lat po leczeniu prawastatyną, simwastatyna i atorwastatyną (27). Oczywiście z tymi liczbami jest coś nie tak. W badaniach TNT (Treatment to New Targets), w których stosowano dawki statyn do 8 razy wyższe niż normalnie, zauważono 5 przypadków rabdomiolizy, 4 z nich w czasie procesu leczenia statynami. Mimo to autorzy raportu utrzymywali, że te przypadki nie miały nic wspólnego z leczeniem statynami, ponieważ występowały niezależnie od stosowanej dawki. Jeśli 4 przypadki, które wystąpiły w badaniach TNT, nie były spowodowane statynami, i jeśli wyżej wspomniana liczba rabdomiolizy jest prawdziwa, to oznacza, że rabdomioliza powinna występować dwa razy częściej u ludzi nie leczonych niż u leczonych statynami. A to oczywiście nie jest prawdą. Rabdomioliza rzadko występuje samoistnie. Zawsze pojawia się jako następstwo innej przyczyny, na przykład ciężkiego uszkodzenia mięśni, jako rezultat okluzji tętniczej (zmniejszenia się przekroju tętnicy) lub trombozy w żyłach głębokich kończyn dolnych, ewentualnie w wyniku zatrucia substancjami toksycznymi lub lekami. Prawdopodobne jest, że tromboza tętnicza mogła być przyczyną rabdomiolizy w jednym z wymienionych przypadków. Mimo to bardzo mało prawdopodobne jest, że żaden z tych przypadków nie był wynikiem stosowania statyn. Oczywiście kierownicy badań starają się nie dopuścić, żeby prawda o skutkach ubocznych stosowania statyn wyszła na jaw.

Problemy z sercem

Serce jest również mięśniem i w związku z tym może reagować na obniżenie poziomu Q10. Już w 1990 roku biochemik Karl Folker, który pierwszy opisał strukturę molekularną Q10, napisał, że lowastatyna obniża stężenie Q10. Zauważył również, że kiedy funkcje serca się pogarszały, leczenie za pomocą Q10 prowadziło do poprawy (29). W kilku innych badaniach zauważył, że kiedy pacjentom z uszkodzonym mięśniem sercowym podawał Q10, również następowała poprawa (30).

Zgodnie z treścią raportów z badań, niewydolność serca nie jest w nich wykazywana jako skutek uboczny stosowania statyn. Dzieje się tak prawdopodobnie dlatego, że pacjenci z niewydolnością serca są rutynowo wykluczani z badań nad statynami, a również dlatego, że niewydolność serca może być postrzegana jako następstwo innej choroby, a nie skutek uboczny zażywania leku. Bardzo prawdopodobne jest, że tak właśnie pomyśli przeciętny lekarz, ponieważ w ulotkach informacyjnych, dołączanych przez producentów do leków, niewydolność serca nie jest wymieniona jako potencjalny skutek uboczny.

Problemy z mózgiem

Oprócz nadnerczy, najwyższe stężenie cholesterolu charakteryzuje mózg człowieka. Praktycznie cały cholesterol w mózgu jest lokalnie produkowany przez komórki mózgowe, ponieważ w mózgu LDL prawie wcale nie jest wychwytywany z krwi. Prędkość syntezy cholesterolu jest ekstremalnie wysoka w centralnym systemie nerwowym płodu i noworodka, co prawdopodobnie tłumaczy ciężkie zniekształcenia i dysfunkcje mózgu zdarzające się u dzieci z syndromem Smith-Lemli-Opitza, tzn. z wrodzoną wadą w metabolizmie cholesterolu, prowadzącą do krańcowo niskich jego poziomów. Cholesterol jest składnikiem błon komórek mózgowych i włókien nerwowych. Jest też bardzo istotnym elementem właściwego funkcjonowania synaps, tj. połączeń między komórkami nerwowymi. Nie jest więc pozbawione sensu przypuszczenie, że niskie poziomy cholesterolu mogą źle wpłynąć na funkcjonowanie mózgu u ludzi. I rzeczywiście – mamy sporo dowodów uzasadniających to przypuszczenie.

W kilku badaniach opisanych w rozdziale 7 duża liczba leczonych osób zmarła z powodu przemocy lub samobójstw. W żadnym z tych badań różnice nie były statystycznie istotne, ale wyniki tych badań zmierzały w tym samym kierunku.

Większość zwolenników koncepcji „Dieta–serce" stara się zignorować i pomniejszyć ten problem. Twierdzą, że musi to być przypadek. Niewątpliwie obniżanie cholesterolu może spowodować narażenie na śmierć z powodu przemocy lub samobójstwa. Matthew Muldoon i jego zespół z uniwersytetu w Pittsburgu w Pensylwanii jako pierwsi wskazali na ten fakt (31). Stwierdzili oni, że jeśli wyniki wszystkich badań w ich meta–analizie doda się, to zwiększona liczba osób, które zmarły w wyniku przemocy i samobójstw, staje się statystycznie istotna. Więcej osób zmarło z powodu przemocy czy innej nagłej śmierci niż z powodu zawału serca (31). Autorzy zaznaczają też, że niskie poziomy cholesterolu stwierdza się u kryminalistów, u ludzi dopuszczających się przemocy i zachowań agresywnych, u morderców, u osób podejmujących próby samobójcze na tle choroby alkoholowej, u ludzi z niskimi normami społecznymi i o niskim stopniu samokontroli.

W komentarzu do tego artykułu, David Horrobin, redaktor naczelny magazynu medycznego „Medical Hypotheses", napisał, że najpoważniejsze konsekwencje stosowania środków obniżających poziom cholesterolu są niewidoczne. Jeśli niski poziom cholesterolu powoduje przemoc i agresję, to interwencje farmakologiczne zmierzające do obniżenia poziomu cholesterolu na dużą skalę mogłyby prowadzić do zwiększenia zachowań agresywnych i prowadzących do przemocy. Większość tych zachowań wprawdzie nie zakończy się śmiercią, ale spowoduje zwiększoną agresję w pracy i w rodzinie, molestowanie dzieci, bicie żon i ogólnie zwiększone poczucie bycia nieszczęśliwym. Tego typu wydarzenia nie są w żadnych badaniach odnotowywane – nikt o nie nie pyta – i związku z tym nie są nigdy wykrywane (32a). Innymi słowy, mówi się nam o tych, którzy przeżyli zawał serca, ale nie o tych, którzy przeżyli przypadki przemocy czy też usiłowanie popełnienia samobójstwa.

Wnioski, do jakich doszedł Muldoon i jego współpracownicy, zostały wsparte badaniami w Szwecji, które przeprowadził dr Gunnar Lindberg i jego zespół (32b). Zmierzyli oni poziom cholesterolu u ponad 50 000 mężczyzn i kobiet i śledzili przebieg ich życia przez następnie 20 lat. W czasie pierwszych 6 lat 5 razy więcej osób popełniło samobójstwo spośród tych, którzy mieli niski poziom cholesterolu w porównaniu z tymi, u których poziom cholesterolu był wysoki.

Ryzyko samobójstwa z czasem zanika. Autorzy doszli więc do wniosku, że większe ryzyko może być związane ze stężeniem cholesterolu niższym niż naturalnie występujące u danego człowieka, co oznacza, że ryzyko popełnienia samobójstwa jest większe, jeśli niski poziom cholesterolu zostanie wywołany dietą lub lekami.

Kilka innych badań potwierdziło związek między niskim poziomem cholesterolu i agresją, samobójstwami lub usiłowaniem ich popełnienia (32). Nie dziwi więc, że nawrót do uzależnienia od kokainy jest obserwowany częściej u ludzi z niskim poziomem cholesterolu (33), a poziom cholesterolu u małp, psów i ludzi o zachowaniach agresywnych spada do najniższego poziomu na skali (34).

Ocena związku między cholesterolem i funkcjami umysłu jest niezwykle trudna. W ramach badań tej problematyki dr Penelope K. Elias i jej zespół z uniwersytetu w Bostonie odkryli związek między niskim poziomem cholesterolu a niską sprawnością intelektualną. W ich własnych badaniach przez wiele lat śledzili etapy życia około 1 900 pacjentów, którzy uczestniczyli w badaniach Framingham, i zauważyli, że ci, u których poziom cholesterolu był niski, mieli również niższy stopień skupienia uwagi, koncentracji i płynności werbalnej niż inni ludzie (35).

Lekarze, którzy stosują statyny u swych pacjentów, powinni wiedzieć, że istnieje możliwość wystąpienia zaburzeń umysłowych. Dostępna jest już duża liczba dowodów na to, że leczenie statynami może negatywnie wpłynąć na funkcjonowanie mózgu.

Agresja i przemoc

Beatrice Golomb, profesor medycyny na Uniwersytecie Kaliforni w San Diego, poświęciła wiele czasu na badanie skutków ubocznych statyn i obecnie jest naukowcem najbardziej zorientowanym w tym temacie. W niezwykle dokładnej analizie wszystkich badań, które ukazały się od 1965 r. dotyczących związku między niskim i obniżonym poziomem cholesterolu, doszła do wniosku, że związek ten jest przyczynowy i że ryzyko doprowadzenia do zachowań agresywnych powinno być wzięte pod uwagę, zanim lekarze poradzą swoim pacjentom stosowanie środków obniżających cholesterol (36). Opisywała też przypadki pacjentów leczonych statynami z niezwykle ciężkimi zaburzeniami stabilności psychicznej i bardzo porywczych. Wszyscy wrócili do swoich normalnych zachowań i stabilności psychicznej po zaprzestaniu przyjmowania statyn. Silnym argumentem przemawiającym za przyczynowym w tym przypadku charakterem leczenia statynami jest fakt, że kiedy u 4 pacjentów ponownie zaczęto stosować statyny, ich wcześniej opisane symptomy natury psychologicznej i behawioralnej powróciły na nowo (37).

Nie ma medycznego określenia na drażliwość czy nadpobudliwość, dlatego w badaniach statyn nie notowano zmian w zachowaniu uczestników. Jeśli chodzi o kierowników badań, to ten rodzaj skutków ubocznych nie wchodzi w zakres ich zainteresowań. Są one jednak w pełni widziane przez członków rodzin czy przyjaciół, którzy muszą sobie radzić ze zmianami w zachowaniu ich bliskich, którzy biorą statyny. Efekty te są również odczuwane przez samych pacjentów, którzy w późniejszych latach życia mogą popadać w poczucie beznadziejności i przygnębienia.

Demencja i utrata pamięci

Postępującą demencję u 2 pacjentów, u których stosowano atorwastatynę, opisała dr Deborah King z Uniwersytetu stanu Mississippi. Po odstawieniu statyn, stan pacjentów szybko się poprawił (38).

Leslie Wagstaff i jego zespół z Duke University przeszukali bazę danych Federalnego Biura ds. Leków (FDA) MedWatch (baza badań medycznych) pod kątem utraty pamięci u pacjentów stosujących statyny i znaleźli 60 takich przypadków. Symptomy zmieniały się od krótkotrwającej utraty pamięci do całkowitej amnezji. Przy dużej zmienności średni czas od momentu rozpoczęcia stosowania statyn wynosił 60 dni. Po odstawieniu statyn utrata pamięci ustąpiła lub pamięć się poprawiła u 14 pacjentów, brak poprawy odnotowano u 11 pacjentów, a u pozostałych rezultat był nieznany (39).

Utrata pamięci lub amnezja rzadko zdarza się w rzeczywistym życiu. Przynajmniej tak było przed wprowadzeniem na rynek statyn. Jedną z ofiar tego przerażającego skutku ubocznego jest dr Duane Graveline, astronauta, naukowiec zajmujący się medycyną lotów kosmicznych, lekarz lotniczy i rodzinny. W swojej książce pt. „Lipitor – złodziej pamięci" (Lipitor, Thief of Memory) (40a) Graveline opisuje, jak został ofiarą okresowej, ale całkowitej utraty pamięci. 6 tygodni po rutynowych badaniach lotniczych jako astronauta, kiedy przepisano mu Lipitor ze względu na wysoki poziom cholesterolu, został odnaleziony przez swoją żonę, kiedy błądził bez celu w pobliżu swojego domu. Nie poznawał żony i odmawiał wejścia do domu. Jego żonie zajęło sporo czasu, aby przekonać go, żeby wsiadł z nią do samochodu i udał się do ich lekarza rodzinnego. W końcu został przebadany przez neurologa, który nie znalazł żadnej organicznej przyczyny amnezji. Nie zalecił więc żadnego leczenia i wkrótce dr Graveline poczuł się zupełnie normalnie. W końcu jednak zaczął podejrzewać, że przyczyną amnezji był Lipitor i w związku z tym zaprzestał go stosować. W czasie następnego rutynowego badania ponownie przepisano mu Lipitor. Lekarze z NASA ani inni lekarze czy farmaceuci, z którymi się konsultował, nigdy nie słyszeli o takich skutkach ubocznych Lipitoru, więc ponownie posłuchał ich rady, by lek nadal przyjmować. 6 tygodni później nastąpiła następna utrata pamięci, która trwała 12 godzin. Tym razem nie mógł niczego sobie przypomnieć, co działo się w jego życiu. Ponownie związek Lipitoru z utratą pamięci został przez lekarzy odrzucony. Ale tym razem – mimo opinii lekarzy – był przekonany, że winę za te problemy ponosi używany przez niego lek. Doświadczenia swoje w stosowaniu tego leku opisał w liście opublikowanym w „The People's Pharmacy".

Dr Graveline został skierowany do badań prowadzonych przez UCSD College of Medicine, gdzie kierująca badaniami dr Beatrice Golomb powiedziała mu o kilku innych podobnych przypadkach i po opublikowaniu jego listu setki zaniepokojonych pacjentów i ich rodzin, a nawet lekarzy, skontaktowało się z nim w tej sprawie. Opowiedzieli mu o pełnym zakresie skutków ubocznych natury poznawczej, od amnezji i ciężkiego zaniku pamięci do dezorientacji. Wszystkie te przypadki były związane z leczeniem statynami.

Podobne przypadki są ciągle zgłaszane do Agencji do Spraw Żywności i Leków, gdzie są zbierane i archiwizowane. Niestety do dnia dzisiejszego agencja ta nie podjęła żadnej akcji w tej kwestii – nie wydała nawet ostrzeżenia.

Każdy, komu przepisano statyny, powinien przeczytać książkę dr Graveline pt. „Skutki uboczne statyn i myląca wojna z cholesterolem" („Statin Drugs Side Effects and The Misguided War on Cholesterol") (40b) lub przynajmniej wejść na jego stronę internetową: http://www.spacedoc.net/index.php, gdzie podsumowuje on to, czego się nauczył od tysięcy osób, które skontaktowały się z nim po publikacji jego pierwszej książki, w której napisał:

„Na każdy zgłoszony przypadek przemijającej całkowitej amnezji przypada setki zgłoszeń osłabionej pamięci i dezorientacji, szczególnie wśród starszych wiekiem pacjentów, które nigdy i nigdzie nie są nawet wspomniane. O wiele zbyt często ta grupa pacjentów akceptuje po prostu starość jako przyczynę, szczególnie kiedy ich lekarze nie zdają sobie sprawy z tego rodzaju skutków ubocznych".

To ostatnie stwierdzenie jest prawie zawsze prawdziwe: skąd lekarze mają o tym wiedzieć, skoro nic na temat utraty pamięci nie jest wspomniane w ulotkach dołączanych do tych leków ani żadna instytucja rządowa zajmująca się opieką zdrowotną nie opublikowała odpowiedniego ostrzeżenia. Tymczasem piloci biorący statyny ciągle pilotują samoloty, kierowcy autobusów ciągle prowadzą autobusy, a rodzice i dziadkowie biorący statyny ciągle odwożą samochodami dzieci do przedszkoli i szkół. Czy ktokolwiek powinien czuć się bezpiecznie, kiedy u tak dużej części populacji stosuje się statyny?

Wpływ cholesterolu na pamięć badał też prof. V.W.Henderson i jego zespół z uniwersytetu w Arkansas. Pamięć i nastrój 326 kobiet w średnim wieku były oceniane i porównywane z poziomem cholesterolu. Naukowcy zauważyli, że LDL jest silnie związany z poziomem wyników osiąganych w testach pamięciowych, podobnie jak wynika to również z badań, które przeprowadził wcześniej już wspomniany prof. Muldoon. Wyniki testów pamięciowych były lepsze u kobiet z wysokim poziomem cholesterolu niż z poziomem średnim, a u tych ze średnim poziomem były lepsze niż u tych z niskim. Naukowcy porównali także wyniki testów ze zmianami w poziomie LDL na przestrzeni kilku lat i zauważyli, że niezależnie od początkowej wartości, u kobiet, u których poziom cholesterolu wzrósł, wyniki testów pamięci były lepsze niż u kobiet, u których poziom cholesterolu się obniżył (41).

Polineuropatia obwodowa

Skoro niski poziom cholesterolu jest szkodliwy dla mózgu, to uzasadnione jest podejrzenie, że jest też szkodliwy dla nerwów obwodowych. Podejrzenie to jest nie tylko uzasadnione, ale niestety i prawdziwe. Uszkodzenie nerwów obwodowych nazywane jest w języku medycznym polineuropatią. Choroba ta polega na powolnej, postępującej degeneracji nerwów obwodowych. Jest to bardzo uciążliwe i bolesne schorzenie, które na ogół zaczyna się od bólu w stopach i podudziach i może się rozprzestrzeniać na inne obszary ciała. Ból jak po oparzeniu, uczucie silnego pieczenia, a nawet całkowita utrata czucia – to powszechnie występujące symptomy. Polineuropatia może prowadzić też do osłabienia mięśni i trudności w chodzeniu.

W Danii, wszyscy mieszkańcy mają swój numer identyfikacyjny, który jest notowany przy zakupie leków. Dzięki temu można odszukać wszystkich mieszkańców z określoną chorobą i określić, jakich używają lekarstw. W jednym z rejonów Danii, o populacji 465 000 mieszkańców, dr David Gaist i jego zespół ze szpitala uniwersyteckiego w Odense przebadali wszystkich pacjentów, u których zdiagnozowano polineuropatię w ciągu ostatnich 5 lat. Wszyscy mieszkańcy tej samej płci i wieku byli użyci do losowego wybrania grupy kontrolnej, składającej się z 25 osób na każdego chorego z polineuropatią. Po wykluczeniu wszystkich pacjentów z polineuropatią będącą konsekwencją innej choroby, wybrano 166 osób z polineuropatią o nieznanym podłożu. Spośród tych pacjentów 5,4% używało statyn wcześniej lub w trakcie badań, podczas gdy spośród 4150 pacjentów z grupy kontrolnej tylko 1,6% kiedykolwiek stosowało statyny. **Obliczono, że ryzyko wystąpienia występującej samoistnie polineuropatii jest 16 razy wyższe u tych, którzy używają statyn, niż u tych, którzy ich nie używają, przy czym ryzyko to jest jeszcze wyższe u osób używających statyn dłużej niż dwa lata** (42).

Autorzy zwracają uwagę na fakt, że częstotliwość występowania polineuropatii była bardzo niska, ale z czasem zwiększała się. W związku z tym zachodzi oczywiste pytanie, ilu ze stosujących statyny chorych może mieć polineuropatię po 20 lub 30 latach leczenia? Tego nikt jeszcze nie wie. Problem ten jest szczególnie istotny dla chorych na cukrzycę, ponieważ nawet bez leczenia statynami ryzyko wystąpienia u nich polineuropatii jest znacznie wyższe niż u innych ludzi. To, że polineuropatia występuje znacznie częściej u osób używających statyn, jasno wynika z raportów w literaturze medycznej. Na przykład, Elias Ragi, konsultant neurofizjolog ze szpitala Royal Devon z Exeter, doniósł w swoim liście skierowanym do „British Medical Journal", że w jednym tylko roku miał 16 pacjentów z polineuropatią wywołaną przez statyny, przy czym kilka z tych przypadków miało formę ciężką (43).

Impotencja

Literatura naukowa zawiera wiele opisów przypadków dotyczących impotencji w wyniku leczenia statynami. Żeby mieć pogląd dotyczący częstotliwości występowania tej dysfunkcji, dr Anthony Wierzbicki i jego zespół ze szpitala Świętego Tomasza w Londynie, zapytali 82 pacjentów, którzy byli tuż przed rozpoczęciem leczenia statynami, o ich funkcjonowanie pod względem seksualnym. Użyli kwestionariusza, w którym wynik 21 do 25 punktów był uważany za poziom normalny. Przed zastosowaniem statyn 35 pośród tych 82 pacjentów miało wynik 21 lub wyższy, a średnia z tych wyników w całej grupie wynosiła 18,7. Po zastosowaniu leczenia statynami tylko 17 pacjentów miało wynik 21 lub wyższy, a średni wynik obniżył się do 10,4 (44). **A więc około 20% wszystkich mężczyzn leczonych statynami (tzn. 1 na 5) może doświadczyć problemów dotyczących ich życia seksualnego.** Ulotki, które są załączone do sprzedawanych lekarstw, nie wspominają o możliwości wystąpienia tego wstydliwego skutku ubocznego i z mojego doświadczenia klinicznego wiem, że niewielu pacjentów decyduje się na to, żeby ten problem omówić nawet ze swoim lekarzem. Warto też wspomnieć, że badania, które przeprowadził dr Wierzbicki, były opłacone przez firmę Pfizer, ale ponieważ firma ta ma niebotyczne zyski ze sprzedaży Viagry, jest więc zrozumiałe, że na oficjalnej stronie internetowej Lipitoru producenci nie wspominają nic na temat impotencji jako skutku ubocznego.

Gorsze niż talidomid

Statyny nie są zalecane w przypadku ciąży. Jest to powszechnie znany fakt, opisany również w ulotkach towarzyszących tym lekom. Ale kto czyta to, co na ulotkach jest napisane drobnym drukiem? Co więcej, ponad połowa ciąż nie jest planowana, a niekorzystne działanie statyn na płód występuje szczególnie w pierwszych dwóch miesiącach ciąży.

Żeby dowiedzieć się czegoś więcej na temat tego rodzaju skutków ubocznych, dr Robin Edison i dr Maximilian Muenke z Narodowego Instytutu Zdrowia w USA przeanalizowali 178 przypadków ciąży zgłoszonych do Agencji ds. Żywności i Leków, kiedy statyny były brane przez kobiety ciężarne w ciągu pierwszego trymestru. Po wykluczeniu 42 przypadków poronienia i 46 przypadków zaplanowanego usunięcia ciąży, 15 przypadków utraty ciąży z powodu choroby matki i kilku z innych różnych powodów, wybrano 52 przypadki, które uważano za odpowiednie do tych badań. Pośród tych 52 przypadków, 20 było ze zgłoszonymi deformacjami płodu, 5 z tych płodów miało poważne uszkodzenia centralnego systemu nerwowego, a u 5 stwierdzono poważne anomalia w budowie kończyn (45).

To jednak nie wszystko. W laboratorium onkogeniki na uniwersytecie w Tel Avivie, dr Tartakover-Matalon i jego zespół badali żywą tkankę łożyska po legalnie dokonanym usunięciu normalnej ciąży. Zauważyli, że jeśli dodali małą dawkę simwastatyny do podłoża, na którym hodowali tę tkankę, kilka ważnych funkcji łożyska zostało upośledzonych. Doszli do wniosku, że tego typu toksyczne efekty mogą się przyczyniać do zaburzenia procesu implantacji zarodka oraz być przyczyną upośledzenia wzrostu łożyska, a konsekwencją tego mogą być częstsze poronienia i deformacje płodów, stwierdzone poprzednio w badaniach na zwierzętach, którym podawano statyny w czasie trwania ciąży (46). Istnieje wiele powodów, aby przypuszczać, że wysoka liczba poronień (aż 42), opisanych przez dra Edisona i dra Muenke, również była spowodowanych przez statyny. **Należy pamiętać, że przemysł farmaceutyczny przygotowuje się do sprzedaży statyn bez recept, co oznacza, że wiele kobiet w wieku rozrodczym będzie mogło zażywać statyny bez kontroli medycznej. Konsekwencje tego będą wstrząsające.**

Nowotwory

W 1995 r. Thomas Newman i Stephen Hulley z San Francisco opublikowali wyniki drobiazgowej analizy tego, co aktualnie wiadomo na temat choroby nowotworowej i leków obniżających cholesterol. Odkryli, że klofibrat (Atromid–S®, Abitrate®), gemfibrozil (Lopid®) i statyny stymulują wzrost komórek nowotworowych u gryzoni (47). Zadali sobie pytanie, dlaczego leki te w ogóle zostały dopuszczone do sprzedaży przez Agencję ds. Żywności i Leków. Obrońcy statyn wykazywali, że dawki używane w eksperymentach były znacznie wyższe niż te zalecane do zastosowań klinicznych. Newman i Hulley odpowiedzieli, że bardziej istotne jest porównanie poziomu leku we krwi. Ich badania pokazały, że poziom tych leków we krwi, który powodował raka u gryzoni, był bliski temu, jaki zaobserwowano u leczonych statynami ludzi. Jest prawdopodobne, że poziom tych leków we krwi jest w rzeczywistości jeszcze wyższy, ponieważ lekarze przepisują dawki do 8 razy wyższe niż te, jakie przyjęli Newman i Hulley w swojej analizie, gdyż obecnie dąży się do obniżenia poziomu cholesterolu tak bardzo, jak tylko się da.

Ponieważ okres, jaki upływa między narażeniem się na działanie środka rakotwórczego i stwierdzeniem nowotworu u ludzi, wynosi około 20 lub więcej lat, to brak kontrolowanych badań trwających taki długi czas oznacza, że nie wiadomo, czy leczenie statynami może prowadzić do zwiększonego występowania nowotworów w następnych dekadach życia pacjentów. Czyli u milionów ludzi stosuje się leki, których skutki uboczne nie są do końca znane. Dlatego też Newman i Hulley zalecają, aby nowe statyny stosować tylko u ludzi z bardzo wysokim ryzykiem wystąpienia choroby wieńcowej i unikać stosowania u tych z przewidywanym okresem życia ponad 10 lat. Ludzie zdrowi z wysokim poziomem cholesterolu należą do tej drugiej grupy. Niestety, to właśnie oni są celem kampanii obniżania poziomu cholesterolu, która zmierza do masowego stosowania tych leków.

Obecnie istnieje już wiele dowodów na to, że statyny mogą powodować chorobę nowotworową nie tylko u gryzoni, ale także u ludzi. Najprawdopodobniej objawy choroby pojawią się u ludzi o największym poziomie ryzyka, na przykład u palących czy osób starszych. Stwierdza się też duże różnice w okresie inkubacji poszczególnych typów nowotworów. Te, które pojawiają się najwcześniej, są najłatwiejsze do wykrycia. Z tego powodu wyniki badań ze stosowania statyn są niepokojące.

W pierwszych dwóch badaniach, w których testowano simwastatynę, 4 S (1) i HPS (3), u większej liczby pacjentów w grupie leczonej niż w grupie kontrolnej wystąpiły zmiany nowotworowe (z wykluczeniem czerniaka złośliwego). Mimo że dane te zostały umieszczone w tabelach raportów z badań, autorzy zupełnie nie wspominają o nich w części opisowej i w podsumowaniu raportów.

Powodem może być to, że różnica w każdym z tych badań była niewielka. Jednak jeśli liczby z obu badań dodamy, to różnica ta staje się istotna statystycznie, a to oznacza, że jest mało prawdopodobne, że wyniki te były dziełem przypadku.

Rak skóry (poza czerniakiem złośliwym) nie jest uważany za chorobę bardzo groźną, ponieważ jest łatwy do wyleczenia i nikt z powodu tego typu nowotworu nie umiera. Niemniej jednak rak jest rakiem. Jeśli leczenie statynami czy niski poziom cholesterolu mogą wywołać różnego typu nowotwory u zwierząt eksperymentalnych, to pierwszy, jakiego powinniśmy się spodziewać, jest oczywiście rak skóry, ponieważ jest łatwy do zauważenia. Poza tym istnieją dowody na to, że ten pozornie niegroźny rodzaj raka, z czasem może być prekursorem bardziej złośliwej jego formy (49). Niestety, w opisie wyników kierownicy badań, jakie przeprowadzono po badaniach HPS, nie pisali już nic na temat liczby przypadków raka skóry.

W następnych 10 latach po zakończeniu badań 4 S nie zanotowano u ich uczestników znacznego wzrostu liczby przypadków raka, w związku z czym autorzy doszli do wniosku, że 10 lat leczenia statynami nie wywołuje choroby nowotworowej (48). 10 lat palenia tytoniu też nie.

W badaniach CARE rak piersi wystąpił częściej w grupie leczonej niż w grupie kontrolnej. W grupie leczonej, w okresie kiedy przeprowadzano badania CARE, wykryto go u 12 kobiet, w grupie kontrolnej tylko u jednej. Różnica statystycznie istotna (4).

Autorzy raportu z badań CARE bardzo usilnie starali się wytłumaczyć zwiększoną liczbę przypadków raka piersi, pisząc: „to może być tylko anomalia". No i mieli rację, bo statystycznie oczekiwana liczba przypadków raka piersi w grupie kontrolnej, policzona na podstawie jego częstotliwości normalnie występującej w populacji, powinna wynosić 5 przypadków. Jednak 12 jest ciągle ponad 2 razy większe niż 5. W żadnym z ostatnio przeprowadzonych badań statyn, już po badaniach CARE, przypadków raka piersi nie zgłoszono. Wszyscy pacjenci z chorobą nowotworową, łącznie z tymi, u których jej leczenie zakończyło się sukcesem, zostali wykluczeni z programu badań.

W ulotce załączanej do prawastatyny można przeczytać o ryzyku wystąpienia mniej niebezpiecznych skutków ubocznych, chociaż żaden z nich nie występuje znacznie częściej niż w grupie kontrolnej. **Nie wspomina się natomiast nic o możliwości wystąpienia raka piersi, mimo że jest to jedyny skutek uboczny, który występuje ze znaczną częstotliwością.**

Istnieje jeszcze więcej dowodów na to, że leczenie statynami może prowadzić do choroby nowotworowej. Przyjrzyjmy się bliżej badaniom PROSPER, szeroko zakrojonym badaniom ludzi w starszym wieku (50). Badaniami tymi kierował prof. James Shepherd, dyrektor wcześniej już wspomnianych badań WOSCOPS. W badaniach PROSPER badano tylko mężczyzn i kobiety w wieku 70-82 lat. Wszyscy mieli chorobę wieńcową lub byli narażeni na podwyższone ryzyko jej wystąpienia. W czasie obserwacji 4,2% zmarło z powodu zawału w grupie kontrolnej, ale tylko 3,3% w grupie leczonej. Ta mała korzyść została jednak zniweczona przez wyższe ryzyko śmierci z powodu choroby nowotworowej. Rzeczywiście, w grupie leczonej prawastatynami zanotowano mniej o 28 przypadków śmiertelnych z powodu choroby serca, ale o 24 więcej przypadków śmierci z powodu choroby nowotworowej. Jeśli włączy się przypadki raka, które wystąpiły, ale nie zakończyły się śmiercią, to różnica między tymi dwoma grupami staje się statystycznie istotna: 199 przypadków śmiertelnych w grupie kontrolnej i 245 przypadków śmiertelnych w grupie leczonej prawastatyną. Ponadto, różnica między tymi grupami rok po roku się zwiększała (wykres 8A).

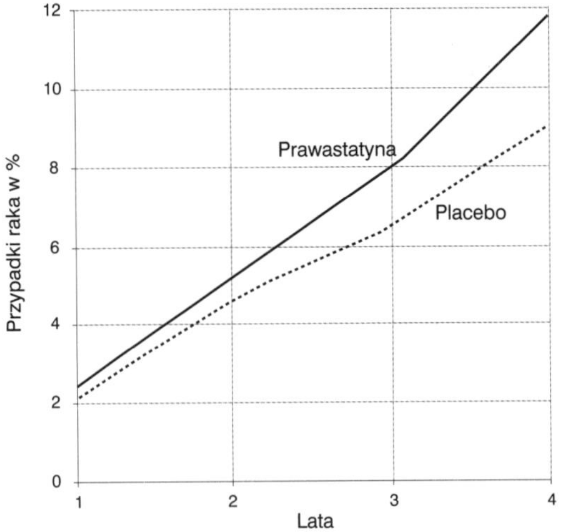

Rys. 8A. Przypadki występowania choroby nowotworowej po leczeniu statynami u osób starszych narażonych na ryzyko choroby wieńcowej. Wykres został stworzony na podstawie danych z badań PROSPER (50). Różnica między liczbą przypadków, jakie wystąpiły od czwartego roku badań, była już statystycznie istotna

Autorzy badań PROSPER uznali, że: „umieszczając to zjawisko w kontekście", jak napisali w swoim raporcie, uwzględnili liczbę nowych przypadków raka we wszystkich badaniach prawastatyn wziętych razem i nie stwierdzili wtedy znacznego wzrostu występowania raka. **Niestety, w swoich obliczeniach nie uwzględnili oni istotnej liczby przypadków innego raka skóry niż czerniak!**

Zapomnieli również wspomnieć o tym, że w poprzednich badaniach uczestnicy byli 20-25 lat młodsi niż w ich badaniach. Nowotwór jest chorobą najczęściej zdarzającą się w wieku starszym. Zmiany nowotworowe są często widoczne podczas sekcji zwłok osób, które zmarły z powodu innej choroby niż nowotwór.

U osób starszych nowotwór jest często w stanie „uśpienia" lub jego rozwój jest tak powolny, że nie staje się problemem, chyba że jego rozwój zostanie przyspieszony przez stosowanie statyn.

Jeśli rak u osób starszych pojawia się w ciągu zaledwie 3 czy 4 lat leczenia statynami, to czy nie jest prawdopodobne, że stanie się on problemem także u ludzi młodych, którym zalecono stosowanie statyn codziennie, do końca życia?

Jest jeszcze inny sposób pozwalający ustalić, czy leczenie statynami może wywołać raka. Grupa japońskich naukowców z 5 szpitali w Tokio analizowała, czy pacjenci z rakiem byli leczeni statynami częściej niż inni ludzie. Wybrano 221 pacjentów z różnymi odmianami raka systemu limfatycznego, a do grupy kontrolnej 879 osób tej samej grupy wiekowej i płci, których w tym samym czasie przyjęto do tych samych szpitali jako pacjentów oddziałów ortopedii.

Spośród pacjentów z nowotworem 13,3%, a z grupy kontrolnej tylko 7,3% było leczonych statynami (51).

Analiza danych jasno wykazała, że statyny mogą spowodować powstanie nowotworów nawet w tak krótkim okresie jak 4 czy 5 lat, jakim był średni czas leczenia statynami w grupie z nowotworem. Tak jak w przypadku raka skóry i raka piersi, rak układu limfatycznego jest łatwy do wykrycia, przynajmniej w porównaniu z nowotworami organów wewnętrznych.

Gdyby japońscy naukowcy wybrali na przykład pacjentów z rakiem trzustki, może nie zauważyliby żadnej różnicy, ponieważ rak tego typu może istnieć niezauważony przez wiele lat.

Skutek i skutek uboczny

Jak można odczytać z tabeli 8 A, korzyść z podania statyn, jaką osiągnięto w badaniach CARE w postaci redukcji liczby zawałów serca, wyniosła 1,1%. Równocześnie straty z powodu wystąpienia raka wyniosły 4,2%.

Jeśli policzyć to jeszcze raz w taki sposób, jak liczą to kierownicy badań, jako ryzyko względne raczej niż absolutne, różnice te są jeszcze bardziej uderzające: 12% mniej zawałów serca, za to 1500% więcej przypadków raka piersi. Jednak nigdy skutków ubocznych nie liczy się w ten sposób.

W ten sposób pokazywane są tylko efekty pozytywne. (Niestety, autorzy nie podali liczby śmiertelnych zawałów serca dla każdej płci z osobna. Liczby w tabelach odnoszą się do obu płci).

Liczba skutków ubocznych ma ogromne znaczenie, jeśli chodzi o ocenę leczenia zapobiegawczego, ponieważ liczba pacjentów, u których stwierdza się skutki uboczne, jest sporo większa niż liczba zawałów serca, którym udało się zapobiec.

Niestety, fakt ten jest często zupełnie ignorowany lub – co gorsza – ukrywany przez zastosowanie parametru tzw. „ryzyka względnego", w celu uzyskania wrażenia większych efektów pozytywnych. Efekty negatywne przedstawia się w liczbach absolutnych.

Jak pomniejsza się efekty skutków ubocznych stwierdzanych w badaniach

Pacjenci wybrani do badań statyn nie są przeciętnymi pacjentami, których można spotkać w poczekalni lekarza. Żeby uczestniczyć w takich testach muszą spełniać wiele szczegółowych kryteriów. Jako przykład opiszę, jak byli selekcjonowani uczestnicy badań TNT (28), przy czym zasady selekcji stosowane w innych badaniach są bardzo podobne.

Na początek naukowcy przebadali 18 469 pacjentów z wyraźną chorobą wieńcową. Po zakończeniu badań wstępnych zakwalifikowano 15 464 pacjentów. Nie napisano, dlaczego 3 005 nie zakwalifikowano, ale z poprzednio przeprowadzanych badań wiemy, że przyczyną mogła być słaba ogólna kondycja zdrowotna lub występowanie innych chorób. Istnienie choroby nowotworowej jest jednym z kryteriów dyskwalifikujących, ale są nimi też: choroby nerek, wątroby, inne problemy z sercem, niekontrolowana cukrzyca, dysfunkcje hormonalne, zaburzenia w funkcjonowaniu przewodu pokarmowego i oczywiście nietolerancja statyn.

Następnie tych 15 464 potencjalnych uczestników badań otrzymało małą dawkę atorwastatyny, która miała być przedmiotem testów. Doprowadziło to do dalszej eliminacji 5 462 pacjentów. Zgodnie z relacjami autorów badań, większość z nich została wykluczona, ponieważ nie spełniali kryteriów randomizacji. Bardzo ciekawy i intrygujący argument, bo przecież kryteria te były ustalone już na samym początku procesu selekcji. Dlaczego więc nie wykluczono ich już na samym początku, w pierwszym etapie? Innych wykluczono z powodu ostrej reakcji na atorwastatynę, śmierci, problemów naczyniowych, jakie pojawiły się w czasie pierwszego testu, albo braku chęci współpracy. Z początkowej grupy 18 469 do badań zakwalifikowano tylko 10 001 pacjentów (54%). Oczywiście, ci którzy odpowiadali wszystkim wymaganiom i kryteriom, stanowili grupę ludzi niezwykle silnych i zdrowych. **Biorąc pod uwagę to oraz niechęć autorów do rejestrowania oczywistych oznak dysfunkcji różnych organów jako efektu ubocznego, dane dotyczące skutków ubocznych statyn nie mogą być wiarygodne.**

Następne ostrzeżenie

Przetestowanie nowego leku na tysiącach pacjentów jest bardzo kosztowne i pracochłonne. Instytucjami, które mogą wydać kilkaset milionów dolarów na takie badania, są jedynie firmy farmaceutyczne, ponieważ tylko one osiągają tak ogromne zyski, że na to je stać.

Firmy te nie tylko płacą za organizację spotkań, zebrań, konferencji, szkoleń, pokrywają honoraria autorów i rzeczników, koszty podróży setek lekarzy i naukowców biorących udział w tych badaniach, ale również przygotowują badania, ich program, biorą udział w selekcji uczestników i osób zaklasyfikowanych do grup kontrolnych, piszą raporty, biorą udział w monitorowaniu rezultatów, dokonują badań poziomu cholesterolu i są odpowiedzialne za skomplikowane obliczenia statystyczne. Firmy te mogą nawet wynająć osoby zawodowo zajmujące się pisaniem raportów.

Czy w związku z tym możemy być przekonani o tym, że interes firm farmaceutycznych nie ma żadnego wpływu na wyniki badań? Czy nie wydaje się naturalna tendencja, by wydatkowane miliony dolarów zwróciły się danej firmie i to z zyskiem w rezultacie zwiększonej sprzedaży leku, o którym można będzie zaświadczyć, że jest skuteczny i nie powoduje skutków ubocznych?

Czy badania są naprawdę „ślepe", czy też tylko tak nam się mówi? W większości badań analizy laboratoryjne lipidów są wykonywane w laboratoriach należących do firm farmaceutycznych przeprowadzających badania swojego leku, a wyniki z ich laboratoriów nie są przekazywane ani pacjentom, ani lekarzom przez cały okres trwania badań. A co z wynikami analiz lipidów wykonywanych w poszczególnych klinikach i szpitalach, czy też są „ślepe"? W jaki sposób uczestnicy badań zareagują na pierwsze opublikowane wyniki badań? Czy nie chcieliby wiedzieć, czy brali nowoczesne cudowne leki, czy też brali obojętne placebo? Najłatwiej jest zmierzyć sobie poziom cholesterolu. Z pewnością wszyscy z nich znali swój poziom cholesterolu na początku badań. Ponowne zbadanie poziomu cholesterolu pozwoliłoby im zorientować się, do której grupy należeli. Nawet jeśli lekarze zatrudnieni w programie badań nie zmierzyli im tego poziomu, to równie dobrze w innym laboratorium mogli zrobić to badanie sami.

Można więc założyć, że stosunkowo duża grupa pacjentów i ich lekarzy wiedziała, do której grupy dany pacjent należał, a informacja taka może w niezamierzony sposób wpływać na wyniki badań.

Założmy jednak, że pacjenci i lekarze nie podlegali żadnym wpływom tego typu. A co z kierownikami badań? Jak już do tej pory zostało wykazane, istnieje wśród nich tendencja do przesadnego uwydatniania efektów nawet minimalnych, jeżeli są pozytywne, a minimalizowania skutków ubocznych. Wydaje się, że wiele z raportów napisano wcale nie po to, by doszukać się prawdy i tylko prawdy.

Wyniki pozytywne są dla naukowców dużo bardziej opłacalne finansowo niż wyniki negatywne. Naukowcy, którzy prezentują pozytywne wyniki badań, są znacznie częściej zapraszani jako prelegenci na różne spotkania, konferencje, kongresy i częściej wybierani do prowadzenia następnych lukratywnych badań.

Czy możemy w związku z tym być przekonani, że wyniki badań statyn zostały przygotowane i zaprezentowane w nietendencyjny sposób? Dlaczego do dziś nie słychać nic na temat końcowych wyników pierwszych badań statyn, tzw. badań EXCEL?

EXCEL (Expanded Clinical Evaluation of Lovastatin)

Badania te przeprowadził dr Reagan H. Bradford i jego zespół z różnych klinik i instytucji badawczych w USA, łącznie z firmą Merck Sharp & Dohme, która jest producentem lowastatyny. Ponad 8 000 osób (w raporcie z badań nazywanych „pacjentami") z poziomem cholesterolu między 240 i 300 mg/dl otrzymywało jedną z czterech dawek lowastatyny (Mevacor®) lub placebo (52).

Wiedząc, że w końcowym raporcie muszą być uwzględnione skutki uboczne, wstępne wyniki badań opublikowano po roku ich trwania. Raport nie wspomina o wystąpieniu żadnych skutków ubocznych, ale w uwagach pisanych drobnym drukiem autorzy byli zobligowani do umieszczenia informacji, że śmiertelność wyniosła 0,5% we wszystkich grupach biorących lowastatynę (32 lub 33 osoby z około 6 600 – niestety w raporcie nie podano dokładnej liczby), a 0,2% w grupie otrzymującej placebo (3 lub 4 osoby z 1 650). Uwzględniając śmiertelność we wszystkich grupach biorących lowastatyne, różnica ta byłaby statystycznie istotna, jeśli liczba przypadków śmiertelnych wyniosłaby 33, a nie 32. Nawet jeśli po roku różnica ta nie byłaby statystycznie istotna, to z pewnością by się nią stała, jeśli tendencja do zwiększania się liczby przypadków śmiertelnych byłaby zachowana przez cały okres badań. **Jakkolwiek by nie patrzeć, jeżeli celem tych badań było obniżenie śmiertelności – to z pewnością takiego celu nie osiągnięto.**

W wielu różnych pismach medycznych opublikowano przynajmniej 20 raportów z badań EXCEL. Raporty te mówią o tym, jak dobrze lowastatyna jest tolerowana i jak efektywna jest w obniżaniu poziomu cholesterolu u różnych populacji, ale w żadnym z tych raportów nie opisano końcowego wyniku badań, mimo że od momentu, kiedy je rozpoczęto, minęło ponad 10 lat. Dlatego też nadal nie wiemy, czy zwiększona śmiertelność, obserwowana już po roku stosowania statyn, nadal zwiększała się w dalszych etapach badań.

Dlaczego nigdy nie usłyszeliśmy o wynikach tych pierwszych badań statyn, które były największe w swojej kategorii? Czy są jeszcze jakieś inne badania, o których nawet nie słyszeliśmy? Czy jakiekolwiek niekorzystne efekty są ujęte w już opublikowanych badaniach, ale o których nie słyszeliśmy? Dlaczego na przykład kierownicy badań przestali zgłaszać przypadki raka skóry (innego niż czerniak złośliwy)?

Nowe zalecenia

16 maja 2001 r. grupa ekspertów z narodowego Programu Edukacji o Cholesterolu opublikowała nowe zalecenia dotyczące „wykrywania, ewaluacji i leczenia wysokiego poziomu cholesterolu" (54). Zalecenia te wprowadziły nowy czynnik ryzyka, który wymaga pewnych metod zapobiegawczych (jak to nazwano: „terapii obniżającej ryzyko") i poszerza granice wiekowe, obejmując nimi osoby starsze.

Powiedziano, że głównym celem działań jest LDL, ponieważ „badania na zwierzętach, badania laboratoryjne, epidemiologia i genetyczne formy hipercholesterolemii wskazują, że podwyższony poziom LDL jest główną przyczyną chorób serca"*. Ustalono również, że optymalne wartości to 150 mg/dl dla LDL i 200 mg/dl dla cholesterolu całkowitego. Jeśli jednak występują inne czynniki ryzyka, optymalny poziom cholesterolu powinien być jeszcze niższy. Im więcej czynników ryzyka, tym niższy powinien być poziom cholesterolu.

W kategorii najwyższego ryzyka znaleźli się pacjenci z choroba wieńcową, ponieważ zgodnie ze statystyką wyników badań z Framingham, mieli oni ponad 20% poziom ryzyka wystąpienia nowego zawału w ciągu następnych 10 lat. (Raport ten jednak nie mówił skąd pochodziły te dane). Uważa się, że inne choroby pochodzenia miażdżycowego są równie ryzykowne, podobnie jak cukrzyca, pojawiająca się od wieku lat 20.

Nowe zalecenia wprowadziły skomplikowany system punktowy, którego celem było nadanie każdemu czynnikowi ryzyka pewnej wartości potrzebnej do ich uszeregowania. Mężczyźni, którzy uzyskali 15 punktów

* Jak wielokrotnie wykazywałem to w poprzednich rozdziałach, przeprowadzone wcześniej badania na nic takiego nie wskazują.

lub więcej, należeli do najwyższej grupy ryzyka. Było to łatwe do uzyskania. Na przykład: jeśli pacjent miał 70 lat, automatycznie dostawał 12 punktów. Poziom cholesterolu powyżej 275 w wieku 39 lat dawał 11 punktów i odpowiednio mniej z wiekiem. Nieleczone nadciśnienie skurczowe 130 (co jest zupełnie normalne) dawało 1 punkt, a 2 punkty, jeśli pacjent brał leki obniżające ciśnienie. Palący w wieku poniżej 40 lat otrzymywali 8 punktów, a za osobę palącą uważano kogoś, kto wypalił przynajmniej jednego papierosa w ciągu ostatniego miesiąca. Kobiety potrzebowały wyższej punktacji, żeby je zakwalifikować do kategorii najwyższego ryzyka, ale otrzymywały z kolei więcej punktów za ich czynniki ryzyka.

Zalecano, żeby każdy człowiek w wieku powyżej 20 lat badał poziom cholesterolu co 5 lat. Osoby z najwyższej kategorii ryzyka i o poziomie LDL powyżej 100 mg/dl powinny zmienić swój styl życia, a jeśli LDL był powyżej 130 mg/dl natychmiast rozpocząć leczenie farmakologiczne, zmierzające do jego obniżenia. Zgodnie z nowymi zaleceniami można od razu rozpocząć od wprowadzenia obu metod, ponieważ niewielu osobom udało się obniżyć poziom cholesterolu tylko przez zmianę przyzwyczajeń żywieniowych, mimo że w innym miejscu raportu jego autorzy twierdzili, że zmiany takie były efektywną metodą obniżania poziomu cholesterolu!

Wskazania do rozpoczęcia leczenia były bardziej wyraźne, jeśli występowały jeszcze inne czynniki ryzyka, takie jak: nadwaga, zbyt mało ruchu i ćwiczeń fizycznych oraz spożywanie dużej ilości tłuszczów zwierzęcych. Nawet nowo powstałe czynniki ryzyka powinny być uwzględnione, a przez takie autorzy raportu uważali prawie wszystkie czynniki, które średnio, w testach laboratoryjnych, miały wyniki wyższe u pacjentów z chorobą serca. Autorzy dalej stwierdzają, że: „nowo powstałe czynniki ryzyka nie zmieniają w sposób kategoryczny celu, jakim jest obniżenie LDL, jednak wydają się w różnym stopniu sprzyjać rozwojowi choroby wieńcowej i mogą służyć u wybranych osób za wskazówkę dotyczącą intensywności terapii obniżającej poziom cholesterolu". Innymi słowy: wystarczy plik wyników testów laboratoryjnych, a większość badanych stanie się kandydatami do leczenia statynami.

Miażdżyca podkliniczna

Jednym z nowo powstałych czynników ryzyka jest czynnik nazywany „podkliniczną chorobą miażdżycową". Zalecenia, o których mowa, nie podawały żadnych wyjaśnień dotyczących tego nowego czynnika.

Określenie to zostało zapożyczone od nowej techniki, jaką jest tomografia używająca wiązki elektronowej. Jest to metoda pozwalająca na wykrycie zwapnień bez konieczności wprowadzania cewnika do tętnic wieńcowych. Twierdzi się, że stopień zwapnienia odzwiercie dla stopień miażdżycy i dlatego pozwala lepiej niż inne czynniki ryzyka przewidzieć prawdopodobieństwo wystąpienia zawału serca w przyszłości. Zgodnie z reklamą jednego z wielkich centrów zdrowia, które stają się coraz bardziej popularne w USA: „tomografia przy użyciu wiązki elektronowej pozwala pacjentom, u których występują czynniki ryzyka choroby serca, w sposób bezbolesny, nieinwazyjny otrzymać informacje i spokój wewnętrzny, czy obecne są u nich czy też nie pierwsze oznaki choroby serca".

Czy taki „spokój wewnętrzny" można sobie zapewnić w ten sposób, jest to dyskusyjne, ponieważ w najnowszych badaniach przy użyciu tomografii wiązką elektronową 60% z grupy zdrowych kobiet w wieku powyżej 55 lat miało „podkliniczną chorobę miażdżycową", mimo że zgodnie z najnowszymi zaleceniami, połowa tych kobiet należała do „grupy niskiego ryzyka" (55). Innymi słowy, jednym „ustaleniem" kilka milionów kobiet więcej zaklasyfikowano do grupy wysokiego ryzyka.

Najciekawszym odkryciem było jednak **stwierdzenie braku korelacji między stopniem zwapnienia i poziomem LDL lub jakąkolwiek inną frakcją lipidów**. Autorzy badań nie skomentowali tego odkrycia, gdyż oczywiście jest ono wielce niewygodne dla zwolenników koncepcji „Dieta–serce". Jedynie stwierdzili, że nowe zalecenia nie są wystarczające i zasugerowali rutynowe wykonywanie tomografii komputerowej wiązką elektronową u całej populacji.

Nowe czynniki ryzyka

Wyżej omawiane zalecenia po raz pierwszy formalnie stwierdzały, że wysoki poziom trójglicerydów powinien być obniżany a poziom HDL powinien być podwyższany. Autorzy co prawda przyznali, że żadne badanie nie udowodniło, że podnoszenie poziomu HDL przynosi korzyści. (Nie ma też dowodów na to, że obniżanie poziomu trójglicerydów daje jakąś korzyść). Niemniej jednak zalecają leczenie klofibratem (Atromid-S®, Abitrate®) lub kwasem nikotynowym (Niacyna®), jakby kompletnie zapomnieli, że wiele badań tych leków wykazało, że nie spełniły one oczekiwań ich autorów oraz powodowały istotne skutki uboczne.

Nowy czynnik ryzyka, uważany za tak niebezpieczny jak choroba serca, został nazwany „syndromem metabolicznym". Zgodnie z opinią autorów, chorujemy na „syndrom metaboliczny", kiedy występuje u nas 3 lub więcej czynników ryzyka przedstawionych w tabeli 8C.

Czynnik ryzyka	Parametry zgodne z nowymi zaleceniami
Otyłość brzuszna, obwód w pasie	mężczyźni: >101 cm kobiety: > 87,5 cm
Wysokie ciśnienie krwi	>135/85 mm
Wysoki poziom trójglicerydów	>150 mg/dl
Niski HDL	mężczyźni: <40 mg/dl kobiety: <50 mg/dl
Wysoki poziom glukozy we krwi na czczo	110-125 mg/dl

Tabela 8C. Nowe zalecenia według czynników ryzyka. Obwód w pasie powyżej 101 cm jest uważany za szkodliwy u niektórych "pacjentów" płci męskiej. Nie określono jednak, co oznacza w tym przypadku słowo "niektórych"

Przetestuj siebie i swoją rodzinę! Zobaczysz, że większość z was „cierpi" na syndrom metaboliczny. Taka kombinacja czynników ryzyka – mówią autorzy – stanowi takie samo ryzyko możliwości wystąpienia choroby serca w przyszłości, jakbyśmy już teraz przeżyli zawał serca!

Policzono, że gdyby dokładnie przestrzegać tych nowych zaleceń, to liczba osób, które potrzebowałyby „leczenia" mającego na celu obniżenie poziomu cholesterolu, wzrosłaby z 13 do 36 milionów, co równa się 18% populacji. Nawet tak wysoka liczba jest niedoszacowana. Jeśli nowe zalecenia są właściwe, to większość ludzi powinna przyjmować leki przeciwcholesterolowe przez całe życie. Zmiana zwyczajów żywieniowych jest niezwykle trudna, a ponieważ zmiana diety nie idzie w parze ze znacznym obniżeniem poziomu cholesterolu, dlatego lista kandydatów do leczenia farmakologicznego po prostu nie ma końca.

A czyż nie jest prawdą, że zapobieganie jest lepsze niż leczenie? Czyż te zalecenia nie są wspaniałym, a jednocześnie nieszkodliwym sposobem zapobiegania śmierci z powodu choroby wieńcowej serca u bardzo dużej liczby ludzi? Czyż nie jest prawdą, co na konferencji prasowej powiedział Claude Lenfant, dyrektor Narodowego Instytutu Chorób Serca,

Płuc i Krwi, że „statyny dramatycznie obniżają ryzyko wystąpienia choroby serca?"

I wracamy do tego samego bałamutnego stwierdzenia, że wystarczy kupować i przyjmować zalecane leki, aby nigdy nie zachorować na serce!

Jako argument wspierający zalecenie obniżania poziomu cholesterolu, autorzy przytaczają fakt, że 20% pacjentów z chorobą wieńcową ma zawał w ciągu 10 lat. **Liczbę tę otrzymano po uwzględnieniu symptomów nie mających żadnego znaczenia klinicznego!** U większości osób nawet poważny zawał nie kończy się śmiercią, wiele z tych osób po takim incydencie nie odczuwa żadnych symptomów. Zawał również może zdarzyć się bez typowych symptomów. W mojej praktyce widziałem wielu pacjentów z elektrokardiogramem bezdyskusyjnie wskazującym na ostatnio przebyty zawał, którzy w ciągu kilku poprzednich tygodni nie odczuli nic albo tylko pewien dyskomfort w samopoczuciu. Co najważniejsze, takich pacjentów zmarło dużo mniej niż 20%. Popatrzmy na tabelę 8 A. Widać z niej wyraźnie, że u pacjentów z chorobą serca ryzyko śmierci z powodu zawału serca, który wystąpił w ciągu pierwszych 5 do 6 lat badań wyniosło od 5,7% do 8,5%. Podczas gdy u zdrowych ludzi z wysokim poziomem cholesterolu wynosiło ono mniej niż 1%. A więc szansa, że zdrowa osoba z wysokim poziomem cholesterolu nie umrze w ciągu następnych 5 do 6 lat wynosi 98,4%, szansa ta wzrasta do 98,8% przy stosowaniu statyn.

Niżej i niżej

Zalecenia dotyczące zapobiegania chorobom serca pojawiają się regularnie od ponad 40 lat. W 2004 r. nowe badania zainspirowały Narodowy Instytut Chorób Serca, Płuc i Krwi w USA do opublikowania uaktualnionych zaleceń (56), zgodnie z którymi poziom cholesterolu powinien być obniżany bardziej niż do tej pory. To zalecenie oparto na trzech badaniach.

W dwóch z nich, REVERSAL (57) i PROVE-IT (58), połowie pacjentów podawano po 40 mg prawastatyny, a drugiej połowie tak samo liczebnej po 80 mg atorwastatyny. „Najlepszy" efekt zauważono w grupach z wysoką dawką, w których LDL obniżono odpowiednio o 46% i 51%, podczas gdy w grupie z prawastatyną poziom cholesterolu obniżono odpowiednio o 25% i 22%. Na tej podstawie autorzy utrzymywali, że należy obniżać poziom cholesterolu znacznie bardziej niż zalecano poprzednio. Twierdzili również, że wyniki te dowodzą istnienia związku przyczynowo-skutkowego.

Nie można jednak badać związku przyczynowo-skutkowego dwóch różnych leków, ponieważ istnieją bardzo duże różnice w efekcie plejotropowym poszczególnych statyn. Co więcej, 8-krotnie wyższa dawka atorwastatyny (normalna dawka to 10 mg) obniżyła poziom cholesterolu tylko trochę bardziej niż dawka normalna. W poprzednich badaniach statyn, tzw. badaniach ASCOT, dawka 10 mg atorwastatyny obniżyła LDL o 35%, podczas gdy 8-krotnie wyższa dawka w dwóch poprzednio wspomnianych badaniach obniżyła go odpowiednio o dalsze 12% i 16%.

W trzecich badaniach, tzw. badaniach TNT (59), około 10 000 pacjentów z ustabilizowaną chorobą serca leczono atorwastatyną przez pięć lat. Połowa otrzymywała 10 mg, a druga połowa 80 mg. Ponownie, „najlepszy" efekt uzyskano po zastosowaniu dawki 80 mg i autorzy twierdzili, że ich badania potwierdzają podstawy, na których opracowano i opublikowano nowe zalecenia. Z badań tych wynikły jednak pewne interesujące obserwacje.

Po pierwsze, całkowita śmiertelność była prawie identyczna w obu grupach; 5,6% w grupie z niską dawką i 5,7% w grupie z dawką wyższą. Korzyść z leczenia w grupie z wysoką dawką była zniwelowana wyższą śmiertelnością z innych powodów niż choroby serca. Powodów tych jednak nie podano, a moja prośba o przekazanie mi dokładnych danych dotyczących opublikowanego artykułu została zignorowana (60).

Po drugie, śmiertelność z powodu chorób serca była niższa w grupie biorącej wyższe dawki, ale raport mówił tylko o liczbie „zawałów niezwiązanych z procedurą". Przez „niezwiązanie z procedurą" rozumiano zawały serca, które nie zdarzyły się w czasie operacji lub innych procedur diagnostycznych przeprowadzanych w szpitalu. Te ostatnie oczywiście powinny być włączone, tak jak robiono to w innych badaniach. Jest tylko jedno wytłumaczenie, dlaczego naukowcy je pominęli: bo ich liczba była większa w grupie, która otrzymywała wyższą dawkę. Gdyby więcej wypadków śmiertelnych zdarzyło się w grupie otrzymującej niższą dawkę, autorzy z pewnością nie zapomnieliby nas o tym zawiadomić.

Również związek przyczynowo-skutkowy nie wystąpił w żadnym z badań. Związek przyczynowo-skutkowy jest łatwy do policzenia i oczywiście autorzy dokonaliby takich obliczeń. Ponieważ jednak tych obliczeń nie zrobili, można założyć, że takiego związku po prostu nie było, tak jak go nie było w poprzednio przeprowadzonych badaniach. Zgłaszano tylko skutki uboczne „związane z leczeniem" i podano ich liczbę. Zgłoszono 5 przypadków rabdomiolizy, ale uznano, że przypadki te nie miały związku z testowanymi lekami. Nasuwa się naturalnie pytanie, jakie jeszcze inne skutki uboczne wystąpiły, ale nie uważano za słuszne podanie ich, gdyż uznano, że nie miały związku z testami tych leków.

Korzyści i ryzyko

Fakt, że liczba skutków ubocznych była wyższa niż liczba pacjentów, którzy zyskali na tym leczeniu, powinien poważnie zmartwić autorów raportu. Wszyscy mieli silne związki finansowe z firmą Pfizer, sponsorem badań. Jeśli lekarze zalecają swoim pacjentom wysokie dawki statyn, powinni ich również poinformować, czy korzyści z takiego leczenia będą zniwelowane przez towarzyszące temu leczeniu skutki uboczne. Ale taka informacja nie pojawia się w tekście raportu. Pacjenci z chorobą naczyń krwionośnych, taką jak zawał mięśnia sercowego czy udar mózgu, często całkowicie wracają do zdrowia. Dlatego nie jest całkiem oczywiste, czy wiele skutków ubocznych jest w pewnym sensie równoważonych mniejszą liczbą przypadków chorób naczyniowych. Istotnym pytaniem, jakie należałoby zadać pacjentowi choremu na serce, jest: czy woli utratę pamięci (co z pewnością nie było uważane jako skutek uboczny, ponieważ nic na ten temat nie wspomniano w raporcie z badań ani w ulotkach załączanych do tych leków) zamiast zawału serca, który nie zakończy się śmiercią, a który często mija bez poważnych następstw? Lub też zapytać: czy woli polineuropatię, mogącą zamienić się w schorzenie stałe i bardzo nieprzyjemne, czy mały udar mózgu, który może wyleczyć bez żadnych zaburzeń psychicznych?

Niepokojący raport

Po opublikowaniu nowych zaleceń, opublikowano wyniki jeszcze jednego badania IDEAL (61), w którym porównano zwykle stosowaną dawkę simwastatyny 10 mg z dawką 80 mg. Nie odnotowano żadnej różnicy w głównych wynikach końcowych. Co gorsza, liczba odnotowanych w tych badaniach skutków ubocznych była znacznie wyższa. Prawie 90% uczestników badań cierpiało z powodu skutków ubocznych i prawie połowę z tych przypadków określono jako poważne. **Nie, to nie pomyłka w druku: w prawie połowie przypadków pojawiły się skutki uboczne niebezpieczne dla zdrowia.**

Autorzy nie skomentowali jednak tego alarmującego odkrycia. Wspomnieli tylko, że: „nie było żadnej różnicy między grupami w częstotliwości występowania skutków ubocznych, które uważano za poważne". Nie poinformowali też, jakiej natury były te skutki uboczne. W odpowiedzi na moje (i innych) zapytanie (62) w tej sprawie odpowiedzieli jak następuje:

„Liczby te nie reprezentują skutków ubocznych spowodowanych zastosowaniem testowanych leków. Zgodnie z przyjętą w praktyce klinicznej metodą postępowania, protokół z badań wymagał, aby wszystkie zgłoszone lub zaobserwowane skutki uboczne, bez względu na to, czy były czy nie były efektem stosowania testowanych leków, zostały odnotowane w czasie trwania badań. Włączono w to pogorszenie lub zwiększenie intensywności czy też częstotliwości tego typu wydarzeń, które istniały już wcześniej, a także mniej i bardziej poważnych nowych oznak, symptomów, czy wyników laboratoryjnych. W populacji osób z chorobą wieńcową w średnim lub starszym wieku do 80 lat rzadko się zdarza, że nie wystąpi chociaż raz w ciągu pięciu lat zwykłe przeziębienie czy jakiegoś rodzaju uszkodzenie systemu mięśniowo-szkieletowego. Częstotliwość wszystkich skutków ubocznych w badaniach IDEAL była w związku z tym na oczekiwanym poziomie. Wydarzeń takich, które uważano za definitywnie lub możliwie związanych z zastosowanymi lekami eksperymentalnymi, było niewiele i znaczne różnice między dwoma grupami biorącymi testowane leki zostały opisane w raporcie. Częstotliwość ich nie była wyższa niż w innych porównywalnych badaniach" (63).

Skąd autorzy badań mogli wiedzieć, że częstotliwość negatywnych wydarzeń była „na oczekiwanym poziomie?" Liczba zwykłych przeziębień lub niewielkich zranień nigdy wcześniej nie była odnotowywana w żadnym z poprzednich badań. Dlaczego też nie powiedziano, które z tych „negatywnych efektów" uważano za związane ze stosowanymi lekami? Wiele skutków ubocznych może mieć inne wytłumaczenie. Jak wspomniałem powyżej, prawie połowa pacjentów wybranych do badań TNT została odrzucona ze względu na różnego typu niedomagania lub choroby, albo też dlatego, że ich organizm nie tolerował statyn. W badaniach IDEAL wykluczono tylko 8% pacjentów. W związku z tym pacjenci uczestniczący w badaniach stanowili grupę bardziej odzwierciedlającą rzeczywistość i wiele z „nowych oznak, symptomów, czy wyników laboratoryjnych" mogło być spowodowane testowanymi lekami.

Dlaczego kierownicy badań są zawsze tacy skorzy do ukrywania niekorzystnych efektów badań? Nie obchodzą ich przyszli pacjenci? Czy nie powinni trzymać się przysięgi Hipokratesa, którą składali, a która mówi, że – „po pierwsze nie szkodzić". Czy może odpowiedź na te pytania znajduje się na końcu ich listu, w którym odpowiadają na moje zapytania, gdzie wyjawiają co następuje:

„Powiązania finansowe: dr Pedersen zgłosił otrzymywanie honorariów za konsultacje i wystąpienia z firm Pfizer, Merck, Merck AG i Astra Zeneca, grantów naukowych oraz za udział w komitetach zarządzających badaniami firm Pfizer i Merck.

Dr Kastelein zgłosił otrzymywanie funduszy na badania naukowe od firmy Pfizer.

Dr Olsson i dr Holme zgłosili otrzymywanie honorariów od firmy Pfizer za udział w komitetach zarządzających badaniami.

Dr Bendiksen był poprzednio zatrudniony przez firmę Pfizer w Norwegii i zgłosił również pobieranie honorariów od firmy Pfizer za udział w komitecie zarządzającym badaniami".

Czy można więc wierzyć firmom farmaceutycznym? W swojej książce zatytułowanej „Donosiciele" (The Whistleblower) (64) Peter Rost, były członek zarządu firmy Pfizer, opisuje ją jako firmę, w której szerzy się korupcja. Zgodnie z tym co napisał, Pfizer i inne firmy farmaceutyczne wydają ogromne pieniądze na promocję swoich badań. Jednym ze sposobów promocji jest płacenie znanym naukowcom za to, żeby zgodzili się umieścić swoje nazwisko na liście autorów końcowego raportu z badań, chociaż w rzeczywistości raport taki przygotowywany był i napisany przez firmę PR (Public Relations). Z kolei Richard Smith, były naczelny redaktor „British Medical Journal" wyjawił, że wiele wydawnictw wydaje mnóstwo publikacji medycznych, które w rzeczywistości są przygotowywane przez firmy farmaceutyczne (65).

Agencja ds. Żywności i Leków ostatnio ukarała firmę Pfizer za opublikowanie wyników badań leku o nazwie Valdecoxib® w sposób ukrywający ryzyko z nim związane i obecnie na opakowaniu tego leku znajduje się ostrzeżenie. Firma Pfizer przyznała się też do wielu przypadków fałszywych informacji zawartych w ich reklamach i zgodziła się zapłacić setki milionów dolarów odszkodowań za przekroczenia prawa cywilnego i kryminalnego (66).

Firma Pfizer sfinansowała badania TNT, płaciła ich kierownikom i autorom, sama analizowała dane i umieściła jednego ze swoich pracowników jako współautora raportu z badań. W takiej sytuacji istniały liczne okazje pozwalające na wpływanie na wyniki badań, świadomie lub nieświadomie.

Nowe zalecenia mogą – być może – zapobiec śmierci małej grupy pacjentów z chorobą wieńcową. Jednak równocześnie mogą spowodować wzrost śmiertelności z powodu innych chorób, zamienić zdrowych ludzi w nieszczęśliwych hipochondryków obsesyjnie przejmujących się własną dietą i morfologią krwi, mogą spowodować spadek dochodów rolników, podważyć zasady sztuki kulinarnej, zniszczyć radość z jedzenia i przekierować strumień funduszy rządowych od chorych i biednych do zdrowych i bogatych. Jedynymi zwycięzcami są firmy farmaceutyczne i imitacja przemysłu spożywczego oraz naukowcy wspierający tego typu działania.

Istnieje jednak jeszcze więcej problemów wynikających z porad, jakie otrzymujemy od instytucji zajmujących się ochroną zdrowia.

Fałszywe bezpieczeństwo

Wiele skutków ubocznych, jakie powodują nowe leki, nie pojawia się, zanim leki te nie zostaną użyte na większą skalę. Lekarzy instruuje się, żeby zgłaszali wszystkie nowe, nieoczekiwane skutki uboczne, ale istnieje duże ryzyko, że nie wszystkie są zgłaszane. Większość leków powoduje skutki uboczne albo dlatego, że są toksyczne, albo że pacjenci są na nie uczuleni. Takie skutki uboczne podawanych leków pojawiają się wkrótce po rozpoczęciu leczenia i pacjenci mogą łatwo rozpoznać je i skojarzyć z rozpoczętym leczeniem.

Statyny nie charakteryzują się bezpośrednią toksycznością i nie powodują one reakcji nadwrażliwości. Natomiast zaburzają normalną syntezę wielu ważnych dla naszego organizmu substancji. Dlatego może minąć dużo czasu, zanim normalna ilość tych substancji zostanie drastycznie zmniejszona i powstaną wyraźnie odczuwalne lub widoczne objawy ich niedoboru. Pacjenci i lekarze mogą nie zorientować się, że późno występujące objawy są efektem stosowania danego leku. Statyny są stosowane w większości u osób w podeszłym wieku. Utrata pamięci, nowotwór, osłabienie mięśni, impotencja i niewydolność mięśnia sercowego – to powszechnie występujące problemy zdrowotne wśród starszych ludzi i mogą być często mylone z naturalnym efektem starzenia się. Co więcej, ludzie w podeszłym wieku zażywają sporo różnych leków. Na przykład w Szwecji pacjenci w bardzo podeszłym wieku, kiedy są wypisywani ze szpitala, często mają przepisywane kilkanaście różnych leków. W takiej sytuacji, nawet jeśli lekarze podejrzewają, że objawy pojawiające się u danego pacjenta są skutkiem ubocznym zastosowanych leków, to nie mogą ustalić, który z nich te objawy spowodował.

Badania wykonane na Rhode Island w USA wyraźnie wskazują, że wiele skutków ubocznych leków nie jest zgłaszanych. **Kwestionariusze rozesłane do lekarzy, na które odpowiedziało około 74% pytanych, wskazują na to, że poważne skutki uboczne, jakie zostały zgłoszone do Agencji ds. Leków i Żywności w czasie poprzedniego roku, stanowią tylko 1% liczby wszystkich stwierdzonych przypadków** (67). Pocieszające jest tylko to, że wielu pacjentów zaczyna sobie zdawać sprawę, że statyny są toksyczne. W Ontario w Kanadzie naukowcy badali, jak wiele osób kontynuowało leczenie statynami. W sumie badaniami objęto ponad 140 000 osób w podeszłym wieku. Dwa lata po otrzymaniu pierwszej recepty na statyny dwie trzecie tych, którzy już chorobę serca mieli, i trzy czwarte tych, którzy byli „chorzy" na cholesterol, zaprzestało przyjmowania statyn (68).

Rzekoma wszechstronna moc statyn

Artykuły ukazujące się w prasie utrzymują, że statyny mogą zapobiec chorobie nowotworowej, zesztywniającemu zapaleniu stawów kręgosłupa, chorobie obturacyjnej płuc, ciężkiej sepsie, niewydolności mięśnia sercowego, złamaniom szyjki kości udowej i wielu innym. Sposób, w jaki naukowcy badali te rzekomo pozytywne efekty, jest wielce tendencyjny. Jako przykład przeanalizuję jedno z propagowanych twierdzeń, że leczenie statynami zapobiega chorobie Alzheimera.

Po pierwsze, wyniki badań wskazujące na to, że leczenie statynami jest dobre na prawie wszystkie choroby, nie pochodzą z badań, w których osoby z grupy kontrolnej miały poziom cholesterolu tak samo wysoki, jak osoby z grupy eksperymentalnej. Nie było żadnego porównania między ludźmi leczonymi statynami i z grupy kontrolnej, którym statyn nie podawano. Oczywiście, poziom cholesterolu u tych ludzi był niższy od tych, którym podawano statyny, co oznacza, że naukowcy porównali wyniki u osób z niskim poziomem cholesterolu z osobami o wysokim poziomie cholesterolu. **Wiele badań wykazało, że osoby z wysokim poziomem cholesterolu są zdrowsze pod wieloma względami niż osoby o niskim poziomie cholesterolu**. Ponadto, wiele badań wykazało, że ludzie w podeszłym wieku z wysokim poziomem cholesterolu żyli dłużej niż ludzie z tej samej grupy wiekowej z niskim poziomem cholesterolu.

Mamy też pewne szczególne dane dotyczące funkcjonowania mózgu i cholesterolu. Bianca Schalk i jej zespół z Uniwersyteckiego Centrum Medycznego w Amsterdamie obserwowali przez 3 lata ponad 1 000 osób w wielu 55-85 lat i zauważyli, że osoby, których poziom cholesterolu był niższy niż 200 mg/dl, częściej źle wypadały w testach, takich jak: chodzenie, obrót wokół własnej osi, ubieranie się, wstawanie i siadanie na krzesło z założonymi rękami (69). Inne badania przeprowadzone w Holandii wykazały, że spośród ponad 6 000 osób w wieku ponad 55 lat obserwowanych przez 9 lat, kobiety z wysokim poziomem cholesterolu rzadziej zapadały na chorobę Parkinsona niż kobiety z niskim poziomem cholesterolu. Im wyższy poziom cholesterolu tym ryzyko było niższe (70).

Naukowcy z uniwersytetu w Baltimore i uniwersytetu w Goeteborgu w Szwecji przez 10 lat obserwowali 382 osoby w bardzo podeszłym wieku. Wśród tych z najwyższym poziomem cholesterolu było mniej przypadków demencji niż u pozostałych (71). W zgodności z tymi wynikami są wyniki badań z Framingham. W tym przypadku Penelope Elias i jej zespół przez 16-18 lat obserwowali 2 000 osób. Szczegółowe dane ich zdolności do uczenia się, wyciągania wniosków, koncentracji i zmysłu organizacyjnego wykazały, że istniał bezpośredni związek tych możliwości intelektualnych z poziomem cholesterolu – **im wyższy był poziom cholesterolu tym bardziej byli psychicznie sprawni** (72).

Popatrzmy teraz na chorobę Alzheimera. Twierdzenie, że niski poziom cholesterolu chroni przed rozwojem tej choroby pochodzi z porównania między osobami biorącymi statyny i tymi, które ich nie brały. Oczywiście tego typu porównanie prowadzi do nieuniknionego błędu. Znacznie lepiej porównać początkowy poziom cholesterolu u osób, u których rozwinęła się choroba, z tym poziomem u ludzi zdrowych. Dokonał tego dr G. Li i inni jego współpracownicy z Uniwersytetu Washington w stanie Seattle w USA. Po 5-6 latach około 13% z 2 000 osób w bardzo zaawansowanym wieku chorowało na chorobę Alzheimera lub miało rozwiniętą demencję, a poziom ich cholesterolu był prawie identyczny jak u pozostałych osób. Dla porównania: ludzie, którzy biorą leki obniżające poziom cholesterolu, mogą być również bogatsi, niż ci, którzy ich nie stosują, ponieważ leczenie statynami jest drogie i ludzie bogaci są zdrowsi niż ubodzy, ale to nie znaczy, że są bogatsi dlatego, że biorą statyny. Jedynym sposobem, żeby dowiedzieć się, czy leczenie statynami zapobiega chorobie Alzheimera lub innym chorobom, są kontrolowane badania kliniczne. W trakcie badań PROSPER, podczas których ludzi w bardzo podeszłym wieku leczono prawastatyną (Pravachol®), co roku stosowano serie testów psychometrycznych i badań psychologicznych. Na końcu badań ich kierownicy stwierdzili, że funkcje poznawcze ulegały pogorszeniu w takim samym stopniu w grupie leczonej, jak i w grupie kontrolnej. Podobne wnioski wypływały z badań WOSCOPS. **Nie było żadnych dowodów na to, że statyny zapobiegają chorobie Alzheimera.**

W celu zbadania wpływu obniżania poziomu cholesterolu na pamięć, prof. Matthew F.Muldoon wybrał 192 zdrowych dorosłych do 6-miesięcznych, podwójnie „ślepych" badań. Połowa z tych osób była leczona lowastatyną (Lovastatin®), pozostali dostawali placebo. Na początku i na końcu badań przeprowadzono wiele testów, w celu oceny możliwości psychoneurologicznych, depresji, wrogości i jakości życia (74).

Normalnie, kiedy wielokrotnie przeprowadza się takie testy, osoby biorące w nich udział wykazują poprawę w swoich możliwościach, ponieważ uczą się i ćwiczą, co rzeczywiście było widoczne w grupie kontrolnej. Jednak testy uwagi i prędkości psychomotorycznej, nie podlegające tego typu wpływom, wykazały znacznie niższe możliwości osób z grupy biorącej lowastatynę. Zmiany te nie były powiązane z procentową zmianą poziomu LDL, ale miały znaczny związek z jego poziomem po leczeniu lowastatyną – im niższy poziom cholesterolu, tym bardziej pogarszała się pamięć.

W związku z tym twierdzenie, że leczenie statynami lub niski poziom cholesterolu chronią przed chorobą Alzheimera nie ma podstaw naukowych, wyniki badań sugerują raczej coś odwrotnego.

Obniżanie poziomu cholesterolu u dzieci

Najbardziej gorliwi zwolennicy hipotezy cholesterolowej przekonują, że powinniśmy zacząć obniżać poziom cholesterolu u dzieci. Twierdzą, że miażdżyca zaczyna się już we wczesnym dzieciństwie, dlatego wszyscy rodzice powinni zbadać poziom cholesterolu u swoich dzieci i zacząć uczyć je jeść „właściwie", zaczynając od wieku dwóch lat. Ta granica wiekowa została ustalona, ponieważ – mimo ich sprytnych przekonywań – zwolennicy koncepcji „Dieta–serce" mieliby spore trudności w przekonaniu rodziców, że pełne mleko, jak się przypuszcza trujące jako pożywienie dla dorosłych, jest nieszkodliwe dla dzieci. Dlatego taka „interwencja dietetyczna" została przesunięta do wieku 24 miesięcy, kiedy dzieciom zaczyna się dawać mleko odtłuszczone, zamienniki mleczne i produkty żywnościowe ubogie w tłuszcz.

Wysoki poziom cholesterolu w dzieciństwie wcale nie oznacza, że będzie on wysoki w życiu dorosłym. Kilka badań wykazało, że połowa dzieci z wysokim poziomem cholesterolu w wieku lat dwóch miała normalny poziom cholesterolu, kiedy osiągnęły wiek dojrzały.

Jeżeli założymy nawet, że wysoki poziom cholesterolu u dzieci pozostanie wysoki w życiu dorosłym i będzie wskazywał na możliwość wystąpienia choroby wieńcowej w wieku późniejszym, to jak należałoby leczyć dzieci? Zwolennicy koncepcji „Dieta–serce" odpowiadają: dietą! Z tego powodu wiele dzieci jest żywione chemicznie przetworzoną margaryną i różnymi innymi wysoce przetworzonymi produktami żywnościowymi, syntetycznymi, ubogimi w tłuszcz, zamiast pożywnymi i naturalnymi produktami, takimi jak: pełne mleko, ser, mięso i jajka.

Efekty wpływu diety na cholesterol są prawie nie do zmierzenia, szczególnie u dzieci. Jedynym sposobem na jego efektywne obniżenie jest zastosowanie leków, również zwolennicy koncepcji „Dieta–serce" to potwierdzają. Nawet jeśli istniałyby dowody na to, że obniżanie poziomu cholesterolu już w wieku lat dwóch byłoby korzystne, nie ma żadnych dowodów na to, że te korzyści zrównoważyłyby skutki uboczne niezdrowej diety lub codziennego, wieloletniego zażywania leków, ponieważ, na szczęście, takie badania nigdy nie były przeprowadzone.

Nacisk na obniżanie poziomu cholesterolu u dzieci spowoduje powstanie całych rodzin nieszczęśliwych hipochondryków, obsesyjnie zajmujących się swoją dietą i wynikami badań krwi. W najgorszym przypadku będzie miało to potężny i godny pożałowania wpływ na rozwój dzieci, ponieważ środki spożywcze zawierające cholesterol i tłuszcze roślinne są bogate w ważne substancje odżywcze. (74)

W lipcu 2008 Amerykańska Akademia Pediatrii (American Academy of Pediatrics) wydała zalecenie dotyczące stosowania statyn u dzieci rozpoczynając już od wieku 8 lat! Wcześniej, jedna ze statyn, prawastatyna (Pravachol®) została już dopuszczona przez amerykańska Agencję ds. Leków i Żywności do stosowania u dzieci w tym wieku. Lekarze z komisji, która te zalecenia wydała, byli zgodni co do tego, że nie ma danych dotyczących długoterminowych badań czy obserwacji stosowania statyn u dzieci. Twierdzili jednak, że: „istnieje wystarczająca ilość odpowiednich danych uzasadniających ich zalecenia".

Dr Nicolas Stettler, członek tej komisji, profesor epidemiologii pediatrycznej ze Szpitala Dziecięcego w Filadelfii powiedział: „dokonaliśmy ekstrapolacji z informacji, które mamy z badań na dorosłych. Wiemy, że u dorosłych obniżenie poziomu cholesterolu i zastosowanie niektórych z tych lekarstw obniża ryzyko śmierci lub wystąpienia choroby serca. Tak więc, nie ma powodów aby sądzić, że u dzieci może być inaczej" (75).

Skąd wiadomo jak młody, rozwijający się organizm zareaguje na skutki uboczne statyn, niejednokrotnie tak straszne u dorosłych? Kto za to weźmie odpowiedzialność? Żadnych badań, testów, które w przypadku dorosłych należało przeprowadzać przez wiele lat, natomiast do zastosowania statyn u dzieci wystarczyła tylko... ekstrapolacja (!).

Bibliografia

1. Scandinavian Simvastatin Survival Study Group. Randomised trial of cholesterol lowering in 4444 patients with coronary heart disease: the Scandinavian Simvastatin Survival Study (4S). *Lancet* 344, 1383–9, 1994.
2. Oliver M and others. Lower patients' cholesterol now. Trial evidence shows clear benefits from secondary prevention. *BMJ* 310, 1280–1, 1995.
3. MRC/BHF Heart Protection Study of cholesterol lowering with simvastatin in 20,536 high–risk individuals: a randomised placebo–controlled trial. *Lancet* 360:7–22, 2002.
4. Sacks FM and others. The effect of pravastatin on coronary events after myocardial infarction in patients with average cholesterol levels. *N Engl J Med* 335, 1001–9, 1996.
5. Shepherd J. and others Prevention of coronary disease with pravastatin in men with hypercholesterolemia. *N Engl J Med* 333, 1301–7, 1995.
6. Downs JR and others. Primary prevention of acute coronary events with lovastatin in men and women with average cholesterol levels. Results of AFCAPS/TexCAPS. *JAMA* 279, 1615–22, 1998.
7. The Long–Term Intervention with Pravastatin in Ischaemic Disease (LIPID) Study Group. Prevention of cardiovascular events and death with pravastatin in patients with coronary heart disease and a broad range of initial cholesterol levels. *N Engl J Med* 339, 1349–57, 1998.
8. Ravnskov U. High cholesterol may protect against infections and atherosclerosis. *QJM* 96, 927–34, 2003.
9. Następujące badania nie wykazały, że wysoki poziom cholesterolu we krwi jest czynnikiem ryzyka w przypadku nowo występujących zawałach serca:
   (a) Gertler MM and others. *Am J Med Sci* 247, 145–55, 1964.
   (b) Shanoff HM and others. *Can Med Ass J* 103, 927–31, 1970.
   (c) Frank CW and others. *Circulation* 47, 509–17, 1973.

(d) Mulcahy R and others . *Br Heart J* 37, 158–65, 1975.
(e) Schatzkin A et al. *Am J Epidemiol* 129, 888–899, 1984.
(f) Khaw KT, Barrett–Connor E. *J Cardiopulm Rehab* 6, 474–80, 1986.
(g) Olsson G, Rehnqvist N. *Cardiology* 74, 457–64, 1987.

10. Sacks FM and others. Relationship between plasma LDL concentrations during treatment with pravastatin and recurrent coronary events in the Cholesterol and Recurrent Events trial. *Circulation* 97, 1446–52, 1998.
11. West of Scotland Coronary Prevention Study Group. Influence of pravastatin and plasma lipids on clinical events in the West of Scotland Coronary Prevention Study (WOSCOPS). *Circulation* 97:1440–5, 1998.
12. Pedersen T and others. Lipoprotein changes and reduction in the incidence of major coronary heart disease events in the Scandinavian Simvastatin Survival Study (4S). *Circulation* 97, 1453–60, 1998.
13. Ravnskov U. Vilseledande kolesterolstatistik. *Läkartidningen* 96, 1947–9, 1999.
14. Olsson AG. En ny sorts studier behövs. *Läkartidningen* 96, 1949, 1999.
15. Ravnskov U. Implications of 4S evidence on baseline lipid levels. *Lancet* 346, 102–3, 1995.
16. (a) Massy ZA and others. Inhibition of the mevalonate pathway: benefits beyond cholesterol reduction? *Lancet* 347, 102–3, 1996.
(b) Vaughan CJ and others. Statins do more than just lower cholesterol? *Lancet* 348, 1079–82, 1996.
17. (a) Soma MR and others. Cholesterol and mevalonic acid modulation in cell metabolism and multiplication. *Tox Lett* 64/65, 1–15, 1992.
(b) Corsini A and others. New insights into the pharmacodynamic and pharmacokinetic properties of statins. *Pharmacol Ther* 84, 413–28, 1999.
18. Hidaka Y and others. Inhibition of cultured vascular smooth muscle cell migration by simvastatin (MK–733). *Atherosclerosis* 95, 87–94, 1992.
19. (a) Tremoli E and others. Platelet thromboxanes and serum–cholesterol. *Lancet* 1, 107–8, 1979.
(b) Schrör K. Platelet reactivity and arachidonic acid metabolism in type II hyperlipoproteinaemia and its modification by cholesterol–lowering agents. *Eicosanoids* 3, 67–73, 1990.
(c) Davi G. and others. Increased thromboxane biosynthesis in type IIa hypercholesterolemia. *Circulation* 85, 1792–8, 1992.

20. Meiser BM and others. Simvastatin decreases accelerated graft vessel disease after heart transplantation in an animal model. *Transpl Proc* 25, 2077–9, 1993.
21. Soma MR and others. HMG CoA reductase inhibitors. In vivo effects on carotid intimal thickening in normocholesterolemic rabbits. *Atherosclerosis* 13, 571–8, 1993.
22. Angell M. The truth about the drug companies. How they deceive us and what to do about it. Random House, N.Y. 2004.
23. Marzoa–Rivas R and others. Safety of statins when response is carefully monitored: a study of 336 heart recipients. *Transplant Proc* 37, 4071–3, 2005.
24. (a) Sinzingr H and others. Muscular side effects of statins. *J Cardiovasc Pharm* 40, 163–71, 2002.
(b) Sinzinger H, O'Grady J. Professional athletes suffering from familial hypercholesterolaemia rarely tolerate statin treatment because of muscular problems. *Br J Clin Pharmacol* 57: 525–8, 2004.
(c) Langsjoen PH and others. Treatment of statin adverse effects with supplemental Coenzyme Q10 and statin drug discontinuation. *Biofactors* 25, 147–52, 2005.
25. Phillips PS and others. Statin–associated myopathy with normal creatine kinase levels. *Ann Intern Med* 137, 581–5, 2002.
26. Draeger A. and others. Statin therapy induces ultrastructural damage in skeletal muscle in patients without myalgia. *J Pathol* 210, 94–102, 2006.
27. Graham DJ and others. Incidence of hospitalised rhabdomyolysis in patients treated with lipid–lowering drugs. *JAMA* 292, 2585–90, 2004.
28. LaRosa JC and others. Intensive lipid lowering with atorvastatin in patients with stable coronary disease. *N Engl J Med* 352, 1425–35, 2005.
29. Folkers K and others. Lovastatin decreases coenzyme Q levels in humans. *Proc Natl Acad Sci* USA 87, 8931–4, 1990.
30. Langsjoen PH, Langsjoen AM. The clinical use of HMG CoA–reductase inhibitors and the associated depletion of coenzyme Q10. A review of animal and human publications. *Biofactors* 18, 101–11, 2003.
31. Muldoon MF and others. Cholesterol concentration and mortality: a quantitative review of primary prevention trials. *BMJ* 301, 309–14, 1990.
32. (a) Lindberg G and others. Low serum cholesterol concentration and short term mortality from injuries in men and women. *BMJ* 305, 277–9, 1992.
(b) Morgan RE and others. Plasma cholesterol and depressive symptoms in older men. *Lancet* 341, 75–9, 1993.

(c) Schuit AJ and others. Low serum cholesterol and death due to accidents, violence, or suicide. *Lancet* 1993;341:827.
(d) Gallerani M and others. Serum cholesterol concentration in parasuicide. *BMJ* 310, 1632–6, 1995.
(e) Vevera J and others. Cholesteol concentrations in violent and non–violent women suicide attempters. *Eur Psych* 18, 23–7, 2003.
(f) Atmaca M and others. *Psych Res Dec* 22, 2007, Pubmed ahead of print

33. Buydens–Branchey L, Branchey M. Association between low plasma levels of cholesterol and relapse in cocaine addicts. *Psychosom Med* 65, 86–91, 2003.
34. (a) Virkkunen M. Serum cholesterol levels in homicidal offenders. *Neuropsychobiology* 10, 65–9, 1983.
(b) Kaplan JR and others. The effects of fat and cholesterol on social behavior in monkeys. *Psychosom Med* 1991;53:634–42.
(c) Golomb BA, and others. Low cholesterol and violent crime. *J Psych Res* 34, 301–309, 2000.
(d) Pentürk S, Yalcin E. Hypocholesterolaemia in dogs with dominance aggression. *J Vet Med* 50, 339–42, 2003.
35. Elias PK and others. Serum cholesterol and cognitive performance in the Framingham Heart Study. *Psychosom Med* 67, 24–30, 2005.
36. Golomb BA. Cholesterol and violence. Is there a connection? *Ann Intern Med* 128, 478–87, 1998.
37. Golomb BA, Kane T, Dimsdale JE. Severe irritability associated with statin cholesterol lowering. *QJM* 97, 229–35, 2004.
38. King DS and others. Cognitive impairment associated with atorvastatin and simvastatin. *Pharmacotherapy* 23, 1663–7, 2003.
39. Wagstaff LR, Mitton MW, Arvik BM, Doraiswamy PM. Statin–associated memory loss: analysis of 60 case reports and review of the literature. *Pharmacotherapy*. 23, 871–80, 2003.
40. (a) Graveline D. Lipitor, thief of memory. Infinity Publishing Co. Haverford USA 2004.
(b) Graveline D. Statin drugs side effects and the misguided was on cholesterol. Duane Graveline, Merritt Island, Fl., USA 2005.
41. Henderson VW and others. Serum lipids and memory in a population based cohort of middle age women. *J Neurol Neurosurg Psych* 74, 1530–4, 2003.
42. Gaist D and others. Statins and risk of polyneuropathy: a case–control study *Neurology* 58, 1333–7, 2002.
43. http://www.bmj.com/cgi/eletters/322/7293/1019#17446.
44. Solomon H and others. Erectile dysfunction and statin treatment in high cardiovascular risk patients. *Int J Clin Pract* 60, 141–5, 2006.

45. Edison RJ, Muenke M. Central nervous system and limb anomalies in case reports of first–trimester statin exposure. *N Engl J Med* 350, 1579–82. 2004.
46. Kenis I and others. Simvastatin has deleterious effects on human first trimester placental explants. Hum Reprod. 20, 2866–72, 2005.
47. Newman TB, Hulley SB. Carcinogenicity of lipid–lowering drugs. *JAMA* 275, 55–60, 1996.
48. Law M, Rudnick AR. Statin safety: a systematic review. *Am J Cardiol* 97, 52–60C, 2006.
49. Rosenberg CA . Cutaneous melanoma in postmenopausal women after nonmelanoma skin carcinoma: the Women's Health Initiative Observational Study. *Cancer*. 106, 654–63, 2006.
50. Shepherd J and others. Pravastatin in elderly individuals at risk of vascular disease (PROSPER): a randomised controlled trial. *Lancet* 360, 1623–30, 2002.
51. Iwata H and others. Use of hydroxy–methyl–glutaryl coenzume A reductase inhibitors is associated with risk of lymphoid malignancies. *Cancer Science* 97, 133–8, 2006.
52. Bradford RH and others. Expanded clinical evaluation of lovastatin (EXCEL) study results. *Arch Intern Med* 151, 43–9, 1991.
54. Executive Summary of the third report of the National Cholesterol Education Program (NCEP)expert panel on detection,evaluation, and treatment of high blood cholesterol in adults (adult treatment panel III). *JAMA* 285, 2486–97, 2001.
55. Hecht HS, Superko HR. Electron beam tomography and National Cholesterol Education Program guidelines in asymptomatic women. *J Am Coll Cardiol* 37, 1506–11, 2001.
56. Grundy SM and others. Coordinating Committee of the National Cholesterol Education Program. A summary of implications of recent clinical trials for the National Cholesterol Education Program Adult Treatment Panel III guidelines. *Arterioscler Thromb Vasc Bio* 24, 1329–30, 2004.
57. Nissen SE and others. Effect of intensive compared with moderate lipid–lowering therapy on progression of coronary atherosclerosis: a randomized controlled trial. *JAMA* 291, 1071–80, 2004.
58. Cannon CP and others. Comparison of intensive and moderate lipid lowering with statins after acute coronary syndromes. *N Engl J Med* 350, 1495–504, 2004.
59. LaRosa JC and others for the Treating to New Targets (TNT) Investigators. Intensive Lipid Lowering with atorvastatin in Patients with Stable Coronary Disease. *N Engl J Med* 352, 1425–35, 2005.

60. Ravnskov U, Rosch PJ, Sutter MC. Intensive lipid lowering with atorvastatin in coronary disease. *N Engl J Med* 353, 94, 2005.
61. Pedersen TR and others. Incremental Decrease in End Points Through Aggressive Lipid Lowering (IDEAL) Study Group. High–dose atorvastatin vs usual–dose simvastatin for secondary prevention after myocardial infarction: the IDEAL study: a randomized controlled trial. *JAMA* 94, 2437–45, 2005.
62. Ravnskov U, Rosch PJ, Sutter MC. High–dose statins and the IDEAL study. *JAMA* 295, 2476, 2006.
63. Pedersen TJ and others. In reply. Same, page 2478.
64. Rost P. The Whistleblower: Confessions of a Healthcare Hitman. Soft Skull Press. 2007.
65. Smith R. The Trouble With Medical Journals. The Royal Society of Medical Press 2006.
66. U.S. Justice Department Press Release, May 13, 2004.
67. Scott HD and others. Rhode Islands physicians´ recognition and reporting of adverse drug reactions. *Rh I Med J* 70, 311–6, 1987.
68. Jackevicius CA and others. Adherence with statin therapy in elderly patients with and without acute coronary syndromes. *JAMA* 288, 462–7, 2002.
69. Schalk BWM and others. Lower levels of serum albumin and total cholesterol and future decline in functional performance in older persons: the Longitudinal Aging Study Amsterdam. *Age and Ageing* 33, 266–72, 2004.
70. de Lau LML and others. Serum cholesterol levels and the risk of Parkinson's disease. Am J Epidemiol 164, 998–1002, 2006.
71. Mielke MM and others, High total cholesterol levels in late life associated with a reduced risk of dementia. *Neurology*. 64, 1689–95, 2005.
72. Elias PK and others. Serum cholesterol and cognitive performance in the Framingham Heart Study. Psychosom Med 67, 24–30, 2005.
73. Li G. Serum cholesterol and risk of Alzheimer disease. *Neurology* 65, 1045–50, 2005.
Muldoon MF and others. Effects of Lovastatin on cognitive function and psychological well–being. Am J Med 108, 538–47, 2000.
74. Ravnskov U. Prevention of atherosclerosis in children. *The Lancet* 355, 69, 2000.
75. http://www.nytimes.com/2008/07/08/health/08well.html?_r=2&fta=y&oref=slogin

Aneks

Kto za to płaci?

Początkowo nie opublikowano, kto finansuje autorów zaleceń Narodowego Programu Edukacji o Cholesterolu (NCEP) z 2004 r. Jednak po krytycznym liście, jaki napisał Merrill Goozner z Centrum Nauki w Służbie Interesu Publicznego, który zakwestionował podstawy naukowe i obiektywność tych zaleceń, ujawnienie finansowe zostało opublikowane na stronie internetowej:
www.nhlbi.nih.gov/guidelines/cholesterol/atp3upd04_disclose.htm.

Wyglądało ono następująco:

- dr Grundy otrzymał honoraria z firm: Merck, Pfizer, Sankyo, Bayer i Bristol-Myers Squibb;
- dr Hunninghake obecnie otrzymuje dotacje z firm: Merck, Pfizer, Kos Pharmaceuticals, Schering Plough, Wyeth Ayerst, Sankyo, Bayer, AstraZeneca, Bristol-Myers Squibb i G. D. Seattle; otrzymał również honoraria za konsultacje dla firm: Merck, Pfizer, Kos Pharmaceuticals, Sankyo, Astr Zeneca i Bayer;
- dr McBride otrzymał dotacje i wsparcie jego badań z firm: Pfizer, Merck, Parke-Davis i AstraZeneca; był również konsultantem dla firm: Kos Pharmaceuticals, Abbott i Merck; oraz otrzymał honoraria z firm: Abbott, Bristol-Myers Squibb, Novartis, Merck, Kos Pharmaceuticals, Parke-Davis, Pfizer i DuPont;
- dr Pasternak był konsultantem i otrzymywał honoraria od firm: Merck, Pfizer, and Kos Pharmaceuticals, ponadto otrzymał fundusze na badania z firmy Merck i Pfizer;
- dr Stone był konsultantem i otrzymywał honoraria za wykłady od firm: Abbott, Bayer, Bristol-Myers Squibb, Kos Pharmaceuticals, Merck, Novartis, Parke-Davis/Pfizer i Sankyo;
- dr Schwartz był konsultantem, otrzymywał honoraria i przeprowadzał płatne badania dla firm: Bristol-Myers Squibb, AstraZeneca, Merck, Johnson & Johnson-Merck i Pfizer.

ROZDZIAŁ 9

JAK TO SZALEŃSTWO SIĘ ZACZĘŁO?

Kiedy dwie osoby dzielą odpowiedzialność,
każda z nich będzie odpowiedzialna
najwyżej za 1 % całego ciężaru.

Piet Hein

Dowody

„Ustalono poza wszelką wątpliwość, że obniżanie zdecydowanie podwyższonego poziomu cholesterolu zmniejsza ryzyko zawału serca spowodowanego chorobą wieńcową".

Cytat ten, słowo w słowo, pochodzi z podsumowania konferencji (Consensus conference), jaką w 1984 r.(1) zorganizował Narodowy Instytut Zdrowia w USA na długo przed wprowadzeniem do leczenia statyn. Celem tej konferencji było przedyskutowanie, jak wyniki badań przeprowadzonych przez Klinikę Badań Lipidów mogą być zamienione w ogólne zalecenia dla Amerykanów.

Przewodniczącym konferencji był prof. Basil Rifkind, kierownik tych badań. Prof. Rifkind decydował również, kto może być członkiem grupy, która miała stworzyć końcowe zalecenia (!).

Consensus po łacinie oznacza „uzgodnienie" lub „jednomyślność". Nie było tam jednak ani uzgodnienia, ani jednomyślności. Pośród wielu głosów krytycznych, prof. Michael Oliver ze Szkocji, kierownik wcześniej przeprowadzonych badań przez Światową Organizację Zdrowia, podkreślał, że tendencja do zwiększania się śmiertelności z powodu innych przyczyn była równie silna, jak tendencja do zmniejszania się śmiertelności z powodu choroby wieńcowej serca. „Dlaczego więc ignorować te wyniki?" – pytał.

Brytyjski epidemiolog Richard Peto przyznał, że „ we wszystkich badaniach stało się coś absurdalnego: podczas gdy żadne pojedynczo rozpatrywane badania nie były przekonujące, to robiły wrażenie, kiedy wyniki różnych badań były wzięte razem". Czyż nie brzmi to znajomo?

Paul Meier, biostatystyk z uniwersytetu w Chicago, sprzeciwiał się opisowi badań LRC, który przedstawił Rifkind. Zauważył, że „nazwać badania 'rozstrzygającymi', kiedy nie wykazano żadnej różnicy w całkowitej śmiertelności, a za pomocą normalnie stosowanych kryteriów statystycznych wykazując nic nie znaczącą różnicę w liczbie przypadków niedomagań serca, wydaje się być znacznym nadużyciem tego słowa".

Nie było też jednomyślności dotyczącej leczenia, które konferencja planowała zarekomendować do szerokiego stosowania. Jeden z uczestników konferencji zalecał obniżanie zawartości cholesterolu w diecie, inny zalecał obniżenie spożywania tłuszczów zwierzęcych i nie myślał, że cholesterol w diecie ma jakiekolwiek znaczenie, trzeci zalecał obniżenie spożycia pod względem kalorycznym, bez względu na sposób, w jaki to można osiągnąć.

Końcowe oświadczenie z tej konferencji rozwiązało niezgodności i zaleciło wszystkie trzy wskazania łącznie. Krytyka, jaką wyrażało wielu uczestników konferencji, została całkowicie zignorowana. Niektórym lekarzom wygłaszającym krytyczne opinie przewodniczący komisji Daniel Steinberg – po prostu odbierał głos, tłumacząc to brakiem czasu. Żądanie, żeby napisać raport ze sprzeciwów zgłaszanych przez lekarzy, zostało odrzucone przez prezydium konferencji jako sprzeczne z celem konferencji, którym było osiągnięcie jednomyślności (2).

Co prezydium konferencji uważało za naukowe podstawy do wydania końcowych zaleceń? Nareszcie są wszystkie „dowody", które, jeśli się je złoży razem, przypuszczalnie dostarczą przygniatającego wsparcia dla koncepcji „Dieta–serce". Znając radykalne środki, jakie później zastosowano, możemy być przekonani, że członkowie prezydium konferencji uwzględnili wszystkie możliwe argumenty. Wymieńmy teraz te wszystkie „mocne dowody".

„Dowód" numer jeden

Dziedziczne schorzenia dowodzą, że wysoki poziom cholesterolu sam w sobie może wywołać chorobę serca.

Jest to czysty domysł. Na razie wiemy tylko, że osoby z dziedzicznymi schorzeniami mają wysoki poziom cholesterolu, ponieważ przechodzenie cholesterolu z krwi do komórek jest u nich spowolnione. Wiemy również, że miażdżyca u takich osób jest bardziej rozległa i bardziej intensywna. Czy jednak jest ona spowodowana wysokim poziomem cholesterolu? Istnieje dużo dowodów na to, że tak nie jest (Jak wytłumaczyłem to w rozdziale 6.). Ponadto istnieją dowody, że wysoki poziom cholesterolu u takich osób może być korzystny.

„Dowód" numer dwa

Miażdżyca u zwierząt rozwija się, kiedy żywi się je karmą powodującą podwyższenie cholesterolu, a zanika, kiedy ich poziom cholesterolu zostaje obniżony przez stosowanie odpowiedniej karmy lub leków.

W rozdziale 5 opisałem, jaką wartość dowodową mają badania eksperymentalne na zwierzętach. Fakt, że zmiany naczyniowe u zwierząt spowodowane przez szczególnie nienaturalną karmę ustępują, kiedy przestaje się je karmić w ten sposób, nie dowodzi niczego, jeśli chodzi o miażdżycę u ludzi. Dla jasności podam następujące porównanie: wrzód żołądka pan Janka spowodowany został przez połykanie gwoździ, zniknął, kiedy przestał je połykać. Nie stanowi to jednak dowodu na to, że wrzody żołądka u innych pacjentów są spowodowane połykaniem gwoździ.

„Dowód" numer trzy

Istnieje bezpośredni związek między poziomem cholesterolu we krwi i występowaniem choroby wieńcowej serca u różnych populacji.

Wystarczy popatrzeć na rys. 3 A, 3 B, 3 C, a szczególnie 3D, żeby ocenić samemu wartość tego „dowodu".

„Dowód" numer cztery

Ludzie, którzy wyemigrowali do innego kraju, w którym średni poziom cholesterolu we krwi jest wyższy, stopniowo nabywają zwyczajów żywieniowych ich nowego kraju. Stężenie cholesterolu i występowanie choroby wieńcowej staje się u nich takie samo, jak u osób od dawna mieszkających w ich nowym kraju.

Masajowie, Polinezyjczycy i wiele innych populacji, które zaprzeczają powyższemu twierdzeniu, zostało zignorowanych. Niczego też nie powiedziano o badaniach emigrantów japońskich, jakie przeprowadził Marmot.

„Dowód" numer pięć

Stopień i częstotliwość występowania blaszki miażdżycowej w aorcie i tętnicach wieńcowych są silnie skorelowane z poziomem cholesterolu we krwi.

Za wszelką cenę, raz za razem, próbuje się utrzymywać takie złudzenie, bez względu na to jak bardzo mija się ono z realiami.

Wychodzi się z założenia, że trzeba powtarzać i powtarzać to samo twierdzenie, aż w końcu będzie uznane za prawdę, choć jest nieprawdziwe.

„Dowód" numer sześć

W społecznościach doświadczających ograniczeń dietetycznych (szczególnie jeśli chodzi o tłuszcz) i utraty wagi ciała zauważa się mniej miażdżycy, chorób wieńcowych i ataków serca.

U żyjących w nędzy, głodujących ludzi występuje jeszcze wiele innych czynników poza brakiem tłuszczu w diecie. Nie można wyciągać żadnych wniosków tylko z takich obserwacji.

„Dowód" numer siedem

Badania epidemiologiczne wykazały, że podwyższony poziom cholesterolu u zdrowych ludzi pozwala przewidzieć możliwość wystąpienia u nich choroby wieńcowej w przyszłości.

Stwierdzenie to jest słuszne z wyjątkiem Maorysów, mieszkańców Sztokholmu, Greków, Finów, Rosjan, Kanadyjczyków, kobiet, mężczyzn po 47 roku życia i tych, którzy już mieli zawał serca (patrz rozdział 3).

„Dowód" numer osiem

Dowody otrzymane na podstawie wielu badań klinicznych wyraźnie wskazują, że obniżenie poziomu cholesterolu u pacjentów z jego wysokim poziomem zmniejsza prawdopodobieństwo wystąpienia choroby wieńcowej ze skutkiem śmiertelnym lub nie kończącej się śmiercią.

Kilka linijek poniżej tego stwierdzenia autorzy raportu piszą, że żadne z poprzednio przeprowadzonych badań nie dostarczyło dowodu na to, że obniżenie poziomu cholesterolu może zmniejszyć występowanie choroby wieńcowej serca. W obu badaniach (LRC i CLAS), z których pochodzą te „dowody" poziom cholesterolu został obniżony za pomocą leków, ponieważ obniżanie poziomu cholesterolu za pomocą samej diety okazało się nieskuteczne. Prezydium konferencji przyznało, że żadne badania z zastosowaniem tylko diety nie dowiodły w tamtym czasie jakichkolwiek korzyści, ani żadne badania leków obniżających poziom cholesterolu nie obniżyły znacznie liczby przypadków śmiertelnych wynikających z choroby wieńcowej (!).

„Dowód" numer dziewięć

Dowody otrzymane na podstawie badań genetycznych, eksperymentalnych, epidemiologicznych i klinicznych w sposób przytłaczający wskazują na istnienie związku przyczynowo-skutkowego między poziomem cholesterolu i chorobą wieńcową serca.

To wszystko. To jest „naukowa" podstawa całej kampanii antycholesterolowej, to są te liczne „dowody", które pojedynczo nie są wystarczające, ale wzięte razem są tak „przytłaczające".

Zalecenia

Prezydium konferencji uważało moc tych „dowodów" za tak wielką, że nie miało wątpliwości wydając poniższe zalecenia.

Zalecenie numer jeden

Ponad tuzin randomizowanych badań efektu diet ze zmienną ilością spożywanego tłuszczu lub stosowanych leków pozwala na dojście do konkluzji, że redukcja poziomu cholesterolu u ludzi ze stosunkowo wysokim jego początkowym poziomem również zredukuje liczbę przypadków choroby wieńcowej. Wykazano to w sposób bardzo przekonujący u mężczyzn z wysokim poziomem cholesterolu i chociaż nie przeprowadzono badań na kobietach, to nie ma żadnego powodu, żeby proponować odrębny sposób leczenia dla kobiet.

Niczego nie powiedziano o tym, że większość badań nie wskazywała na jakąkolwiek korzyść płynącą z obniżania poziomu cholesterolu u kobiet. W rzeczywistości, w niektórych badaniach liczba przypadków śmiertelnych i liczba zawałów serca wśród kobiet wzrosła. Prawie we wszystkich badaniach z udziałem kobiet wysoki poziom cholesterolu nie miał żadnego związku ze śmiertelnością spowodowaną chorobą wieńcową.

Zalecenie numer dwa

Osoby znajdujące się w grupie wysokiego ryzyka (poziom cholesterolu ponad 242 mg/dl w wieku 30-39 i powyżej 261 mg/dl w wieku powyżej 40 lat) powinny rozpocząć intensywne leczenie dietą z pomocą lekarzy, żywieniowców, dietetyków i innych profesjonalistów. Jeśli takie leczenie nie przyniesie skutków, osoby te powinny przejść na leczenie farmakologiczne.

Zgodnie z tym zaleceniem tylko w USA dziesiątki milionów zdrowych ludzi trzeba przestawić na dietę, która nie tylko jest niesmaczna i trudna do utrzymania, ale również niebezpieczna. Miejmy tylko nadzieję, że nie wystarczy odpowiednich profesjonalistów, żeby te odważne zalecenia wprowadzić w życie.

Producenci leków i ich akcjonariusze powinni być bardzo zadowoleni, ponieważ – jak wiadomo – niezwykle trudno jest znacznie obniżyć poziom cholesterolu za pomocą samej tylko diety. Członkowie prezydium konferencji wiedzieli to. Przecież w badaniach LRC osoby w grupie kontrolnej żywione były zgodnie z zaleceniami, a ich poziom cholesterolu obniżył się mniej niż o 1%. Bez wątpienia konieczne było zastosowanie leków. I o to ich producentom chodzi.

Zalecenie numer trzy

Osoby w średniej grupie ryzyka (ponad 220 mg/dl w wieku 30-39 lat i ponad 240 mg/dl w wieku ponad 40 lat) – powinny również intensywnie być leczone przez zmianę diety, a jeśli występują jeszcze inne czynniki ryzyka, należy rozważyć zastosowanie leków.

Następne dziesiątki milionów Amerykanów skazuje się na monotonną, niesmaczną dietę i niebezpieczne leki! W badaniach LRC tylko ci z najwyższym poziomem cholesterolu (0,8%) byli leczeni dietą i lekami. I tylko po wielkich wysiłkach kierownicy badań mogli osiągnąć wyniki, które mogły być postrzegane jako pozytywne i to tylko przez osoby nie znające statystyki. Jeśli nawet stosując leki jest tak trudno uzyskać lepszą prognozę leczenia ludzi ze szczególnie wysokim poziomem cholesterolu, to jak tylko sama dieta może dać korzyści u tych, z nie więcej niż średnio wysokim poziomem cholesterolu?

Zalecenie numer cztery

U większości Amerykanów poziom cholesterolu jest za wysoki, ponieważ spożywają zbyt dużo tłuszczów nasyconych, zbyt wiele kalorii i zbyt wiele cholesterolu.

Żeby uniknąć konfliktu między tymi, którzy proponowali różne diety, w zaleceniach ujęto wszystkie te elementy.

Zalecenie numer pięć

Wszystkim Amerykanom, oprócz dzieci w wieku poniżej lat dwóch, zaleca się dietę z ilością cholesterolu nie większą niż 250-300 mg dziennie, zmniejszenie spożycia tłuszczów nasyconych do 10% lub mniej całkowitego zapotrzebowania kalorycznego, wzrost spożycia tłuszczów wielonienasyconych, ale nie więcej niż 10% całkowitego zapotrzebowania kalorycznego. Celem jest obniżenie poziomu cholesterolu w całej populacji poniżej 195 mg/dl.

Wszystkich obecnie namawia się do diety, która początkowo była zalecana tylko dla grupy wysokiego ryzyka. Niestety ludzie z normalnym poziomem cholesterolu nie otrzymują pomocy ze strony służby zdrowia. Ci ludzie (jest ich większość) muszą sami ocenić, kiedy doszli do tego magicznego poziomu 10% tłuszczów wielonienasyconych, tj. do granicy między ilością szkodliwą i nieszkodliwą. Nikt nie wie, na jakiej podstawie członkowie prezydium konferencji ustalili te 10% dla tłuszczów wielonienasyconych, ani też na jakiej podstawie uznali jako normalny poziom cholesterolu 195 mg/dl. (Każda „władza" wydaje się mieć swoją własną granicę poziomu cholesterolu. Czyżby wybraną wartość ustalono na podstawie głosowania?).

Zalecenie numer sześć

Nie ma bezpośrednich dowodów wskazujących na korzyści, jakie można osiągnąć u ludzi starszych, ale zastosowanie diety może ciągle być pomocne.

Nie istnieją również dowody na to, że stosowanie zalecanej diety przez wszystkich pozostałych ludzi jest dla nich korzystne. Dlaczego więc komplikować starszym ludziom życie nieprzyjemną dietą, skoro jej korzyści nie zostały udowodnione? I pamiętajcie... do grupy osób starszych należycie, gdy tylko osiągniecie wiek 47 lat.

Zalecenie numer siedem

Dzieci także powinny być leczone, ale nie wcześniej niż w wieku powyżej dwóch lat. Jeśli poziom cholesterolu u nich jest powyżej 172 mg/dl, zaleca się dietę. Jeśli jest powyżej 203 mg/dl, powinno się podawać leki, na przykład cholestyraminę(!).

Biedne dzieci! Trzeba tutaj pamiętać, że dwie na trzy osoby biorące udział w badaniach, podczas których otrzymywały cholestyraminę, cierpiały na: wzdęcia, zgagę, odbijanie, bóle brzucha, nudności, wymioty, zatwardzenia i rozwolnienia. Na szczęście nie przeprowadzano żadnych badań obniżania cholesterolu u dzieci, żeby przekonać się, czy zalecenia takie mają jakikolwiek wpływ na wystąpienie chorób serca w przyszłości.

Zalecenie numer osiem

Jeśli społeczeństwo amerykańskie zastosuje się do zaleceń Narodowego Programu Edukacji o Cholesterolu, można niedługo oczekiwać znacznej poprawy. Na przykład, jeśli poziom cholesterolu zostanie obniżony o 5%, ryzyko zawału serca zmniejszy się o 10%.

Cyfry te, które są cytowane we wszystkich oficjalnych publikacjach dotyczących cholesterolu i diety, rażąco wprowadzają w błąd. Jak wynikało z badań LRC, ryzyko wystąpienia zawału serca zostało obniżone z 9,8% do 8,1%, różnica zaledwie 1,7%. Równa się to 0,2 punktu procentowego za każdy jeden procent obniżenia cholesterolu, co oznacza tylko 1%, jeśli poziom cholesterolu jest obniżony o 5%. Sposób rozumowania przedstawiony w tym zaleceniu jest absurdalny, ponieważ w badaniach LRC nie udało się obniżyć liczby zawałów serca o więcej niż można to było przypisać czystemu przypadkowi.

Zalecenie numer dziewięć

Korzyści wynikające z powyższych zaleceń powinny być większe u pacjentów z wysokim ryzykiem choroby wieńcowej lub gdy występują inne czynniki ryzyka, takie jak palenie tytoniu i nadciśnienie.

To stwierdzenie jest zupełnie niedorzeczne. Obliczenia wspomniane powyżej były oparte na liczbach z badań LRC, które brały pod uwagę tylko osoby z grupy wysokiego ryzyka.

Bez skrupułów

Członkowie prezydium tej konferencji nie mieli żadnych skrupułów dotyczących powyższych zaleceń. Stwierdzili jedynie, że wiele problemów powinno być dalej badanych w przyszłości, co zapewniało zabezpieczenie ogromnych funduszy rządowych dla naukowców i lekarzy przeprowadzających te „dalsze" badania. Sugerowali na przykład, że powinno się zebrać więcej informacji o potencjalnym niebezpieczeństwie spożywania dużych ilości olejów z wielonienasyconymi kwasami tłuszczowymi. Miejmy nadzieję, że dieta bardzo bogata w wielonienasycone kwasy tłuszczowe nie jest niebezpieczna, ale byłoby dużo mądrzej, gdyby najpierw przeprowadzono takie badania, zanim rozpoczęto kampanię zmieniającą sposób, w jaki ludzkość żywiła się przez tysiące lat.

Powyższe zalecenia wywołały protest wielu naukowców (3), ale – jak już wiemy – bez żadnego skutku. Kampania antycholesterolowa rozwijała się w najlepsze i przeniosła się do wielu innych krajów. Mówi się, że sugerowano, aby Ancel Keys był mianowany do nagrody Nobla.

Ani słowem nie wspomniano w raporcie z tej konferencji o wielu badaniach, których wyniki były sprzeczne z badaniami wykorzystanymi do tworzenia tych zaleceń. W przeciwieństwie do początkowego stwierdzenia o *consensusie*, naukowcy wcale nie są zgodni co do niebezpieczeństw spożywania produktów żywnościowych bogatych w tłuszcz i cholesterol.

Bibliografia

1. Consensus Conference: Lowering blood cholesterol to prevent heart disease. *JAMA* 253, 2080–2086, 1985.
   The description of the conference is mainly based on Thomas J. Moore. *Heart Failure*, Random House, New York, 1989.
2. Zgodnie z tym co twierdzi Moore, raport i jego konkluzje zostały napisane zanim odbyła się ta konferencja.

3. Some of the many critical voices are listed here:
(a) Palumbo PJ. *Mayo Clin Proc* 63, 88–90, 1988.
(b) Oliver MF. *Lancet* 1, 1087–9, 1985.
(c) Merz B. *JAMA* 256, 2779–80, 1986.
(d) Pinckney ER, Smith RL. *Lancet* 1, 503, 1987.
(e) Patel C. *Lancet* 1, 633–4, 1984.
(f) Editorial. *Lancet* 1, 333–4, 1988.

Aneks

Granice rozsądku

„Ostatnią lekcją wartą zauważenia jest to, że obecna kampania cholesterolowa reprezentuje rzadką zgodność interesów wielu stron: lekarzy, przemysłu farmaceutycznego, rządu, społeczeństwa – wszyscy powinni odnieść korzyści z wysiłków poniesionych na promocję i wprowadzenie zaleceń i wskazówek z raportu Zespołu Leczenia Dorosłych. Lekarze skorzystają, ponieważ będą mogli zapewnić lepszą opiekę, a przy tej okazji będą mieli rozwijającą się bazę pacjentów do prewencyjnej opieki medycznej. Przemysł farmaceutyczny skorzysta z dynamicznie rozwijającego się rynku leków, co będzie wynikiem ścisłego przestrzegania zaleceń na skalę krajową. Społeczeństwo skorzysta ze zmniejszonego ryzyka wystąpienia chorób serca i innych chorób. Rząd również skorzysta z lepszego stanu zdrowia obywateli i obniżonych wydatków, co będzie rezultatem zmniejszenia ryzyka wystąpienia chorób serca.

Co więcej, ta zgodność interesów będzie promować kooperację – a nawet współpracę – między różnymi zainteresowanymi stronami.

Podsumowując, przyznaję z nieukrywaną przyjemnością, że odgrywałem aktywną rolę w narodowej kampanii cholesterolowej. To był najbardziej ekscytujący rok – i w ten dzisiejszy wieczór z wielką przyjemnością dzielę się moimi przemyśleniami z przyjaciółmi i współpracownikami ze społeczności związanej z cholesterolem i chorobami serca.” (1).

Bibliografia

1. Goodman, DS. Arteriosclerosis 9, 430–438, 1989.

ROZDZIAŁ 10

PRZECIWNICY KONCEPCJI „DIETA–SERCE"

Z prądem płyną tylko zdechłe ryby.

Przysłowie polskie

Głosów krytykujących koncepcję „Dieta–serce" było bardzo wiele. Jednak publikowano je w specjalistycznych pismach medycznych i książkach, które nie leżą w sferze zainteresowań przeciętnego człowieka, toteż głosy krytyczne utonęły w powodzi artykułów opublikowanych przez zwolenników hipotezy cholesterolowej. Media z kolei, wspierane w dużej części przez dochody z reklam firm farmaceutycznych i przemysłu spożywczego, który zorientował się, że użycie olejów roślinnych zamiast tłuszczów zwierzęcych jest niezwykle dochodowe, konsekwentnie ignorowały głosy krytyki, jednocześnie rozdmuchując zalecenia użycia drogich leków i zmian dietetycznych. Poniżej przedstawiam w porządku alfabetycznym sylwetki kilku naukowców, którzy mieli odwagę głośno wypowiedzieć się krytycznie. Wszyscy oni wykonali dużą liczbę badań naukowych, z których wspomnę tylko te najważniejsze.

Mary Enig (1) jest międzynarodowym ekspertem w dziedzinie biochemii lipidów, żywieniowcem i konsultującym redaktorem wielu naukowych czasopism łącznie z „Journal of the American College of Nutrition". (Jest to jedno z najbardziej prestiżowych amerykańskich czasopism naukowych dotyczących żywienia). Jest też prezesem Związku Żywieniowców stanu Maryland. Jej główne zainteresowania badawcze dotyczą niebezpieczeństw związanych ze spożyciem tłuszczów typu trans. Opublikowała wiele artykułów naukowych na temat produktów spożywczych, środków odżywczych, olejów i innych tłuszczów. Jest autorką kilku rozdziałów w podręcznikach do nauki o żywieniu człowieka. Napisała też książki dla nieprofesjonalistów dotyczące tłuszczów, olejów i cholesterolu. Zapytana, czy tłuszcze nasycone powodują chorobę serca, odpowiedziała: *Twierdzenie, że tłuszcze nasycone powodują choroby serca, jest zupełnie nieprawdziwe, ale zostało ono powtórzone w wielu publikacjach* *tak wiele razy przez ostatnie trzy dekady, że trudno przekonać ludzi, że jest inaczej, chyba że zechcą poświęcić czas na przeczytanie i poznanie czynników politycznych i ekonomicznych, które spowodowały powstanie ruchu potępiającego użycie tłuszczów nasyconych.*

Michael Gurr (2) profesor biochemii w Szkole Nauk Biologicznych i Molekularnych w Oksfordzie, redaktor naczelny Nutrition Research Reviews (czasopismo publikujące przeglądowe prace naukowe dotyczące żywienia), jak też redaktor trzech innych periodyków naukowych. W ostatnio opublikowanej, 50-stronicowej pracy przeglądowej pt. „Postępy w badaniach lipidów" (Progress in lipid research), opisał argumenty wspierające hipotezę cholesterolową i w sposób szczery i szczegółowy wykazał jej słabe strony.

Jego głównym zastrzeżeniem był niewystarczający związek pod względem patologii naczyń krwionośnych między modelami zwierzęcymi i ludzkimi oraz rodzinną hipercholesterolemią i miażdżycą, błędy i tendencyjny sposób selekcji uczestników w badaniach epidemiologicznych, brak związku między tendencją w śmiertelności spowodowaną chorobą wieńcową, a ilością i rodzajem spożytych tłuszczów, słaby element prognostyczny, jakim jest poziom cholesterolu we krwi, oraz brak poprawy w liczbie przypadków śmiertelnych po farmakologicznym i dietetycznym obniżeniu poziomu cholesterolu we krwi. W końcowych słowach swojej analizy prof. Gurr zawarł niezwykle trafne podsumowanie tego wszystkiego, co przedstawiłem w tej książce:

Argumentacja i omówienie dowodów naukowych zaprezentowanych w tej analizie nie przekonają tych „ekspertów", którzy już w swych umysłach podjęli decyzję z jakiegokolwiek powodu, bądź to politycznego, bądź naukowego, że tłusta dieta jest przyczyną choroby wieńcowej serca. Jednakże, mam nadzieję, że niektórzy z czytelników, którzy być może nie byli świadomi tego, że hipoteza cholesterolowa jest oparta na bardzo słabych przesłankach, zostaną przekonani, że związek między tłuszczami, jakie spożywamy, i prawdopodobieństwem, że możemy umrzeć z powodu zawału serca, w żadnym stopniu nie jest tak prosty, jak te uproszczone stwierdzenia sugerują.

George Mann (3) profesor medycyny i biochemii na Uniwersytecie Vanderbilt w Tennessee. Po przeprowadzeniu badań wśród Masajów zorientował się, że tłuszcz zwierzęcy nie może być główną przyczyną wysokiego poziomu cholesterolu i choroby wieńcowej serca. Już w roku 1977 w „New England Journal of Medicine" (jedno z najbardziej poważanych amerykańskich czasopism medycznych) zaprezentował swoje główne argumenty przeciw hipotezie „Dieta–serce": brak związku między zwyczajami żywieniowymi i poziomem cholesterolu, brak związku między tendencjami w spożyciu tłuszczów i śmiertelnością w USA i rozczarowujące wyniki badań obniżania poziomu cholesterolu.

Osiem lat później, kiedy kampania antycholesterolowa nabierała rozpędu, prof. Mann podsumował swoją krytykę koncepcji „Dieta–serce" w piśmie „Żywienie dzisiaj" (Nutrition Today), mówiąc, że: „**koncepcja ta jest największym oszustwem naszych czasów, a być może wszechczasów**". Prof. Mann szczególnie krytycznie ocenił badania nad obniżaniem poziomu cholesterolu. Powiedział: „nigdy jeszcze w historii nauki tak wiele kosztownych eksperymentów i badań w tak konsekwentny sposób nie powiodło się".

Prof. Mann ostro skrytykował dyrektorów badań LRC. Bezpodstawne wyniki z badań LRC nie powstrzymały ich autorów przed „przechwalaniem się ich przełomową rolą". I kontynuował:

Zarząd Narodowego Instytutu Zdrowia użył rozgłosu na podobieństwo Madison Avenue, żeby rozczarowujące wyniki badań sprzedać w taki sposób, jak ludzie z mediów sprzedają dezodorant pod pachy. Uczestnicy Panelu Konsensusu Bethseda nie potwierdzili, że wyniki badań LRC, jak i wiele innych przed nimi, wyraźnie i głośno mówią: „Nie, dieta, którą użyto, nie jest efektywnym środkiem radzenia sobie z hipercholesterolemią lub zapobieganiem chorobie wieńcowej, a leki, które tak szczodrze testowano firmom farmaceutycznym, również nie spełniają swej funkcji.

Ludzie, którym przedstawia się wiele zniekształconych faktów dotyczących diety, cholesterolu i choroby serca, pytają mnie często, dlaczego prawie wszyscy naukowcy bezkrytycznie akceptują koncepcję „Dieta–serce". Być może ktoś już zadał sobie to pytanie czytając niniejszą książkę. Prof. Mann tak komentuje tę sprawę:

Akademicy, którzy powinni się głośno sprzeciwić i zatrzymać tę niezgodną z zasadami nauki działalność, dziwnie zaniemówili, obawiając się o utratę łatwych do otrzymania funduszy. Brak ich wypowiedzi spowodował opóźnienie o całą generację znalezienia przyczyny choroby wieńcowej.

Prof. Mann, na końcu swojego artykułu w Nutrition Today, pisze, że widzi jednak światełko nadziei:

Ci którzy manipulują danymi, nie doceniają tego, że rozumienie natury problemów nie może być zniekształcone w nieskończoność. Prawdziwe wyjaśnienia nie mogą być permanentnie ignorowane. Nieubłaganie prawda będzie wyłoniona i oszustwo zostanie napiętnowane. Kiedyś prawda wyjdzie na jaw. Jest to przynoszące ulgę pocieszenie w tej przykrej historii.

Michael F. Oliver (4) profesor i dyrektor Instytutu Badań Metabolizmu im. Wynne'a w Londynie. Prof. Oliver był jednym z pierwszych, którzy wykazali, że u pacjentów z chorobą wieńcową serca było bardziej prawdopodobne występowanie nienormalnych poziomów różnych tłuszczów we krwi niż u osób z grupy kontrolnej. Prof. Oliver nadal uważa, że pewna wyselekcjonowana grupa pacjentów, w większości tych z odziedziczonym upośledzeniem metabolizmu cholesterolu, może mieć pewne korzyści z obniżania jego poziomu, ale w kilku swych publikacjach ostrzega przed kampanią obniżania poziomu cholesterolu u ogółu populacji. Na przykład, napisał, że:

Wątpliwości dotyczące promocyjnej, reklamowej natury tych kampanii nie są dobrze odbierane. Wątpiącymi się pogardza, chociaż to nie ma znaczenia. Problem jest jednak bardzo poważny, skoro wydano ogromne sumy pieniędzy na rozpowszechnienie i wprowadzenie zmian w stylu życia normalnych ludzi, podczas gdy zebrany materiał dowodowy wskazuje, że śmiertelność pozostała bez zmian lub możliwie się nawet zwiększyła.

Raz za razem prof. Oliver krytykował tych, którzy myślą, że zwiększona śmiertelność z innych niż medyczne powodów – jak zauważono w wielu badaniach – jest przypadkowa. Prof. Oliver uważa raczej, że samo obniżenie poziomu cholesterolu może być niebezpieczne ze względu na nieprzewidziany długoterminowy wpływ na budowę błon komórkowych. Zgodnie z tym co sądzi prof. Oliver, nasz organizm w większości przypadków może dopasowywać się do naszych wysiłków zmierzających do obniżenia poziomu cholesterolu, ale

...czy takie homeostatyczne (regulujące) mechanizmy będą efektywne u każdego pacjenta, w każdym czasie i we wszystkich komórkach – szczególnie w komórkach, których funkcje biologiczne są zaburzone z innych powodów? Te wątpliwości nie opuszczą nas jeszcze przez kilka lat (6).

Prof. Oliver również jest zaniepokojony, jeśli chodzi o związek między niskim poziomem cholesterolu i powstawaniem nowotworów.

Należy jednak wspomnieć, że po publikacji badań nad statynami prof. Oliver zmienił swoje zdanie i teraz uważa, że poziom cholesterolu powinien być obniżany, ale tylko u pacjentów z bardzo wysokim poziomem ryzyka.

Edward R. Pinckney (5) to były redaktor czterech wydawnictw medycznych i były współredaktor znanego pisma „Journal of the American Medical Association" (czasopismo amerykańskiego związku medycznego). W 1973 r. wydał książkę pod tytułem „Kontrowersja cholesterolowa" (The Cholesterol Controversy), która podsumowała wszystkie niekonsekwencje w hipotezie cholesterolowej (8). Wydaje się niemożliwe, żeby ktorykolwiek rozsądny i uczciwy lekarz, który przeczytał tę książkę, mógł nadal pouczać swoich pacjentów o niebezpieczeństwie związanym z cholesterolem.

Pinckney opisuje wszystkie czynniki, jakie mają wpływ na cholesterol we krwi u zdrowych ludzi i jak trudno jest otrzymać wiarygodne wyniki pomiarów poziomu cholesterolu ze względu na niedokładności analityczne:

Poziom cholesterolu we krwi jest niczym więcej jak zgrubnym wskazaniem wielu różnych chorób. W najgorszym przypadku może być bardziej spowodowany stresem i chorobami, które mogą być przez stres wywołane. Zmiana czyjegoś stylu życia w konsekwencji tego szczególnego testu laboratoryjnego może równie dobrze spowodować więcej problemów niż ich rozwiązać.

Pinckney szczegółowo opisuje niebezpieczeństwa związane z obniżaniem poziomu cholesterolu i poświęca cały rozdział „teatrowi" politycznemu, jaki rozegrał się przed rozpoczęciem kampanii antycholesterolowej. Przez długi czas zastanawiał się nad tym, dlaczego przemysł mleczarski pasywnie akceptuje obelgi, jakie rzucano w stosunku do jego produktów. Wyjaśnienie znalazł w tym, że wielu hurtowników produktów mleczarskich sprzedawało także produkty oparte na tłuszczach wielonienasyconych i z ich sprzedaży otrzymywało jeszcze większe profity. Również farmerzy produkujący nabiał nie protestowali, ponieważ rząd federalny używał pieniędzy podatników na odkupywanie od farmerów nadwyżek masła za cenę znacznie wyższą niż mogliby uzyskać, sprzedając to samo masło na wolnym rynku.

Początek rozdziału 1 książki Pinckney'a jest wart zacytowania:

Twój strach przed śmiercią – jeśli jesteś akurat jedną z wielu osób, które cierpią na to chorobliwe nią zaabsorbowanie – mógł cię uczynić ofiarą cholesterolowej kontrowersji. Jeśli uwierzyłeś, że możesz zapobiec śmierci z powodu choroby serca przez zmianę poziomu cholesterolu we krwi dietą lub lekami, to przestrzegasz reżimu, który ciągle nie ma żadnego uzasadnienia w faktach. Raczej jako konsument zostałeś wciągnięty w interesy pewnych grupy ludzi, którzy są bardziej zainteresowani twoimi pieniędzmi niż twoim zdrowiem.

Raymond Reiser (6) profesor biochemii na uniwersytecie w Teksasie. W roku 1973 skrytykował zalecenia dotyczące dietetycznego leczenia wysokiego poziomu cholesterolu mówiąc:

Źródło cytowane przez autorów rekomendujących obniżanie poziomu cholesterolu nie jest źródłem pierwotnym, ale raczej przeglądem podobnym do ich własnej pracy. Ten zwyczaj odwoływania się do źródeł dru-

go– i trzeciorzędnych wątpliwej wiarygodności doprowadził do bezkrytycznej akceptacji zjawiska, które w ogóle może nie istnieć.

Niestety, słowa prof. Reisera nie miały żadnego wpływu. W swoim artykule, na 30 stronach, dokonał bardzo szczegółowego przeglądu prawie wszystkich badań dotyczących wpływu tłuszczów w diecie na poziom cholesterolu. Główne wnioski do jakich doszedł są takie, że większość badań było obciążonych poważnymi błędami, ograniczającymi czas ich trwania oraz że użyto zbyt małej liczby osób. Ponadto badania diety muszą być ekstremalne, żeby na ich podstawie dojść do konkluzji, które są uzasadnione w odniesieniu do zwykłych ludzi. Dalej kontynuował, że niektóre tłuszcze nasycone nie mają żadnego wpływu na poziom cholesterolu we krwi, podczas gdy inne mogą go podwyższać, ale nie do wysokiego poziomu. W związku z tym twierdził:

Trzeba być rzeczywiście bardzo zuchwałym, żeby usiłować przekonać dużą część populacji świata do zmiany zwyczajów żywieniowych i zagrozić ważnym gałęziom rolnictwa wynikami takich niekontrolowanych, prymitywnych, opartych na metodzie prób i błędów machinacji. Z pewnością nowoczesna nauka jest zdolna do dokonania lepszych badań, kiedy tak dużo jest do stracenia.

Ostatnio prof. Reiser przeanalizował dowody, które zostały użyte przez Amerykański Związek Chorób Serca, jako uzasadnienie ich zaleceń dotyczących diety. Nie znalazł żadnych badań, które dostarczyłyby takiego uzasadnienia. W rzeczywistości wyniki niektórych badań zaprzeczały koncepcji „Dieta–serce":

W związku z tym racjonalność nie jest logicznym wytłumaczeniem zaleceń dietetycznych, ale zbiorem przestarzałych i mylnych źródeł, na które się powoływano. Ponieważ racjonalne wytłumaczenie zaleceń jest konieczne do ich zaakceptowania przez społeczeństwo, które jest ich odbiorcą, społeczny sceptycyzm jest uzasadniony.

Paul Rosch (7) jest prezesem Amerykańskiego Instytutu Stresu, profesorem wydziału Medycyny i Psychiatrii w Szkoły Medycznej w Nowym Jorku, honorowym wiceprezesem Międzynarodowego Stowarzyszenia Zarządzania Stresem, przewodniczącym jego oddziału w USA. Jest też redaktorem trzech bardzo znanych czasopism medycznych oraz był członkiem zarządów kilku innych czasopism medycznych. Był także prezesem Stanowego Stowarzyszenia Medycyny Internistycznej w Nowym Jorku, przewodniczącym Międzynarodowej Fundacji Rozwoju Biopsychosocjalnego i Zdrowia Człowieka oraz był Ekspertem Konsultantem do spraw Stresu w Amerykańskim Centrum Kontroli Chorób. Przez ostatnie 45 lat napisał ogromną liczbę prac na temat wpływu stresu na zdrowie, ze szczególnym uwzględnieniem choroby wieńcowej i chorób nowotworowych. Występował w wielu narodowych i międzynarodowych programach telewizyjnych takich jak „The Today Show", „Good Morning America", „60 Minutes", „Nova", jak również w stacjach CBS, NBC, PBS, BBC i CBC. Jego artykuły redakcyjne i komentarze były publikowane w każdym znaczącym czasopiśmie medycznym. Z prof. Roschem przeprowadzano wiele wywiadów, jest on też bardzo często cytowany w licznych amerykańskich magazynach i w prasie codziennej.

Jako autor Aktualności Amerykańskiego Instytutu Stresu (Newsletter of the American Institute of Stress), prof. Rosch opublikował kilka artykułów na temat hipotezy cholesterolowej i koncepcji „Dieta–serce". Jego konkluzje są bliskie tym, jakie zaprezentowałem w tej książce.

Stworzono wielką krucjatę pod zawołaniem „obniż swój poziom cholesterolu" przez restrykcyjne ograniczenie spożycia tłuszczu w diecie, w połączeniu z agresywnym leczeniem farmakologicznym. Większość tych stwierdzeń jest oparta na domysłach, a nie na solidnych dowodach naukowych.

Rezultat takiego postępowania jest już znany. Prof. Rosch argumentuje:

Społeczeństwo ma tak wyprany mózg, że wiele osób wierzy, że im niższy mają poziom cholesterolu tym będą zdrowsze i tym dłużej będą żyć. Nie ma niczego bardziej błędnego.

Jak więc taka sytuacja może istnieć rok po roku? Prof. Rosch ma kilka wytłumaczeń.

Cholesterolowy „związek" firm farmaceutycznych, producentów ubogiej w tłuszcz żywności, urządzeń do badań analitycznych i innych grup finansowo zainteresowanych rozpętał bardzo efektywną kampanię promocyjną. Ich siła jest tak wielka, że udało im się spenetrować różnego rodzaju rządowe i medyczne agencje, które normalnie powinny chronić nas przed takimi bezpodstawnymi dogmatami.

Prof. Rosch przypomina nam, że praktykujący lekarze czerpią większość informacji o lekach z materiałów pochodzących z firm farmaceutycznych.

W przeciwieństwie do ich kolegów praktykujących pół wieku temu, obecnie większość lekarzy nie ma czasu ani umiejętności, żeby krytycznie ocenić raporty naukowe, niewielu wie cokolwiek o metodach stosowanych w badaniach naukowych, nie wie o nich też generacja, która ich nauczała.

Ray Rosenman (8) jest emerytowanym dyrektorem Badań Układu Krwionośnego Serca w Programie Nauk o Zdrowiu w SRI International w Menlo Park (niezależny instytut badawczy), w Kaliforni, a poprzednio był dyrektorem medycznym szpitala Mt.Zion i Centrum Medycznego w San Francisco. Jest kardiologiem i naukowcem od 1950 r. Wydał cztery książki, jest autorem wielu rozdziałów podręczników medycznych i artykułów dotyczących choroby wieńcowej. Głównym obiektem jego zainteresowań jest wpływ czynników neurogenicznych i psychologicznych na lipidy krwi, ale jest też autorem analiz krytycznych w stosunku do koncepcji „Dieta–serce". Rosenman w ostatnio publikowanej analizie stwierdza:

Dane te prowadzą do konkluzji, że ani dieta, ani lipidy krwi, ani ich zmiany nie mogą wytłumaczyć narodowych i regionalnych różnic w częstotliwości występowania choroby niedokrwiennej serca i również wielu wzrostów i spadków występowania choroby wieńcowej.

Konkluzja ta oparta jest na wynikach wielu badań, które nie dostarczyły wystarczających dowodów, że obniżanie poziomu cholesterolu, szczególnie poprzez zmiany dietetyczne, skutkuje znacznym spadkiem śmiertelności z powodu choroby niedokrwiennej serca lub zwiększoną długością życia. Wielokrotnie stwierdzono, że efekty stosowania diety i leczenia farmakologicznego są tendencyjnie przesadzone w raportach z badań, przeglądach i innych artykułach cytujących i powiększających wyniki zgodne z założeniami oraz zatajające wyniki niepasujące do lansowanej teorii. Wiele takich przykładów już zacytowano.

Russell Smith (9) jest amerykańskim psychologiem eksperymentalnym z bardzo dużym doświadczeniem w fizjologii, matematyce i naukach inżynieryjnych. We współpracy z Edwardem Pinckney'em ze szczególną dokładnością analizował wszystkie aspekty problemu „dieta–cholesterol–serce" i zaprezentował swoje wyniki w dwóch wielkich przeglądach literatury naukowej, zawierających ponad 700 stron, z bibliografią składająca się z 3 000 pozycji, oraz w książce popularno-naukowej. Żaden z przeglądów i analiz napisanych przez zwolenników koncepcji „Dieta–serce" nie może się równać z dziełem Russella Smitha, jeśli chodzi o kompletność i głębię naukowego podejścia. Tom 1 jego pracy stanowi przegląd całego problemu. Jego podsumowanie jest dewastującym ciosem dla zwolenników koncepcji „Dieta–serce":

Mimo że społeczeństwo postrzega badania medyczne jako badania o najwyższym stopniu dokładności, większość badań epidemiologicznych jest raczej nieprecyzyjna. Jest to zrozumiałe, ponieważ badania te przeprowadzone były głównie przez osoby bez formalnego wykształcenia i z niewielkim doświadczeniem praktycznym w stosowaniu metod naukowych. Wynikiem tego były źle zaprojektowane badania, a dane niewłaściwie przeanalizowane i zinterpretowane. Co więcej, tendencyjność w tych badaniach jest tak powszechna, że wydaje się być zasadą raczej niż wyjątkiem. Łatwo zauważyć, że wielu naukowców rutynowo manipulowało i interpretowało uzyskane przez nich dane, tak aby w sposób z góry ustalony pasowały do postawionych hipotez, zamiast manipulować hipotezami, tak by je dopasować do otrzymanych wyników. W związku z tym większość opublikowanej literatury jest afrontem wobec prawdziwej nauki.

Russell Smith konkludował:

Obecna kampania, żeby przekonać każdego Amerykanina do zmiany jego diety i w wielu przypadkach do rozpoczęcia trwającej całe życie „terapii" lekami, jest oparta na wymysłach, błędnych interpretacjach, wielkiej przesadzie i – co bardzo ważne – zupełnym ignorowaniu ogromnego materiału dowodowego z danymi całkowicie sprzecznymi. Nie wydaje się możliwe, żeby obiektywny naukowiec, bez własnego w tym interesu, mógł kiedykolwiek zinterpretować taką literaturę jako coś, co pozwoliłoby mu zaakceptować hipotezę, która była do udowodnienia.

W swoich książkach i artykułach Russell Smith krytykował duże grono naukowców z Narodowego Instytutu Chorób Serca Płuc i Krwi (NHLBI) i Amerykańskiego Związku ds. Chorób Serca (AHA), które nazywa „przymierzem". Uważa ich prace za „niekompetentne i niechlujne".

To oszustwo jest tak rażące, tak szeroko zakrojone, że konieczne jest odejście od normalnie stosowanej spokojnej retoryki przeglądu naukowego i zastosowanie dosadniejszego słownictwa w celu uwydatnienia problemu.

Russell Smith był świadom tego, że występował przeciwko niezwykle potężnym instytucjom.

Polityczna i finansowa potęga zespołu NHLBI i AHA (...) jest niesłychana i nie ma równej sobie. Ponieważ „przymierze" cieszy się znacznym zaufaniem w oczach społeczeństwa i większości praktykujących lekarzy, dlatego stało się ono przepotężną siłą, zdolną użyć swej mocy i prestiżu, żeby zataić ogromną nawet liczbę niekorzystnych dla nich dowodów i nawet zaprzeczyć najbardziej fundamentalnemu narzędziu naukowców – logice.

Naukowcy, którzy byli autorami artykułów i raportów wprowadzających w błąd, są oczywiście pierwszymi, u których Russell Smith znalazł błędy. Dodał jednak:

Równie winni są redaktorzy naczelni wielu magazynów i pism medycznych, którzy pozwolili na publikowanie artykułów bez względu na ich jakość i znaczenie naukowe. Przygnębiające jest to, że miliardy dolarów i wysoce specjalistyczny system medycznych badań naukowych są bezpowrotnie marnotrawione.

William E. Stehbens (10) profesor na Wydziale Patologii Szkoły Medycyny w Wellington i dyrektor Instytutu Badań Medycznych im. Malaghana w Wellington w Nowej Zelandii. Na podstawie swoich własnych badań, jak i na podstawie dogłębnej analizy literatury, ujawnił wiele błędów dotyczących koncepcji „Dieta–serce". Po bardzo starannej analizie badań eksperymentalnych doszedł do następującej konkluzji:

Po przeanalizowaniu wszystkich faktów i uwzględnieniu szczególnych kryteriów wymaganych do eksperymentalnego wywołania miażdżycy, każdy niezależnie myślący patolog, nie mający uprzednio utwierdzonych, z góry określonych poglądów, doszedłby do wniosku, że miażdżyca u ludzi i jej ogniska wywołane przez nadmierne obciążenie dietetyczne cholesterolem i tłuszczem to nie jest jedna i ta sama choroba.

Stehbens wskazywał także na niedociągnięcia w badaniach epidemiologicznych, w których używano statystyki dotyczącej śmiertelności jako dowodu przyczynowego.

Niekwestionowane użycie niewiarygodnych danych doprowadziło do przedwczesnych konkluzji za cenę poświęcenia prawdy. Stopień niedokładności w istotnych statystykach dotyczących choroby wieńcowej (CHD) budzi taki brak zaufania, że w połączeniu z innymi wcześniej wykazanymi niedociągnięciami, koncepcja wzrostów i spadków występowania CHD w wielu krajach musi być uważana za nie udowodnioną, a różnego rodzaju rządowe strategie oparte na takich niewiarygodnych danych są zupełnie nie do przyjęcia.

Zgodnie z tym co mówi prof. Stehbens, powodem miażdżycy jest zużycie tętnic, a nie wysoki poziom cholesterolu we krwi. Jest to pogląd, który może wesprzeć wieloma wiarygodnymi argumentami (15).

Następujące słowa z artykułu opublikowanego w 1988 r. podsumowują jego pogląd dotyczący koncepcji „Dieta–serce":

Upowszechnianie mitów dotyczących cholesterolu i rzekomych metod zapobiegawczych czyni wiele szkody przemysłowi rolniczemu w tym i w innych krajach, poza potencjalnym narażeniem na stosowanie niebezpiecznych poziomów środków odżywczych i narażeniem na niebezpieczeństwo ogromnych populacji. (...) Konieczne jest stosowanie się do solidnych faktów naukowych i logiki. Nie ma jednak takich solidnych dowodów naukowych dotyczących roli tłuszczów w diecie i hipercholesterolemii jako powodów miażdżycy. (...) Hipoteza lipidowa była w niezasłużony sposób szeroko i długo uznawana za słuszną. Czytelnicy powinni jednak zdawać sobie sprawę z popierających ją twierdzeń, które nie miały niczego wspólnego z dowodami natury naukowej i w związku z tym teoria ta powinna być postrzegana tylko jako nieprzyjemny kuksaniec.

Lars Werkö (11) profesor medycyny w szpitalu Sahlgren w Gothenburgu w Szwecji, dyrektor naukowy Astra Company, szef instytucji rządowej zwanej Szwedzką Radą Naukową do spraw Oceny Technologii w Służbie Zdrowia. Prof. Werkö jest od wielu lat przeciwnikiem koncepcji „Dieta–serce". W roku 1976 poddał krytyce metodologię obszernych badań epidemiologicznych, głównie badań z Framingham, które miały na celu zapobiec chorobie wieńcowej.

Zgodnie z jego opinią, dogmat ten jest oparta na wątpliwej jakości „faktach", na nadziejach, pobożnych życzeniach i badaniach, do których użyto wyselekcjonowanego materiału eksperymentalnego.

Żadne badania niczego nie dowiodły, przyczyniły się za to do tworzenia nowych hipotez. Obecną hipotezę zagorzali zwolennicy nazwali najbardziej prawdopodobną prawdą i ingerowali w ludzkie życie, ponieważ nie chcieli zaczekać na końcowe dowody.

W innym swoim artykule prof. Werkö wykazał niedokładności i niechlujstwo w zbieraniu danych w badaniach MRFIT.

Są to tylko niektórzy z wielu krytyków koncepcji „Dieta–serce". W załączonej bibliografii można znaleźć ich wielu więcej (12).

Bibliografia

1. (a) Enig MG. *Trans* fatty acids in the food supply: a comprehensive report covering 60 years of research. Enig Associates, Silver Spring, MD, 1993.
   (b) Enig MG. Know Your Fats: The Complete Primer for Understanding the Nutrition of Fats, Oils, and Cholesterol. Bethesda Press, Silver Spring, MD, 2000.
   Many of Mary Enig´s papers are freely available on the web.
2. Gurr MI. *Prog Lipid Res* 31, 195-243, 1992.
3. (a) Mann GV. *N Engl J Med* 297, 644-50, 1977.
   (b) Mann GV. *Nutrition Today* July/August, p. 12-14, 1985.
4. (a) Oliver MF. *Br Heart J* 58, 423-8, 1987.
   (b) Oliver MF. *Lancet* 337, 1529-31, 1991.
   (c) Oliver MF. *Lancet* 1, 1087-9, 1985.
   (d) Oliver MF. *Br Heart J* 58, 423-8, 1987.
   (e) Oliver MF. *J Am Coll Cardiol* 12, 814-7, 1988.
   (f) Oliver MF. *Eur Heart J* 14, 581-3, 1993.

5. Pinckney ER and Pinckney C. *The Cholesterol Controversy.* Sherbourne Press, Los Angeles, 1973.
6. (a) Reiser R. *Am J Clin Nutr* 26, 524-55, 1973.
   (b) Reiser R. *Am J Clin Nutr* 40, 654-8, 1984.
7. Rosch's view on the cholesterol campaign is available in *Health and Stress. The Newsletter of The American Institute of Stress,* 1995, nr 1; 1998, nr 1; 1999, nr 8; 2001, nr 2,4,7.
   Read also:
   (a) Rosch, PJ. Statins don't work by lowering lipids. Electronic response in *BMJ* 17. Nov 2001.
   (b) Rosch PJ. *JAMA* 286, 2001, 2400.
8. (a) Friedman M, Rosenman RH, Byers SO. *J Geront* 10, 60-85, 1955.
   (b) Rosenman RH. *Homeostasis* 34, 1-43, 1993.
9. (a) Smith RL. *Diet, blood cholesterol and coronary heart disease: a critical review of the literature*. Vector Enterprises. Vol. 1, 1989; Vol. 2, 1991.
   (b) Smith RL. *The Cholesterol Conspiracy*. Warren H. Green, Inc. St. Louis, 1991. (c) Smith RL. *Am Clin Lab* November, p. 26-33, 1989.
10. (a) Stehbens WE. *Lancet* 1, 606-11, 1987.
    (b) Stehbens WE. *Prog Cardiovasc Dis*. 33, 119-36, 1990.
11. (a) Werkö L. *Am Heart J* 91, 87-98, 1976.
    (b) Werkö L. Prevention of heart attacks. *Ann Clin Res* 11, 71-9, 1979.
    (c) Werkö L. Diet, lipids and heart attacks. *Acta Med Scand* 206, 435-9, 1979.
    (d) Werkö L. *Acta Med Scand* 221, 323-33, 1987.
    (e) Werkö L. *J Intern Med* 237, 507-18, 1995.
12. Inne krytyczne publikacje i książki (w porządku alfabetycznym):
    - Ahrens EH. Dietary fats and coronary heart disease: unfinished business. *Lancet* 2, 1345-8, 1979.
    - Ahrens EH. The diet-heart question in 1985: has it really been settled? *Lancet* 1, 1085-7, 1985.
    - Atrens DM. The questionable wisdom of a low-fat diet and cholesterol reduction. *Soc Sci Med* 39, 433-47, 1994.
    - Altschule MD. The cholesterol problem. *Medical Counterpoint* January, p. 11, 1970; Can diet prevent atherogenesis? If so, what diet? *Medical Counterpoint* November, p. 13, 1970.
    - American Academy of Pediatrics Committee on Nutrition. Prudent life-style for children: dietary fat and cholesterol. *Pediatrics* 78, 521-5. 1986.

- Apfelbaum M. *Vivre avec du cholesterol.* Editions du Rocher, Monaco 1992.
- Berger M. The cholesterol non-consensus. In: Somogyi JC, Biró G, Hötzel D (eds): *Nutrition and Cardiovascular Risks.* Bibliotheca Nutritio et Dieta nr 49, 125-130, 1992.
- Berger M. Der Cholesterin-Non-Konsensus in der Primärprävention der koronaren Herzkrankheit. *Zeitschr Kardiol* 82, 399-405, 1993.
- Cliff WJ. Coronary heart disease: Animal fat on trial. *Pathology* 19, 325-8, 1987.
- Colpo A. LDL Cholesterol: "Bad" Cholesterol, Or Bad Science. *J Am Phys Surg* 10, 83-8, 2005.
- Colpo A. The Great Cholesterol Con. Why everything you´ve been told about cholesterol, diet and heasrt disease is wrong. 2006, available from www.lulu.com
- German JB, Dillard CJ. Saturated fats: what dietary intake? *Am J Clin Nutr* 80, 550-9, 2004.
- Hulley SB, Walsh JMB, Newman TB. Health policy on blood cholesterol. Time to change directions. *Circulation* 86, 1026-9, 1992.
- Kendrick M. The Great Cholesterol Con. The Truth About What Really Causes Heart Disease and How to Avoid it. John Blake, London 2007.
- McCormick J, Skrabanek P. Coronary heart disease is not preventable by population interventions. *Lancet* 2, 839-41, 1988.
- McGee CT. Heart Frauds. Uncovering the Biggest Health Scam in History. HealthWise, Colorado Springs 2001.
- McMichael J. Prevention of coronary heart-disease. *Lancet* 2, 569, 1976.
- McMichael J. Fats and arterial disease. *Am Heart J* 98, 409-12, 1979;
- Meade TW, Chakrabarti R. Arterial disease research: observation or intervention? *Lancet* 2, 913-6, 1972.
- Mohler H. Die Cholesterin-Neurose. Der Standpunkt des Ernährungswissenschafters. *Salle-Sauerländer*, Frankfurt am Main 1978.
- Moore TJ. *Heart Failure.* Random House, New York, 1989
- Okuyama H (edit). Prevention of Coronary Heart Disease. From the Cholesterol Hypothesis to 6/ 3 Balance. World Review of Nutrition and Dietetics, vol 96, Karger, Basel 2007.
- Olson RE. CHD intervention trials and all-cause mortality. *Circulation* 90, 2569-70, 1994.

- Olson RF. Is it wise to restrict fat in the diets of children? *J Am Diet Assoc* 100, 28-32, 2000.
- Sieber R. Cholesterol removal from animal food—can it be justified? *Lebensmittel-Wissenschaft und Technologie* 26, 375-387, 1993.
- Skrabanek P, McCormick J. *Follies and Fallacies in Medicine.* Tarragon Press, Glasgow, 1989.
- Skrabanek P. Nonsensus consensus. *Lancet* 335, 1446-7, 1990
- Stallones RA. Ischemic heart disease and lipids in blood and diet. *Ann Rev Nutr* 3, 155-85, 1983.
- Taubes G. The soft science of dietary fat. *Science* 291, 2535-41, 2001.
- Texon, M. *Hemodynamic basis of atherosclerosis with critique of the cholesterol-heart disease hypothesis.* Begell House, New York 1995.
- Weinberg SL. The diet-heart hypothesis: A critique. *J Amer Coll Cardiol* 43, 731-3, 2004.
- Worm N. Ernährung und koronare Herzkrankheit: Wie sinnvoll ist diät? *Versicherungsmedizin* 47, 116-21, 1995.

ROZDZIAŁ 11

ZALETY WYSOKIEGO POZIOMU CHOLESTEROLU

– Czy jest coś, na co chciałbyś zwrócić moją uwagę?
– Coś dziwnego przydarzyło się psu w nocy...
– Pies nic w nocy nie robił.
– To właśnie było dziwne – powiedział Sherlock Holmes.

Arthur Conan Doyle

Starsi ludzie mający wysoki poziom cholesterolu żyją dłużej

Stwierdzenie w powyższym tytule wydaje się tak niesamowite, że potrzebujemy chwili na zrozumienie pełnego jego znaczenia. Przecież wciąż przekonuje się nas o czymś wręcz przeciwnym. Fakt, że ludzie z wysokim poziomem cholesterolu żyją dłużej, wyłania się jednak całkiem wyraźnie z wielu badań naukowych (1).

Rozpatrzmy problem śmiertelności wynikającej z chorób serca oraz ryzyko śmierci z powodu zawału serca, jeśli poziom cholesterolu jest wysoki.

Dr Harlan Krumholz z Uniwersytetu Yale zauważył, że starsze osoby z niskim poziomem cholesterolu umierały dwa razy częściej z powodu zawału serca niż te z wysokim poziomem cholesterolu (2). Zwolennicy kampanii antycholesterolowej uparcie ignorują ten fakt lub uważają go za wyjątek od reguły, albo rezultat przypadku wśród ogromnej liczby badań wskazujących na coś innego.

Nie jest to jednak wyjątek od reguły. Istnieje już dużo więcej podobnych wyników. Większość przeprowadzonych badań wykazała, że wysoki poziom cholesterolu u osób starszych nie jestem czynnikiem ryzyka. Taki też jest wynik moich poszukiwań w bazie Medline, publikacji naukowych, które zajmowały się tym tematem (3).

11 badań dotyczących osób starszych dało te same wyniki, a następne 7 wykazało, że wysoki poziom cholesterolu nie pozwalał przewidzieć,

jaka będzie śmiertelność także ze wszystkich innych powodów. Od tamtej pory ukazało się jeszcze więcej takich wyników badań. Co prawda wspomniałem o tym już wcześniej, ale warto powtórzyć, że ponad 90% wszystkich przypadków śmiertelnych spowodowanych chorobą wieńcową zdarza się u osób w wieku ponad 65 lat. Należy też pamiętać, że wysoki poziom cholesterolu nie jest czynnikiem ryzyka u kobiet i u wielu innych grup ludzi.

Dlatego wysoki poziom cholesterolu jest czynnikiem ryzyka dla mniej niż 5% osób, które umierają z powodu zawału serca. Dlaczego więc powinniśmy obniżać poziom cholesterolu, skoro jest on wskaźnikiem długiego życia?

Wysoki poziom cholesterolu zapobiega infekcjom

Wiele badań wykazało, że pod pewnymi względami niski poziom cholesterolu jest gorszy niż poziom wysoki. Już ponad 15 lat temu amerykańscy naukowcy udowodnili, że niski poziom cholesterolu jest czynnikiem ryzyka śmierci z powodu chorób przewodu pokarmowego i chorób układu oddechowego (4).

Większość chorób przewodu pokarmowego i układu oddechowego ma podłoże infekcyjne. Dlatego powstaje pytanie: czy to infekcja powoduje obniżenie poziomu cholesterolu czy też niski poziom cholesterolu przyczynia się do rozwoju infekcji?

Żeby odpowiedzieć na to pytanie przez 15 lat naukowcy obserwowali ponad 100 000 zdrowych ludzi w regionie San Francisco. Na końcu badań okazało się, że ci, którzy mieli poziom cholesterolu niższy niż na początku obserwacji częściej byli przyjmowani do szpitali ze względu na problemy związane z infekcjami układu oddechowego lub z powodu innych infekcji (6).

To odkrycie nie może być tłumaczone argumentem, że to infekcja powoduje obniżenie cholesterolu.

Przecież niski poziom cholesterolu zauważono u tych ludzi, kiedy jeszcze nie mieli żadnej infekcji. Czy mógł więc być spowodowany chorobą, której jeszcze nie było? Czy nie jest znacznie bardziej prawdopodobne, że niski poziom cholesterolu w pewien sposób uczynił ich bardziej podatnymi na infekcje lub że wysoki poziom cholesterolu chronił tych, którzy infekcji nie mieli? Istnieje sporo dowodów wspierających taką interpretację.

Niski poziom cholesterolu predysponuje do HIV i AIDS

Młodzi, nieżonaci mężczyźni z chorobą weneryczną lub chorobą wątroby są bardziej narażeni na ryzyko zainfekowania wirusem HIV niż inni ludzie. Był to wynik badań, jakie przeprowadziła grupa naukowców z Minnesoty, obserwując takich ludzi przez 7 do 8 lat. U tych, u których poziom cholesterolu na początku badań był niski, ryzyko zakażenia się HIV było dwukrotnie wyższe w porównaniu z tymi, u których poziom cholesterolu był najwyższy (7).

Podobne wyniki uzyskano w innych, trwających 16 lat badaniach na ponad 300 000 mężczyzn w młodym lub w średnim wieku. W grupie z niskim poziomem cholesterolu 4-krotnie więcej mężczyzn zmarło z powodu AIDS niż w grupie, która miała wysoki poziom cholesterolu (8).

Cholesterol i chroniczna niewydolność serca

Choroba serca może doprowadzić do osłabienia mięśnia sercowego. Słabe serce oznacza, że mniej krwi, a przez to mniej tlenu jest dostarczane do tętnic. Żeby skompensować zmniejszoną wydolność, serce zaczyna bić szybciej, ale w przypadku znacznej niewydolności to nie wystarcza. Tacy pacjenci skarżą się na krótki oddech, ponieważ zbyt mało tlenu jest dostarczane do tkanek, ciśnienie w żyłach wzrasta, ponieważ serce nie jest w stanie odprowadzić krwi z odpowiednią mocą, co z kolei oznacza, że naczynia krwionośne stają się obrzęknięte, ponieważ zbiera się w nich płyn, a w poważnych przypadkach płyn zbiera się też w płucach i innych partiach ciała. Stan taki nazywa się „chroniczną niewydolnością zastoinową serca".

Bakterie lub inne mikroorganizmy mogą odgrywać ważną rolę w chronicznej niewydolności serca. Pacjenci z ciężką niewydolnością serca mają w swojej krwi wysoki poziom endotoksyn i różnego typu cytokin. Endotoksyna, która jest lipopolisacharydem, jest też jedną z najbardziej toksycznych substancji produkowanych przez bakterie. Cytokiny są hormonami wydzielanymi przez białe ciałka krwi walczące z chorobowymi mikroorganizmami. Wysoki poziom cytokin wskazuje na to, że gdzieś w organizmie rozwija się proces zapalny.

Rolę infekcji w chronicznej niewydolności serca badała grupa naukowców niemieckich, którym przewodził dr Mathias Rauchhaus. Zauważyli oni, że najlepszym czynnikiem w rokowaniu, jeśli chodzi o zagrożenie śmiercią, u pacjentów z niewydolnością serca, było stężenie cytokin we krwi, szczególnie u pacjentów z niewydolnością spowodowaną chorobą wieńcową. Swoje odkrycie wyjaśniali sugerując, że bakterie z przewodu pokarmowego mogą łatwiej przenikać do tkanek, kiedy ciśnienie w układzie żył brzusznych jest podwyższone z powodu niewydolności serca. Teorię tę potwierdzały obserwacje, że we krwi pacjentów z zastoinową niewydolnością serca i obrzękami było więcej endotoksyn niż u pacjentów bez tych objawów. Stężenie cytokin znacznie się zmniejszyło, kiedy funkcjonowanie serca poprawiło się po zastosowaniu leczenia (9).

Prostym sposobem sprawdzenia stanu systemu immunologicznego jest wstrzyknięcie podskórne antygenów mikroorganizmów, na które jest narażona większość osób. Jeśli system immunologiczny funkcjonuje normalnie, około 48 godzin później pojawi się stwardnienie w miejscu wstrzyknięcia. Jeśli takie stwardnienie jest bardzo małe, o średnicy mniejszej niż kilka milimetrów, wskazuje to na anergię, czyli brak reaktywności na antygen. Biorąc to pod uwagę okazało się, że anergia jest związana ze zwiększonym ryzykiem infekcji i śmierci u osób w starszym wieku, u pacjentów po zabiegach operacyjnych i po przeszczepie serca (10).

Dr Donna Vredevoe z Uniwersytetu Californi z Los Angeles przetestowała w ten sposób ponad 200 pacjentów z ciężką niewydolnością serca. Prawie połowa pacjentów miała anergię, a u tych, u których występowała anergia i choroba wieńcowa, wystąpiła również wyższa śmiertelność niż u pozostałych osób (11).

A teraz najważniejszy punkt: ku swojemu zdziwieniu, naukowcy odkryli, że śmiertelność była wyższa nie tylko u pacjentów z anergią, ale też u pacjentów z najniższym poziomem lipidów (11). To zjawisko zostało potwierdzone przez grupę naukowców, której przewodził dr Rauchhaus. Odkryli, że ryzyko śmierci u pacjentów z chroniczną niewydolnością serca było silnie zawiązane z całkowitym poziomem cholesterolu i poziomem trójglicerydów. Ryzyko to było również odwrotnie proporcjonalne do poziomu cholesterolu całkowitego i poziomu trójglicerydów. Pacjenci z wysokim poziomem lipidów żyli dłużej niż pacjenci z niskim poziomem lipidów (12). Inni naukowcy zauważyli to samo (13).

Kiedy zwolennikom hipotezy cholesterolowej prezentuje się te fakty, wskazujące na złe wyniki u pacjentów z niskim poziomem cholesterolu – a takich obserwacji jest już wiele – zazwyczaj argumentują, że ciężko chorzy pacjenci często są niedożywieni, a niedożywienie powoduje obniżenie poziomu cholesterolu. Otóż nieprawda! Niski poziom cholesterolu u chorych z chorobą serca jest czynnikiem pozwalającym przewidzieć rychłą śmierć bez względu na to, czy pacjent jest niedożywiony czy nie.

Syndrom Smith-Lemli-Optiza

Dzieci urodzone z bardzo wysokim poziomem cholesterolu, z tzw. rodzinną hipercholesterolemią, są chronione w ten sposób przed infekcjami. Jeśli wrodzony wysoki poziom cholesterolu chroni przed infekcjami, to wrodzony niski poziom cholesterolu powinien dawać efekt przeciwny. I tak jest w rzeczywistości.

Dzieci z syndromem Smith-Lemli-Optiza rodzą się z bardzo niskim poziomem cholesterolu, ponieważ upośledzone jest u nich funkcjonowanie enzymu koniecznego do ostatniego etapu syntezy cholesterolu. W większości dzieci z tym syndromem rodzą się martwe lub umierają wkrótce po urodzeniu z powodu poważnych wad mózgu. Te, które przeżyją, cierpią na imbecylizm i często chorują z powodu ciężkich infekcji. Jeśli jednak do ich diety doda się czystego cholesterolu lub dodatkowych jajek, ich poziom cholesterolu wzrasta, a infekcje są rzadsze i łagodniej przebiegają (14).

Dowody laboratoryjne

Analizy laboratoryjne są elementem kluczowym do lepszego poznania mechanizmów, które powodują, że lipidy spełniają funkcję ochronną. Jednym z pierwszych, którzy badali to zjawisko, był dr Sucharit Bhakdi i jego grupa z Giessen w Niemczech (15).

Alfa toksyna (lub α–toksyna) jest najbardziej toksyczną substancją produkowaną przez chorobotwórczą bakterię *Staphylococcus aureus* czyli gronkowca złocistego. Toksyna ta jest w stanie zniszczyć całą gamę ludzkich komórek, łącznie z krwinkami czerwonymi. Jeśli nawet bardzo małą ilość tej toksyny doda się do próbki z czerwonymi krwinkami w fizjologicznym roztworze soli, następuje ich hemoliza. Oznacza to, że błony komórkowe krwinek pękają i znajdująca się w komórkach hemoglobina wypływa do roztworu.

Dr Bhakdi i jego zespół zmieszali oczyszczoną α–toksynę z osoczem krwi ludzkiej (osocze to płyn, w którym znajdują się komórki krwi) i dopiero takim roztworem potraktowali krwinki. Stwierdzili, że w takim przypadku α–toksyna spowodowała hemolizę jedynie u 10% krwinek. Używając skomplikowanych metod badawczych udało im się ustalić, że substancją ochronną odpowiedzialną za to zjawisko był LDL, nośnik tzw. „złego" cholesterolu. Kiedy zmieszano α–toksynę z czystym, ludzkim LDL, do hemolizy w ogóle nie doszło, podczas gdy HDL i inne składniki osocza krwi nie spełniały tej roli.

Dr Willy Flegel i jego współpracownicy z uniwersytetu w Heidelbergu w Niemczech badali endotoksyny w inny sposób (16). Jednym z efektów działania endotoksyn jest stymulowanie białych ciałek krwi do produkcji cytokin. Niemieccy badacze odkryli, że efekt ten zanika prawie całkowicie, kiedy na 24 godziny przed dodaniem do roztworu białych krwinek, zmiesza się endotoksyny z ludzkim osoczem. W kolejnych badaniach (17) odkryli, że czysty LDL wyizolowany z krwi pacjentów z rodzinną hipercholesterolemią daje taki sam efekt jak osocze.

Inne pozytywne efekty LDL

LDL przez połączenie się z niebezpiecznymi toksynami pochodzenia bakteryjnego nie tylko może je dezaktywować, ale wydaje się też mieć korzystny wpływ na system odpornościowy człowieka. Był to punkt wyjścia do badań, jakie przeprowadził dr Matthew Maldoon i jego zespół z uniwersytetu w Pittsburgu w USA. Badali oni zdrowych mężczyzn w średnim wieku i zauważyli, że całkowita liczba białych krwinek i liczba innych ich typów była znacznie niższa u mężczyzn z niskim LDL niż u mężczyzn, którzy mieli wysoki poziom LDL (18). Naukowcy z całą ostrożnością doszli jednak do konkluzji, że występują różnice w systemach immunologicznych mężczyzn z niskim i wysokim poziomem cholesterolu, ale było jeszcze zbyt wcześnie, żeby stwierdzić, że te różnice były istotne dla ludzkiego zdrowia i życia. Teraz jednak, w połączeniu z innymi faktami tutaj przedstawionymi, możemy z całą pewnością stwierdzić, że własności LDL, polegające na wspieraniu działania systemu odpornościowego, rzeczywiście odgrywają ważną rolę w organizmie człowieka.

Eksperymenty na zwierzętach

System immunologiczny u wielu ssaków, łącznie z człowiekiem, jest podobny. Prof. Kenneth Feingold i jego grupa z Uniwersytetu Kalifornia z San Francisco opublikowali kilka interesujących wyników badań tego zjawiska na szczurach i myszach. W jednych z badań obniżyli lekami poziom cholesterolu u szczurów, a po wstrzyknięciu im endotoksyn okazało się, że zdychały znacznie szybciej. Wysoki stopień ich śmiertelności nie był spowodowany lekami, ponieważ szczury, którym wstrzyknięto lipoproteiny tuż przed wstrzyknięciem endotoksyn, przeżyły (19).

Naukowcy z Holandii wstrzyknęli czystą endotoksynę zwykłym myszom oraz myszom z wysokim poziomem cholesterolu. Podczas gdy zwykłe myszy zdechły, myszom z wysokim poziomem cholesterolu trzeba było wstrzyknąć 8 razy większą dawkę endotoksyn, żeby doprowadzić je do zgonu. W innym eksperymencie wstrzykiwano żywe bakterie. Wyniki były podobne (20).

Inne lipidy wykazujące własności ochronne

Wiele funkcji, jakie pełni LDL, pełni również HDL. To nie powinno być zaskoczeniem, biorąc pod uwagę fakt, że wysoki poziom HDL jest związany ze zdrowiem układu wieńcowego i z długością życia. To jednak nie wszystko.

Trójglicerydy, składające się z trzech cząsteczek kwasów tłuszczowych połączonych glicerolem, są nierozpuszczalne w wodzie i dlatego transportowane są we krwi wewnątrz lipoprotein, tak jak cholesterol. Wszystkie lipoproteiny transportują trójglicerydy, ale większość z nich jest transportowana przez lipoproteiny o bardzo niskiej gęstości zwane VLDL (very low density lipoprotein) i chylomikrony, które są mieszaniną zemulsyfikowanych trójglicerydów pojawiających się w dużych ilościach po bogatym w tłuszcz posiłku. Występują szczególnie we krwi płynącej z jelit do wątroby.

Od wielu lat wiadomo, że sepsa, choroba zagrażająca życiu człowieka, a spowodowana przez szybkie namnażanie się bakterii we krwi, jest związana z poziomem trójglicerydów. Poważne symptomy sepsy powodują endotoksyny, najczęściej wytwarzane przez bakterie znajdujące się w przewodzie pokarmowym.

Roztwory bogate w trójglicerydy spełniają również funkcję ochronną u zwierząt eksperymentalnych. Chronią je przed efektami toksycznymi endotoksyn, co oznacza, że wysoki poziom trójglicerydów w przypadku sepsy jest normalną reakcją obronną przeciw infekcji (21). Zazwyczaj bakteria odpowiedzialna za powstanie sepsy znajduje się w jelitach. Z tego powodu korzystne jest, że krew napływająca do wątroby z jelit jest bardzo bogata w trójglicerydy.

Wyjątek

Do tej pory badania na zwierzętach potwierdziły, że wysoki poziom cholesterolu chroni je przed infekcjami, a przynajmniej infekcjami spowodowanymi przez bakterie. Zadziwiająco jednak, myszy z rodzinną hipercholesterolemią, którym wstrzyknięto drożdżaki *(candida albicans)* umierały szybciej niż inne myszy (22). Poważne infekcje spowodowane przez te drożdżaki są rzadkie u ludzi, występują głównie u osób leczonych lekami obniżającymi aktywność systemu odpornościowego.

Jak widać z powyżej przedstawionych wyników badań, efekt ochronny lipidów krwi wydaje się być większy niż ich możliwe efekty uboczne. W każdym bądź razie nie jest oczywiste, że wysoki poziom cholesterolu u myszy spowodował ich nadwrażliwość na infekcje spowodowane przez candidę albicans. Niektórzy ludzie z rodzinną hipercholesterolemią również mają zaburzone funkcjonowanie systemu koagulacji (23), mogą mieć także innego rodzaju zaburzenia biochemiczne, o których jeszcze nawet nie wiemy.

Wysoki poziom cholesterolu zapobiega alergiom

Kilku naukowców zauważyło, że dzieci z symptomami alergii, łącznie z astmą, mają niższy poziom cholesterolu niż dzieci zdrowe. Od kiedy reakcje alergiczne stały się powszechne i w krajach zachodnich występują coraz częściej, jest niezwykle kuszące zasugerować, że ich przyczyną jest zwiększające się spożycie wielonienasyconych olejów roślinnych typu Omega-6, ponieważ te oleje znane są ze stymulowania procesów zapalnych. Jest jeszcze inne wytłumaczenie. W szpitalu w Helsinkach na Oddziale Dermatologii i Alergii w Finlandii dr Maria Pesonen i jej współpracownicy obserwowali 200 dzieci od dnia narodzin do osiągnięcia przez nich wieku 20 lat (24). Okazało się, że dzieci z zaburzeniami alergicznymi miały niższy poziom cholesterolu całkowitego i LDL niż pozostałe. Różnice te były znaczne już w wieku 2 miesięcy, kiedy wszystkie badane dzieci były karmione piersią. Toteż różnice te nie mogą być tłumaczone różnicą w diecie. Naukowcy nie potrafili tego wyjaśnić. Skoro jednak lipoproteiny są zdolne do łączenia się z produktami przemiany bakterii, wydaje się niepozbawione sensu, żeby przypuszczać, że mogą również łączyć się z innymi cząstkami, na przykład z alergenami, czyli cząstkami, które są odpowiedzialne za reakcje alergiczne.

Dlaczego wysoki poziom cholesterolu jest czynnikiem ryzyka u mężczyzn w młodym i w średnim wieku?

Nikt nie powinien ani przez chwilę martwić się z tego powodu, że ma wysoki poziom cholesterolu. Jak jednak wytłumaczyć fakt, że poziom cholesterolu był nieco wyższy u mężczyzn w młodym i średnim wieku, którzy w późniejszym życiu mieli zawał serca. Używam określenia „nieco", ponieważ ta różnica była minimalna. Wytłumaczeniem może być to, że ci mężczyźni są w samym środku okresu, kiedy pracują nad swoją karierą zawodową. Wysoki poziom cholesterolu może odzwierciedlać ich stres psychiczny, który jest dobrze znanym powodem wysokiego poziomu cholesterolu, a stres jest też czynnikiem ryzyka w chorobie serca (25). Cholesterol niekoniecznie jest przyczyną, może być tylko markerem. Wysoki poziom cholesterolu u mężczyzn młodych i w średnim wieku może na przykład odzwierciedlać naturalną potrzebę organizmu, ponieważ cholesterol jest składnikiem strukturalnym hormonów stresowych.

Innym wyjaśnieniem może być fakt, że niektóre osoby z rodzinną hipercholesterolemią umierają w młodym wieku, ale po osiągnięciu 50 lat ryzyko śmierci nie jest u nich większe niż u innych osób. Przypomnijmy: z badań we Framingham wynika, że wysoki poziom cholesterolu nie stanowi czynnika ryzyka u mężczyzn powyżej 47 roku życia.

Czy miażdżyca jest choroba zakaźną?

Sto lat temu wielu patologów było przekonanych, że choroba wieńcowa jest spowodowana infekcją. Ta hipoteza odeszła w zapomnienie, przyćmiona hipotezą cholesterolową. Teraz koncepcja ta przeżywa odrodzenie. W ostatnich 20-30 latach naukowcy podejrzewali, że wirus, a w szczególności cytomegalowirus (wirus cytomegalii) i *Chlamydophila pneumoniae* (dawniej znana jako *Chlamydia pneumoniae*, nazywana także bakterią TWAR), biorą udział w powstawaniu choroby wieńcowej. W czasie ostatniej dekady i do stycznia 2004 r. liczba badań na ten temat niezwykle wzrosła. Opublikowano przynajmniej 100 prac naukowych na ten temat w pismach medycznych (26).

Ze względu jednak na zaabsorbowanie cholesterolem i innymi lipidami, zainteresowanie tym zagadnieniem zmalało i niewielu naukowców czy lekarzy wie cokolwiek na ten temat.

Bibliografia

1. (a) Behar S and others. *Eur Heart J*18, 52-9, 1997.
   (b) Casiglia E m.fl. *Eur J Epidemiol.* 9, 577-86, 1993.
   (c) Chyou PH, Eaker ED. *Age Ageing* 29, 69-74, 2000.
   (d) Forette B and others. *Lancet* 1,868-70, 1989.
   (e) Fried LP and others. *JAMA*. 279, 585-92, 1998.
   (f) Harris T and others. *J Clin Epidemiol* 45, 595-601, 1992.
   (g) Jonsson A and others. *Lancet* 350, 1778-9, 1997.
   (h) Räihä I and others. *Arterioscler Thromb Vasc Biol* 17, 1224-32, 1997.
   (i) Rudman D and others. *J Am Geriatr Soc* 35, 496-502,1987.
   (j) Schatz IJ and others. *Lancet* 358, 351-5, 2001.
   (k) Schupf N and others. *J Am Geriatr Soc* 53, 219-26, 2005.
   (l) Siegel D and others. *Am J Epidemiol* 126, 385-99, 1987.
   (m) Staessen J and others. *J Hypertens* 8, 755-61, 1990.
   (n) Ulmer H and others. *J Womens Health* 13, 41-53, 2004.
   (o) Weverling-Rijnsburger AW and others. *Lancet* 350, 1119–23, 1997.
2. Krumholz HM and others. *JAMA*. 272, 1335-40, 1994.
3. Ravnskov U. *QJM* 96, 927-934, 2003.
4. Jacobs D and others. *Circulation* 86, 1046–60, 1992.
5. Iribarren C and others. *Int J Epidemiol* 26, 1191–202, 1997.
6. Iribarren C and others. *Epidemiol Infect* 121, 335–47, 1998.
7. Claxton AJ and others. *J Acquir Immune Defic Syndr Hum Retrovirol* 17, 51–7, 1998.
8. Neaton JD, Wentworth DN. 11, 929–30, 1997.
9. Rauchhaus M and others. *Lancet* 356, 930–3, 2000.
10. Niebauer J and others. *Lancet* 353, 1838-1842, 1999.
11. Vredevoe DL and others. *Am J Cardiol* 82, 323-8, 1998.
12. Rauchhaus M and others. *J Am Coll Cardiol* 42, 1933-40, 2003.
13. Kalantar-Zadeh K and others. *J Am Coll Cardiol* 43, 1439-44, 2004.
14. Elias ER and others. *Am J Med Genet* 68, 305-10, 1997.
15. Bhakdi S and others. *J Biol Chem* 258, 5899-904, 1983.
16. Flegel WA and others. *Infect Immun* 57, 2237-45, 1989.
17. Flegel WA and others. *Infect Immun* 61, 5140-6, 1993.
18. Muldoon MF and others. *Clin Immunol Immunopathol* 84, 145-49, 1997.
19. Feingold KR and others. *Infect Immun* 63, 2041–6, 1995.
20. Netea MG and others. *J Clin Invest* 97, 1366–72, 1996.
21. Harris HW. *J Endotoxin Res* 6, 421-30, 2000.
22. Netera MG and others. *Infect Immun* 65, 2663-7, 1997.

23. Sugrue DD. *Br Heart J* 53, 265-8, 1985.
24. Pesonen M and others. *Clin Exp Allergy* 2007 Epub ahead of print
25. Dimsdale JE, Herd JA. *Psychosom Med* 44, 413-30, 1982.
26. Some of the best reviews :
    (a) Grayston JT and others. *Eur Heart J* Suppl K, 66-71, 1993.
    (b) Melnick JL and others. *Eur Heart J* Suppl K, 30-8, 1993.
    (c) Nicholson AC, Hajjar DP. *Arterioscler Thromb Vasc Biol* 18, 339-48, 1998.
    (d) Ismail A an others. *Heart Disease* 1, 233-40, 1999.
    (e) Kalayoglu MV and others. *JAMA* 288, 2724-31, 2002.

PRAWDZIWA PRZYCZYNA

Nigdy nie odkryje nowych oceanów ten,
kto się boi stracić z oczu ląd.

André Gide

Nie taka już nowa hipoteza

Skoro, co już zostało wykazane, ani wysoki poziom cholesterolu, ani tłuszcze nasycone nie są przyczyną powstawania miażdżycy i chorób serca, to w takim razie co jest?

Najprawdopodobniej istnieje wiele powodów zawałów serca. Jednak nie wiemy dokładnie, jak działają czynniki przyczynowe. Czy jest jakiś wspólny czynnik, który sprawia, że stres, cukrzyca, palenie tytoniu i inne możliwe czynniki ryzyka powodują miażdżycę? Myślę, że jest, ale należy pamiętać, że to tylko hipoteza, tak samo jak tylko hipotezą jest to, że cholesterol jest zły. Mogę się mylić.

Większość lekarzy oraz naukowców, którzy przez wiele lat byli przyzwyczajeni do hipotezy cholesterolowej, pokręci teraz z niedowierzaniem głową.

Jeśli jednak masz otwarty umysł i jesteś przygotowany na to, żeby poświęcić odrobinę czasu na prześledzenie moich argumentów, myślę, że trudno ci będzie znaleźć jakiekolwiek zarzuty w stosunku do mojej hipotezy.

Pierwsza część mojej hipotezy była przedstawiana przez wielu naukowców już 100 lat temu. Mówi ona, w wielkim skrócie, że zmiany w ścianach tętnic są konsekwencją infekcji. Druga część hipotezy mówi, że zawał występuje wtedy, kiedy nasz system odpornościowy przegrywa z mikroorganizmami, i wyjaśnia również, dlaczego cholesterol znajduje się w tak dużych ilościach w ścianach tętnic. A teraz kilka szczegółów.

W obecnych czasach większość naukowców zgodzi się z tym, że stan zapalny jest istotnym etapem w rozwoju miażdżycy i że bakterie oraz wirusy biorą w tym procesie jakiś udział, ale odrzucą najbardziej prawdopodobne wyjaśnienie, że to właśnie mikroorganizmy powodują stan zapalny. Obecność bakterii i wirusów w blaszce cholesterolowej jest uważana za zjawisko drugorzędne, mikroorganizmy wolą żyć w tkance martwej, ponieważ pozostają tam poza zasięgiem układu odpornościowego. Wyjaśnienie to wydaje się możliwe do zaakceptowania i nie można go pominąć bez podania istotnych argumentów.

Natomiast twierdzenie, że stan zapalny jest spowodowany pośrednio lub bezpośrednio przez wysoki poziom LDL, albo przez spożywanie tłuszczów nasyconych, jest pozbawione podstaw, a dowody na nieprawdziwość tego stwierdzenia zostały przedstawione w poprzednich rozdziałach.

Dalej wyjaśnię, jak zagadkę tę można rozwiązać, przyjmując że czynnikiem inicjującym miażdżycę są mikroorganizmy i że LDL nie jest jakimś złym smokiem, ale szlachetnym rycerzem. W rzeczywistości LDL jest ważnym czynnikiem w naszym systemie obronnym i dlatego trafia do uszkodzonych ścian tętnic. Źle zaczyna się dziać dopiero wtedy, kiedy ochrona ze strony LDL i innych elementów systemu immunologicznego zawiedzie.

Zaznaczam, że opisuję mechanizm niekorzystnych zjawisk, jakie występują w tętnicach, a które powodują powstanie choroby wieńcowej. To nie woda powoduje, że statek tonie, tylko góra lodowa, która zrobiła dziurę w kadłubie i przez nią woda wdarła się do środka. Mikroorganizmy też nie powodują choroby wieńcowej, ale czynniki uszkadzające nasz układ immunologiczny i tym samym umożliwiające inwazję mikroorganizmów.

Argumentem przeciwko hipotezie „mikrobowej" jest wątpliwy rezultat prób zapobiegania chorobie wieńcowej przez zastosowanie antybiotyków i szczepionek. Wyjaśnienie tego jest dość proste. Jednak najpierw powiem coś na temat tego, co dzieje się, kiedy organizm zostaje zainfekowany, jak zawał serca i miażdżyca wyglądają pod mikroskopem i co o tym myślą inni naukowcy.

Atak mikroorganizmów

Bakterie i wirusy wnikają do naszego organizmu cały czas, każdego dnia i ze wszystkich stron, od momentu narodzin do naszej śmierci. Zainfekowany ząb może być dla nich bramą wejściową, ale większość mikroorganizmów i zarodników wnika do naszego ciała drogami oddechowymi. Większość pożywienia jest wręcz naszpikowana mikroorganizmami, tyle że większość z nich jest niszczona przez soki trawienne w przewodzie pokarmowym. Nawet najmniejsze skaleczenie na skórze pozwala mikroorganizmom wniknąć do naszego ciała, rozmnożyć się i spowodować stan zapalny. Niektóre z nich mogą wejść do układu krwionośnego poprzez układ limfatyczny. Rzadko jednak cokolwiek z tego powodu odczuwamy.

Przed tymi mikroskopijnymi wrogami chroni nas układ immunologiczny. To niezwykle skomplikowana „maszyneria". Główną rolę odgrywają w nim monocyty, tj. specjalny rodzaj białych krwinek (leukocytów), które po przedostaniu się do tkanek (wtedy nazywane są makrofagami) walczą z mikroorganizmami.

W naszym organizmie obecne są miliardy makrofagów gotowych do eliminacji obcych cząstek i mikroorganizmów poprzez mechanizm zwany fagocytozą. Fagocytoza to proces polegający na tym, że makrofagi otaczają intruzów i wchłaniają ich. Kiedy już te „obce ciała" znajdą się wewnątrz komórki makrofaga, zostają zniszczone przez armię enzymów i przez procesy utleniania. W tym czasie makrofagi produkują i wydzielają cytokiny, tj. hormony, które zwiększają przepuszczalność i temperaturę otaczającej tkanki i przyciągają więcej leukocytów. Efektem końcowym tych procesów jest coś, co nazywamy „zapaleniem". Należy pamiętać, że u zdrowych ludzi stan zapalny nie jest chorobą samą w sobie, w chorobach zakaźnych jest to stan lub reakcja konieczna do zwalczenia obcych mikroorganizmów.

Niektórym mikroorganizmom może się udać pokonać pierwszą barierę, jaką są makrofagi, ale jeśli tak się stanie, to większość z nich zostanie zatrzymana przez białe krwinki w węzłach chłonnych. Nawet jeśli i tu nie zostaną unieszkodliwione i przejdą do krwi, wkrótce tam napotkają inne krwinki białe lub zostaną unieszkodliwione przez przeciwciała. W ten sposób organizm walczy z chorobotwórczymi bakteriami i wirusami.

Czym jest miażdżyca?

Istnieje ogólna zgoda co do roli stanu zapalnego w powstawaniu miażdżycy. Naukowcy nadal ustalają, co jest przyczyną stanu zapalnego. Uważa się, że następuje pewnego rodzaju „aktywacja" śródbłonka, cienkiej warstwy komórek znajdującej się po wewnętrznej stronie ścian naczyń krwionośnych. Istnieje wiele sugestii, jeśli chodzi o przyczynę takiej aktywacji śródbłonka. Dwa główne potencjalne czynniki to zbyt duża ilość wolnych rodników lub zbyt dużo homocysteiny we krwi.

Niektórzy sądzą, że czynnikiem tym może być niewystarczająca ilość witamin, miedzi lub też zbyt dużo żelaza, ale większość naukowców przyzwyczajonych do hipotezy cholesterolowej twierdzi, że najważniejszymi czynnikami jest wysoki poziom LDL i zbyt duża ilość nasyconych kwasów tłuszczowych we krwi. Wspomniana aktywacja nazywana jest też „dysfunkcją śródbłonka". Komórki śródbłonka nie tylko wyściełają wewnętrzną ścianę naczyń krwionośnych i dzięki temu ułatwiają przepływ krwi w naczyniach oraz zabezpieczają krew przed wtargnięciem niepożądanych intruzów, ale również odgrywają ważną rolę w procesach immunologicznych, koagulacji, przyleganiu płytek krwi i wielu innych procesach biologicznych, koniecznych do utrzymania normalnego, zdrowego systemu krążenia. Dysfunkcja oznacza, że te funkcje regulacyjne nie działają w sposób prawidłowy. Istnienie takiej dysfunkcji można stwierdzić dopiero po przeprowadzeniu odpowiednich testów laboratoryjnych, ponieważ pod mikroskopem komórki śródbłonka u osób z miażdżycą tętnic wyglądają zupełnie normalnie.

Zgodnie z powszechnie uznawaną wiedzą, wysoki poziom LDL powoduje dysfunkcję śródbłonka, co z kolei pozwala mu wnikać do ściany tętnicy. Nie da się tego w żaden sposób zaobserwować. Jest to więc tylko hipoteza tłumacząca, dlaczego tak dużo cholesterolu znajduje się w ścianach naczyń, mimo że normalnie LDL nie jest w stanie przeniknąć przez warstwę śródbłonka. Kiedy LDL wnika do wnętrza ściany naczynia, mówi się, że został „zmodyfikowany w procesie utleniania przez komórki śródbłonka lub inne komórki w ścianie naczynia", a kiedy już stanie się w ten sposób „zmodyfikowany", jest wchłaniany przez makrofagi.

Proces przenikania nie jest kontrolowany przez normalnie używane „drzwi", jakimi jest receptor LDL, lecz przez inny, służący do umożliwienia transportu zmodyfikowanego cholesterolu, tzw. receptor resztkowy (lub zmiatający).

Nacieki lipidowe

Następnym etapem miażdżycy jest tworzenie się nacieków lipidowych. Widać je nieuzbrojonym wzrokiem jako wąskie, żółtawe paseczki na wewnętrznej stronie ścian tętnic. Pod mikroskopem można zauważyć, że nacieki lipidowe w większości składają się z dużych skupisk makrofagów znajdujących się pod powierzchnią śródbłonka. Wypełnione są czymś, co wygląda jak pęcherzyki powietrza, toteż strukturę tę nazywa się „tkanką piankowatą". Nie są to jednak pęcherzyki powietrza, ale maleńkie kropelki cholesterolu.

Zazwyczaj mówi się, że kropelki te są identyczne z tymi, które widziane są wewnątrz makrofagów, ale które przedostały się do ściany wewnętrznej naczynia z martwych makrofagów.

Wszyscy ludzie mają nacieki tłuszczowe w różnych ilościach. Nawet maleńki płód ma już niewielkie ich ilości, a ich liczba po narodzinach wzrasta (2).

W późniejszych etapach dzieciństwa są mniej widoczne, ale ich liczba wzrasta ponownie po osiągnięciu wieku młodzieńczego.

U ludzi starszych niewiele jest takich nacieków, u nich dominuje blaszka miażdżycowa. Nacieki lipidowe uważane są za pierwsze stadium miażdżycy.

Sporo danych przemawia za taką interpretacją. Przede wszystkim często, ale nie zawsze, nacieki lipidowe widziane są w tych samych miejscach, w których w wieku późniejszym powstaje blaszka miażdżycowa.

Wiele jednak nacieków lipidowych może być tymczasowych. To, że dzieci mają ich mniej niż noworodki, jasno wskazuje, że nacieki te niekoniecznie zamieniają się w blaszkę miażdżycową, niektóre z nich mogą w końcu zaniknąć.

Badania na osobach zmarłych w różnych krajach świata wskazują, że kraje, w których miażdżyca była najbardziej powszechna, to nie te same kraje, gdzie występowała u pacjentów największa ilość nacieków lipidowych (3). Wiele przemawia za tym, że nacieki lipidowe mogą być normalnym zjawiskiem fizjologicznym. Powstaje jednak pytanie: dlaczego niektóre z tych nacieków z czasem zamieniają się w blaszkę miażdżycową?

Nacieki lipidowe mogą zamienić się w blaszkę miażdżycową

W niektórych naciekach lipidowych liczba komórek piankowatych jest znacznie większa niż normalnie. Niektóre z nich obumarły i ich zawartość, którą jest cholesterol, przedostała się do otaczającej tkanki. W powstałym uszkodzeniu mogą się również pojawić krwawienia, ale z reguły nie zagraża to życiu człowieka. Wokół uszkodzeń powstaje warstwa ochronna, składająca się z komórek mięśni gładkich i tkanki włóknistej. W ten sposób w ostatnim stadium powstaje stabilna blaszka włóknista.

Zawartość cholesterolu w blaszce włóknistej nie jest większa niż w otaczającej zdrowej tkance (4), ale jeśli ten proces będzie kontynuowany i nadal powstawać będą nowe warstwy, to w końcu tętnica zostanie zwężona i dopływ krwi będzie utrudniony, co wywoła symptomy dusznicy bolesnej.

Kiedyś większość naukowców była zdania, że jest to właśnie ten moment, w którym może rozpocząć się śmiertelna zakrzepica tętnicy wieńcowej. Dzisiaj jednak wiemy, że niekoniecznie.

Niestabilna blaszka miażdżycowa

Od dawna wiadomo, że uszkodzenie warstwy śródbłonka występuje zawsze w miejscu, gdzie tworzy się blokująca przepływ krwi blaszka miażdżycowa.

Naukowcy rozważali, czy uszkodzenie śródbłonka powoduje powstanie skrzepu czy też skrzep powoduje uszkodzenie ściany tętnicy. Inni jeszcze sądzili, że skrzep powstał, ponieważ uszkodzenie śródbłonka powodowało krwawienie pod jego powierzchnią.

W 1983 r. duński patolog Erling Falk opublikował bardzo szczegółowe badania dużej liczby pacjentów z chorobą wieńcową, którzy zmarli w wyniku zawału serca (5).

U większości pacjentów znalazł skrzepy, które charakteryzowały się różnym stopniem zaawansowania. Zaledwie tylko niektóre z nich powodowały całkowitą blokadę światła tętnicy. Jednakże u prawie wszystkich pacjentów, którzy mieli zawał serca, przepływ krwi był całkowicie zablokowany.

Podobnie jak w poprzednich przeprowadzonych badaniach uszkodzenie śródbłonka występowało tam, gdzie nastąpiło zablokowanie tętnicy. Falk zaobserwował ponadto, że w miejscu uszkodzenia śródbłonka tętnicy była obecna blaszka miażdżycowa, która pękała i większość jej zawartości przedostawała się do tętnicy. Część materiału z blaszki miażdżycowej znajdowała się głęboko w towarzyszącym uszkodzeniu skrzepie, reszta przedostawała się do innych, drobniejszych rozgałęzień tętniczych.

Skrzep tworzył się na obrzeżach uszkodzenia śródbłonka. Stwierdzono też inne objawy świadczące o tym, że definitywnie pierwszym krokiem było pęknięcie takiej blaszki, a nie skrzep.

Od tamtej pory wielu naukowców potwierdziło obserwacje, jakich dokonał dr Falk. Używając skomplikowanych technik rentgenologicznych można zidentyfikować niestabilne blaszki miażdżycowe i oczywiste jest, że prawie zawsze nowe skrzepy tworzą się właśnie w ich miejscach.

Pod mikroskopem niestabilne blaszki miażdżycowe wyglądają jak pęcherzyki zawierające mieszankę obumarłych komórek krwi, cholesterolu i innych „śmieci". W odróżnieniu od stabilnej blaszki, blaszki niestabilne są oddzielone od światła tętnicy przez cienką błonę, która może łatwo pęknąć.

Wprowadzając giętki cewnik z bardzo czułym termometrem do tętnicy wieńcowej, naukowcy zauważyli, że temperatura niestabilnych blaszek jest nieznacznie wyższa niż otaczającej je tkanki (6). Bardzo często kilka takich blaszek może pęknąć w tym samym czasie, co w rezultacie może doprowadzić do zawału mięśnia sercowego, a jeśli stanie się to w dużych tętnicach doprowadzających krew do mózgu, może nastąpić jego niedokrwienny udar.

Jeśli skrzep nie zablokuje całkowicie przepływu krwi, symptomy stają się mniej charakterystyczne.

Dr Falk sugeruje, że niekompletne zamknięcie przepływu krwi może być przyczyną niestabilnej dusznicy bolesnej, stanu, w którym ból może samoistnie się pojawiać i zanikać, ale nie zanika przy spoczynku, przy czym nie stwierdza się większości normalnych symptomów zawału.

Pytania pozostające bez odpowiedzi

Dlaczego komórki śródbłonka miałyby stawać się aktywne tylko dlatego, że poziom LDL jest nieco wyższy niż normalnie? A nawet jeśli tak jest, to dlaczego u wielu pacjentów z chorobą wieńcową serca poziom LDL jest niski? Dlaczego u wielu osób z zaawansowaną miażdżycą poziom LDL jest niski?

Dlaczego osoby w bardzo zaawansowanym wieku, z wysokim poziomem cholesterolu we krwi, żyją dłużej niż starsi ludzie, u których poziom cholesterolu jest niski? Z jakiego też powodu komórki śródbłonka miałyby utleniać LDL, zupełnie normalny składnik krwi i w ten sposób doprowadzać do często tragicznie kończącego się procesu w naszych tętnicach?

Pojawia się jeszcze inny problem. Możliwe jest zmierzenie różnymi metodami stopnia funkcjonalności śródbłonka. Nie wykazują jednak one istnienia związku między LDL a stopniem funkcjonalności śródbłonka. Średnio, osoby z niskim poziomem cholesterolu mają dysfunkcjonalny śródbłonek tak samo często jak osoby z wysokim poziomem cholesterolu. Do tych nieoczekiwanych wniosków doszedł dr Steven Reis i jego zespół z prestiżowego Narodowego Instytutu Chorób Serca, Płuc i Krwi (7).

Ale czyż nie uważa się, że dysfunkcja śródbłonka jest powodowana przez wysoki poziom LDL, co zapoczątkowuje proces miażdżycy? Tak! Czy ktokolwiek jednak, po ukazaniu się wyników badań dra Reisa zakwestionował przekonanie, że wysoki poziom LDL jest przyczyną dysfunkcji śródbłonka? Nie!

Istnieją jeszcze inne powody sprawiające, że należałoby zakwestionować eksperymenty, których wyniki stały się podstawą obecnie uznawanej hipotezy.

W badaniach tych naukowcy wykorzystywali króliki i myszy z wysokim poziomem cholesterolu ze względu na odziedziczony defekt w jego metabolizmie lub ponieważ karmiono je nadmierna ilością cholesterolu i tłuszczów nasyconych. Jednak zmiany naczyniowe widziane u tych zwierząt nie są identyczne z tymi, jakie widzi się u ludzi z miażdżycą.

Największym problemem jest to, że chociaż takie modele eksperymentalne są używane i opisywane od około 100 lat, to nikomu nie udało się uzyskać zablokowania tętnic tylko przez podniesienie poziomu cholesterolu u zwierząt eksperymentalnych, mimo że możliwe jest podniesienie poziomu cholesterolu u zwierząt do wartości znacznie wyższych niż kiedykolwiek zaobserwowano u ludzi.

To, że makrofagi pochłaniają utleniony cholesterol, jest również wątpliwe. W przypadku niektórych eksperymentów na ludziach stwierdzono taki proces, ale w innych badaniach *in vitro* nawet z dużą ilością utlenionego cholesterolu niczego takiego nie zaobserwowano, bez względu na to, czy utlenienie powodowano metodami chemicznymi czy biologicznymi (8).

Makrofagi jednak bardzo chętnie pochłaniają cząstki LDL, które zostały w pewien określony sposób zmodyfikowane. Wrócę jeszcze do tego problemu, ponieważ jego wyjaśnienie jest konieczne do zrozumienia mojej hipotezy.

Miażdżyca jest spowodowana przez mikroorganizmy

Powrócę teraz do twierdzenia, że miażdżyca jest procesem zapalnym, spowodowanym przez mikroorganizmy i wydzielane przez nie substancje toksyczne. Już w 1903 roku rosyjski patolog S.V.Simnitzki opisał nacieki lipidowe w dużych tętnicach dzieci i młodych osób, które zmarły z powodu choroby zakaźnej (9). Jednakże w tamtych czasach większość ludzi umierała z powodu chorób zakaźnych i nie wspomniano, ile nacieków lipidowych zauważono u dzieci i ludzi młodych, którzy zmarli z innych powodów.

William S. Thayer z Uniwersytetu Johnsa Hopkinsa w Baltimore wskazał na częste występowanie uszkodzeń śródbłonka tętnic u młodych ludzi, którzy zmarli na dur brzuszny. Obserwując tych, którzy przeżyli, zauważył, że u połowy z nich tętnice promieniowe (tzn. te na nadgarstku, gdzie lekarz mierzy puls) były twarde i nieregularne, podczas gdy to zjawisko występowało tylko u jednej piątej innych osób tej samej płci i w tym samym wieku, co było oczywistym wskazaniem, że miażdżycę mogła spowodować choroba zakaźna (10).

Austriacki patolog Josef Wiesel badał 80 dzieci i ludzi młodych, zmarłych z powodu chorób zakaźnych i u większości zauważył wczesne oznaki miażdżycy. Dr Wiesel nie powiedział, jak często takie zmiany występowały u dzieci, które zmarły z innych przyczyn. Zauważył natomiast, i jest to kluczowy fakt, że stopień rozwoju miażdżycy był związany z długością trwania choroby zakaźnej.

Dzieci, które chorowały przez całe miesiące miały bardziej zaawansowane zmiany miażdżycowe niż te, u których infekcja występowała tylko przez kilka dni (11).

Dwaj amerykańscy patolodzy, O. Klotz i M.F. Manning, również zauważyli, że miażdżyca była szczególnie wyraźna u dzieci, które zmarły na dur brzuszny (12). Opisali oni u tych dzieci komórki piankowate oraz zauważyli, że kapilary, które transportują krew i składniki odżywcze do ścian naczyń krwionośnych, prawie zawsze były nacieczone leukocytami. To ostatnie spostrzeżenie jest bardzo ważne; wrócę do niego za moment. Jeden z wniosków Klotza i Manninga jest wart zacytowania: „Wszystko wskazuje na to, że wzrost tkanki wewnątrz ścian naczyń krwionośnych jest rezultatem bezpośredniego podrażnienia tej tkanki przez istniejący tam proces infekcyjny lub przez toksyny".

Także znany brytyjski patolog, William Osler, zauważył często występujący związek między miażdżycą i chorobą zakaźną. Był on pierwszym naukowcem, który opisał niestabilną blaszkę miażdżycową i określił jako „miażdżycę krostkową" (13).

Choroby zakaźne są czynnikiem ryzyka wystąpienia zawału serca i niedokrwiennego udaru mózgu

Ponieważ każda hipoteza naukowa musi być zgodna z obserwacjami, sprawdźmy, czy powyższa hipoteza jest zgodna z tym, co obserwujemy u pacjentów z chorobą wieńcową. Jeśli tak nie jest, staje się ona nieprawdziwa i należy postawić inną, która lepiej uwzględni rzeczywiste obserwacje.

Jeśli nadmierna obecność mikroorganizmów może spowodować miażdżycę, a w konsekwencji chorobę wieńcową serca, to infekcje powinny być częściej stwierdzane u pacjentów z zawałem lub udarem mózgu. I tak jest w rzeczywistości. Naukowcy coraz częściej stwierdzają, że od 20% do 50% pacjentów z zawałem lub udarem przeszło chorobę zakaźną krótko przed wystąpieniem u nich katastrofy naczyniowej (14a-g). Wchodzą tu w grę wszystkie typy infekcji wirusowych i bakteryjnych, większość jednak stanowią infekcje układu oddechowego, gruźlica, jak również sepsa, HIV, ospa wietrzna oraz infekcje zębów i przewodów moczowych. Lekarze brytyjscy, na przykład, zauważyli, że 35% pacjentów przyjętych do szpitali z powodu udaru mózgu miało chorobę zakaźną w czasie miesiąca poprzedzającego udar (14e).

Lipoproteinowy system immunologiczny

Ustalono ponad wszelką wątpliwość, że lipoproteiny stanowią ważną część systemu immunologicznego. Kuriozalne jest jednak to, jak niewielu ludzi o tym wie. Nie wspomina się o tym nawet jednym słowem w podręcznikach, mimo że po raz pierwszy wykazano to ponad 60 lat temu i od tej pory zostało to potwierdzone przez przynajmniej 15 grup badawczych (tabela 12A)(15a-t).

Lipoproteiny nie tylko spełniają rolę transportera cholesterolu, potrafią również łączyć się z wirusami i wieloma typami toksyn pochodzenia bakteryjnego, neutralizując je. Robią to bardzo efektywnie i w przeciwieństwie do systemu wytwarzającego przeciwciała działają natychmiast. Na przykład: LDL łączy się i neutralizuje 90% – *toksyn*, które są bardzo toksycznymi substancjami chemicznymi produkowanymi przez bakterie gronkowca złocistego (15i), a w przypadku innych toksyn bakteryjnych robi to nawet skuteczniej (15n).

Autorzy badań	Mikroorganizm
Humphrey (15a)	streptolizyna S
Stollerman i inni (15b)	streptolizyna S
Skarnes* (15c)	endotoksyna
Shortridge (15d)	wirus zapalenia mózgu i wirus różyczki
Badin i inni* (15e)	streptolizyna 0
Whitelaw i Birkbeck (15f)	hemolizyna delta
Freudenberg i inni (15g)	lipopolisacharyd
Ulevitch i inni** (15h	lipopolisacharyd
Bhakdi i inni (15i)	toksyna alfa
Seganti i inni (15j)	wirus zapalenia jamy ustnej i wirus wścieklizny
van Lenten i inni (15k)	lipopolisacharyd
Huemer i inni (15l)	wirus opryszczki
Flegel i inni 1989 (15m)	lipopolisacharyd
Cavaillon i inni (15n)	lipopolisacharyd
Northoff i inni (15o)	lipopolisacharyd
Superti i inni (15p)	rotavirus
Weinstock i inni (15q)	lipopolisacharyd
Flegel i inni 1993 (15r)	lipopolisacharyd
Feingold i inni (15s)	lipopolisacharyd
Netea i inni (15t)	lipopolisacharyd

Tabela 12 A. Wykaz badań pokazujących, że mikroorganizmy i ich toksyny są wiązane i unieszkodliwiane przez lipoproteiny. W dwóch badaniach (oznaczonych jedną gwiazdką) badano kombinację lipoprotein, w jednym (oznaczonym dwoma gwiazdkami) efekt był widoczny tylko dla HDL. W pozostałych badaniach naukowcy obserwowali, że wszystkie lipoproteiny były efektywne

W trakcie infekcji wątroba produkuje więcej lipoprotein. Za efekt ten odpowiedzialne są cytokiny, hormony produkowane przez białe krwinki aktywowane przez mikroorganizmy (15a). Jeśli w trakcie ataku mikroorganizmów poziom jakiegoś elementu składowego krwi wzrasta lub zmniejsza się, możemy być przekonani, że jest to proces pożyteczny, który zwiększa aktywność naszego systemu obronnego. Dlaczego np. poziom białych krwinek wzrasta? Ponieważ organizm nasz potrzebuje ich do zwalczania bakterii, które go zainfekowały.

Cząstki lipoprotein w wyniku związania się z mikroorganizmami zmieniają swój wygląd lub – jak mówią naukowcy – ulegają modyfikacji. Wtedy właśnie stymulują one przemianę makrofagów i fagocytozę. Ponadto, połączenie dużych cząstek, jakimi są lipoproteiny, z obcymi elementami krwi, zwiększa ich skłonność do agregacji. Ze względu na swoją wielkość mają one problemy z przeciśnięciem się przez kapilary, szczególnie te znajdujące się w ścianach tętnic. Dzieje się tak, ponieważ w tym miejscu kapilary są zaciskane w wyniku rozciągania ściany tętnicy spowodowanego wysokim ciśnieniem krwi. Problem ten jest większy w przypadku kompleksów składających się z LDL, ponieważ cząstki LDL są znacznie większe niż cząstki HDL.

Uwięzione w kapilarach ścian tętniczych cząstki cholesterolu łatwo stają się celem makrofagów, które w procesie fagocytozy zamieniają je w komórki piankowate. Zagregowane skupiska kompleksów LDL w mikroskopie elektronowym wyglądają bardzo podobnie do wielu małych kropelek cholesterolu, usytuowanych głęboko w ścianie tętnicy (16).

Czyli LDL nie przechodzi przez ściany śródbłonka tylko dlatego, że jest go we krwi nieco więcej. Gdyby tak było, więcej kropelek cholesterolu powinno być widocznych tuż pod powierzchnią śródbłonka, a nie głęboko w ścianie tętnicy.

To, że zdecydowana większość kropelek cholesterolu jest widoczna właśnie w tym miejscu, tzn. głęboko w ścianie tętnicy, sprawia, że jest bardziej prawdopodobne, że dotarły tam przez kapilary transportujące tlen i inne składniki odżywcze do ściany tętnicy (*vasa vasorum*), zgodnie z tym, co zaobserwowali dr Klotz i Manning. Makrofagi pochłaniają LDL nie dlatego, że został utleniony przez komórki ze ściany tętnicy, ale dlatego, że cząstki LDL zostały zmodyfikowane przez toksyny bakteryjne.

Poza tym LDL nie ulega utlenieniu przez komórki ściany tętnicy, utleniany jest on dopiero po pochłonięciu go przez makrofagi i jest to jeden z elementów normalnego procesu fizjologicznego.

Tak więc cząstki LDL, które zostały zmodyfikowane, nie są wychwytywane przez receptory dla LDL, ale ulegają fagocytozie przez makrofagi.

Dr Artur Suits i jego zespół z uniwersytetu z Seattle, w stanie Waszyngton, zmienili strukturę cząstki LDL poprzez enzymatyczne usunięcie jej części. W wyniku tego otrzymano LDL łączący się w małe agregaty. Okazało się, że tak zmieniony LDL był pochłaniany przez makrofagi 40 razy częściej niż niezmieniony LDL. Fagocytozę potwierdzono w mikroskopie elektronowym. Obserwacje w mikroskopie elektronowym pokazały również, że makrofagi po pochłonięciu zmienionego cholesterolu zamieniały się w komórki piankowate (17).

Wiemy więc, że makrofagi potrafią odróżnić normalne cząstki LDL od tych uszkodzonych. Niezmienione cząstki LDL (normalne) nie są pochłaniane przez makrofagi, chyba że w celu uzupełnienia ich własnego niedoboru cholesterolu (rzadko).

Natomiast zmodyfikowane (uszkodzone) cząstki LDL są szybko pobierane przez makrofagi i eliminowane.

LDL ulega utlenieniu po wchłonięciu go przez makrofagi, a nie przed. Cholesterol wewnątrz makrofagów ulega utlenieniu, ponieważ makrofagi używają procesu utleniania do rozszczepiania toksycznych produktów mikroorganizmów na mniejsze cząstki i atomy. Skoro nacieki lipidowe mogą po pewnym czasie zanikać i skoro zawartość cholesterolu w blaszce włóknistej nie różni się od zawartości w normalnej tkance tętnicy, utlenianie cholesterolu musi być procesem odwracalnym, po którym następuje transport cząstek cholesterolu z powrotem do wątroby za pomocą HDL (8).

Niestabilna blaszka miażdżycowa jest rodzajem „owrzodzenia"

Niszczenie mikroorganizmów i produktów ich przemian metabolicznych jest normalnym procesem, który odbywa się w każdej sekundzie naszego życia. Jeśli jednak nasz organizm zostanie zainfekowany szczególnie agresywnymi mikroorganizmami lub kiedy nasz system obronny nie jest w najlepszej formie, makrofagi mogą nie być w stanie wyeliminować niebezpiecznych napastników. Makrofagi mogą wyginąć i wtedy mikroorganizmy opanowują obumarłe tkanki i rozmnażają się bez przeszkód. Jeśli jest to infekcja zlokalizowana w pobliżu skóry tworzy się owrzodzenie. Kiedy taki wrzód pęka, jego zawartość składająca się z martwych komórek, różnych produktów wytwarzanych przez bakterie oraz innego rodzaju zanieczyszczeń wylewa się i w końcu rana się zabliźnia.

Najprawdopodobniej tak właśnie się dzieje także w ścianach tętnic. Niestabilna blaszka jest takim właśnie „owrzodzeniem". Dużo bardziej jednak niebezpieczne jest pęknięcie takiego owrzodzenia w tętnicy wieńcowej lub szyjnej niż na przysłowiowym zadku. Podobnie jak owrzodzenia zlokalizowane pod powierzchnią skóry, ma ono również podwyższoną temperaturę w porównaniu z temperaturą otaczających tkanek. Jednak jeszcze bardziej przekonującym argumentem są wyniki badań, które przeprowadził Takahiko Naruko i jego współpracownicy z uniwersytetów w Osace i Amsterdamie (18).

Owrzodzenia powstają na skutek działania neutrofili, białych krwinek, których w naszej krwi jest najwięcej. Komórkom tym poświęcono niezwykle mało uwagi w badaniach dotyczących miażdżycy.

Dr Naruko i jego współpracownicy byli zaintrygowani faktem, że liczba białych krwinek jest bardzo silnym czynnikiem ryzyka w chorobie wieńcowej i że najsilniejszym czynnikiem ryzyka jest wysoka liczba neutrofili.

W związku z tym przebadali tkanki pochodzące z tętnic 13 pacjentów, którzy zmarli z powodu rozległego zawału mięśnia sercowego oraz 45 pacjentów, którzy zmarli z przyczyn niezwiązanych z sercem, jak też tkanki 65 pacjentów operowanych z powodu stabilnej lub niestabilnej dusznicy bolesnej.

Używając bardzo skomplikowanych metod immunohistochemicznych, określili ilość neutrofili wewnątrz oraz wokół niestabilnych płytek miażdżycowych u pacjentów, którzy zmarli z powodu zawału, bez względu na to, czy owrzodzenie uległo pęknięciu czy nie. W tkankach osób, które zmarły z innych powodów, nie zauważono ani niestabilnych blaszek miażdżycowych, ani też neutrofili w stabilnych blaszkach miażdżycowych. Co więcej, obecność neutrofili stwierdzano znacznie częściej u pacjentów z niestabilną i stabilną dusznicą bolesną.

Badania te dostarczyły wystarczającej ilości dowodów na to, że neutrofile są obecne w uszkodzeniach miażdżycowych tętnic, ale tylko w niestabilnych, tych które mogą pęknąć i w ten sposób rozpocząć proces prowadzący do krążeniowej katastrofy. Wykazano również, że kiedy neutrofile są obecne, najprawdopodobniej przyczyną tego jest obecność bakterii.

Tak więc, kiedy dochodzi do pęknięcia niestabilnej blaszki miażdżycowej, zawartość jej trafia do krwi, a następnie do mięśnia sercowego. W większości przypadków następuje szybkie formowanie się skrzepu na krawędziach pękniętej blaszki miażdżycowej, czego wynikiem jest zawał mięśnia sercowego. W celu wyjaśnienia tej hipotezy w prosty sposób należy popatrzeć na tabelę12B oraz rysunek 12A.

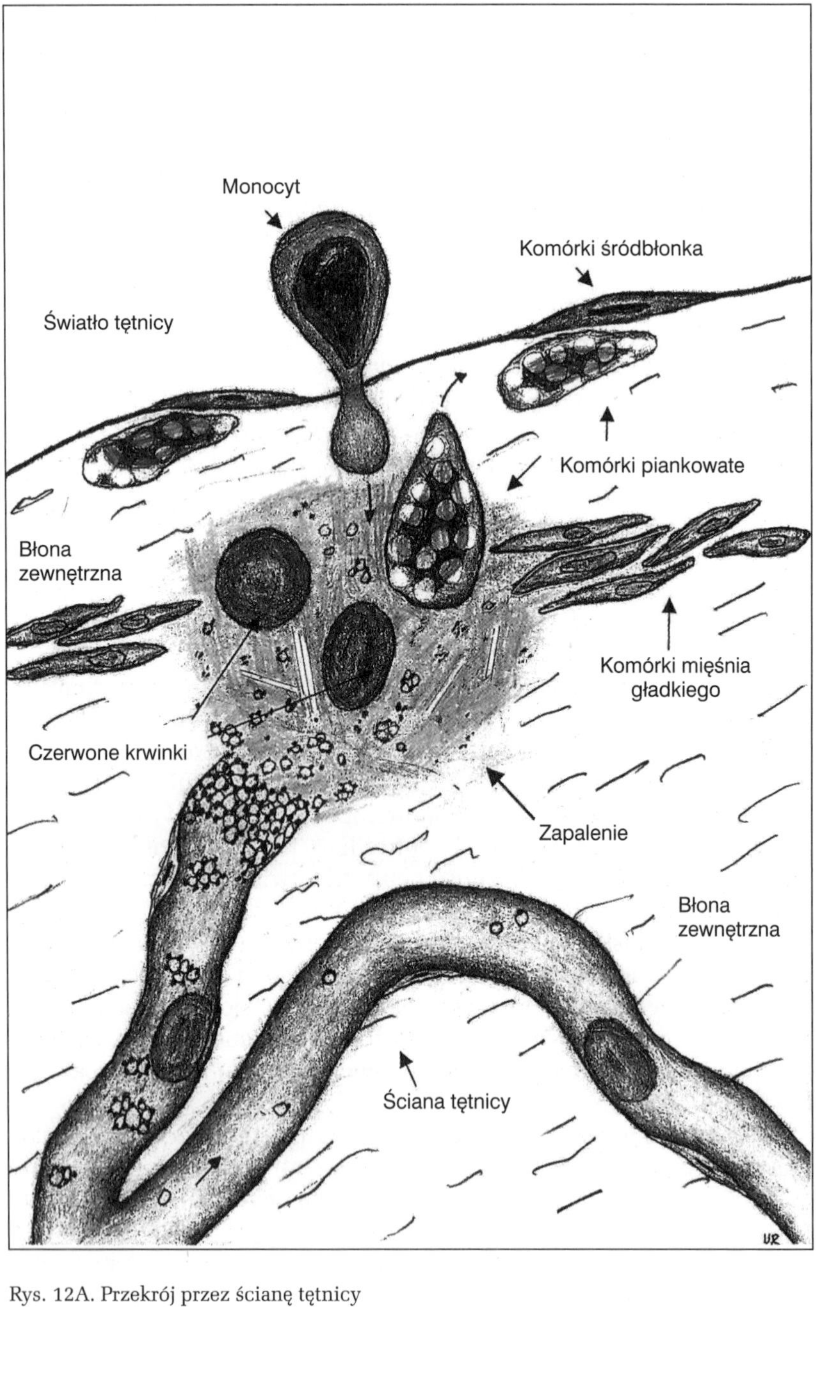

Rys. 12A. Przekrój przez ścianę tętnicy

Większość mikrobów które wtargnęły do organizmu jest eliminowana w miejscu ich wtargnięcia. Jeśli jednak znajdą się w układzie krążenia, zostają wychwycone i unieszkodliwione przez przeciwciała lub lipoproteiny.

↓

Kompleksy utworzone z lipoprotein i produktów przemian metabolicznych mikroorganizmów ulegają agregacji i zostają „uwięzione" w ścianie tętnic ze względu na ich rozmiar i z powodu wysokiego ciśnienia na zewnątrz kapilar. Są one widoczne w mikroskopie jako krople tłuszczu w ścianie tętnic.

↓

Makrofagi pochłaniają kompleksy utworzone z lipoprotein i produktów przemian metabolicznych mikroorganizmów, następnie zamieniają się w komórki piankowe. W przypadku dużej inwazji mikroorganizmów makrofagi przyjmują formę pasemek tłuszczowych.

System odpornościowy w stanie normalnym

↓

Bakterie, toksyny i wirusy są niszczone wewnątrz makrofagów poprzez procesy utleniania. Cholesterol również ulega utlenieniu wewnątrz komórki makrofaga. Proces ten jest odwracalny i zrekonstruowany cholesterol jest transportowany poprzez HDL do wątroby. Niektóre z makrofagów umierają i wtedy ich zawartość ulega uwolnieniu do tkanki. Tworzą się nowe kapilary, a otaczająca je tkanka ulega wzmocnieniu przez komórki mięśniowe i tkankę włóknistą.

↓

Stabilna blaszka

System odpornościowy osłabiony

↓

Przyśpieszone obumieranie makrofagów, kapilary ulegają uszkodzeniu, Może wystąpić krwawienie. Mikroorganizmy i neutrofile atakują obumarłą tkankę i zaczyna się formować niestabilna blaszka.

↓

Niestabilna blaszka

↓

Dochodzi do pęknięcia blaszki, cholesterol i mikroorganizmy przechodzą do światła tętnicy. Tworzy się skrzep na krawędziach pękniętej blaszki, który blokuje przepływ krwi.

↓

ZAWAŁ

Tabela 12B. Schematyczne przedstawienie hipotezy powstawania zawału serca, opartej na mikroorganizmach

Na rys. 12A lipoproteiny przedstawione są w postaci małych ciałek kulistych wewnątrz kapilary, a mikroorganizmy w postaci czarnych punktów do nich przylegających. Kapilara w dolnej części rysunku przedstawia jej stan u ludzi zdrowych. Lewa kapilara pokazuje stan, jaki może zaistnieć po silnej inwazji mikroorganizmów. Ze względu na istnienie dużej ilości produktów mikroorganizmów, lipoproteiny zlepiają się razem i mogą blokować przepływ krwi. W ten sposób część ściany tętnicy może zostać pozbawiona tlenu i składników odżywczych, co prowadzi do rozwoju mikroorganizmów i do powstania stanu zapalnego. Jeśli system immunologiczny sprawnie funkcjonuje, mikroorganizmy są niszczone przez przeciwciała i białe krwinki, a następnie część tętnicy, w której wystąpił stan zapalny, zamienia się w zbliznowacenie w postaci tkanki włóknistej. W przypadku uszkodzonego systemu immunologicznego wzrost bakterii może spowodować powstanie owrzodzenia (niestabilnej blaszki miażdżycowej), które pękając może spowodować powstanie skrzepu blokującego przepływ krwi. Błona wewnętrzna (łac. *tunica intima*) – utworzona jest przez komórki śródbłonka (*endothelium*) spoczywające na warstwie włókien kolagenowych i leżącej jeszcze bardziej odśrodkowo blaszce sprężystej wewnętrznej zbudowanej z włókien elastycznych. Błona zewnętrzna (zw. przydanką, *tunica adventitia*) – to luźna tkanka łączna z licznymi, podłużnymi włóknami kolagenowymi i elastycznymi.

Symptomy kliniczne

Niewielka gorączka jest jednym z klasycznych symptomów zawału. Jeśli jest to rozległy, zagrażający życiu zawał, pacjent może mieć nawet dreszcze i dość mocno się pocić. Podobieństwa do objawów choroby zakaźnej są oczywiste.

Badania krwi pacjentów często wskazują, że wszystkie parametry chemiczne i biologiczne typowe dla choroby zakaźnej są w tym przypadku podobne. Występuje leukocytoza (podwyższona liczba białych krwinek), zwiększa się opad (OB – odczyn Biernackiego), wzrasta poziom fibrynogenu oraz poziom CRP (białka fazy ostrej), podwyższone jest stężenie przeciwciał przeciwko bakteriom i wirusom (19a-c). Takie parametry krwi u zdrowych ludzi są czynnikiem ryzyka wystąpienia choroby wieńcowej. W rzeczywistości niektóre z tych parametrów są silniejszym czynnikiem ryzyka niż poziom LDL.

Dr Jianhui Zhu i jego zespół z Narodowego Instytutu Zdrowia w USA badali pacjentów ze skierowaniem na angiografię ze względu na podejrzenie choroby serca. Przeanalizowali obecność w ich krwi przeciwciał przeciw pięciu różnym mikroorganizmom. **Zauważyli, że choroba wieńcowa może być stwierdzona u 48% tych, którzy mieli przeciwciała przeciw jednemu mikroorganizmowi, u 69% tych, którzy mieli przeciwciała**

przeciw 3-4 i u 85% tych, u których wykryto przeciwciała przeciw wszystkim 5 mikroorganizmom (19c).

Jeśli w niestabilnej blaszce miażdżycowej obecne są bakterie, to powinno się (przynajmniej w pewnych przypadkach) znaleźć bakterie w krwi u osób z poważnym zawałem serca. Jest tak rzeczywiście. Bakterie w krwi stwierdzono u około jednej piątej takich pacjentów (20a,b).

Jeśli miażdżyca jest spowodowana przez mikroorganizmy, to powinny być one obecne w miejscu „przestępstwa". I są. Używając bardzo skomplikowanych technik badawczych łącznie z testami DNA, wielu naukowców znalazło bakterie i wirusy w blaszce miażdżycowej (21a-j). W takim razie dlaczego nie można zapobiec chorobie wieńcowej stosując antybiotyki? W niektórych badaniach naukowcom udało się w niewielkim stopniu obniżyć ryzyko zawału serca (22a-d), ale efekty tego nie były długotrwałe. W przypadku innych badań, z większą liczbą pacjentów, również nie udało się obniżyć ryzyka (24a-c). W jednym z badań śmiertelność w grupie leczonej nawet wzrosła (25).

Szczepienia ochronne były trochę bardziej skuteczne. Na przykład dr Enrique Gurfinkel i jego zespół z Buenos Aires **zaszczepili na grypę połowę z 300 pacjentów. 6 miesięcy później 8% z tych, których nie zaszczepiono, zmarło z powodu choroby serca, podczas gdy w grupie zaszczepionej zmarło 2% i jest to wynik znacznie lepszy niż udało się osiągnąć w jakichkolwiek testach statyn**. Podobne efekty uzyskano po dłuższych obserwacjach i po ponownym zaszczepieniu pacjentów (26). W większości badań (ale nie we wszystkich) na starszych ludziach, po zaszczepieniu ich przeciw grypie osiągnięto zmniejszone ryzyko wystąpienia zawału lub udaru mózgu.

Te niejednoznaczne wyniki, szczególnie dotyczące antybiotyków, wydają się świadczyć przeciwko hipotezie o roli mikroorganizmów, ale wyników takich należało oczekiwać. W badaniach wykorzystujących antybiotyki pacjenci otrzymali jeden antybiotyk, ponieważ był on efektywny przeciw bakterii *Chlamydophila pneumonia*, jednej z najlepiej przebadanych bakterii. Pacjenci byli leczeni tylko przez krótki czas lub przez kilka krótkich okresów.

Bakteria *C. pneumonia* nie jest jedyną bakterią, jaką znaleziono w blaszkach cholesterolowych. Używając zaawansowanych technik badań DNA, niemieccy naukowcy zidentyfikowali fragmenty DNA ponad 50 różnych bakterii, które znajdowały się w zmianach miażdżycowych, ale żadnej z nich nie znaleziono w zdrowych tkankach tętnic. Średnio każdy z pacjentów miał około 12 różnych bakterii, niektórzy pacjenci mieli ich więcej, inni mniej (29). Niektórzy naukowcy znaleźli w zmianach miażdżycowych kilka różnych wirusów (30a-c). Mało prawdopodobne jest, że jeden antybiotyk mógłby wyeliminować ponad 50 różnych bakterii. Jest też mało prawdopodobne, aby antybiotyk był w stanie wyeliminować *C. pneumonia*, ponieważ bakterie te potrafią przetrwać wewnątrz żywych komórek, gdzie są odporne na działanie antybiotyków, a z kolei wirusy nie reagują na antybiotyki w ogóle. Jeśli miażdżyca jest spowodowana przez mikroorganizmy, to jej stopień powinien zależeć od ilości przeciwciał powstałych przeciw tym mikroorganizmom. I tak jest. Na przykład: niemieccy naukowcy zaobserwowali, że istnieje silny związek między stopniem zaawansowania miażdżycy, jaki można zaobserwować w czasie badań angiograficznych, a liczbą pozytywnych testów na obecność przeciwciał. Ci pacjenci, którzy mieli przeciwciała przeciwko 8 różnym bakteriom i wirusom, mieli znacznie bardziej zaawansowane zmiany miażdżycowe niż ci, u których przeciwciał było mniej lub w ogóle ich nie było. Z dalszych obserwacji wynikało, że u tych, u których wykryto więcej przeciwciał, występowało znacznie większe ryzyko śmierci z powodu zawału (32).

„Piegowate" tętnice

Kiedy opalamy się na plaży, zazwyczaj nie opalamy się w piegi czy kropki. Kiedy jednak mamy wysoki poziom cholesterolu we krwi, uważa się, że wystąpi miażdżyca, ale miażdżyca jest chorobą występującą punktowo. Czy brzmi to logicznie? Oczywiście, że nie. Żeby wytłumaczyć punktowe występowanie miażdżycy mówi się, że zmiany miażdżycowe znajdują się tylko tam, gdzie występujące siły dynamiczne mają szczególnie duże wartości. Jest to tylko częściowo prawdą. Miażdżyca często pojawia się w zupełnie chaotyczny sposób, jeśli chodzi o jej lokalizację. Szczególnie jest to widoczne w aorcie, głównej tętnicy naszego organizmu. Tego też powinniśmy oczekiwać, jeśli miażdżyca jest wynikiem ataku mikroorganizmów, który w trakcie naszego życia pojawia się co jakiś czas.

Dlaczego zmiany miażdżycowe nie występują w żyłach?

Jest to całkiem naturalne pytanie, które ciągle się przewija. Jest ono tak samo intrygujące, jak to, czy złoczyńcą jest wysoki poziom cholesterolu czy też jakieś mikroorganizmy. Powszechnym wyjaśnieniem jest ciśnienie krwi. Jest ono wysokie w tętnicach i niskie w żyłach. Jest to rozsądne wytłumaczenie i prawdopodobnie prawdziwe. Faktem jest, że kiedy użyje się żyły do przeszczepu i zostanie ona wszczepiona do tętnicy, to w żyle narażonej na wysokie ciśnienie tętnicze wkrótce pojawią się zmiany miażdżycowe takie same jak w tętnicy (33).

Jednakże wyjaśnienie to nie jest do końca satysfakcjonujące, jeśli konieczne w rozwoju miażdżycy jest przyleganie monocytów do ściany tętnicy. Byłoby znacznie łatwiej monocytom przylegać do ściany naczynia krwionośnego, w którym ciśnienie jest niskie i krew płynie spokojnie, niż do takiego, w którym ciśnienie krwi jest wysokie i pulsuje z dużą częstotliwością. Łatwiej to zrozumieć, jeśli przyjmie się, że pierwszym krokiem w rozwoju miażdżycy jest przenikanie w systemie kapilar dużych zlepków cząsteczek lipoproteinowych. Nie jest łatwo takim cząsteczkom przejść przez sieć kapilar usytuowanych wewnątrz ściany naczynia, w którym panuje wysokie ciśnienie zewnętrzne, a komórki mięśniowe kurczą się co sekundę, zgodnie z rytmem pulsowania krwi wewnątrz tętnicy. Przejście przez taki system kapilar w naczyniach żylnych jest zadaniem znacznie łatwiejszym.

Nie tylko serce cierpi

Jeśli mikroorganizmy są prawdziwą przyczyną miażdżycy i choroby wieńcowej serca, podobne zjawiska muszą zachodzić w innych organach. Są już pewne dowody na to, że tak się dzieje. Obecność komórek piankowatych i niestabilnych uszkodzeń tętnic stwierdza się w tętnicach szyjnych, dużych naczyniach tętniczych, przez które dopływa większość krwi do mózgu, a niestabilne uszkodzenia tętnic były początkiem powstającego skrzepu u pacjentów, którzy przeszli udar mózgu (34).

Komórki piankowate, główny „aktor" w procesie miażdżycy, obecne są również pod siatkówką oka, a ich liczba wzrasta z wiekiem (35). Widoczne są one również w kapilarach kłębuszków nerkowych, filtrów, które produkują mocz, nie są jednak widoczne w kłębuszkach zdrowych. Z wiekiem i w niektórych chorobach nerek stwierdza się coraz więcej kłębuszków nerkowych ze zmianami miażdżycowymi. Schorzenie to znane jest jako „ogniskowe szkliwiejące kłębuszkowe zapalenie nerek". Jego efektem jest następująca ich niewydolność. To właśnie w tych miejscach znajdujemy komórki piankowate (36a,b). Niezwykle kuszące jest, żeby porównać tego typu zmiany miażdżycowe w kłębuszkach nerkowych, ze stabilną blaszką cholesterolową w tętnicach.

Czy komórki piankowate i niestabilne zmiany miażdżycowe występują też w innych organach, tego nie wiem. Nie udało mi się odszukać jakichkolwiek badań dotyczących tego tematu w żadnej z naukowych baz danych. Jednak już wiemy, że zawartość cholesterolu w tkankach zwiększa się z wiekiem. Tkanka tłuszczowa, skóra i mięśnie u ludzi w wieku 70 lat mają około 25% więcej cholesterolu niż u ludzi w wieku lat 30, a ścięgna mają go nawet kilkaset procent więcej (37).

Pojawia się więc pytanie, czy mikroorganizmy mogą być odpowiedzialne za objawy typowe dla starszego wieku? Czy to one powodują osłabienie wzroku wraz z wiekiem? Czy możemy je też obwiniać za stopniowo postępujące z wiekiem upośledzenie funkcji nerek lub za nasze osłabione mięśnie czy „sztywniejące" stawy? Czy jesteśmy jak drzewa, które wiatr łatwo wywraca, jeśli ich pnie są uszkodzone przez szkodniki takie jak owady i pleśnie?

Prawdziwa przyczyna

Przez wiele lat przedstawiano nam długą listę czynników ryzyka wystąpienia choroby wieńcowej. Większość z nich jest z pewnością tylko markerem odgrywającym rolę drugorzędną w stosunku do prawdziwej przyczyny. Wysoki poziom cholesterolu jest tego przykładem. Interesujący jest fakt, że czynniki te pasują do mechanizmów opisanych powyżej, ponieważ większość z nich jest również szkodliwa dla systemu immunologicznego lub może stymulować wzrost populacji mikroorganizmów.

Istnieje sporo dowodów na to, że stres psychiczny może zwiększyć ryzyko wystąpienia choroby wieńcowej. Tego typu stres również pobudza produkcję kortyzolu, a wysoki poziom tego hormonu, bez względu na to, czy jest spowodowany chorobą nadnerczy (chorobą Cushinga), czy też leczeniem farmakologicznym, jest zazwyczaj związany z podwyższonym ryzykiem wystąpienia infekcji.

Palenie tytoniu jest silnym czynnikiem ryzyka w chorobie wieńcowej serca. Palenie predysponuje również do różnego rodzaju chorób zakaźnych, co zostało opisane w wielu raportach naukowych.

Choroba wieńcowa jest najpoważniejszą konsekwencją cukrzycy. Chorzy na cukrzycę częściej niż ludzie zdrowi cierpią także na różnego rodzaju infekcje.

Hipoteza, którą zaproponował amerykański naukowiec Jerome Sullivan (38) mówi, że zbyt duża ilość żelaza w organizmie predysponuje do miażdżycy i choroby serca. Twierdzi on, że z tego powodu kobiety są w pewien sposób zabezpieczone tak długo, jak tracą żelazo wraz z krwią regularnie podczas comiesięcznych menstruacji. Koncepcja ta zgodna jest z mechanizmem powodowanym przez mikroorganizmy, ponieważ wiadomo, że wzrost bakterii następuje znacznie szybciej w obecności dużej ilości wolnego żelaza. Normalnie, żelazo łączy się bardzo efektywnie z dwoma białkami krwi, laktoferyną i ferrytyną, ale kiedy jest zbyt dużo żelaza, np. kiedy pękają krwinki czerwone, oba białka są całkowicie nasycone żelazem i ryzyko wystąpienia infekcji zdecydowanie wzrasta (39).

Wysokie ciśnienie krwi jest również dobrze znanym czynnikiem ryzyka wystąpienia choroby wieńcowej. Jeśli ciśnienie krwi jest wysokie, wysokie jest też ciśnienie w kapilarach znajdujących się wokół ścian tętnic, co oznacza, że kompleksom lipoproteinowym jest coraz trudniej się przez nie przecisnąć.

Bibliografia

1. Kilka artykułów cytowanych przez innych naukowców:
   (a) Steinberg D, Witztum JL. *JAMA* 264, 3047-52, 1990.
   (b) P, Ridker PM, Maseri A. *Circulation* 105, 1135-43, 2002.
   (c) Hansson GK. *N Engl J Med* 352, 1685-95, 2005.
   (d) Meng CQ. *Curr Top Med Chem* 6, 93-102, 2006.
2. Stary HC. *Atherosclerosis* 64, 91-108, 1987.
3. Restrepo C & Tracy RE. *Atherosclerosis* 21, 179-93, 1975.
4. Noble NL and others. *Circulation* 15, 366-72, 1957.
5. Falk E. *Br Heart J* 50, 127-34, 1983.
6. Madjid M and others. *Am J Cardiol* 90(10C), 36L-39L, 2002.
7. Reis SE and others. *Am Heart J* 141, 735-41, 2001.
8. Kruth HS. *Front Biosci* 6, D429-55, 2001.
9. von Simnitzky S. *Zeitschr Heilkunde* 24, 177-198, 1903.
10. Thayer WS. *Johns Hopkins Hosp Bull.* Oct, 323-40, 1904.
11. Wiesel J. *Zeitschr Heilkunde* 27, 262-294, 1906.
12. Klotz O, Manning MF. *J Pathol Bacteriol* 16, 211-20, 1911.
13. Osler W (ed) Modern Medicine: its practice and theory. Philadelphia: Lea and Fibiger; 1908, p 426-47.

14. (a) Syrjänen J and others. *Br Med J* 296, 1156-60, 1988.
   (b) Mattila KJ. *J Intern Med* 225, 293-6, 1989.
   (c) Valtonen V and others. *Eur Heart J* 14 Suppl K, 20-23, 1993.
   (d) Macko RF and others. *Stroke* 27, 1999-2004, 1996.
   (e) Grau AJ and others. *Neurology* 50, 196-203, 1998.
   (f) Askalan R and others. *Stroke* 32, 1257-62, 2001.
   (g) Smeeth L and others. *N Engl J Med* 351, 2611-8, 2004.
   (h) Mattila KJ and others. *J Periodontol* 76(11 Suppl), 2085-8, 2005.
15. (a) Humphrey JH. Brit J Exp Path 30, 345, 1949.
   (b) Stollerman GH and others. *J Clin Invest* 29, 1636-45, 1950.
   (c) Skarnes RC. *J Bacteriol* 95, 2031-4, 1968.
   (d) Shortridge KF, Hu LY. *J Gen Virol.* 23, 113-6, 1974.
   (e) Badin J, Denne MA. *Cell Mol Biol Incl Cyto Enzymol* 23, 133-43, 1978.
   (f) Whitelaw DD, Birkbeck TH. *FEMS Microbiology Letters* 3, 335–338, 1978.
   (g) Freudenberg MA, Galanos C. *Infect Immun* 19, 875-82, 1978.
   (h) Ulevitch RJ and others. *J Clin Invest* 67, 827-37, 1981.
   (i) Bhakdi S and others. *J Biol Chem* 258, 5899-5904, 1983.
   (j) Seganti L and others. *Microbiologica* 6, 91-9, 1983.
   (k) Van Lenten BJ and others. *Proc Natl Acad Sci* U S A. 83, 2704-8, 1986.
   (l) Huemer HP and others. *Intervirology* 29, 68-76, 1988.
   (m) Flegel WA and others. *Infect Immun* 57, 2237-45, 1989.
   (n) Cavaillon JM and others. *Infect Immun* 58, 2375-82, 1990.
   (o) Northoff H and others. *Beitr Infusionsther* 30, 195-7. 1992.
   (p) Superti F and others. *Med Microbiol Immunol* 181, 77-86, 1992.
   (q) Weinstock C and others. *Arterioscler Thromb* 12, 341-7, 1992.
   (r) Flegel WA and others. *Infect Immun* 61, 51 40-5146, 1993.
   (s) Feingold KR and others. *Infect Immun* 63, 2041-6, 1995.
   (t) Netea MG and others. *J Clin Invest* 97, 1366-72, 1996.
16. Guyton JR, Klemp KF. *Am J Pathol* 143, 1444-57, 1993.
17. Suits AG and others. *Proc Natl Acad Sci U S A.* 86, 2713-7, 1989.
18. Naruko K and others. *Circulation* 106, 2894-900, 2002.
19. (a) Mattila KJ. *J Intern Med* 225, 293-6, 1989.
   (b) Ameriso SF and others. *Stroke* 32, 385-91, 2001.
   (c) Zhu J and others. *Am J Cardiol* 85, 140-6, 2000.
20. (a) Kohsaka S and others. *Arch Intern Med* 165, 1643-50, 2005.
   (b) Kohsaka S and others. *Am J Cardiol* 99, 802-4, 2007.
21. (a) Melnick JL and others. *Lancet* 2, 644-7, 1983.
   (b) Jackson LA and others. *J Infect Dis* 81 Suppl 3, S447-8, 2000.

(c) Maass M and others. *J Infect Dis* 181 Suppl 3, S449-51, 2000.
(d) Ouchi K and others. *J Infect Dis* 181 Suppl 3, S441-3, 2000.
(e) Pampou Syu and others. *Virchows Arch* 436, 539-52, 2000.
(f) Qavi HB and others. *Cent Eur J Public Health* 8, 71-73, 2000.
(g) Radke PW and others. *Coron Artery Dis* 12, 1-6, 2001.
(h) Ameriso SF and others. *Stroke* 32, 385-391, 2001.
(i) Shi Y, Tokunaga O. *Pathol Int* 52, 755-763, 2002.
(j) Shi Y, Tokunaga O. *Pathol Int* 52, 31-9, 2002.

22. (a) Gupta S and others. *Circulation* 96, 404-7, 1997.
(b) Gurfinkel E and others. *Lancet* 350, 404-7, 1997.
(c) Muhlestein JB and others. *Circulation* 102, 1755-60, 2000.
(d) Wiesli P and others. *Circulation*. 105, 2646-52, 2002.
23. (a) Sander D and others. *Circulation* 109, 1010-5, 2004.
(b) Krayenbuehl PA and others. *Atherosclerosis* 179, 103-10, 2005.
24. (a) Cercek B and others. *Lancet* 361, 809-13, 2003.
(b) O'Connor CM and others. *JAMA* 290, 1459-66, 2003.
(c) Cannon CP and others. *N Engl J Med* 352, 1646-54, 2005.
25. Anderson JL and others. *Circulation* 99, 1540-7, 1999.
26. Gurfinkel EP, de la Fuente RL. *Tex Heart Inst J* 31, 28-32, 2004.
27. (a) Naghavi M and others. *Circulation* 102:3039-45, 2000.
(b) Siscovick DS and others. *Am J Epidemiol* 152, 674-7, 2000.
(c) Lavallee P and others. *Stroke* 33, 513-8, 2002.
(d) Nichol KL and others. *N Engl J Med* 348, 1322-32, 2003.
28. Jackson LA and others. *Am J Epidemiol* 156, 634-40, 2002.
29. Ott SJ and others. *Circulation* 113, 929-37, 2006.
30. (a) Melnick JL and others. *Lancet* 2, 644-7, 1983.
(b) Pampou Syu and others. Virchows Arch 436, 539-52, 2000.
(c) Shi Y and others. *Pathol Int* 52, 31-9, 2002.
31. Gieffers J and others. *Circulation*. 103, 351-6, 2001.
32. Espinola-Klein C and others. *Stroke* 33, 2581-6, 2002.
33. Jones GT and others. *Atherosclerosis*. 137, 149-56, 1998.
34. Yuan C. *Radiology* 221, 285-99, 2001.
35. Curcio CA and others. *Invest Ophthalmol Vis Sci* 42, 265-274, 2001.
36. (a) Schonholzer KW and others. *Nephron* 62, 130-136, 1992.
(b) Lee HS, Kruth HS. *Nephrology* 8, 224-223, 2003.
37. Crouse JR and others. *J Clin Invest* 51, 1292-6, 1972.
38. Sullivan JL. *Am Heart J* 1989, 1177-88. 1989.
39. Bullen JJ and others.. *J Med Microbiol* 55, 251-8, 2006.

Posłowie

Od Czytelników, którzy przeczytali moją książkę, otrzymuję wiele listów i emaili z zapytaniem: co robić, aby uniknąć zawału serca? Powodem tych nerwowych i pełnych niepokoju pytań jest oczywiście to, że ludzie zostali totalnie przestraszeni rozpowszechnioną propagandą, że choroby serca są obecnie uznane za najpoważniejsze zagrożenie zdrowia i życia ludzkości, że prawie każdemu z nas grozi zawał, wystarczy, że tłusto je i ma nieco podwyższony poziom cholesterolu we krwi.

Publikacje naukowe dotyczące obniżania poziomu cholesterolu nazywają go niejednokrotnie „wielkim zabójcą" lub „mordercą". Są to oczywiście niezwykle sygestywne określenia i robią wrażenie na decydentach, kiedy jego autorzy ubiegają się o następny lukratywny angaż w badaniach naukowych na temat zagrożeń z powodu wysokiego poziomu cholesterolu.

Rzeczywiście zawał serca i udar mózgu – to najczęstsze przyczyny zgonów w krajach bogatych. Ale naukowcy ci nie wspominają, że większość ludzi, która umiera z powodu udaru mózgu czy chorób serca, są to ludzie starzy, w wieku ponad 70 lat. Przeciętnie ci, którzy zmarli z powodu choroby wieńcowej serca, żyli tak samo długo jak inni, którzy zmarli na inne choroby. W krajach ubogich ludzie umierają przeważnie z niedożywienia lub z powodu nieleczonych chorób zakaźnych, zaś w krajach bogatych z powodu chorób wieku starczego, a zawał i udar – to choroby głównie ludzi starszych.

Ponieważ wszyscy kiedyś umrzemy, można sobie zadać pytanie: czy lepiej umrzeć z powodu choroby nagłej, takiej jak zawał serca lub udar mózgu, czy też lepiej spędzić ostatni okres swego życia w hospicjum, umierając długo i powoli, tracąc swe zdolności mentalne, z przewlekłym bólem, z ciężkimi zaburzeniami oddechowymi, stając się istotą bezwolną i bezradną, zdaną na życzliwość i łaskę innych.

Myślę, że większość ludzi dobiegających kresu swego życia wybrałaby śmierć szybką i bezbolesną.

Istotnym pytaniem jest więc, jak uniknąć **przedwczesnej** śmierci, tzn. jak zabezpieczyć się przed zawałem czy udarem kończącymi się śmiercią w młodym lub średnim wieku, kiedy moglibyśmy jeszcze długie lata cieszyć się pełnią życia.

Mam nadzieję, że ci, którzy przeczytali tę książkę, nie będą już dłużej martwić się swoim poziomem cholesterolu, nikt z nich nie zacznie „leczenia" polegającego na obniżaniu poziomu cholesterolu. Mam też nadzieję, że każdy zrozumiał, że jajka, śmietana, masło i tłuste mięso są produktami zdrowymi i że należy unikać żywności przemysłowo przetworzonej, z dziesiątkami substancji chemicznych, których skutków działania jeszcze nie znamy. Przypuszczam, że większość ludzi wie, że najlepszym sposobem utrzymania się w dobrym zdrowiu jest też zrezygnować z palenia tytoniu, unikać nadwagi i od czasu do czasu wykonywać ćwiczenia fizyczne.

Jak już wspomniałem, brak witaminy B12, B6 i kwasu foliowego może być bardzo niekorzystny. Jednak ryzyko niedoboru tych składników jest małe, jeśli spożywać będziemy właściwe produkty. Warzywa i owoce bogate są w kwas foliowy, ryby łącznie z owocami morza oraz mięso i wątroba zapewnią odpowiednie ilości witaminy B6 i B12. Poza tym, różnego rodzaju mieszanki zmielonych ziaren zbóż są sztucznie wzbogacane tymi witaminami. Być może jest to powód, dlaczego wiele badań, w których używano tych witamin jako środka zapobiegawczego nie zakończyło się sukcesem. Jeśli już mamy w organizmie optymalną ilość tych substancji, to zwiększanie ich ilości nie daje żadnego efektu.

Należy unikać produktów z oczyszczanej mąki, ponieważ oprócz dodawanego kwasu foliowego zawiera ona niewiele, jeśli w ogóle, substancji odżywczych. Jeśli ktoś cierpi z powodu cukrzycy, powinien ograniczyć do minimum wszystkie rodzaje węglowodanów, np. chleb, ziemniaki, ryż, słodycze oraz wszystkie rodzaje słodzonych napojów, jak też mieszanki zmielonych zbóż, do których dodano witaminy.

Ktoś może zapytać: dlaczego? Odpowiedź jest taka, że głównym problemem pacjentów z cukrzycą jest upośledzony mechanizm metabolizmu glukozy, a wszystkie wspomniane powyżej produkty wcześniej czy później zamieniane są w organizmie na glukozę. Przypomnieć należy, że epidemia cukrzycy typu 2, najpoważniejszego problemu zdrowotnego dzisiejszych czasów, wystąpiła równolegle ze wzrostem spożycia wysokowęglowodanowych, niskotłuszczowych produktów spożywczych w krajach zachodnich. Tak więc, jeśli ktoś jest chory na cukrzycę, powinien wybierać produkty bogate w tłuszcz zwierzęcy i białko, a wkrótce straci nadmierną tuszę i być może nie będzie musiał wstrzykiwać sobie insuliny.

Z badań, jakie przeprowadził dr de Lorgeril i jego grupa GISSI (rozdział 7), dowiedzieliśmy się, że aby uniknąć zaburzeń w przewodnictwie bodźców elektrycznych w mięśniu sercowym dobrym pomysłem jest utrzymywanie odpowiedniego stosunku pomiędzy tłuszczami z grupy Omega 3 i Omega 6. W tym celu konieczne jest, aby unikać oleju słonecznikowego, sojowego i kukurydzianego, a zamiast nich stosować oliwę z oliwek. Najlepszym jednak źródłem Omega 3 są tłuste ryby, takie jak śledź, makrela, pstrąg czy łosoś.

Od wielu już lat nowe metody leczenia zawałów i udarów pozwalają na zwiększenie szansy przeżycia u osób, u których takie schorzenie wystąpiło. Być może jednak szansa ta mogłaby być jeszcze większa. Jak pamiętamy z rozdziału 10 pacjenci z ostrą niewydolnością serca mogą mieć we krwi bakterie. Być może dobrym pomysłem byłoby pobranie krwi tak wcześnie, jak to tylko możliwe, nie tylko u pacjentów z zawałem, ale też z niestabilną dusznicą bolesną czy udarem mózgu, w celu ustalenia, czy w ich krwi obecne są bakterie. Jeśli tak, to właściwy antybiotyk być może mógłby im uratować życie.

W książce tej opisałem badania, w których naukowcom udało się zapobiec śmierci u szczurów z powodu bakterii lub ich produktów toksycznych poprzez wstrzyknięcie ludzkiego LDL. Jeśli takiej zagrażającej życiu infekcji można zapobiec u szczurów, dlaczego miałoby to być niemożliwe u ludzi? Jeśli udary mózgu i zawały serca są spowodowane przez mikroorganizmy, to dlaczego nie zastosować tego u pacjentów, którym grozi śmierć?

Wierzę, że badania naukowe określą w przyszłości prawdziwe przyczyny tych chorób, o które obecnie – niesłusznie – obwinia się cholesterol. A jeśli poznamy prawdziwe przyczyny – to walka z tymi chorobami będzie wygrana.

SPIS TREŚCI

ROZDZIAŁ 7

ROZDZIAŁ 8

ROZDZIAŁ 11

ROZDZIAŁ 12